Sturmsonate
oder
Die Vergänglichkeit der Musen

D1672437

Alexander Bertsch

# Sturmsonate
## oder
## Die Vergänglichkeit der Musen

## Roman

edition lichtblick oldenburg

Der Gang durch die Stadt.

Ein junges Paar, das Händchen haltend in langsamem Tempo durch die Straßen wanderte.

Der Verkehr rollte an den beiden vorüber, wurde auf der breiten Einkaufsstraße, die an zahlreichen Geschäften vorbeiführte, etwas dichter, dazu der beißende Geruch von Abgasen, manchmal Geschrei von Kindern, die irgendetwas riefen, Wortfetzen, die an ihren Ohren vorbeitönten, zerrissene Melodien aus den Wagenkolonnen, ein Gemenge von Dissonanzen, das einen fast stehenden Klang bildete, der dennoch von Unruhe erfüllt war.

Die beiden schienen nichts davon wahrzunehmen. Sie näherten sich der großen Kirche, kamen am Marktplatz vorbei, hörten die Uhr des Rathauses schlagen und gleich darauf die Glockenschläge vom Kirchturm. Man konnte den Eindruck gewinnen, als sei die Art ihrer Fortbewegung von einer gewissen Vorsicht geprägt.

Immer wieder blickten sie sich an, die junge Frau versuchte sein Lächeln zu erwidern. Bei einem Musikgeschäft kurz vor einer Straßenkreuzung hielten sie inne. Der Mann lehnte sich mit dem Rücken an die große Schaufensterscheibe, zog seine Begleiterin zu sich her und nahm sie in die Arme. Sie ruhten sich ein wenig aus, bevor sie ihren Weg fortsetzten. Schließlich kamen sie zur Brücke über den Fluss, überquerten sie und erreichten die Straße zum Bahnhof.

Sie ließ seine Hand los, blieb stehen.

Dort drüben ist der Eingang zur Praxis, sagte sie. Es sind nur wenige Meter. Möchtest du wirklich so lange warten?

Klar, auf jeden Fall.

Bis später, sagte sie. Eine kurze Berührung der Lippen.

Dann ging sie langsam, mit bedächtigen Schritten weiter. Der Mann wandte den Blick nicht von ihr ab. Sie war an der Eingangstür angekommen, drückte auf den Klingelknopf. Sie drehte ihren Kopf noch einmal in seine Richtung, zeichnete mit der Hand eine kleine Bewegung in die Luft, die Tür öffnete sich, sie trat ein.

Der Mann blieb unverwandt an der Stelle stehen und starrte lange auf diese Tür, durch die seine Gefährtin gegangen war.

Er ging wieder zurück über die Brücke, wandte sich nach rechts und schlenderte langsam die Straße am Fluss entlang. Ein leichter Wind bewegte die langen Arme der Trauerweiden am Ufer, kräuselte das bräunlich-grüne Wasser des Flusses, das sich unter den Strahlen der Nachmittagssonne ab und zu in eine Fläche aus glitzernden Punkten verwandelte. Manchmal glitten Boote vorbei.
Der allgemeine Lärm verebbte ein wenig, es blieb nur das Geräusch des bewohnten, belebten Raums.
Der Mann setzte sich auf eine Bank am Ufer und überließ sich dem Spiel seiner Gedanken.

*

Viele Jahre später.
Ein durchschnittlicher Tag im Spätfrühling, ein paar träge Wolken am Himmel, die gemächlich auf den Horizont zutrieben. Die Dunstglocke des Nachmittags hing wie ein durchsichtiger grauer Schleier über der Stadt Heilbronn, deren geschäftiges Treiben seit jeher dem Handel und Wandel zugetan war. Ein Fluss wurde über verschiedene Wasserwege durch das Stadtgebiet geführt, an Häusermeilen oder an Industrieanlagen vorbei, an Verkehrsstraßen, Promenaden oder Gärten. Hektisches Getriebe und beschauliches Verweilen wechselten mit den Tageszeiten, den verschiedenen Örtlichkeiten oder bei entsprechenden Wetterlagen. Eine wechselvolle Geschichte mit Höhen und Tiefen, wie bei jeder vergleichbaren Stadt in der Republik.

Unsere Geschichte beginnt bei einer Besonderheit, einem ungewöhnlichen Gebäude mitten in einem nicht alltäglichen, parkartigen Garten, vielleicht einer Art Nische, einem nicht unbedingt exklusiven, aber eben einem offiziell nicht sehr wahrgenommenen Ort, von dessen Existenz man zwar ab und zu durchaus gehört hatte, der jedoch nicht besonders beachtet wurde. Und dennoch: Man kann sich gut vorstellen, dass es in manchen Städten solche Orte der kulturellen Verwirklichung und der künstlerischen Auseinandersetzung gegeben hat und gibt, die oft nur am Rande registriert werden oder vielleicht auch unbemerkt geblieben sind.

In einem etwas ruhigeren Viertel der Stadt, kein Außenbezirk, aber etwas abseits der innerstädtischen Geschäftigkeit, verlief die Stravenfordstraße, eine von alten Platanen bewachte Allee, an deren Ende man schon von Weitem ein breites, schmiedeeisernes Tor mit zwei mächtigen Flügeln erkennen konnte. Hohe Bäume mit gewaltigen Kronen ragten dahinter dem Himmel entgegen und legten Zeugnis davon ab, wie viele Jahre schon über sie hingegangen waren, als ob ihnen scheinbar nichts etwas anhaben könnte.

Tatsächlich hatte auch der verheerende Bombenangriff des letzten Krieges diesem Areal mit den darauf befindlichen Bauten wie durch ein Wunder kaum einen Schaden zugefügt. Nach dem Feuersturm war es wie eine Art Schutzzone inmitten von Tod und Zerstörung erhalten geblieben.

In dem metallenen Rankenwerk der beiden Torflügel konnte der näherkommende Betrachter eine Reihe von Figuren erkennen, eine liegende Acht, verschiedene Pflanzenblätter mit der einen oder anderen Blattmaske, aber auch Tierkreiszeichen, ein paar Ankerformen, einmal das Zeichen für Yin und Yang.

Ein Mann in mittleren Jahren, der in gemessenen Schritten diese ehemalige Chaussee entlanggegangen war, näherte sich nun diesem Tor, entnahm einer seiner Taschen einen großen Schlüssel, führte ihn in die dafür vorgesehene Öffnung des rechten Torflügels ein und nach einer mit beiden Händen ausgeführten Drehung gelang es ihm, das Schloss zu öffnen.

Früher mochte das Grundstück noch ein wenig außerhalb des Ortes gelegen haben, aber schon in jenen Zeiten führte eine baumbestandene Straße vom Stadtrand aus zu diesem Anwesen. Doch mit der Zeit wuchs die Stadt von mehreren Seiten herkommend um das Gelände herum und daran vorbei, umschloss das stattliche Gebäude mit seinem Seitentrakt und dem parkähnlichen, weitläufigen Garten wie eine Insel und wucherte unbekümmert immer weiter in die Landschaft hinein.

Eine hohe Mauer umgab das gesamte Areal und sollte dieses Anwesen wohl vor unbefugten Blicken schützen, was auch immer die sogenannten Befugten sich dabei gedacht hatten, der Wunsch des allzeit Unter-sich-Bleiben-Wollens hatte die jeweiligen Besitzer stets beflügelt. Allerdings machte der letzte Eigentümer, Prosper Obenvelder, diesbezüglich eine gewisse Ausnahme. Ihm war es wichtig gewesen, für all die Theateraufführungen, Ausstellungen, Lesungen und Konzerte, die er veranstaltete, möglichst viele Menschen nicht nur aus seinem Freundeskreis, sondern auch aus der unmittelbaren Umgebung einzuladen.

Er wollte ganz bewusst eine Öffnung.

Aber wir greifen den Dingen voraus.

Hinter dem Eingangstor begann ein breiter, mit viereckigen Steinplatten von unterschiedlicher Größe belegter Weg, der zunächst geradeaus durch den Park verlief und schließlich nach links auf das Haupthaus zuführte. Inzwischen betraten nur noch wenige Menschen das Grundstück und auf diese Weise wurde der unbearbeitete, um nicht zu sagen fast ungepflegte Zustand des gesamten Geländes nur von wenigen wahrgenommen.

Der Mann stand jetzt vor der Eingangstür des Gebäudes. Über dem Portal waren auf einem Fries verschiedene Figuren und Abbildungen zu sehen: eine heilige Cäcilie, ein Gesicht mit einer Maske, ein aufgeschlagenes Buch und eine kleine Figur für die Bildende Kunst.

*Das Haus der Künste* wurde es genannt. Von den einen mit Respekt und Anerkennung, von anderen unter Umständen mit einem etwas ironischen Unterton, manche brachten, wenn sie von dieser ‚Villa Obenvelder' sprachen, aus welchen Gründen auch immer, den üblichen Spott der Außenstehenden und Neider zum Ausdruck.

Der Mann betrachtete die Hausfassade. Da und dort bröckelte der Putz, überall waren kleinere und größere Risse in der Mauer zu sehen. Der eine oder andere Fensterladen hing schief in seiner Verankerung

Er war lange nicht mehr hier gewesen. Vor zwei Wochen hatte er einen Brief von dem zuständigen Notar erhalten, in dem ihm mitgeteilt wurde, dass er sich in die ehemalige Wohnung seiner Eltern begeben möge, denn es würden sich dort noch einige Möbelstücke nebst ein paar Kisten mit allen möglichen Habseligkeiten und Utensilien befinden, die einmal im Besitz seiner Familie gewesen seien, und er wurde gebeten, diese Gegenstände zu sichten und gelegentlich abzuholen. Allerdings war mit der ‚Wohnung' nicht die stattliche Villa vor ihm gemeint, sondern ein anderes, bescheideneres Domizil.

Der Besucher blickte nun nach rechts zu einem kleinen Haus hinüber, das am Ende des großen Gebäudes etwas versetzt im Park stand, fast wie ein kleines Versteck, mitten in einem zusätzlichen Gärtchen: das Haus, in dem er aufgewachsen war, seine Jugend verbracht hatte – und ihr begegnet war. Für einen Moment veränderte sich sein Gesichtsausdruck, wie es bei Menschen bemerkt werden kann, wenn sie sich an ein schmerzliches Ereignis in der Vergangenheit erinnern.

Ja, er hatte vor vielen Jahren hier Menschen verloren. Auf der einen Seite kam es ihm so vor, als hätte sich das tatsächlich in einer anderen, längst vergangenen Zeit zugetragen, und andererseits war es ein gefühltes Gestern.

Doch dann kam er wieder zu sich zurück, als wollte er zumindest für den Augenblick diese Erinnerung verdrängen. Zuerst war es seine Absicht, einen Blick in das Haupthaus zu werfen. Der frühere Hausmeister, Herr Hansen, der inzwischen in einem

Altenheim lebte, hatte ihm bei seinem Besuch mitgeteilt, dass er den Schlüssel wie früher unter einem bestimmten Stein hinter der Georg-Kolbe-Statue finden würde.

Der Mann wandte sich nach rechts, kam zu der Figur, die eine Tänzerin darstellte, und sah sofort wieder den Stein, unter dem der Schlüssel für das Hauptportal bereitlag. Ein paar Meter davon entfernt konnte er noch den Sockel für eine andere Skulptur erkennen, die vor Jahren geraubt worden war – ein *Lastenträger* von Ernst Barlach.

Die Tür gab beim Öffnen ein knarrendes Geräusch von sich, das unangenehm in den Ohren klang. Er kam in den dunklen Flur, knipste eine Taschenlampe an und ging auf eine weitere Tür zu, die in den großen Salon führte.

Dieser hallenartige, hohe Raum war teilweise erhellt, da auf der gegenüberliegenden Seite offensichtlich ein paar Fensterläden heruntergebrochen waren. Schon bei seinen seltenen früheren Besuchen hatte bei ihm diese Atmosphäre dieses unbewohnten Raums, der Abwesenheit und Verlassenheit ein merkwürdiges Gefühl verursacht, das ihn in eine innere Erregung versetzte, die ihn schneller atmen ließ.

Er erschrak, als er den plötzlichen Flügelschlag einer Taube vernahm, die durch die zerbrochene Scheibe eines der oberen Fenster hinausflog.

Die meisten Möbel dieses einstmals reichhaltig ausgestatteten Wohnraums waren verschwunden, nur noch vereinzelt waren ein paar Stücke an eine Wand gerückt worden, oder auch Teile davon, vermischt mit Gerümpel und allem möglichen Unrat.

Wenn ich mir überlege, was für Bilder hier einmal an den Wänden hingen, dachte der Mann, Ferdinand Hodler, Max Liebermann, August Macke, Franz Marc, Max Beckmann, auch ein Bild von Gauguin – und das war nur ein Teil einer größeren Sammlung.

Diese Bilder waren schon vor langer Zeit weggeschafft worden, während beim letzten Mal immerhin noch ein paar

Möbel des Salons und selbst der Bechstein-Flügel an ihrem
ursprünglichen Platz standen. Prosper Obenvelder hatte sich
schon längst in einen anderen Gebäudetrakt zurückgezogen.
À propos Flügel, ging es ihm durch den Kopf.
Er ging auf ein zusammengebrochenes, schwarzes Möbelstück
zu.
Der große Korpus des Instruments lag platt auf dem Boden,
die Abdeckung verschoben, ein paar Saiten hingen wie
Eingeweide über den Rand.
Merkwürdig, dass der Klavierstuhl noch an seinem Platz stand.
Mira, dachte der Mann.
Er sah sie wieder auf diesem Stuhl sitzen und spielen. So,
wie er sie sein ganzes Leben lang immer gesehen hatte: Für
ihn war sie wie eine zaubernde Elfe, mit all ihrer Zartheit,
Schönheit und Eleganz. Wie sie auf dem Stuhl saß, den Kopf
senkte, die Hände auf die Tasten legte und den arpeggierten
A-Dur-Akkord folgen ließ. Dieser Akkord mit seinen langsam
nachtropfenden Tönen, dann das schnelle Vorwärtsstürmen
der dicht aufeinanderfolgenden Achtelnoten, sogenannte
‚Seufzer-Sekunden‘, wie ein erster, heftiger Windstoß. Ihre
halblangen, dunkelbraunen Locken umspielten dabei ihr
Gesicht.
Beethovens *Sturm-Sonate*!
Der Mann lächelte nun ein wenig vor sich hin. Im Grunde
immer wieder diese üblichen Legendenbildungen, dachte
er. Anton Felix Schindler, der Sekretär des Komponisten
hatte überliefert, dass Beethoven im Zusammenhang mit
dieser Sonate einmal die Bemerkung gemacht habe, man
müsse William Shakespeares *Sturm* lesen. Solche angeblichen
Behauptungen geistern immer wieder durch die Musikwelt.
Ähnlich wie bei der *Mondscheinsonate*, einem Werk, das nie
und nimmer etwas mit Mondschein zu tun hat. Dann schon
vielleicht eher Beethovens Sonate mit *Der Sturm*.
Mira! Damals war diese Sonate eine Zeitlang ihr Lieblingsstück
gewesen, das sie oft gespielt hatte.

Der Mann ging jetzt schnell zurück, als könnte er den Raum nicht rasch genug verlassen. Er schloss ab, legte den Schlüssel zurück und eilte zu dem Haus seiner Kindheit hinüber, dem Domizil für den Hausmeister. Das *Gartenhaus*, wie es damals genannt wurde. Auch dort fand er, wie in früheren Zeiten, sofort wieder den Schlüssel zur Eingangstür.

Er durchschritt den Flur, begab sich in die Küche. Er öffnete den Fensterladen. Hier war tatsächlich alles noch ein wenig wie früher: eine Eckbank mit Tisch und zwei Stühlen, die Herdstelle, das Abwaschbecken, der Kachelofen. Von hier aus wurde der größte Teil des Untergeschosses beheizt.

Auf der rechten Seite des Küchenschranks befand sich auf der Ablage ein Karton mit ein paar alten Fotografien. Gleich obenauf ein gerahmtes Bild. Das waren doch seine Eltern! Hatte das jemand absichtlich hier hingelegt? Auf der Rückseite des kleinen Rahmens standen die Namen. Karl und Ellen Bronnen. Er selbst hieß Albrecht Karl Bronnen. Den zweiten Vornamen erwähnte er allerdings nie. Und wenn er nun eine kleine Rührung bei der Betrachtung der Fotografie spürte, hatte das vor allem mit seiner Mutter zu tun.

Albrecht Bronnen hatte keine besonders gute Erinnerung an seinen Vater. Es gab eine Zeit, da hatte er ihn gehasst. Im Laufe der Jahre war er, wie das bei vielen Menschen zu sein pflegt, in der Einschätzung der Erziehungsfähigkeiten seiner Erzeuger etwas milder geworden oder sollte er besser sagen, gleichgültiger, abgestumpfter? In seinen Augen war die vergehende Zeit nicht dazu da, irgendwelche früh geschlagenen Wunden zu heilen, sondern eher, um sie zu verdrängen, wegzuschieben, als würde sein Ich einfach darin Gefallen gefunden haben, sich Dingen zuzuwenden, die wichtiger waren, und er fand, dass es sich eigentlich nicht lohnte, an bestimmte Zeiten seines Lebens allzu viele Gedanken zu verschwenden.

Andererseits war ihm, auch aufgrund seiner eigenen Lebenserfahrung, nicht entgangen, dass er das nicht alles von seinem

Kopf aus steuern konnte, und manchmal brach sich ins Unterbewusste Abgeschobenes mit einer Vehemenz Bahn, dass ihm dabei fast schwindlig wurde.

Sein Vater, Karl Bronnen, war einige Jahre Prosper Obenvelders Hausmeister gewesen.

Albrecht entnahm gleichsam in alter Gewohnheit dem Küchenschrank ein Glas und hielt inne. Sicher war das Wasser abgestellt. Doch als er wider besseres Wissen den Wasserhahn aufdrehte, wunderte er sich. Nach einem kurzen Zischen schoss eine braune Brühe heraus, Wasser, das jedoch nach und nach immer klarer wurde, bis er schließlich das Glas damit füllte und nach dem ersten Schluck den Eindruck hatte, dass man diese Flüssigkeit wohl doch ohne Bedenken trinken könne.

Er legte seinen leichten Mantel ab, der ihm ohnehin zu warm geworden war, setzte sich auf die Eckbank, legte die Beine hoch, machte es sich bequem. Unwillkürlich lächelte er vor sich hin. Nun spielte er seinen Vater nach, der sich genau auf diese Weise in Position gebracht hatte, um in das kleine Fernsehgerät zu starren, das früher auf einer Stellage an der gegenüberliegenden Wand vor sich hin flimmerte.

Ehe er sich einfach seinen Erinnerungen überlassen wollte, fiel ihm ein, dass er noch einen Blick auf das Inventar und die Kisten werfen sollte. Er stand auf, öffnete die Tür zu dem kleinen Wohnzimmer und leuchtete mit seiner Taschenlampe in die gute Stube hinein. Was er sah, setzte ihn in Erstaunen. Der gesamte Raum war mit größeren und kleineren Kisten und sonstigen Behältnissen vollgestopft.

Das wird Tage dauern, dachte er, hierbei kann es sich doch nicht nur um Dinge aus dem Bestand meiner Familie handeln! Er schloss die Tür wieder mit einer raschen Bewegung. Viel mehr Arbeit, als er sich vorgestellt hatte, wartete hier auf ihn. Albrecht blieb mitten im Raum stehen und hob fast resigniert die Schultern.

Auf einmal fröstelte es ihn ein wenig. Er hatte das Gefühl, als wäre plötzlich ein Windstoß um und in das Haus gegangen. Er blickte durch das Fenster in den Park hinaus. Alles schien ruhig zu sein, jedenfalls sah er keine Bewegung.

Es klopfte an der Haustür.

Als er öffnete, stand ein hochgewachsener, schlanker alter Mann mit schlohweißen Haaren in leicht gebückter Haltung vor ihm, der ihn ein wenig verschmitzt anlächelte.

Was kann ich für Sie tun?, fragte Albrecht und tat so, als würde er den Mann nicht erkennen.

Nun begann der Mann zu lachen, mit einem beinahe jugendlichen, hohen Ton.

Albrecht, sagte er schließlich, fast hätte ich dir diesen Schabernack geglaubt.

Leria! Du hier?

Ja! Und wie du siehst, lebe ich noch.

Ehe Albrecht sich versah, war der Mann so flink wie ein Wiesel an ihm vorbeigetippelt und stand lachend mitten in der Küche.

Lass dich ansehen. Nun ja, ein wenig älter bist du schon geworden, das lässt sich nun mal nicht verleugnen …

Danke gleichfalls, sagte Albrecht ungerührt.

Verrückt, dachte Albrecht. Dieser Leria! Die Hundert sind nicht mehr weit.

Dann umarmten sie sich wie alte Freunde, denn das waren sie seit Albrechts Jugendtagen.

Albrecht und alle Menschen, ob sie nun hier gewohnt hatten oder als Gäste gekommen waren, nannten ihn Leria. Das war immer so gewesen. Alle hielten sich daran, ohne irgendwelche Fragen zu stellen.

Hör zu, fuhr dieser gleich fort, ich muss noch kurz etwas erledigen. Dann kommst du gleich zu mir herüber …

Du wohnst also immer noch hier, sagte Albrecht.

Natürlich. Was hast du denn gedacht? Gleich gegenüber. Du erinnerst dich doch an die Kellertreppe neben dem hinteren Eingang?

Das ist mir durchaus noch bekannt. Aber … drunten im Keller?

Sagen wir in zwanzig Minuten, sagte Leria lachend.

Und ebenso rasch wie er ins Haus gekommen war, eilte er wieder hinaus.

Merkwürdig genug, dass ich Leria hier treffe! Und er ist tatsächlich hiergeblieben, dachte Albrecht. Wie ist das möglich? Das Haupthaus ist doch längst verlassen. In früheren Zeiten – aber das war etwas anderes.

Leria war immer hier gewesen, seit er denken konnte. Der gute Geist der Familie Obenvelder. Er war vor allem Prosper sehr zugetan, war immer zur Stelle, regelte sofort alles, war stets bemüht. Er war viel mehr als ein Diener, hatte aber auch nicht die Aufgabe des Bedienens und Auftragens in der Art eines Butlers, denn dafür waren, allerdings nur bei entsprechenden Anlässen, andere zuständig.

Leria war aber auch mehr als ein Privatsekretär. Denn er beriet den Hausherrn in vielen Belangen, war ein ausgesprochenes Organisationstalent, half bei den Engagements der Künstlerinnen und Künstler, redete bei der Programmgestaltung mit und war selbst ab und zu der Diskussionsleiter bei den Theateraufführungen.

Die Aufführungen, dachte nun Albrecht, das Theater war die große Leidenschaft derer, die hier früher das Sagen hatten.

Und er erinnerte sich daran, dass ihm Leria einmal anvertraut hatte, dass er selbst gerne Schauspieler geworden wäre. Aber sonst hatte er nie viel über sich erzählt, über seinen Werdegang, über seine Jahre, bevor er ins Obenveldersche Haus gekommen war. Albrecht kam zu Bewusstsein, dass er eigentlich kaum etwas darüber wusste, wie Leria, der gut und gerne zwanzig Jahre älter als Prosper sein musste, sein Leben angegangen war, welchen Beruf er erlernt und wie er sich durch die Zeit des ‚Großdeutschen Geschreis' gebracht hatte. Er kannte ihn nur als einen stets tätigen Menschen, der überall zugange war, bei allem mitmischte, keiner Diskussion und keinem Gespräch aus dem Weg ging – und ein großes Wissen besaß.

Dennoch hatte man nie den Eindruck, dass er sich etwa besonders wichtig genommen hätte, denn die Art und Weise, wie er seine unermüdliche Geschäftigkeit umsetzte, zeigte sich eher unauffällig, beinahe wie *hinter den Kulissen*.

Albrecht warf einen Blick auf die Uhr. Er stand auf, trat aus dem Haus, schloss ab, steckte den Schlüssel in die Tasche und ging in den Garten hinaus.
Sein Weg führte ihn zur großen Linde, die neben der Westseite des Haupthauses ihre gewaltigen Ausmaße zur Schau stellte. Dieser Baum war schon vor einigen Jahrhunderten gepflanzt worden, überragte mit seinen fast dreißig Metern das Gebäude bei weitem und war der älteste Zeuge des ganzen Anwesens.
In den Sommermonaten hatte Prosper bei entsprechendem Wetter oft Stühle und Tische auf den Platz vor dem Baum stellen lassen, damit seine Gäste Musikdarbietungen aller Art beiwohnen, Diskussionen austragen oder Lesungen und Vorträgen zuhören konnten.
Für das Schauspiel gab es den sogenannten ‚Anbau', eine besondere Räumlichkeit auf der Rückseite des Gebäudes, der sich jedoch gut in die Gesamtanlage einfügte. Eine Bühne mit einem kleinen Saal, in dem bis zu sechzig Menschen Platz finden konnten. Dort fanden neben den Theateraufführungen immer wieder Solo- oder Kammerkonzerte und ab und zu auch Kunstausstellungen statt.
Albrecht kam schließlich zu der Kellertreppe an der Villa, die, wie er sich erinnerte, vor allem zu Vorrats- und Abstellräumen hinabging. Rechts davon eine Hintertür, die zu den Zimmern darüber führte. Er blickte zu den Fenstern mit den geschlossenen Läden hinauf.
Dort hatte Prosper gewohnt, hier hatten sich sein Büro und sein Schlafzimmer befunden.
Albrecht ging die Stufen hinunter. Die Eingangstür war halb geöffnet, er klopfte an, keine Reaktion. Er klopfte nochmal,

etwas lauter, trat schließlich ein und staunte. Das hatte nichts mit einem Abstellraum zu tun.

Er stand in einer Art Wohnzimmer, viel größer, als er dieses Gelass in Erinnerung hatte, ausgelegt mit einem bunt bemusterten Teppich, der ihm bekannt vorkam. Auf der linken Seite befand sich ein kleiner Tisch mit zwei Stühlen. Auf dem Tisch stand ein Stövchen mit einer silbernen Kanne über einem brennenden Teelicht, daneben ein Teller mit Kuchen und Gebäck. An der Wand vor ihm ein Sofa, das wohl noch aus Prospers Möbelbestand hierhergekommen war, ebenso wie eine Reihe von Möbelstücken, kleinen Schränken, einem Sekretär und zwei weiteren Stühlen, einer Liege und einem Musikschrank.

Doch dann fiel sein Blick auf ein paar Bilder an den Wänden. Albrecht trat näher.

Ein Gauguin. Nein, das heißt d e r Gauguin! Und hier? Zwei Zeichnungen von Picasso. Und ein Kokoschka, André Derain, Salvador Dali …

Natürlich erinnerte er sich an all diese Bilder, die er in einer weit zurückliegenden Zeit immer wieder gesehen und bewundert hatte.

Albrecht hatte halblaut vor sich hingesprochen, als er plötzlich einen Luftzug spürte, und neben ihm sagte eine bekannte Stimme:

Keine Angst, das sind alles Reproduktionen.

Das sind … Reproduktionen?

Leria lächelte ihn schelmisch an.

Was meinst du dazu? Sind sie nicht täuschend echt?

J..ja! Entschuldige bitte, ich bin einfach so hereingeplatzt, die Tür war offen …

Kein Problem, mein Lieber! Ich habe dich ja erwartet. Du glaubst doch nicht, dass ich einfach so die Tür offenstehen lassen würde – er deutete auf die Bilder – wenn die echt wären!

Weiß es … denn niemand?, fragte Albrecht, ich meine, es

könnte doch sein, dass jemand glaubt ...

Leria lachte.

Kaum! Du bist nun der Erste.

Ach, ja?

Albrecht erinnerte sich daran, dass man bei Leria immer ein wenig auf der Hut sein musste, da er ständig mit den Leuten seinen Schabernack spielte.

Komm, setzt dich! Wir trinken eine Tasse Tee.

Als Leria den Tee eingeschenkt und jedem von ihnen ein Stück Kuchen auf den Teller gelegt hatte, fragte ihn Albrecht unumwunden, wie er es denn angestellt habe, hier wohnen zu können und überhaupt.

Leria setzte schon wieder sein verschmitztes Lächeln auf.

Ich will dich nicht zu lange auf die Folter spannen. Prosper hat testamentarisch verfügt, dass ich hier ein lebenslanges Wohnrecht habe.

Albrecht blickte sein Gegenüber verdutzt an.

Aber ... hier wohnt doch sonst niemand mehr, Herr Hansen ist weg und ...

Das ist richtig, aber solange ich hier eine Bleibe habe, wird sich dennoch nichts ändern. Klar, dass schon seit Jahren Anfragen bei mir eingehen. Das Grundstück ist wohl heiß begehrt.

Dann bist du ... derjenige, welcher?

Nicht unbedingt. Prosper hat auf jeden Fall festgelegt, dass alles so bleiben muss, wie es ist. Erst mit meinem Ableben können sich irgendwelche Grundstücksspekulanten, eine Spezies, die hier und anderswo nicht allzu selten anzutreffen ist, um das Terrain streiten. Die Kunstsammlung, die ich bis jetzt, zusammen mit unserem alten Treuhänder Dr. Lagonzo noch verwalte, geht, so wurde es verfügt, bis auf wenige Bilder, an verschiedene wichtige Museen. Ein nicht ganz unwesentlicher Teil des Vermögens soll an Stiftungen und gemeinnützige Einrichtungen gehen.

Albrecht sah ihn erstaunt an. Leria breitete seine Arme aus und sagte:

Das ist nun mal so. Direkte Verwandte gibt es nicht mehr. Prosper hatte eine Schwester, die mit elf Jahren starb, und einen Halbbruder, der sowieso nicht erbberechtigt war.

Seltsam, sagte Albrecht. Das kann man sich gar nicht richtig vorstellen.

Was meinst du?

Nun, dass dies alles bald Vergangenheit sein wird. Eine alteingesessene Familie dieser Stadt, das Haus, der Park, Prospers großer Traum ... und damit auch alles, was sich hier jemals abgespielt hat ...

Das geschieht nicht zum ersten Mal, mein Freund. Der berühmte Lauf der Dinge. Ich habe in meinem Leben schon so viele Menschen kommen und gehen sehen. Die Träume, die dabei geträumt wurden, könnte ich schon gar nicht mehr zählen.

Das hat etwas Absurdes, sagte Albrecht, dass jeder Traum von etwas am Ende ein Nichts bedeutet.

Albrecht, man sollte aber nicht vergessen, dass uns eben diese Träume am Laufen halten. Ich bin überzeugt, dass wir ohne eine Hoffnung dieses Dasein nicht durchstehen würden.

Wenn du meinst, sagte Albrecht mit einem kleinen Lächeln. Dann bin ich ja fast ein Lebenskünstler wider Willen.

Lassen wir heute lieber dieses Thema beiseite, unterbrach ihn Leria, aber ... was diese Vergänglichkeit als solche anbelangt, habe ich nachher noch ein Anliegen an dich.

Ein Anliegen? Welcher Art?

Gedulde dich noch einen Moment.

In diesem Augenblick läutete das Telefon.

Ja? Ich komme gleich.

Der Gärtner, sagte Leria. Ich lasse ihn geschwind herein. Ein paar Sachen lasse ich noch richten. Ein bisschen schneiden und mähen. Ich bin gleich wieder hier.

Prosper hat ihm sicher genug Geld hinterlassen, dachte Albrecht, aber das wollte er Leria nicht unumwunden fragen.

Von dieser Wohnung aus war Prosper auch von Leria versorgt worden. Auf der linken Seite eine Tür zu einer kleinen Küche. Daneben war ein Vorhang zu sehen, hinter dem eine Wendeltreppe nach oben zu Prospers Zimmer führte.

Prosper war die letzten beiden Jahre vor seinem Tod, da er wegen eines schweren Schlaganfalls fast bewegungsunfähig war, auf eine Vollzeitpflege angewiesen gewesen. Leria tat sein Möglichstes, aber er wurde bald von einem Pflegedienst unterstützt. Allein hätte er das nicht bewältigen können.

Albrecht war nur noch selten in die Stravenfordstraße gekommen. Von seiner Familie lebte zu diesem Zeitpunkt niemand mehr. Nach dem Tod seiner Mutter war ein neuer Hausmeister, Herr Hansen, eingestellt worden. Prosper hatte sich schon vor seiner Erkrankung mehr und mehr zurückgezogen.

Albrecht dachte mit einer gewissen Wehmut an den Lebensweg seines Förderers und Freundes, der ab einem bestimmten Punkt durch einen Schicksalsschlag nur noch abwärts führte. Schon bald danach litt er immer wieder unter Depressionen. Viele Jahre nahm er Medikamente ein, von denen er immer größere Mengen verbrauchte, ohne dass sich sein Gesamtzustand dadurch entscheidend verändert hätte. Dazu kam ein fast pathologischer Unruhezustand. Immer wieder war er unterwegs. Irgendwohin, rastlos, fast hätte man sagen können ziellos, mit einem Anflug von Abarbeitung seiner Lebenszeit. Rein äußerlich hätte man von einer nicht uninteressanten Reisetätigkeit sprechen können, aber, wie auch Leria verschiedentlich angedeutet hatte, handelte es sich vielleicht eher um ein ruheloses Sich-Treiben-Lassen bis an die entlegensten Orte dieser Erde.

Albrecht erinnerte sich an seinen letzten Versuch, mit Prosper Kontakt aufzunehmen, als dieser gesundheitlich schon etwas angeschlagen war. Er hatte das große Tor geöffnet, war den Weg zur Villa gegangen und hatte am Hauptportal geläutet. Nichts geschah, auch beim zweiten Mal hatte sich nichts getan. Auf einmal hatte er die typische Luftbewegung gespürt, die stets mit Lerias Ankunft zusammenhing. Leria hatte neben ihm gestanden und ihm zugelächelt. Aber in diesem Lächeln war nichts Verschmitztes oder gar Listiges. Es war ein melancholisches Lächeln, das eine gewisse Unausweichlichkeit zum Ausdruck brachte.

Albrecht, du bist gekommen, hatte er gesagt und hinzugefügt: Gehen wir ein wenig im Garten spazieren.

Sie waren durch den großen Garten gewandert und hatten die ganze Zeit über alle möglichen belanglosen Tagesereignisse gesprochen, als würde es ihnen schwerfallen, die Dinge beim Namen zu nennen.

Als sie wieder am Eingangstor angekommen waren, sagte Leria nur,

Er will nicht nur dich nicht mehr empfangen, er möchte niemanden mehr sehen. Das müssen wir akzeptieren.

Ohne Zweifel. Es blieb ihnen allen schließlich nichts anderes übrig. Es war schwer gewesen, sich mit der neuen Situation zurechtzufinden, wie immer, wenn etwas über eine lange Zeit hin Vertrautes plötzlich abbricht.

Das wäre erledigt, sagte Leria, als er aus dem Garten zurückkehrte.

Möchtest du etwas trinken? Vielleicht einen Sherry? Oder ein Glas Portwein?

Gerne einen Portwein, sagte Albrecht.

Während Leria das Getränk einschenkte, fragte ihn Albrecht nach dem ‚Anliegen‘, von dem sein Freund vorher gesprochen hatte.

Wenn du deine Tätigkeit im ‚Gartenhaus‘ aufnimmst, wirst du auf viele Dinge stoßen, die du einfach entsorgen kannst, begann Leria. Das dürfte sicher nicht viel Zeit in Anspruch nehmen. Dann würde ich dir raten, zuerst die dunkelblauen Kartons zu durchforsten. Darin befinden sich nämlich die ganzen Unterlagen der beiden Familien Obenvelder und Bronnen ...

Albrecht setzte sein Glas ab, als er gerade einen Schluck trinken wollte und blickte Leria ein wenig konsterniert an.

Bitte?

Schau nicht so entgeistert. Lass mich es dir erklären. Vorhin sprachen wir über die Vergänglichkeit. Prosper und ich haben schon einige Monate vor seiner Krankheit darüber gesprochen, dass du das eine oder andere Ereignis aus der Familiengeschichte der Obenvelders noch besser kennenlernen solltest. Aber nicht nur das. Darüber hinaus ist es Prosper vor allem wichtig gewesen, dass du eine kleine Kulturgeschichte dieses Hauses, eine Art Chronik erstellen sollst …

Albrecht streckte die Arme aus, als wollte er ein solches Unterfangen von vornherein zurückweisen …

… lass mich ausreden, mein Freund. Wir haben damals beide übereinstimmend gesagt, dass du dafür der richtige Mann bist.

Albrecht versuchte noch eine Gegenrede.

Aber in dem Brief des Notars war doch nur von einer ‚Sichtung des Materials‘ die Rede und …

Leria wurde nun sehr ernst – eine Spur zu sehr, dachte Albrecht.

Ich möchte dir eine Sache ans Herz legen. Es geht doch auch um die Tätigkeit von Prosper. Seine Arbeit als Kunstsammler, Kunstmäzen und Initiator von Ausstellungen, Konzerten, Theateraufführungen und sonstigen Präsentationen aller Art sollte gewürdigt werden. Du bist hier mit all diesen Dingen aufgewachsen, wurdest von vielem maßgeblich beeinflusst, auch von Prosper gefördert, hast später studiert …

An dieser Stelle stand Albrecht auf.

Leria, darüber muss ich erst einmal nachdenken … bitte, gib mir bitte ein wenig Bedenkzeit … ich … habe von damals viel verdrängt, aber …

Leria ging zu Albrecht hin und legte ihm eine Hand auf die Schulter.

Ich weiß, dass dies alles wieder alte Wunden aufreißen kann. Das war uns bewusst. Aber könntest du dir nicht vorstellen, dass bestimmte Ereignisse, die nun schon Jahrzehnte zurückliegen, dadurch auch ‚aufgearbeitet‘ würden?
Mira, sagte Albrecht leise.
Ich weiß, mein Freund. Mir ist auch klar, dass das für dich nicht einfach ist. Komm, lass uns noch ein wenig nach draußen gehen.

Sie wanderten durch den Garten bis in den hintersten Winkel und setzten sich auf eine Bank am ‚Nixenteich‘. Eine Tante von Prosper hatte einst als kleines Mädchen dieses Gewässer so genannt und auf diese Weise war der Name beibehalten worden.
Für Albrecht stellten sich sofort wieder die Erinnerungen ein. Wie oft haben wir hier Märchen gespielt: Wir wandelten die alten Erzählungen um, wir waren selbst die Figuren in den Stücken, variierten sie, führten sie oft zu überraschenden Lösungen. Mira war die ‚schöne Lilofee‘ und ich ‚der wilde Wassermann‘, der aber niemals böse sein durfte – und die ‚Lilofee‘ niemals traurig. Auch wenn wir beide durch Höhen und Tiefen gingen, die Wellen über uns zusammenschlugen, am Ende saßen wir glücklich auf der Bank vor dem See und hatten allen Widrigkeiten getrotzt. Viele Geschichten wurden auf ähnliche Art und Weise im Park aufgeführt. Es war die wunderbare Zeit unserer Märchenspiele. Sogar Miras Mutter hatte einmal mitgespielt.
Ich kann mir denken, was dir im Moment durch den Kopf geht, sagte Leria.
Albrecht nickte.
Ich dachte an die alten Kinderspiele, sagte er. Verrückt, was wir für Fantasiestücke umgesetzt haben. Tja, das muss ein anderes Zeitalter gewesen sein, die sogenannte Televisionsära hatte zwar schon begonnen, aber noch nicht in ihrer späteren Dominanz. Leria lachte ein wenig in sich hinein.

Prosper hat seiner Tochter nur hin und wieder eine Fernsehstunde erlaubt, sagte er.

Wir hatten erst spät ein kleines Gerät angeschafft, sagte Albrecht. Ich war damals vielleicht elf Jahre alt. Aber es durfte natürlich nur von meinem Vater eingeschaltet werden und die meisten Sendungen, die er ansah, interessierten mich schon bald nicht mehr.

An eine Sache kann ich mich aber auf jeden Fall erinnern, sagte Leria. Früher konnte man im Fernsehen regelmäßig Theaterstücke ansehen. Das waren noch Zeiten!

Als ich ein paar Jahre älter war, haben wir einmal alle zusammen Shakespeares *Kaufmann von Venedig* angeschaut, erinnerst du dich noch?, fragte Albrecht.

Klar. So etwas vergisst man nicht, rief Leria. Fritz Kortner als Shylock. Ich kannte ihn von München her.

Du und Prosper, ihr habt mir damals viele Sachen erklärt, sagte Albrecht – und nach einer Pause – nicht nur mir.

Ich weiß, mein Freund. Darf ich dich etwas fragen?

Albrecht blickte ihn an wie jemand, der sich beinahe denken kann, was der Frager vielleicht wissen will, aber der unter keinen Umständen zu viel von sich preisgeben möchte.

Es hat immer wieder längere Zeitabschnitte gegeben, in denen wir nicht allzu viel voneinander wussten, begann Leria. Aber eine Sache hat mich lange Zeit beschäftigt. Übrigens steht es dir völlig frei, ob du darauf antworten willst oder nicht. Du ... bist doch nicht immer allein geblieben?

Albrecht blickte auf den Teich, als wollte er die zahlreichen Seerosenblätter zählen.

Nun ja, sagte er nach einer längeren Pause, es gab ... schon Versuche. Aber lassen wir das für heute. Ich möchte nun eigentlich gehen. Außerdem bin ich auch ein wenig müde.

Leria sah ihn an.

Bist du zufrieden mit deinem Zimmer im *Hotel Meierhof*?

Natürlich. Von dort aus bin ich in knapp zwanzig Minuten hier.

Ha. Wie zu früheren Zeiten, wenn Besuch kam, den wir hier

nicht unterbringen konnten oder wollten, sagte Leria. Eines möchte ich noch sagen, Albrecht, wenn du Unterstützung brauchst oder wenn ich dir auf irgendeine Art behilflich sein kann, kannst du jederzeit auf mich zählen.

Danke, das ist lieb von dir. Ich habe mir zunächst zehn Tage frei genommen. Aber das, was hier auf mich wartet, lässt sich in dieser Zeit kaum bewältigen, außerdem ...

Wir kriegen das schon hin, unterbrach ihn Leria ...

Albrecht hob beide Hände hoch ... außerdem habe ich noch nicht endgültig zugesagt. Schon Mitte nächster Woche habe ich einen Termin in München. Gerhard Oppitz spielt im Herkules-Saal.

Schreibst du immer noch für die *Süddeutsche*?, fragte Leria.

Nicht nur. Als freier Journalist bin ich für mehrere Zeitungen aktiv. Dazu kommt die Mitarbeit an verschiedenen Musik- und Theaterzeitschriften. Aber das weißt du ja selbst.

Doch du bist freier Mitarbeiter! Da kannst du dir deine Zeit einteilen, sagte Leria.

Wie du dir das so vorstellst! Daneben gebe ich auch noch für verschiedene Institutionen Kurse in Sachen Kultur-Management. Gut, das mag zeitlich begrenzt sein. Aber zufällig muss ich solche Sachen auch vorbereiten. Es muss dir doch klar sein, dass sich meine Arbeit nicht nur auf ein paar Musikkritiken bezieht.

In Ordnung, sagte Leria. Dann dauert diese Arbeit eben länger. Du lässt dir Zeit, kommst immer dann hierher, wenn es dir möglich ist.

Wie viele Jahre gibst du mir denn?, fragte Albrecht lächelnd.

Wir müssen nicht gleich übertreiben, aber ... ich fühle mich eigentlich noch recht gut. Was ich vielleicht auch nebenbei erwähnen sollte, du wirst dafür durchaus eine gewisse finanzielle Unterstützung bekommen.

Was du nicht sagst, Leria. Aber, wie ich mich auch immer entscheide, Geld werde ich dafür nicht nehmen. Dafür verdanke ich Prosper zu viel. Aber ... der Faktor Zeit kann dir doch nicht völlig gleichgültig sein?

Leria dachte einen Moment nach.

Ach, weißt du, das mit der Lebenszeit ist so eine Sache. Ich habe mir schon lange abgewöhnt, diesem Umstand eine größere Beachtung zu schenken. Ich habe mein Leben gehabt – und es war ein interessantes Leben. Ich hinterlasse keine Lücke, es bleibt niemand zurück, der meinen Tod bedauern könnte.

Ich versichere dir, dass ich ab und zu an dich denken werde.

Zu gütig, mein Freund. Ich werde es zu schätzen wissen. Aber nun zurück zu unserem ‚Anliegen': Für mich ist nur wichtig, dass du es angehst. Natürlich weiß ich, dass irgendwann meine Zeit zu Ende geht. Manchmal, wenn ich die Bäume hier ansehe, habe ich das Gefühl, als wäre ich so alt wie sie alle zusammen. Und wenn meine Zeit kommt, werde ich mich in den Wind legen, ich hoffe, dass es ein Sturm sein wird. Dann werde ich fliegen. Der Sturm wird mich verwehen und ich werde nirgendwo landen. Denn, verstehst du, wenn jemand den Wind so liebt wie ich, wird er sich mit ihm vermählen und es gibt keinen Punkt, an dem ich noch zu finden wäre. Meine Zeit – verweht mit dem Wind.

–

Später, nach einem guten Essen im Restaurant seines Hotels, saß Albrecht noch bei einem Glas Rotwein an einem Tisch im Freien neben einem Flussarm, dessen ockerfarbenes Wasser sich kaum zu bewegen schien. Nur da und dort deuteten eine Bewegung im Wasser oder kleine konzentrische Kreise auf der Wasseroberfläche an, dass Leben im Fluss war.

Er blickte auf das intensive Grün der langen, herabhängenden Äste und Zweige der Trauerweiden an beiden Uferseiten, unterbrochen von ein paar vertäuten Booten oder da und dort von einer kleinen Terrasse. Ein friedliches Bild, das sich ihm darbot, das aber dennoch nicht vermochte, seine innere Erregung zu beseitigen.

Er hatte lange über das vorherige Gespräch nachgedacht. Eigentlich hat mich Leria schon überredet. Was für eine seltsame Wohngemeinschaft waren diese beiden alten Männer! Da lebten sie in diesem Teil des Hauses vor sich hin, um irgendwann den Tod zu erwarten und rings herum verkommen und zerfallen ganze Gebäudetrakte.

Albrecht schauderte es ein wenig bei diesen Gedanken.

Doch es war noch etwas anderes dazugekommen, das sich in seine Gedanken einnistete. Er war sehr neugierig auf die ,dunkelblauen Kartons‘, von denen Leria gesprochen hatte. Würde er tatsächliche noch Dinge erfahren können, die ihm bisher verborgen geblieben waren?

Leria hatte doch bestimmt einen Plan im Hinterkopf.

Dieser gute und listige Geist des Hauses war schon immer, seit er zurückdenken konnte, eine wichtige Bezugsperson für ihn gewesen. Wie oft war er zu ihm geflohen, wenn ihn sein Vater entsprechend behandelt hatte.

Leria war es auch, der Albrecht später vieles von dem berichtete, was er als Kind nicht wissen konnte, etwa auch die Geschichte seines späteren ,Ziehvaters‘ Prosper Obenvelder.

Albrechts richtiger Vater, der sich in vielen Berufen versucht hatte, sah sich manchmal als verkannten Künstler an. Er malte leidlich, er schrieb, spielte ein wenig Klavier und trachtete danach, sich aus allen möglichen Bereichen ein paar Wissensbrocken anzueignen.

Karl Bronnen war Mitte der dreißiger Jahre des vorigen Jahrhunderts als Sohn eines Lehrers geboren worden. Er war als Nachkömmling das jüngste von vier Kindern in einer Familie, die von dem *Pater Familias* mit *harter* und, wie dieser glaubte, auch *gerechter* Hand regiert und erzogen wurde. Die ‚gerechte' Hand prügelte sich durch die verschiedenen Altersstufen, zwischen Schule und häuslicher Erziehung gab es keinen Unterschied. Nur so konnten Respekt und Achtung erzeugt werden. Diese Art der Disziplinierung und der damit verbundene Kadavergehorsam gefiel nicht nur dem Großvater von Albrecht, sondern auch den vielen Zeitgenossen, die ihrem damaligen *Führer*, der natürlich eben diese ‚Tugenden' verinnerlicht hatte, überallhin folgten. So auch Willy Bronnen, der es in der Armee bis zum Hauptmann brachte und der, wie erzählt wurde, angeblich erhobenen Hauptes in Nordafrika bei *El Alamein* den Heldentod starb. Karls Mutter blieb mit vier Kindern zurück und schlug sich wacker durch die Nachkriegszeit. Die älteren Geschwister, zwei Brüder und eine Schwester, kamen in ihren verschiedenen Berufen voran und unterstützten ihre Mutter, die zusammen mit der Familie ihrer Tochter in ihrem Haus lebte, so gut sie konnten. Auf diese Weise war es möglich, dass Karl später die ‚Oberschule' besuchen konnte.

Schon während seiner Volksschulzeit und später auch auf der weiterführenden Schule zeigten sich ein paar Anlagen, aus denen vielleicht der eine oder andere etwas hätte machen können.

Aber ausdauerndes Arbeiten, überhaupt deutliche Ansätze von Fleiß oder vielleicht auch Ehrgeiz an der richtigen Stelle waren nicht unbedingt seine Sache. So brach er schließlich die Schule zwei Jahre vor dem Abitur ab und begann eine Lehre als Drucker. Auch das nur, um sich nebenbei mit vorbereiteten

Bildermappen an der Kunstakademie der Landeshauptstadt zu bewerben.

Allerdings schlugen alle diese Versuche, die er mehrmals wiederholte, fehl. Er brach die Druckerlehre ab und begann eine Ausbildung bei einem Buchhändler. Er las in der Tat sehr viel, schlang alles in sich hinein, was er bekommen konnte, frequentierte auch die Stadtbücherei. Schon damals prahlte er bei bestimmten Gelegenheiten häufig mit seinem angelesenen Wissen, vor allem dann, wenn ein weiterer Zug von ihm in Erscheinung trat, nämlich das zunehmende Konsumieren von alkoholischen Getränken.

Während seiner Zeit auf der Schule war er mehrere Jahre in derselben Klasse wie Prosper Obenvelder gewesen. Damals freundeten sie sich ein wenig an, verloren sich aber wieder aus den Augen. Doch später begegneten sie sich immer wieder in der Buchhandlung, in der Karl arbeitete. Beide lasen mit Begeisterung amerikanische Schriftsteller wie William Faulkner, John Steinbeck oder Ernest Hemingway. Für Prosper kamen aber auch Autoren aus den europäischen Ländern dazu, vor allem Franzosen, Albert Camus, Jean-Paul Sartre oder Roger Martin du Gard. Nicht zu vergessen die ‚neuen' deutschen Autoren der *Gruppe 47*. Ein Lesekreis bildete sich heraus, deren Mitglieder sich regelmäßig trafen, um nicht nur über Bücher, sondern auch über Gott und die Welt oder auch über eine Welt ohne Gott zu diskutieren. Auch als Prosper sein Studium begonnen hatte, nahm er immer wieder mal an diesen Treffen teil.

In der Buchhandlung hatte Albrechts Vater eine junge Frau, Ellen, kennengelernt, die ebenfalls diese Ausbildung durchlaufen hatte, umgarnte und verführte sie in relativ kurzer Zeit, eine Aktivität, die alsbald bestimmte Folgen zeigte. Ellens Vater, ein Maurermeister, dem die Freude an Büchern bei seinem Kind schon immer ein Dorn im Auge gewesen war und der Buchhändler grundsätzlich verachtete, warf seine Tochter aus dem Haus und die ganze Familie brach für lange Zeit jede Verbindung mit ihr ab.

Ellen war verzweifelt, aber Karl hatte immerhin nicht die Absicht, sie zu verlassen. Die beiden heirateten und wenige Monate später wurde Albrecht Karl Bronnen geboren. Sie konnten in einer kleinen Einliegerwohnung im Haus von Edmund Bronnen, dem elf Jahre älteren Bruder von Karl wohnen. Aber nur vorübergehend, hatte Edmund gesagt.

Zwar hatte Karl seine Ausbildung zu Ende gebracht, auch noch danach ein knappes Jahr in dieser Buchhandlung gearbeitet, doch der Eigentümer des Geschäfts, von ihnen allen *Hans der Bücherwurm* genannt, den sowohl das allgemeine Benehmen seines Angestellten irritierte als auch dessen Vorliebe für geistige Getränke und die damit verbundenen Unregelmäßigkeiten in Bezug auf Pünktlichkeit und Verlässlichkeit, machte der Zusammenarbeit mit Karl Bronnen schließlich ein Ende.

Von nun an verlegte sich Karl auf das Schreiben. Er schrieb sich wild durch alle möglichen Gattungen, versuchte sich in Erzählungen, Gedichten oder auch Artikeln für verschiedene Tageszeitungen. Dann und wann brachte er die eine oder andere Geschichte irgendwo unter, aber viel verdiente er damit nicht. Er war mit seiner kleinen Familie ständig auf die Unterstützung der Verwandten angewiesen.

Albrechts Mutter überredete ihren Mann schließlich dazu, dass sie nun nach zwei Jahren wieder ihre Arbeit bei der Buchhandlung aufnehmen konnte. Das verbesserte ein wenig ihre finanzielle Situation. Das Familienleben in diesen ersten Jahren, wenn man von einem solchen sprechen wollte, war geprägt von Geldsorgen, Wutausbrüchen des Vaters, ab und zu von dessen Alkoholexzessen und auch von Anwendungsmechanismen der ‚harten und gerechten Hand', die sich vom Großvater auf den Vater vererbt hatte. In Albrechts ersten Erinnerungen tauchte sie früh auf und wurde zu einer ständigen Begleiterin in seinem Werdegang. Er konnte sich gut daran erinnern, wie ihm manchmal völlig ohne erkennbaren Grund eine Ohrfeige verabreicht wurde, wenn er vielleicht im Wege war oder wenn sein Erziehungsberechtigter gerade daran dachte, dass ein solcher ‚Hinweis' noch nie geschadet habe.

Es lag nahe, dass ihn seine Mutter auffing, so gut sie es vermochte. Als er alt genug dafür war, las sie ihm Märchen vor oder erzählte ihm Geschichten. Oder, wenn ihm diese frappante Art der ‚Härte' besonders zugesetzt hatte, nahm sie ihn einfach in die Arme und hielt ihn fest. Lange konnten sie in dieser Stellung verharren, bis sie sich hinsetzten und seine Mutter ihm *Die Schneekönigin* aus Hans Christian Andersens Märchensammlung vorlas, eine Zeitlang seine Lieblingsgeschichte.

In manchen Momenten konnte es geschehen, dass sein Vater vorübergehend in sich ging. Wenn er an einem Abend ausgegangen war, früher nach Hause kam, vielleicht auch etwas heiterer gestimmt war, kam es vor, dass er seine Frau um Verzeihung bat.

Es werde sich bald Verschiedenes ändern. Er sei mit einem Verlag im Gespräch. Sie würden in eine größere Wohnung ziehen, unter Umständen sogar in ein eigenes Haus mit Garten.

Ellen kannte diese zukunftsträchtigen Ausblicke, aber sie war in solchen Momenten froh, dass der Tag glimpflich zu Ende ging. Dann musste sie nur darauf warten, dass ihr Karl, wenn er sich in seinen Ohrensessel gesetzt hatte, relativ friedlich einschlief. Ab und zu war sie auch selbst schon das Opfer der ‚gerechten Hand' geworden.

Diese Art von Karls Daseinsgestaltung blieb allerdings nicht gänzlich verborgen. Sein Bruder Edmund war von dem Lebenswandel seines Bruders nicht übermäßig angetan. Außerdem war schließlich ausgemacht, dass Karl mit seiner Familie nur vorübergehend in dieser kleinen Wohnung bleiben solle. So versuchte er Karl unmissverständlich klarzumachen, dass er sich gefälligst um ehrliche Arbeit bemühen und nach einer geeigneten Wohnung Ausschau halten sollte. Karl dachte selbstredend nicht daran, sich von seinem Bruder Vorschriften machen zu lassen und vergaß, wieder einmal, eine gewisse diplomatische Vorsicht, die ihm in einem solchen Fall durchaus hätte von Nutzen sein können. Letzteres bereute er allerdings schnell, denn Edmund machte ihm deutlich, dass seine Geduld zu Ende sei und dass Karl diese Wohnung, die er, Edmund, ihm dazuhin noch zu einem Freundschaftspreis vermietet habe, verlassen müsse – und zwar so bald wie möglich!

Albrecht, damals knapp sechs Jahre alt, behielt diese Szene in Erinnerung, wie sein Vater aufgebracht zurückkam und herumschrie.

Ist das die Möglichkeit! Die eigene Familie!

Ellen versuchte ihn zu beruhigen.

Karl, setz dich doch erst mal hin.

Sein Vater eilte stattdessen sofort zum Küchenschrank, öffnete ein Türchen.

Mist! Natürlich wieder nichts da.

Ellen war ständig bemüht, Flaschen oder Behälter, in denen sich alkoholische Getränke befanden, zu verstecken. Nun stellte sie ein Kognakglas vor ihn hin, kramte von irgendwoher eine halbvolle Flasche heraus und schenkte ihm etwas davon ein.

Ist das alles!, sagte er vorwurfsvoll.

Sie goss noch ein wenig nach und als ihr Mann schon wütend auffahren wollte, rannte Albrecht zu seiner Mutter hin und klammerte sich an sie.

Ich bitte dich, Karl!

Okay, sagte er schließlich.

Und nun sag, was los ist, bat sie ihn.

Karl trank das Glas in einem Zug aus und erklärte ihr die Situation.

Danach herrschte für einen Moment Schweigen im Raum.

Ich werde mit ihm reden, sagte Ellen.

Was?

Lass mich mit Edmund reden. Ich zieh mich kurz um.

Sie verließ das Zimmer und nahm die Flasche mit. Karl brummte hinter ihr her.

Albrecht hatte diese Szene nie vergessen. Während seine Mutter bei ihrem Schwager war, blieb sein Vater schweigend am Tisch sitzen, den Kopf in beide Hände gestützt. Er selbst stand neben der Tür, bis seine Mutter zurückkam.

Es war ihr gelungen, beim Bruder ihres Mannes einen Aufschub zu bewirken. Aber sie musste versprechen, dass sie in den nächsten Wochen nach einer anderen Wohnung Ausschau halten würden. Er wollte ihnen sogar behilflich sein.

Seine Mutter machte sich keine Illusionen über die finanzielle Situation der Familie. Es würde äußerst schwierig für sie werden, eine einigermaßen ordentliche Wohnung zu bekommen, die für sie bezahlbar war, oder sie landeten in irgendeinem verrufenen Stadtviertel in einer entsprechend heruntergekommenen Bleibe.

Zu diesem Zeitpunkt trat irgendwann Prosper Obenvelder auf den Plan.

Er hatte mit ein paar Semestern Theaterwissenschaft und Germanistik in Frankfurt und München begonnen, war aber schließlich auf Drängen seines Vaters mehr und mehr im Bereich der Wirtschaftswissenschaften gelandet. Daneben war er in den jeweiligen Städten immer ein begeisterter Besucher der Theaterlandschaft und der Kunstmuseen gewesen.

Während seines Aufenthalts in München hatte er eine junge Schauspielerin kennengelernt, die gerade ihr erstes Engagement bei den *Münchner Kammerspielen* absolvierte. Es muss, wie Leria Albrecht einmal berichtete, eine sehr stürmische und intensive Beziehung gewesen sein. Auch diese Liaison hatte zur Folge, dass die junge Frau schwanger wurde.

Prosper machte sich diesbezüglich keine großen Sorgen und war überzeugt, dass sie *das Kind schon schaukeln würden.* Anders allerdings seine Partnerin. Désirée Perlmann, eine sehr begabte junge Darstellerin, Tochter eines deutschen Juristen und einer französischen Balletttänzerin, besaß eine große Ausstrahlung und Bühnenpräsenz, und sie hatte gerade sehr gute Kritiken in der Rolle der *Recha* in Lessings *Nathan der Weise* bekommen, ein Stück, das nach dem Zweiten Weltkrieg häufig auf deutschen Bühnen zu sehen war.

Man war sich sicher, dass Désirée Perlmann am Anfang einer glänzenden Laufbahn stand. Auf der einen Seite konnte sie sich teilweise durchaus ihre Rolle als Mutter vorstellen, aber andererseits sah sie eben ihre Karriere in Gefahr, vor allem zu diesem Zeitpunkt hätte das nicht geschehen dürfen.

Prospers Familie war nicht besonders erbaut von dieser Beziehung ihres Sohnes. Wie in den meisten alteingesessenen Patrizierfamilien, als solche sahen sich auch Prospers Angehörige, herrschte ein über mehrere Generationen eingeübter Geist ritualisierter Überheblichkeit. Nur der Bruder seines Vaters, Onkel Johann, war ein wenig ausgeschert, in den Kunsthandel eingestiegen und nannte im Laufe der Jahre eine bedeutende Gemäldesammlung sein Eigen. Ihn mochte Prosper am meisten in seiner Familie. Er hatte diesen schrulligen Junggesellen oft in Hamburg besucht und auf diese Weise viel über Kunst und Künstler erfahren.

Als Prosper die junge Frau seiner Familie vorstellte, wurde sie kühl und abschätzig empfangen, doch Désirée schien sich davon nicht beirren zu lassen, ließ ihre flinke Zunge laufen und ihre Worte glitten wie eine Perlenkette über die alten Schränke, Tische und Sitzgelegenheiten, vorbei an altehrwürdigen Bildern von Vorfahren und etwas verstaubten Gebirgslandschaften. Doch prallten sie an der einen oder anderen steinernen Miene ihrer Zuhörer einfach ab.

Dann kam der Zeitpunkt, an dem Prospers Familie die Sache mit dem zu erwartenden Familienzuwachs erläutert werden musste.

Kurz nach dem Nachmittagskaffee schien ein günstiger Moment zu sein, als sie mit seinen Eltern noch allein am Tisch saßen. Prosper erklärte ihnen unumwunden, dass sie ein Kind erwarteten und er die junge Frau an seiner Seite heiraten werde.

Einen Augenblick starrten seine Eltern ihn an, dann sich selbst. Seine Mutter erhob sich wortlos und verließ den Salon. Prosper sah, wie sein Vater mit sich kämpfte und sich schließlich zu der Bemerkung aufraffte:

Da ist ja wohl das letzte Wort noch nicht gesprochen!

Prosper kannte seinen Vater, aber hatte wohl doch mit dieser harten Reaktion nicht gerechnet. Patriarchen dieser Art sind oftmals entsprechend stur, aber sie vererben die eine oder andere Charaktereigenschaft auch an ihre Nachkommen. Und so antwortete sein Sohn mit der ihm ebenfalls eigenen Hartnäckigkeit, dass sein Entschluss endgültig sei und dass er nicht im Geringsten daran denke, seine Entscheidung zurückzunehmen.

Daraufhin verließ sein Vater ebenfalls den Raum.

Prosper und Désirée fuhren noch am selben Abend nach München zurück.

Doch es kam, wider Erwarten, nach einiger Zeit zu einer Versöhnung, zumindest zu der Bereitschaft eines gegenseitigen Nachgebens. Alles Weitere wollte man der alten Plattitüde *Kommt Zeit, kommt Rat* überlassen.

Prospers Vater war eigens nach München zu seinem Sohn gefahren, um mit ihm zu reden. Désirée war bei einer Probe im Theater, die Gelegenheit schien günstig, um über Familieninterna zu sprechen.

Sein Vater drängte darauf, dass Prosper in die Firma einsteigen sollte. Es sei an der Zeit, außerdem eine alte Tradition und überhaupt. Was er seinem Sohn zu diesem Zeitpunkt noch verschwieg, war die Tatsache, dass er gesundheitliche Probleme hatte. Seine Firma, die hauptsächlich Maschinen herstellte und zu gewissen ‚braunen' Zeiten als Zulieferer für die Rüstungsindustrie – vor allem Rheinmetall – große Gewinne gemacht hatte, war in der Zwischenzeit ebenfalls sehr erfolgreich in verschiedenen Bereichen des modernen Maschinenbaus, auch wieder als Zulieferer, aber nun für die Autoindustrie. Außerdem hatte sich die Firma ständig vergrößert, hatte expandiert und manche Produkte waren auch international gefragt.

Prosper war bereit, seinem Vater entgegenzukommen, allerdings zu bestimmten Bedingungen. Es sollte nur eine kleine Hochzeit im engsten Familienkreis stattfinden. In diesem Punkt hatte Wilhelm Obenvelder sogar rasch zugestimmt, war man doch in seiner Familie davon überzeugt, dass diese Schauspielerin mit dem schnellen Mundwerk zumindest nicht zur Gänze standesgemäß sei. Da hatte man nichts dagegen, wenn diese Hochzeit ohne größeres Aufsehen über die Bühne ging.

Désirée hatte kurze Zeit später ein Mädchen, Mira, zur Welt gebracht. Anschließend wurden Mutter und Tochter von ihren Eltern, die in Mainz eine geräumige Villa bewohnten, abgeholt. Prosper und seine Frau hielten das für die beste Lösung, da sie beide in München in einer kleinen Zweizimmerwohnung lebten. Das war zunächst für alle ein bequemerer Weg. Prosper überlegte, wie er in möglichst kurzer Zeit sein Studium zu einem Abschluss bringen könnte und er war sich darüber im Klaren, dass es nicht einfach sein würde. Désirée, die ihre Theaterarbeit für mehrere Monate unterbrechen musste, kam mit ihrer Mutterrolle zunächst besser zurecht, als sie sich das ursprünglich vorgestellt hatte. Aber sie wälzte bereits Pläne, wie sie einmal Theater und Mutterpflichten auf irgendeine Weise miteinander verbinden könnte.

Prosper fuhr an den Wochenenden nach Mainz zu seiner Familie und war von Anfang an vernarrt in dieses kleine Wesen, das nichts anderes zu tun hatte, als umhegt und gepflegt bestimmte Entwicklungsstufen zu durchlaufen und eben zu gedeihen.

Und Désirée schaffte es am Ende auch, ihrem Beruf weiterhin nachzugehen. Nach ein paar Monaten kehrten sie nach München zurück und Prosper, der ihren Plänen zunächst etwas skeptisch gegenüberstand, überwand seine anfänglichen Bedenken und half seiner Frau, so gut er konnte. Sie mieteten in München eine größere Wohnung, engagierten immer wieder eine Schülerin als Babysitterin, wenn es zu Überschneidungen ihrer Termine kam. Ein weiterer Punkt erwies sich als günstig: Ihre Tochter war zunächst durchaus pflegeleicht.

Zu Beginn der nächsten Theatersaison sollte Désirée die Nora in Ibsens gleichnamigem Stück spielen, für sie eine Herausforderung und bedeutende Aufgabe, die sie sehr in Anspruch nahm. Der Intendant der Kammerspiele hielt große Stücke auf sie.

Aber es sollte doch zu Schwierigkeiten kommen, als Prospers Vater eines Abends anrief und ihm mitteilte, dass seine Mutter wegen Kreislaufproblemen ins Krankenhaus eingeliefert werden musste. Prosper fuhr für drei Tage nach Hause. Als er zurückkam, fand er eine etwas in Auflösung befindliche Désirée vor. Das Kindermädchen war wegen einer Erkältung weggeblieben und seiner Frau war nichts anderes übriggeblieben, als das Kind zu den Proben mitzunehmen. Die kleine Mira quengelte, schien auch zu kränkeln und bei einem Arztbesuch am folgenden Tag stellte sich heraus, dass sie eine schmerzhafte Mittelohrentzündung ausbrütete.

Immer wieder wurde ihr Alltag von Vorkommnissen ähnlicher Art unterbrochen, wie sie überall und immerzu geschehen.

Es war für alle Beteiligten nicht leicht, aber schließlich ging auch die Zeit bis Prospers Examen vorbei.

Über drei Jahre waren vergangen, als Prosper, nahezu in Rekordzeit, seinen Abschluss zuwege gebracht hatte und mit seiner Frau nebst der inzwischen vierjährigen Tochter in das Haus in der Stravenfordstraße zurückkehrte. Die Wohnung in München würden sie behalten, das hatte sich Désirée ausbedungen. Sie war nicht bereit, ihren Beruf aufzugeben. Prospers Eltern konnten dazu nur ihr Unverständnis äußern, aber das änderte nichts an der Tatsache, dass Désirée für diese Zeit Anfang der 60iger Jahre ein außergewöhnliches Durchsetzungsvermögen an den Tag legte.

Auch wenn Prospers Eltern gegenüber ihrer Schwiegertochter keine übermäßige Sympathie hegten, waren sie nun entzückt von diesem Enkelkind, das mit seinem heiteren Wesen, seinem Lächeln und seinem ganzen Verhalten die Großeltern bezauberte oder besser: um den Finger wickelte. Auch alle Angestellten und Mitarbeiter, die auf dem Anwesen lebten und arbeiteten konnten sich der Wirkung, die von diesem Kind ausging, nicht entziehen.

Sein Vater und dessen Mitarbeiter nahmen Prosper sofort in Beschlag und dirigierten ihn überall im Betrieb dorthin, wo er ein- und vorgeführt werden musste.

Prosper bemühte sich redlich, zeigte stets höfliche Aufge-schlossenheit, auch wenn sich sein Interesse in Grenzen hielt. Er arbeitete sich allmählich ein, gab sich Mühe, hielt sich durchaus achtbar, eignete sich in diesen ersten Wochen und Monaten eine Menge Wissen an, aber, ja *aber*, ganz tief in seinem Innersten hörte er eine, wenn auch sehr leise Stimme, die ihm einflüsterte, dass er diese Tätigkeit nicht sein ganzes Leben lang ausüben wollte.

Er hatte sich ohnehin vorgenommen, seine ursprünglichen Interessen nicht außer Acht zu lassen. In den ersten Monaten, während seiner Zeit des Kennenlernens in die Geheimnisse unternehmerischen Handelns und Wirkens, war er zu sehr beschäftigt.

Aber dann begann er wieder mit Theaterbesuchen, Konzert-veranstaltungen und Kunstausstellungen. Und wollte heraus-finden, ob sein früherer Literaturkreis und Lesezirkel noch existierten.

Hier gab es eine erste kleine Enttäuschung. Der Diskussionskreis war nicht mehr vorhanden. Als er in besagter Buchhandlung nachfragte, erfuhr er ein paar Einzelheiten über die damaligen Teilnehmer und Teilnehmerinnen, unter anderem erhielt er von seinem alten Freund, dem Buchhändler Hans Gärtner, von ihnen wie gesagt *Hans der Bücherwurm* genannt, ein paar Hinweise zu einem gewissen Karl Bronnen.

Albrecht hatte nie erfahren, wie Prosper mit seinem Vater zusammengetroffen war, ob gewollt oder durch Zufall, auf der Straße, in einem Lokal oder sonst wo. Albrecht konnte sich gut vorstellen, dass Prosper ihn wahrscheinlich zu einem Drink eingeladen hatte und bei einem längeren Gespräch mit seinem alten Kameraden mehr und mehr dessen allgemeine desolate Situation und die besonderen Befindlichkeiten Karls selbst zur Kenntnis nehmen musste.
Einzelheiten dieses ersten Gesprächs waren Albrecht nicht bekannt. Offensichtlich muss es aber so gewesen sein, dass Prosper seinem Vater zunächst versprochen hatte, sich um eine Stelle für ihn zu bemühen und sich zu gegebener Zeit wieder bei ihm zu melden.
Als Karl an diesem Abend nach Hause kam, war er nur leicht angeheitert und gut gelaunt. Wahrscheinlich hatte ihn bereits Prosper mit seiner bestimmenden Art daran gehindert, dem Wein in allzu ungehemmter Weise zuzusprechen.
Ellen war sehr erstaunt, ihn so zu erleben, und als er ihr den Grund für seine Gestimmtheit erläuterte, schöpfte sie selbst in diesem Augenblick wieder ein wenig Hoffnung.
Tatsächlich erreichte Karl eine Woche später ein Brief von Prosper Obenvelder, in dem er für den folgenden Abend seinen Besuch ankündigte. *Bitte keine Umstände*, hatte er geschrieben. Es werde auch nicht lange dauern.
Dieser Abend war Albrecht in unvergesslicher Erinnerung geblieben.
Er saß am Tisch im Wohnzimmer und malte, als es klingelte.
Sein Vater öffnete, begrüßte seinen früheren Schulkameraden und führte ihn herein.

Ein großer, schlanker Mann trat vor Albrecht hin und lächelte ihn freundlich an. So stand er zum ersten Mal dem Mann gegenüber, der später in seinem Leben eine nicht unerhebliche Rolle spielen würde.

Das ist also der junge Herr Albrecht, sagte er.

Und Albrecht strahlte diesen Mann an, der ihn so freundlich begrüßte.

Albrecht, gib dem Mann die Hand, hörte er seine Mutter sagen.

Der Mann nahm seine Hand, fuhr ihm leicht über das Haar und wandte sich seiner Mutter zu.

Ellen! Freut mich, dich wiederzusehen, sagte er.

Seine Mutter lächelte Prosper zaghaft an.

Mich ... auch, sagte sie schließlich.

Prosper und seine Eltern setzten sich an den Tisch. Albrecht wurde in seine Kammer geschickt mit er Ermahnung, leise zu sein und nicht zu stören. In jener Zeit hätte er so etwas ohnehin nicht gewagt. Er legte sich rücklings auf sein Bett und starrte an die Decke. Irgendwie hatte er das Gefühl, dass dieser Mann etwas Gutes für sie bedeutete.

Die Erwachsenen nebenan sprachen sehr leise, er hörte nur ein undeutliches Gemurmel, aber das interessierte ihn gar nicht. Er stellte sich vor, dass dieser große, freundliche Mann vielleicht ein Zauberer war, der sich vorgenommen hatte, ihnen zu helfen. Albrecht konnte sich nicht vorstellen auf welche Weise, aber er hatte genug Fantasie, sich alles Mögliche auszumalen. So träumte er immerzu vor sich hin, ohne zu bemerken, dass sich der Besucher längst verabschiedet hatte. Nach einiger Zeit kam seine Mutter ins Zimmer, um ihn zu holen. Sie umarmte ihn kurz und lächelte ihm zu. Für Albrecht ein Zeichen, dass etwas Schönes geschehen war.

Auch sein Vater rang sich ein kleines Lächeln ab.

Seine Eltern erklärten ihm nun, dass sein Vater für längere Zeit zu einer Kur wegfahren werde. Das sei für seine Gesundheit notwendig.

Er wird vier bis sechs Wochen weg sein, sagte seine Mutter.
Albrecht fragte gar nicht erst nach, um was es hier eigentlich ging, denn er hatte Mühe, seine Freude zu verbergen. Die Perspektive, ein paar Wochen allein mit seiner Mutter zu verbringen, war für ihn sehr erfreulich.

Albrecht erhielt erst viel später von seiner Mutter die vollständigen Informationen.
Sein Vater verbrachte vierzig Tage in einem bayerischen Sanatorium, um eine Entziehungskur zu machen. Prosper war natürlich im Bilde gewesen, in welchem Zustand sich sein Freund Karl befand und machte ihm unmissverständlich klar, dass er nur auf diese Weise etwas für ihn tun könne. Bei erfolgreicher Behandlung in dem Sanatorium würde er ihm einen Job in einem von ihren Büros verschaffen, allerdings müsse er dafür auch eine Ausbildung absolvieren.
Ängstlich hatte seine Mutter nach den Kosten für alles gefragt.
Darüber müsst ihr euch nicht den Kopf zerbrechen, habe Prosper gesagt. Außerdem bot er ihnen noch eine kleine, demnächst freiwerdende Werkswohnung im Industriegebiet der Stadt an.

So kam es, dass Karl nach seiner Rückkehr in die Firma Obenvelder eintrat und eine Ausbildung zum Industriekaufmann begann. Schon nach zwei Wochen waren sie in eine Dreizimmerwohnung im obersten Stock eines Mietshauses eingezogen. Die Wohnung war weitgehend möbliert. Albrecht bekam sein eigenes kleines Zimmer. Auch seine Eltern schienen sich wohlzufühlen. Gegenüber wohnte ein Ehepaar, ursprünglich aus Polen, das sie beim Einzug freundlich begrüßte und ihnen ein großes Stück Kuchen überreichte.
Sein Vater schien sein Alkoholproblem tatsächlich in den Griff bekommen zu haben. Er unterließ seine abendlichen Trinkorgien, seine Wutanfälle waren sehr viel seltener geworden. Seine Erziehungsmethoden hatten sich nicht geändert.

An seiner neuen Arbeitsstelle bemühte er sich redlich, kam im Großen und Ganzen mit seinen Arbeitskollegen zurecht. Wäre da nicht einer seiner Vorgesetzten im Büro gewesen, dem es offensichtlich Spaß bereitete, den ziemlich erwachsenen Lehrling zwar nicht bösartig, aber eben doch stetig zu hänseln. Karl schluckte vieles in sich hinein, versuchte sich nichts anmerken zu lassen, aber der *stete Tropfen* hatte eine gewisse Wirkung.

Bei einer kleinen Betriebsfeier nach einem knappen Jahr – ein Mitarbeiter hatte nach Feierabend zu einem Umtrunk zu seinem 50. Geburtstag eingeladen – war auch Karl zugegen. Er hielt sich ziemlich im Hintergrund, schenkte sich nur einen kleinen Schluck Wein in sein Glas ein und füllte Wasser nach, sodass er nur eine ganz leichte Schorle zu sich nahm.

Irgendwie musste das bemerkt worden sein, denn sein Bürochef sah sich zu der Bemerkung veranlasst, dass *unser Jüngster* doch am besten Kakao trinken sollte.

Einige lachten pflichtschuldig, anderen war es auch ein wenig peinlich.

Karl stellte sein Glas ab, ging zu dem Mann hin und bat ihn in zwar höflichem, aber durchaus auch etwas bedrohlichem Ton, dass er doch bitte seine blöden Bemerkungen unterlassen möge.

Zuerst lachte der Mann. Im Raum herrschte Totenstille. Doch dann brüllte er plötzlich los: Wissen Sie eigentlich, mit wem Sie hier reden, Sie Himbeerbubi?

Natürlich, sagte Karl.

Dann schlug er zu. Sehr heftig. Der Mann taumelte gegen die Wand.

Wieder einmal hatte die ‚gerechte Hand' ihre Schuldigkeit getan. Auch wenn sie sich dieses Mal ein klein wenig mehr der Gerechtigkeit annäherte, waren die Folgen für Karl dennoch einschneidend.

Er zog seine Jacke an, nahm seine Aktentasche und verließ das Büro, das er von nun an nicht mehr betreten sollte.

Zu Hause angekommen, setzte sich Karl an den Tisch, stellte die Ellbogen auf und stützte den Kopf ab. In dieser Haltung starrte er vor sich hin.

Karl, was ist los?

Ellen stand angstvoll neben ihm. Albrecht befand sich an der Tür zu seinem Zimmer.

Karl schwieg immer noch.

Karl, bitte!

Ellen hatte sich neben ihn gesetzt.

Endlich begann er zu sprechen, erzählte schließlich die ganze Geschichte.

Danach blieb lange ein Schweigen im Raum hängen, als würden unsichtbare Spukgestalten aus den Wänden treten und sich in die Köpfe der Menschen einnisten.

Ellen, die in den letzten Monaten wieder ein wenig freundlicher in die Zukunft geblickt hatte, sah sie alle wieder von dunkler Perspektivlosigkeit umgeben.

Ich werde morgen mit Prosper reden. Er muss mich auch ein wenig verstehen, sagte Karl trotzig.

Albrecht, inzwischen sieben Jahre alt, war, vielleicht typisch für Kinder dieses Alters, zum ersten Mal in seinem Leben ein wenig stolz auf seinen Vater. Obwohl er oft unter ihm litt, fand er, dass Karl in diesem Augenblick mutig gehandelt hatte.

Papa, ich finde, dass das richtig war, ich meine … was du getan hast.

Die Worte des Jungen fielen in das Schweigen des Zimmers hinein und seine Eltern hörten überrascht zu.

Sein Vater stand auf, ging zu seinem Sohn hin und, was er eigentlich noch nie getan hatte, nahm ihn in die Arme und hielt ihn einen Augenblick lang fest. Dann setzte er sich wieder an seinen Platz.

Ich mache uns etwas zu essen, sagte Ellen und lächelte dabei ihren Sohn an. Karl, wir werden eine Lösung finden.

Warum muss ich an diesen Typen hingeraten, murmelte Karl, das Pech bleibt uns treu. Ellen sagte nichts dazu.

Am nächsten Morgen blieb Karl zu Hause. Im Laufe des Vormittags versuchte er mehrmals, von einer Telefonzelle aus die Firmenleitung zu erreichen. Prosper hatte ihm seine Büro-Nummer gegeben, aber die Sekretärin teilte Karl jedes Mal mit, dass Herr Obenvelder im Moment unabkömmlich sei. Und ebenso beharrlich wiederholte Karl sein Anliegen, dass er dringend mit Herrn Obenvelder sprechen müsse. Schließlich versprach die bereits ziemlich genervte Frau, sie werde seine Bitte weiterleiten.

Den ganzen Nachmittag über geschah nichts. Karl ging unruhig durch die Wohnung, wie jemand, der nur darauf wartete, dass er ins Freie flüchten konnte.

Ellen kannte das von früher und bekam es mit der Angst zu tun.

Wenn er jetzt in die nächste Kneipe rennt, ist alles umsonst, dachte sie.

Plötzlich klopfte es an die Tür. Die Klingel war kaputt.

Als Karl öffnete, stand Prosper vor ihm und trat wortlos in die Wohnung.

Prosper, es tut mir leid, ich habe die Nerven verloren, sagte Karl sofort, noch ehe irgendjemand etwas gefragt oder geäußert hatte.

Nimm doch Platz, flüsterte Ellen, die eben ihren Sohn in sein Zimmer geschickt hatte.

Prosper setzte sich.

Es ... wird nicht wieder vorkommen, sagte Karl und setzte sich neben ihn.

Das ist nicht das Problem, begann Prosper, du kannst ohnehin nicht an diesen Ort zurückkehren.

Er blickte zu Ellen hinüber.

Ellen, bitte komm doch zu uns. Ihr seid alle so unruhig und aufgeregt, dass ihr nicht mehr wisst, wo euch der Kopf steht.

Kann ich ... dir etwas anbieten?, fragte Ellen schließlich. Einen Kaffee vielleicht?

Vielen Dank, einfach ein Glas Wasser.

Ich will nicht um den heißen Brei herumreden, sagte Prosper. Du weißt, das hätte nicht geschehen dürfen, Karl.

Klar, ich sagte ja schon, es ist mit mir durchgegangen, Prosper. Der Kerl hat mich über Monate hin geärgert …

Prosper unterbrach ihn.

Ich habe mich erkundigt, sagte er. Natürlich hat sich der Büroleiter Lukorint als Erster bei mir gemeldet. Wir kennen ihn als gewissenhaften Mitarbeiter, der allerdings eine dumme Angewohnheit hat: nach oben den Rücken krumm machen und nach unten treten. Es hat ab und zu schon Beschwerden gegeben. Er hat mir in seinem typischen, etwas schleimigen Ton das Vorkommnis geschildert.

Das sei doch etwas Unerhörtes, er bemühe sich doch immer um ein ausgewogenes Betriebsklima und er könne sich überhaupt nicht vorstellen, dass jemand etwas gegen ihn haben könnte. So etwas sei ihm noch nie passiert und so weiter.

Danach habe ich nacheinander ein paar Leute aus dieser Abteilung in mein Büro gebeten. Vor allem Josef Weinreuter, sein Stellvertreter, der schon lange bei uns arbeitet und den auch mein Vater sehr schätzt, hat mir den Sachverhalt am glaubhaftesten geschildert. Peter, der jüngste unter den Lehrlingen, hat mir in treuherzigem Ton gesagt, dass du ihm imponiert hättest. Das sei für ihn wie ein Befreiungsschlag gewesen. Aber ich habe allen Beteiligten eingeschärft, dass eine Sache am Arbeitsplatz eben überhaupt nicht geht, wenn einem etwas nicht gefällt: losprügeln! Karl, warum in drei Teufels Namen, bist du nicht vorher zu mir gekommen?

Karl blickte einen Moment schweigend vor sich hin.

Ich habe den Mann doch nur gebeten, er solle seine blöden Sprüche unterlassen …

Ja, Karl, das weiß ich ja. Der Vorgang wurde mir von den meisten so berichtet.

Ich hatte mir schon mehrmals überlegt, dich darauf anzusprechen, fuhr Karl fort, aber ich wollte erstens nicht petzen und zweitens dich nicht damit belästigen. Verdammt nochmal, *Himbeerbubi*! Muss man sich denn so etwas gefallen lassen?

Karl, sagte Ellen leise.

Ist ja gut. Ich bin jetzt wohl draußen?

Prosper trank einen Schluck.

Ich habe schließlich diesen Lukorint noch einmal zu mir kommen lassen und ihm unmissverständlich klargemacht, dass er ebenfalls eine Teilschuld hat. Er hat durch seine Hänseleien und kleinen Tiefschläge, die er ständig austeilte, nicht nur dich, sondern auch andere Leute in der Abteilung gegen sich aufgebracht.

Natürlich wehrte er sich. Das seien alles Unterstellungen. Und dann wollte er in süßlichem Ton von mir wissen, wer mich davon unterrichtet habe. Das sei nur, weil er mit den Leuten reden wolle. Da platzte mir doch der Kragen. Ich sagte ihm in sehr deutlichem Ton, dass er mit einer Versetzung in eine andere Abteilung rechnen müsse und dass man in Zukunft genau beobachten werde, wie er mit den Leuten umgehe.

So weit, Karl. Aber ich kann dich dennoch nicht an dieser Stelle weiterbeschäftigen. Das würde bedeuten, dass wir insgeheim deine Handlung gutheißen. Das geht nicht.

Karl nickte.

Das ist mir mittlerweile schon klar.

Könnte Karl vielleicht woanders …, begann Ellen.

Schwerlich, sagte Prosper. Aber wir werden schon etwas finden. Ich lasse dich nicht hängen, alter Freund. In der Wohnung könnt ihr auf jeden Fall vorläufig bleiben, bis uns etwas Vernünftiges eingefallen ist.

Prosper stand auf.

Ihr werdet von mir hören.

Karl lächelte ihn an, auch Ellen hatte sich schnell erhoben. Beide wollten ihm die Hand drücken. Prosper, dem das alles nun ein wenig peinlich war, lächelte zurück und ging rasch hinaus.

Die nächsten Monate gingen vorüber. Ellen arbeitete in der Buchhandlung und Karl erhielt von Zeit zu Zeit kleinere Gelegenheitsarbeiten in allen möglichen Bereichen.

Dann kam Karl selbst auf den Gedanken, ob er nicht als ‚Technischer Zeichner' arbeiten könnte. Prosper nahm diese Idee sofort auf.

Ich habe an dein Zeichentalent gar nicht mehr gedacht, sagte er. Allerdings hat das wenig mit dem zu tun, was du vielleicht unter ‚Zeichnen' verstehst.

Prosper ließ seine Verbindungen spielen. Er rief bei einer Baufirma an, deren Chef ein alter Bekannter seines Vaters war. Man sagte ihm, dass die Firma erst in einem halben Jahr wieder neue Lehrlinge ausbilden werde. Karl könnte dann seine Bewerbungsunterlagen einreichen.

Aber es kam alles ganz anders als geplant.

Anfang des Jahres starb Prospers Vater. Wilhelm Obenvelder, der schon seit längerer Zeit Probleme mit dem Herzen hatte, erlitt einen schweren Infarkt, wurde in das Krankenhaus der Stadt eingeliefert, wo er nach wenigen Stunden verstarb.

Für Prosper brachte das enorme Änderungen mit sich, nicht nur zeitliche, sondern auch Belastungen aller Art, die er bewältigen musste. Plötzlich hatte er, der als Universalerbe eingesetzt worden war, die Verantwortung für die Firma zu übernehmen, und er hatte bald das Gefühl, an seine Grenzen zu stoßen.

In jener Zeit war Leria aufgetaucht.

Niemand wusste zunächst, wo er herkam und weshalb er ausgerechnet bei Prosper in der Stravenfordstraße gelandet war. Prosper hatte später selbst einmal mit einem leichten Schmunzeln angedeutet: Leria? Den hat es einfach hierher geweht.

Tatsächlich war kurz vorher ein heftiger Wintersturm über Stadt und Land hinweggetobt, hatte auch da und dort in einigen Randbezirken der Stadt ein paar Schäden angerichtet.

Eines Morgens saß Leria mit Prosper am Frühstückstisch, sehr zur Verwunderung seiner Mutter, der Hausangestellten und natürlich auch der damals fünfjährigen Mira, die allerdings sofort munter darauf losplapperte, den Neuankömmling gleich fragte, wer er sei und wo er plötzlich herkomme.

Bist du ein Freund von Papa?, fragte sie ungeniert, als sie an den Tisch kam, um Leria zu begrüßen.

Das könnte man so sagen, antwortete Leria erstaunt und erhob sich.

Dann ist es gut, sagte Mira und ließ ihr Lächeln aufleuchten.

Leria hob sie hoch und lächelte zurück.

Prosper, diese Ähnlichkeit! So bezaubernd wie ihre Mutter. Finden Sie nicht auch, gnädige Frau?, fragte er in Richtung von Prospers Mutter.

J ... ja!, sagte die Dame des Hauses und bedachte den Neuankömmling mit einem abschätzenden Blick, der wohl besagen sollte, dass man diesen Gast nicht unbedingt ernst nehmen müsse, da er offensichtlich zu den Münchner Theaterbekanntschaften ihres Sohnes gehörte.

Da hast du nicht unrecht, lieber Leria, sagte nun Prosper, aber sei versichert, dass meine Mira auch die eine oder andere Eigenschaft von mir hat.

Aber das bezweifle ich doch überhaupt nicht, mein Lieber.

Natürlich kannten sie sich aus München, wo die beiden sich als leidenschaftliche Theaterfreunde kennengelernt hatten.

Ich treibe mich bei den Bühnenbildnern herum, hatte ihm Leria gesagt.

Prosper schätzte das Urteil Lerias, seine durchdachten, scharfsinnigen Kommentare und Analysen. Leria war auch oft zugegen, wenn Désirée mit ihren Kolleginnen und Kollegen die Premieren feierte, oder privat in ihrer Wohnung zu Diskussionen und Lesungen von neuen Stücken einlud. Ab und zu fand sich auch Therese Giehse ein, die damals ebenfalls zum Ensemble der *Kammerspiele* gehörte. Diese

Schauspielerin hatte 1941 in Zürich bei der Uraufführung von Brechts *Mutter Courage* die Hauptrolle gespielt. Einmal war auch Fritz Kortner zu Gast, der nach dem Krieg häufig an den *Kammerspielen* Regie führte.

Das war ‚erste Sahne‘, pflegte Prosper anzumerken, wenn später von diesen ‚großen‘ Zeiten des Theaters in der Nachkriegsära die Rede war.

Bei manchen Gelegenheiten führten sie wilde Diskussionen über Brecht, Dürrenmatt, Max Frisch oder Jean-Paul Sartre. Vielleicht stellte das Theater während der beiden Jahrzehnte nach dem Krieg, die ansonsten trotz Wirtschaftswunder und Wiederaufbau von einer gewissen politischen Stagnation und Fantasielosigkeit geprägt waren, eine der lebendigsten Stätten dar.

In Prospers Betrieb drehte sich in mancher Hinsicht das Personalkarussell. Prosper holte zwei weitere Leitende Mitarbeiter in die Firma herein, was sich später als günstig für seine eigenen Pläne erweisen sollte. Diese Manager bildeten so manche Abteilung um oder schufen auch neue Tätigkeitsbereiche, kurzum, sie versuchten damit eine Neuorientierung des Unternehmens, dessen Strukturen da und dort althergebrachte Verkrustungen aufwiesen.

Prosper achtete weitgehend darauf, dass deshalb keine Mitarbeiter entlassen werden mussten. Das war für ihn eine wichtige Voraussetzung. So machte er sich in der damaligen Zeit in bestimmten Unternehmerkreisen nicht nur Freunde.

Unabhängig davon wurden in diesen Monaten auf ganz normale Weise auch Mitarbeiter in den Ruhestand verabschiedet. Und das war einer der Gründe, weshalb Prosper an einem Spätnachmittag Ende April die Wohnung der Familie Bronnen aufsuchte, um Karl und seiner Frau Ellen einen Vorschlag zu unterbreiten.

Er fragte nämlich bei dem zunächst sehr erstaunten Karl an, ob er sich vorstellen könnte, als Hausmeister in der

Stravenfordstraße zu arbeiten, da diese Stelle bald frei würde. Der bisherige Hausverwalter werde altershalber in Rente gehen.

Ihr bewohnt das kleine Haus, habt auch einen Garten und, was für euch auch nicht uninteressant ist, die Stelle ist ordentlich bezahlt. Was meint ihr?

Karl und Ellen blickten sich an.

Karl, das wäre doch nicht übel? Oder, was meinst du?, fragte Ellen.

Ja ... schon ..., sagte Karl, der sich etwas überrumpelt vorkam.

Wisst ihr was? Ihr könnt euch die Sache überlegen. Könntest du mir bis morgen Abend Bescheid geben?

Aber ... was muss ich denn alles tun, ich habe doch keine Ahnung...

Keine Angst, Karl. Du wirst genauestens eingewiesen.

Karl, das ist doch eine Chance, sagte Ellen.

Okay, sagte Karl. Wir melden uns. Danke ...

Prosper stand auf.

Ich muss dann weiter.

Er lächelte allen zu, winkte kurz zu Albrecht hinüber und weg war er.

–

Albrecht stand am nächsten Tag früh auf, begab sich in den Frühstücksraum seines Hotels und genoss eine ausgiebige erste Mahlzeit. Er wollte bewusst das Mittagessen überspringen, um möglichst den ganzen Tag für eine erste *Sichtung* zur Verfügung zu haben.

Er hängte sein Laptop um und machte sich auf den Weg, den er auch in früheren Zeiten gegangen war und auf den er, da war er sich ziemlich sicher, nicht mehr zurückkehren würde, wenn seine Aufgabe hier beendet war. Während der Nacht waren ihm ständig alle möglichen Erinnerungen, Episoden, Ereignisse von damals durch den Kopf gegangen, so dass er kaum ein Auge zugetan hatte.

Warum können wir nicht einfach einen Schalter umlegen, dachte er.

Auch jetzt, während er einen Fuß vor den anderen setzte, fühlte er eine starke Anspannung, die partout nicht weichen wollte.

Ich muss Leria fragen, ob er mir weitere Geräte zur Verfügung stellen kann, vor allem einen Drucker und Scanner.

So erreichte er an diesem warmen und sonnigen Tag die Stravenfordstraße, ging an den alten Bäumen mit ihren ausladenden Blätterschirmen vorbei, aus denen ihn immer wieder Vogelkonzerte begleiteten, ohne dass er viel davon vernommen hätte, zu sehr waren die Kontrapunkte in seinem Kopf dominant geworden, die alles andere zu übertönen schienen.

Als Albrecht das große Tor öffnete und wieder verschloss, war wieder niemand zu sehen.

Auf dem Weg zu dem kleinen Haus nahm er nun doch einen besonderen Duft wahr, der von der beginnenden Blüte der Linde herrührte. Doch auch Aromen von anderen Bäumen und blühenden Sträuchern des großen Gartens erreichten ihn plötzlich – und auf einmal war eine frühere Zeit seines Lebens wieder gegenwärtig. Er blieb stehen, schloss die Augen, hörte jetzt auch die Stimmen und Geräusche des Parks und glaubte für einen Moment lang Klaviermusik zu hören. In diesem Augenblick erklangen tief in seinem Inneren die Anfangstakte eines Préludes von Debussy, das Mira einmal gespielt hatte. Für kurze Zeit führte ihn dieses Zusammentreffen von verschiedenen Sinneseindrücken in eine längst vergangene Welt.

Plötzlich kam ihm die Idee, dem Anbau des Hauses einen kurzen Besuch abzustatten. Es war so etwas wie eine nostalgische Anwandlung, sich diesen Raum anzusehen, den Prosper hatte errichten lassen, um seine ‚Theater-Idee‘ zu verwirklichen.

So saß er nun auf einem alten Klappstuhl, den er zufällig entdeckt hatte, in dem Zuschauerraum dieses Theaters, das einmal Prosper Obenfelders Traum gewesen war. Die Sitzreihen waren längst ausgebaut worden. Albrecht blickte auf den geschlossenen, dunkelroten Vorhang der Bühne, der einfach an Ort und Stelle geblieben war, als würde er sich bald öffnen und den Menschen in dem kleinen Saal eine dramatische Geschichte präsentieren, die Zuschauer in eine theatralische Handlung mitnehmen, sie mit den Plänen, Träumen, Ängsten, Hoffnungen oder auch Späßen der agierenden Personen konfrontieren.

Die Erinnerungen bildeten einen vielfältigen Flickenteppich an deutlicheren und auch verschwommenen Eindrücken in seinem Kopf, die Albrecht im Moment erst noch auf die Reihe bringen musste. Er befand sich vor dieser Theaterbühne, sah wieder den Beginn des Stückes vor sich: Beim Öffnen des Vorhangs hörte man das Toben eines Sturms und blickte auf eine Schiffsmannschaft, die verzweifelt gegen die Macht der Elemente ankämpfte und verlor.

Der erste Auftritt Prosperos mit seiner Tochter Miranda, deren Sorgen und Ängste um die Menschen des Schiffes er zu lindern versucht. Noch weiß sie nicht, was ihr Vater zusammen mit seinem Freund und Helfer Ariel für Pläne hegt. Prospero, der sich als Magier zum Herrn der Insel gemacht hat, Ariel der dienstbare ,Luftgeist', der über die Winde gebieten kann und auch sonst über alle möglichen magischen Kräfte verfügt.

Prospero wollte es so, dass dieses Schiff, auf dem sich seine ,Feinde' befinden, an die Küste dieser Insel verschlagen wird. Alle werden gerettet und von nun an hängen sie sozusagen an den Fäden der beiden mit Zauberkräften ausgestatteten Personen, die ihre ,Opfer' nach ihrem Gusto gewähren lassen. Miranda kommt mit Ferdinand, dem Sohn des Königs von Neapel zusammen. Die beiden verlieben sich ineinander. Prospero, der einst als Herzog von Mailand von seinem Bruder Antonio entmachtet wurde, könnte sich nun an seinem Widersacher rächen. Doch er tut nichts dergleichen. Obwohl auch andere Akteure erneut am laufenden Band Intrigen spinnen oder irgendwelche hinterhältigen Pläne schmieden: Am Ende läuft alles auf ein großes Vergeben hinaus. Prospero nützt seine Macht nicht aus, im Gegenteil entsagt er allen magischen Kräften, zerbricht seinen Zauberstab, das Stück endet auf einer Ebene des Verzeihens und der Wiederherstellung einer gerechten Ordnung.

Albrecht saß in Gedanken versunken in dem leeren Raum, blickte sich um, als würde er in diesem Augenblick von irgendwoher zurückkehren.

In einer der vorderen Reihen hatten sie gesessen, Prosper, Mira, Leria, seine Mutter und er selbst, hatten gebannt auf die Szene gestarrt, das Geschehen verfolgt, die Zusammenhänge zu verstehen versucht, was ihm damals, vor vielen Jahrzehnten, nicht leichtgefallen war.

Wo waren sie nur alle geblieben?

Ein Gefühl der Trauer beschlich ihn und er stand rasch auf, stellte den Klappstuhl zurück und verließ diesen Ort.

Er wollte diesen emotionalen Empfindlichkeiten keinen Raum geben, aber gleichzeitig wusste er genau, dass dies nicht immer möglich sein würde.

Als er den Theatersaal verließ, schüttelte er den Kopf und ging weiter, als müsste er sich zur Ordnung rufen, um in die Gegenwart zurückzukehren. Am *Gartenhaus* angekommen schloss er die Tür auf, stellte sein Laptop auf den Küchentisch, trank zuerst wieder ein Glas Wasser und öffnete die Wohnzimmertür.

Und dann staunte er. Inzwischen war die rechte Seite des Zimmers bis an die Decke mit Kästen, Kisten und Kartons unterschiedlicher Größe zugebaut. Und auf der linken Seite befand sich ihr ehemaliger Tisch, auf dem Albrecht fünf von diesen bereits erwähnten ‚blauen' Kartons ausmachen konnte. Darunter noch eine größere Anzahl von Ordnern in allen möglichen Farben, nebst kleineren Kisten mit Fotos, Briefen und sonstigen Utensilien.

Hatte Leria das alles umgeräumt? Und nun spürte er auch schon die typische Luftbewegung, die stets der Ankunft seines alten Freundes vorausging.

Leria! Hast du hier schon aufgeräumt?

Was glaubst du denn, wer das gemacht haben soll?

Leria sah ihn mit seinem üblichen Blick eines Schalks an.

Ich wollte dir die Arbeit ein wenig erleichtern. Das, was du auf der linken Seite siehst, sind all die Dinge, auf die es ankommt. Die Sachen auf der rechten Seite, wo sich teilweise auch noch Relikte aus deiner Familie befinden, kannst du nach Belieben entsorgen. Ich habe bereits mit einer Entrümpelungsfirma gesprochen. Du schaust dir mit den Männern zusammen an, was du davon behalten möchtest. Alles andere schaffen die Leute dann weg. Ist das in Ordnung?

Ja. Das können wir so machen. Noch eine Bitte, Leria. Ich benötige noch einen Drucker und einen Scanner. Dann kann ich das alles festhalten und bei der Zusammenstellung auch von zu Hause aus arbeiten.

Wunderbar, rief Leria. Bis morgen hast du alles beisammen. Ich habe gewusst, dass bei dir die Sachen in guten Händen sind.

Keine Vorschusslorbeeren, bitte, sagte Albrecht.

Papperlapapp, ich habe ein gutes Gefühl, mein Lieber. Und, wie gesagt, bei allen Fragen und Problemen, die natürlich auftauchen können: Ich stehe zur Verfügung.

Leria machte Anstalten zu gehen.

Noch eines, du kommst doch nachher zum Essen?

Ich habe ausgiebig gefrühstückt, Leria ...

Dann aber zu einem Kaffee? Das wirst du mir doch nicht abschlagen!? Dann können wir vielleicht schon die ersten Fragen klären.

Abgemacht, sagte Albrecht lächelnd.


Albrecht machte sich an die Arbeit.

Zuerst nahm er sich einen der blauen Kartons vor, dessen Dokumente, Protokolle, Briefe und Notizen die ersten Jahre betrafen, als seine Eltern hier eingezogen waren.

Stundenlanges Lesen begann, immer wieder unterbrochen von Phasen des Nachdenkens.

Albrecht war, was seine Vorgehensweise anbelangte, eher konservativer Natur, sein Sammeln und Dokumentieren würde eine gewisse Zeit in Anspruch nehmen, andererseits durfte er sich nicht zu sehr in Einzelheiten verlieren, wenn er den Zeitrahmen nicht zu sehr überdehnen wollte.

Er wusste, dass er sich auf Lerias phänomenales Gedächtnis verlassen konnte. Und auf diese Weise erhoffte er sich, im Gespräch mit ihm auf das Wesentliche in Bezug auf die Familiengeschichte und die kulturellen Ereignisse zu stoßen und dann das Ganze in den wichtigsten Punkten zu dokumentieren und mit eigenen Kommentaren ergänzen zu können.


Als Albrecht zur abgemachten Zeit zu Leria hinüberging, gab es bereits eine ganze Reihe von Fragen, die er mit seinem alten Freund erörtern wollte. Auch das, was er selbst wusste und was an eigenen Erinnerungen in ihm lebendig war, würde seinen Niederschlag finden. Denn selbstredend würden Zeitabschnitte auftauchen, die er bewusst miterlebt hatte, vor allem, als er alt genug war, nicht nur selbst an vielen Veranstaltungen teilzunehmen, sondern auch als er ein Teil dieser Familiengeschichte gewesen war. Das betraf nicht nur seine Liebe zu Mira, sondern auch sein besonderes Verhältnis zu Prosper, zu Leria – und überhaupt all das, was man gemeinsam erlebt, durchlitten und durchgestanden hatte.

Einen Moment lang blieb er stehen, ehe er die Treppe zu Lerias Wohnung hinunterging. Hatte er sich wirklich richtig klargemacht, dass er mit diesem Vorhaben, auf das er sich nun einließ, auch einen wichtigen, vielleicht überhaupt einen entscheidenden Teil seines eigenen Lebens beschreiben würde? Dazu stellte sich auch die Frage ein, wie viel er in diesem Zusammenhang von sich selbst, seinen eigenen Befindlichkeiten preisgeben wollte. Ein Dilemma, über das er unbedingt mit Leria sprechen musste.

Hier ging es nicht darum, eine x-beliebige Familiengeschichte zu dokumentieren, sondern um die Darstellung von Begebenheiten und Geschehnissen, die ihn persönlich betroffen und sich ihm für alle Zeiten seiner Existenz eingeprägt hatten.

Zögere nicht, mein Freund, und lasse mich nicht zu lange warten!, rief ihm Leria von unten zu und riss ihn aus seinen Gedanken.

Und wieder begann eines dieser Kaffeegespräche mit seinen Ritualen, die sich in den nächsten Wochen oft wiederholen würden.

Was mich interessieren würde, Leria, was hat dich eigentlich hierhergebracht? Darüber habe ich in den Unterlagen, die ich zu diesem Zeitraum durchgesehen habe, bisher nur wenig gefunden.

Ich möchte es so kurz wie möglich zusammenfassen, begann Leria nach einer kleinen Pause.

Klar, dass ich Prosper im Theater kennengelernt habe. Und je öfter wir uns über den Weg gelaufen waren, desto mehr entwickelte sich zwischen uns eine Freundschaft, die auch weiter anhielt, als Prosper die Schauspielerin getroffen hatte, die wir damals alle verehrten und anhimmelten. Désirée war schon etwas Besonderes, eine Künstlerin, wie sie einem nicht oft begegnet. Daneben gab es aber für mich noch etwas anderes, sozusagen eine ‚Altlast‘ aus meiner Vergangenheit. Ich hatte mich während der Nazizeit in der Schweiz aufgehalten. Ich war nicht rassisch verfolgt, aber ich hasste die Nazis. Du kennst mich, Albrecht, ohne Freiheit kann ich nicht atmen, ich ersticke in einer Diktatur. Meine frühere Schule in Augsburg war eine einzige Katastrophe. Nach dem ‚Einjährigen‘, heute ‚Mittlere Reife‘, floh ich nach München. Anfang der dreißiger Jahre war ich ein junger Kerl, der in dieser Stadt von einem Tag zum anderen lebte. Über zwei Jahre lang hielt ich mich mit allerlei Tätigkeiten über Wasser. Oft war ich abgebrannt, bediente in Lokalen, schlug mich eben mal durch. Die Schwabinger Szene! Damals war ihre große Zeit schon vorbei, aber atmosphärisch schimmerte immer noch etwas davon durch. Ich lernte damals eine Frau kennen, die über zehn Jahre älter war als ich. Sie hatte ein kleines Lokal und vermietete ein paar Zimmer. Tja, wie das eben so kam. Sie nahm mich bei sich auf, ich half ihr in allen möglichen Bereichen, sie war ja auch mir behilflich, also ein gegenseitiges Geben und Nehmen. Sie hieß Xaviera. Ihren Nachnamen habe ich vergessen, so etwas wie ‚Moosheimer‘. Wir lebten einige Zeit zusammen. Natürlich kamen immer wieder auch braune Parteileute, die sich bei ihr einmieteten. Ich dachte mir mein Teil dabei, aber über Politik sprach ich mit Xaviera eigentlich nie. Dann kam der 30.Januar 33. Die sogenannte ‚Machtergreifung‘ mit allen Folgen. Neben uns wurde ein jüdisches Ehepaar abgeholt, Leute, die ich gut kannte, für die ich oft alle möglichen Dinge erledigt hatte und die mir immer etwas zusteckten. Manche Freunde wurden aus politischen

Gründen verhaftet. Wie damals alles so seinen Gang ging. Mir gefiel das ganz und gar nicht.

Eines Abends fragte ich Xaviera rundheraus, ob sie mit mir verschwinden würde.

Sie fiel aus allen Wolken.

Wieso denn?, fragte sie. Du bist doch kein Jud.

Gefällt dir das, was hier rings herum geschieht?

Ach geh! Das ist doch bloß jetzt, am Anfang. Das geht vorbei.

Das glaube ich nicht.

Und nun sagte ich ihr unverblümt, was ich von dieser ‚neuen‘ Bewegung hielt.

Xaviera holte tief Luft.

Hör zu, wir können jetzt nicht weg. Ich … wir kriegen ein Kind!

Bitte? Und das sagst du mir erst jetzt?

Sie holte tief Luft.

Ich weiß das ja selber erst seit gestern.

Nun fiel ich aus allen Wolken.

Xaviera fing an zu weinen. Ich ging zu ihr hin, nahm sie in die Arme.

Es … tut mir leid, das habe ich nicht gewusst.

Da war also zunächst gar nichts zu machen. So hoffte ich, nicht wie die vielen, aber doch vielleicht wie mancher darauf, dass sich dieser Mob nicht lange halten würde. Wochen und Monate vergingen. Nichts änderte sich. Aber auch Xaviera nicht. Zu meiner großen Verwunderung.

Müsste man denn nicht allmählich etwas sehen?, fragte ich sie schließlich nach ein paar weiteren Wochen.

Das wird schon noch kommen, sagte sie vorwurfsvoll. Das ist nicht bei allen gleich.

Und dann wurde ich Zeuge einer Unterhaltung zwischen Xaviera und Fritz Bauermann, einem ihrer ‚braunen‘ Kunden. Ich befand mich gerade in der Küche, als der Mann in die Gaststube hereinkam und ihr zurief: *Kommst du mit zum Königsplatz?* Xaviera antwortete zunächst nichts, jedenfalls hörte ich nur ein *Pscht!* Und dann sagte sie, zwar sehr leise, aber ich habe es dennoch mitbekommen: *Fritzl, ich kann jetzt hier nicht weg! Später!*

Noch einmal fiel ich aus besagten Wolken. Doch nun das letzte Mal. Ich wusste, dass auf dem Königsplatz ein großer Aufmarsch und eine Machtdemonstration der Nazis stattfinden sollten. Nun war bei mir das Maß voll und also traf ich meine Vorbereitungen zur Flucht.

Nach ein paar Wochen verschwand ich. Du weißt ja, ich bin ein Meister im Verschwinden. Das war ich damals schon. Wenn es einem zu eng wird und sich die Hauswände auf einen zubewegen, die Fenster zu Augen werden, das Leid von Verfolgten aus den Türen ruft und vom Geschrei der Massen übertönt wird, dann wird es Zeit sich umzuschauen, wegzugehen.

Das waren damals meine Gedanken. Nichts hielt mich mehr hier. Ab über die Schweizer Grenze, adieu Deutschland! Und ich muss dazu sagen, dass ich deshalb kein besonders schlechtes Gewissen Xaviera gegenüber hatte. Noch zwei Tage vorher hatte sie von einem Besuch beim Frauenarzt gesprochen. Natürlich war ich damals sehr naiv und durchschaute nicht alles.

Ich schlug mich bis Zürich durch, täuschte mich an so manchen heiklen Punkten vorbei und hatte schließlich Glück. Ich lungerte auf einer Bank in einer dieser Züricher Parkanlagen herum, hungrig und missmutig, als ich plötzlich an meinem Bein eine Berührung spürte. Als ich nachsah, blickten mich zwei lustige Augen aus dem Kopf eines Dackelhündchens an.

Na, wen haben wir denn hier, sagte ich, weil mir nichts Besseres einfiel.

Waldi!, sagte eine sonore Männerstimme, die zu einem gut gekleideten Herrn mit graumelierten Haaren gehörte, der mich nun von oben bis unten musterte.

Ich stand auf.

Entschuldigen Sie, mein Herr, ich bin erst angekommen und noch ein wenig fremd in der Stadt.

So, so. Sie kommen wohl von weit her?

Seine Stimme hatte einen leicht ironischen Beiklang. Aber er redete überhaupt nicht in der landesüblichen Sprache.

Gar nicht einmal so sehr weit, antwortete ich. Nur über die Grenze, aber dafür in die Freiheit.

In die Freiheit?

Nun ja, in Deutschland ist sie dabei, in die Binsen zu gehen.

Das interessiert mich. Darf ich mich einen Augenblick setzen?

Er setzte sich neben mich auf die Bank.

Ich erzählte ihm meine Geschichte, schilderte ihm meine Lage. Auch meine Einstellung zu der augenblicklichen Situation in Deutschland.

Aber, Sie sind kein ‚rassisch Verfolgter‘, wenn ich Sie recht verstanden habe?

Nein, meine politische Einstellung hat, was meine Person anbelangt, andere Wurzeln. Ich hasse diktatorisch-autoritäres Gebaren, diesen verfluchten Rassismus, die Verunglimpfung von Menschen, die, wie auch immer, *anders* sind. Das ist eben nun mal meine Vorstellung von Freiheit.

Nun, das lässt sich hören. Wissen Sie was, kommen Sie erst mal mit mir. Dann schauen wir, was ich für Sie tun kann. Sie können sich frisch machen und etwas essen. Darf ich Sie um Ihren Namen bitten?

Mein Name ist Leria.

Und Ihr Vorname?

Ich habe nur diesen Namen.

Bitte?

Ich hatte vielleicht mal einen, aber ich habe ihn vergessen.

Der Mann lachte schallend.

Das ist mir noch nie untergekommen.

Wenn Sie möchten, können wir Anton, William oder Carlo nehmen …

Wieder brach der Mann in Gelächter aus.

Aber Sie haben doch sicher irgendwelche Papiere – oder sind Sie staatenlos?

Nicht unbedingt. Ich ... habe sie verloren.

Dann müssen wir aber etwas für Sie tun.

Der Mann hat sich königlich amüsiert. Er nahm mich mit in seine Wohnung. Auf dem Weg dahin berichtete er mir, dass er ebenfalls aus Deutschland geflüchtet war. Sein Name war Jürgen Rosenfeld, und er arbeitete als Dramaturg am Züricher Schauspielhaus.

Dramaturg? Was ist das?, fragte ich ihn.

Er erklärte es mir. Zunächst konnte ich mit diesen Informationen noch nicht viel anfangen. Er wohnte in einem größeren zwei-stöckigen Gebäude in einer Seitengasse der Rämistrasse, nicht weit von seiner Arbeitsstelle entfernt. Seine Wohnung befand sich im oberen Stockwerk, war ziemlich geräumig und von oben bis unten mit Büchern vollgestopft. Man konnte einen Arbeitsplatz, eine kleine Couchgarnitur und irgendwo ein Bett ausmachen.

So viele Bücher habe ich noch nie auf einmal gesehen, sagte ich staunend.

Der Mann lächelte ein wenig wehmütig.

Das ist nur ein Teil meiner Bibliothek.

Es stellte sich heraus, dass er in Leipzig am Theater gearbeitet hatte.

Meine Eltern sind in Deutschland zurückgeblieben. Ich hoffe, dass ich sie bald hierherholen kann ... aber lassen wir das.

Albrecht, ich überspringe nun ein paar Jahre. Das wird langsam zu viel, und ich möchte dich nicht langweilen.

Mitnichten, Leria, das interessiert mich.

Vielleicht ein andermal. Auf jeden Fall wurde ich ein richtiger Theaterfreak. Mein Gönner, so muss ich ihn auch heute noch nennen, besorgte mir Papiere, brachte mich in einem Zimmer in der Nähe unter, zusammen mit zwei Bühnenarbeitern, die in einer Sprache miteinander redeten, die ich zunächst kaum verstehen konnte. Aber ich lernte dazu. Jürgen Rosenfeld hatte mir einen Job ebenfalls als Bühnenarbeiter in seinem Theater verschafft. Außerdem lernte ich in den folgenden

Wochen und Monaten eine Menge über das Theater. Das war für mich eine neue, faszinierende Welt.

Mit meinen beiden Mitbewohnern kam ich gut zurecht, sie waren ein schwules Pärchen, was mich aber überhaupt nicht störte. Ich hatte mein kleines Zimmer, das war die Hauptsache. Ich erlebte ständig Theater, hautnah. Oft sah ich mir in meiner freien Zeit Stücke an, ab und zu auch auf anderen Bühnen in Zürich.

Du machst dir keine Vorstellung, was für Leute damals nach Zürich kamen. Wurde das Schauspielhaus bis 1933 zunächst international noch kaum beachtet, änderte sich das schlagartig, als viele deutsche Emigranten an dieser Bühne landeten. Therese Giehse, Albert Bassermann, Ernst Ginsberg, Kurt Horwitz, Leopold Lindtberg, Grete Heger, um nur ein paar Namen zu nennen. Während der ganzen Hitlerzeit befanden sich zahlreiche antifaschistische Stücke auf dem Spielplan, unter anderen vor allem Stücke von Bert Brecht ... nun geriet Leria ins Schwärmen ...

Ich will nur <u>ein</u> Beispiel erwähnen, Albrecht, am 10. April 1941 war die Uraufführung von Brechts *Mutter Courage und ihre Kinder*. Du hättest die Giehse sehen sollen, wie sie als *Courage* auf die Bühne kam, den Wagen zogen ihre beiden Söhne *Eilif* und *Schweizerkas*.

Wenn man überlegt, 1941 war Hitlers Eroberungskrieg auf dem Höhepunkt, die Benelux-länder, Frankreich, Griechenland, bis Nordafrika, Richtung Moskau und so weiter. Und dann hatte dieses Theater in der kleinen Schweiz den Mut, so ein Stück aufzuführen. Die *Mutter Courage* kam auf die Bühne und sang. Leria stand auf, begann zu deklamieren, verfiel sogar in eine Art Singsang:

> Das Frühjahr kommt. Wach auf, du Christ!
> Der Schnee schmilzt weg. Die Toten ruhn.
> Und was noch nicht gestorben ist
> Das macht sich auf die Socken nun.

Ich kann das im Moment nur andeuten. Die Musik war von Paul Dessau. Verstehst du, in diesem Stück gegen den Krieg wollte Brecht seine Mutter Courage auf keinen Fall zur ‚Einsicht' bringen, sie durchschaut nicht, was der Krieg mit ihr macht, sondern das war, nach seiner Auffassung, die Aufgabe des Publikums. Aber ist das eigentlich so schwer? Mir persönlich war seine Theorie vom *Epischen Theater* im Grunde egal. Dialektik hin oder her: Das ist einfach eine grandiose Theaterfigur. Und gerade, weil sie das ist, kann das Stück eine solche Botschaft überzeugend herüberbringen.

Leria, erwiderte Albrecht, es kann ja aber auch sein, dass Brecht gerade aufgrund seiner Theorie die Figur auf diese Weise geformt hat. Wenn man aber wiederum bedenkt, dass sie ja, nicht zuletzt durch ihre Uneinsichtigkeit, auch zur tragischen Figur wird, dann stellt man sich wohl die Frage, ob denn vielleicht doch etwas, unter Umständen unbewusst, von der Tradition des alten Dramas hereinspielt?

Da ist was dran, Albrecht, aber wie dem auch sei: Es war eine fantastische Vorstellung. Später, ich glaube 1950, wurde das Stück, ebenfalls mit Therese Giehse, an den *Münchner Kammerspielen* im Beisein von Brecht aufgeführt.

Sie kehrte nach all dem, was ihr und ihresgleichen angetan worden war, nach München zurück, sagte Albrecht.

Ja. Sie hätte sich ebenso gut nach Ost-Berlin begeben können. Brecht wollte sie sogar nach Leipzig vermitteln, als Intendantin. Aber das wollte sie nicht. Therese Giehse blieb in München. Aber jetzt schweifen wir schon wieder ab. Verzeih, Albrecht, aber wenn ich von diesen Zeiten erzähle, geht es ein wenig mit mir durch.

Was ist aus deinem ‚Gönner' geworden?, fragte Albrecht.

Leria schwieg einen Moment.

Wir wurden Freunde, sagte er schließlich. Er ist 1936 nochmal nach Deutschland gefahren, um seine Eltern und seine jüngere Schwester in die Schweiz zu holen. Die Möglichkeit bestand ja für ihn, da er Geld verdiente, in der Zwischenzeit auch eine größere Wohnung angemietet hatte. Es war alles arrangiert und in die Wege geleitet worden, aber als er in Leipzig ankam, musste er erfahren, dass seine Angehörigen zwei Tage vorher abgeholt worden waren. Er hat nicht erfahren, wohin. Als er zurückkam, war Jürgen Rosenfeld ein gebrochener Mann. Aber das erzähle ich dir ein andermal.

Ich kam 1948 wieder nach München. Inzwischen kannte ich eine Menge Leute vom Theater, hatte auch selbst alle möglichen Funktionen ausgeübt. Und da war Elisabeth Weissglas.

Der Name ist mir nicht bekannt, sagte Albrecht.

Sie war eine Schauspielerin und Regieassistentin von Walter Felsenstein. Schon vor mir war sie wieder nach München zurückgegangen. Elisabeth arbeitete später am *Deutschen Theater* in München. Sie kam aus einer sehr weit verzweigten und einflussreichen Münchner Familie und hatte mir angeboten, ich könnte jederzeit in einer zur Hälfte zerbombten Villa in der Nähe des Nymphenburger Schlosses ein Zimmer haben, bis ich mich eingelebt hätte. Sie hat mir enorm geholfen. An allem, was ich von nun an in Gang setzte, war sie in der ersten Zeit irgendwie beteiligt. Natürlich waren da auch alle die Leute, die an verschiedene Münchner Theater zurückkehrten. Und die *Kammerspiele* wurden meine zweite Heimat.

Albrecht war sehr beeindruckt von Lerias Bericht. Er hatte zwar schon mitbekommen, dass Leria eine starke Affinität zum Theater hatte, aber über seine frühere Zeit, ehe er durch seine Freundschaft mit Prosper in die Stravenfordstraße gekommen war, war ihm nichts bekannt gewesen.

Auf jeden Fall war es Leria gelungen, in München Fuß zu fassen. Er konnte am Theater arbeiten, verdiente sich seinen Lebensunterhalt, holte nach drei Jahren über den ,Zweiten Bildungsweg' das Abitur nach, belegte, wie es seine Zeit zuließ, an der Münchner Universität Vorlesungen in Germanistik und im Fach Theaterwissenschaft vor allem bei Artur Kutscher. Er strebte keinen Abschluss an, hörte sich in verschiedene Bereiche hinein, las sehr viel. Nicht allein das Theater, die Literatur überhaupt wurde für ihn nicht nur ein gedankliches, sondern auch emotionales und seine Fantasie anregendes Betätigungsfeld, das er nicht mehr missen wollte.

Auf Artur Kutscher, der sich 1904 nach seiner Promotion in München niedergelassen hatte, geht die neuere Disziplin ‚Theaterwissenschaft' zurück. Für ihn war das Theater weniger eine literarische als vielmehr *mimische* Angelegenheit. Der Mimus sei eine Ausdrucksmöglichkeit des Menschen, die er in seinen Anlagen schon mitbringe, die ihn befähige, das, was ihn um- und antreibt zum Ausdruck zu bringen und die es ihm auch ermögliche, andere Menschen oder Charaktere, aber auch Vorgänge und Zustände imitierend darzustellen. Insofern machte Kutscher zwischen Berufs- und Laientheater keinen großen Unterschied. Es gab in München den sogenannten *Kutscher-Kreis* mit vielen bedeutenden Schriftstellern. Autorenabende in Schwabinger Lokalen wurden veranstaltet, Teilnehmer waren beispielsweise Johannes R. Becher, Richard Hülsenbeck, Heinrich und Thomas Mann, Erich Mühsam, Frank Wedekind oder Stefan Zweig.

Leria war auch von den Namen einiger Schüler Kutschers beeindruckt, vor allem von Bertolt Brecht, Ödön von Horvath, Erwin Piscator oder Ernst Toller. Andere Namen waren ihm damals noch unbekannt.

Umso mehr wunderte er sich, dass Kutscher nach der Machtübernahme Hitlers 1933 seinen Frieden mit den Nazis machte. Es war nicht bekannt, auch nach dem Krieg nicht, dass er sich in besonderer Weise hervorgetan oder profiliert hätte, aber ... nun ja ... Leria wunderte sich. Nach einer, wie damals üblich, vorübergehenden Berufspause konnte er wie so manch anderer auf seinen Posten als Professor zurückkehren.

Am nächsten Tag erfuhr Albrecht noch die genaueren

Umstände, wie es Prosper angestellt hatte, seinen Freund für eine längere Zeit in sein *Haus der Künste* zu bringen, denn es war klar, dass Leria, und sei es in unregelmäßigen Abständen, immer wieder *sein* München aufsuchen würde.

Als Leria nach München zurückgekommen war, hatte er im Stadtteil Schwabing mit Nachforschungen über den Verbleib von Xaviera begonnen. Von dem Lokal und den umstehenden Häusern konnte er nahezu nichts mehr finden, denn dieser Stadtteil war größtenteils durch Bombenangriffe der Alliierten zerstört worden. Als er nach langem Durchfragen schließlich auf einer Behelfsstelle des Roten Kreuzes nach Xaviera fragte, konnte ihm auch dort niemand eine Auskunft geben. Dabei beließ er es zunächst.

In der Zwischenzeit hatte er sich in ein Zimmer in der Hortensienstraße eingemietet, nicht weit vom *Englischen Garten*. Immer mehr Leben kehrte in die Trümmerlandschaft zurück. Die Menschen waren überall dabei, die Spuren der von den Braunen mit Hilfe des größten Teils der deutschen Bevölkerung verursachten Katastrophe ins Lebensdienliche umzuwandeln. Als Maxime diente die alte abgedroschene Weisheit, nach der, wie gehabt, das Leben eben weitergeht.

Ein paar Monate später traf er zufällig einen alten Bekannten aus früheren Zeiten. Er saß an einem warmen Sommertag in einem Biergarten und genoss die Atmosphäre des ruhigen Spätnachmittags, als er plötzlich hinter sich eine Stimme hörte.

Mensch, das ist doch der Leria! Da soll mich doch der sonst wer!

Er drehte sich um.

Hansi!, rief er und erschrak. Er hatte den Mann tatsächlich gleich wiedererkannt. Aber er sah einen Menschen mit Krücke, einem Bein und einer Augenklappe. Doch das schiefe Grinsen in dem etwas schmaler gewordenen Gesicht mit den dunklen Knopfaugen war unverkennbar.

Sie umarmten sich kurz.

Setz dich doch zu mir, sagte Leria.

Hansi Hintergruber, der ganz in der Nähe wohnte, war früher oft in Xavieras Lokal gewesen, hatte zwar auch jene braune SA-Uniform getragen, war aber immer ein sehr lustiger Kerl mit einem treuherzigen Gesichtsausdruck, der eigentlich gar nicht zu dieser Uniform passen wollte.

Seit wann bist du wieder in München?, fragte er gleich.

Knapp zwei Jahre, sagte Leria. Und ... ich traue mich gar nicht so recht zu fragen, wie es dir so geht?

Na ja, man sieht es mir ja an. Aber ich muss dir trotzdem sagen: Man muss das Beste daraus machen. Ich habe überlebt. Im Gegensatz zu vielen anderen habe ich Glück gehabt. Mich haben sie im letzten Augenblick aus dem Kessel von Stalingrad herausgeflogen. Aber weißt du, worin mein größtes Glück bestanden hat? Die Karin, meine Frau, hat zu mir gehalten. Meine beiden Söhne, Zwillinge, sind 1946 geboren. Vor kurzem sind sie vier geworden. Und ich weiß eines, Leria, die wird niemand jemals zu Soldaten machen! Das werde ich verhindern! Dieses Schwein aus Braunau hat uns ganz schön verscheißert. Wir sind verrückt gewesen! Zu jung und zu blöd zum Denken! Du hast recht getan! Du bist rechtzeitig abgehauen. Du hast diesen Krieg nicht mitmachen müssen!

Ich bin aber nicht wegen des Krieges weggegangen, sagte Leria, das konnte ich ja damals nicht voraussehen, höchstens erahnen, dass so etwas kommen könnte. Ich bin abgehauen, weil ich meine persönliche Situation ziemlich unangenehm fand – ich will mich dazu nicht näher äußern – und weil ich nicht mehr mitansehen konnte, wie die neuen Machthaber mit den Menschen umgegangen sind, wie sie die Juden und andere in ihren Augen Missliebige abgeholt haben. In den Lagern wurden damals schon Menschen misshandelt, gefoltert und auch umgebracht. Erinnerst du dich noch an den Emil Nussbaum?

Emil, der Kommunist?, fragte Hansi.

Ja und? Er kam nach ein paar Monaten nochmal aus Dachau

zurück, bis sie ihn wieder geholt haben. Er hat mir einiges erzählt, was da so ablief.

Ich sagte dir ja, wir haben nicht nachgedacht, haben uns von der Propaganda einlullen lassen, sind ihnen auf den Leim gegangen.

In diesem Augenblick brachte die Kellnerin zwei Maß Bier.

Zum Wohl, Hansi!

Zum Wohl, Leria! Trinken wir darauf, dass wir's überlebt haben. Von nun an kann es nur besser werden.

Als er sein Glas absetzte, fragte ihn Leria nach Xaviera.

Xaviera? Hast du es noch nicht erfahren?

Leria schüttelte den Kopf.

Sie ist bei einem der schweren Bombenangriffe ums Leben gekommen. Meine Eltern haben mir davon erzählt. Das war ein Volltreffer. Im Umkreis von zig Metern hat niemand überlebt.

Und ... ihr Kind?, fragte Leria vorsichtig.

Welches Kind? Hat sie ein Kind gehabt? Davon hätte ich aber etwas gewusst. Sie hat, kaum nachdem du weg warst, mit einem von unseren Ober-Fanatikern zusammengelebt. Von einer Schwangerschaft hat niemand etwas bemerkt. Ich hoffe, dass ich dir mit meinen Informationen nicht zu nahetrete? Hat sie dir gesagt, dass sie ein Kind bekommt?

Leria zögerte.

Nun ja, sie hat mich auch politisch belogen.

Das ist aber schon ein dicker Hund.

Ich bin einfach weggegangen. Es gab ja auch noch andere, für mich mehr oder weniger schwerwiegende Gründe. Aber es hat mich schon interessiert, ob sie noch ... aber lassen wir das.

Leria erzählte ihm noch ein paar Episoden und Erlebnisse aus seinem Schweizer Exil. Als sie sich verabschiedeten, lud ihn Hansi ein, ihn und seine Familie zu besuchen.

Karin ist Lehrerin, sagte er, wir wohnen nicht weit von hier, gleich in der nächsten Querstraße.

Er gab ihm seine Adresse.

Und was treibst du so?, wollte Hansi noch wissen.

Nun, ich habe dir ja ein wenig von meinen Tätigkeiten in Zürich berichtet. Das mache ich auch hier. Ich arbeite wieder beim Theater.

Ha! Beim Theater. So was.

Mach's gut, Hansi!

Du auch! Du hörst von mir.

Leria hatte sich in Zürich als Bühnenarbeiter mit zahlreichen handwerklichen Tätigkeiten vertraut gemacht. Mehr und mehr hatte es ihm die Bühnenbildnerei angetan. Obwohl er keine spezielle Ausbildung dafür gemacht hatte, erwies er sich bald als Anreger und kreativer Ideengeber. Einer der maßgeblichen Leute auf diesem Gebiet war Gottfried Stämpfli. Als diesem Mann Lerias bildnerisches Talent und auch seine rasche Auffassungsgabe aufgefallen waren, bot er ihm an, ihn in diesem Bereich zu fördern, und Leria war gerne darauf eingegangen. Nach etwas mehr als zwei Jahren, als er entsprechende Kenntnisse in Bezug auf Bühnenraumgestaltung, auch Lichttechnik, Maskenbild, Kostüme erworben und sich darüber hinaus auch mit Dramaturgie, dem szenischen Raum, den Formen des Theaters und den Mitteln der Inszenierung beschäftigt hatte, wurde er offiziell einer der Assistenten Gottfried Stämpflis.

Mit einem Empfehlungsschreiben dieses Mannes war er nach München gekommen und konnte bei den *Kammerspielen* wieder auf diesem Gebiet arbeiten. Auch Therese Giehse freute sich, ihn dort wieder zu treffen. So war Leria in einer Welt gelandet, die ihm zusagte und die ihm half, über so manche Ungereimtheiten jener Zeit hinwegzukommen. Und er lernte viele Menschen kennen, die ihm Mut machten.

Einer dieser Menschen, die ihm dabei über den Weg liefen, war Prosper Obenvelder. Nach kurzer Zeit freundeten sie sich an. Eine Freundschaft, die sich entwickelte und vertiefte.

Es war nicht nur ihre gemeinsame Liebe zum Theater, sondern auch Affinitäten auf vielen anderen Gebieten, die sie zusammenbrachten und die schon in dieser Zeit den Grundstein für ihre spätere Zusammenarbeit legten. Doch zunächst war es einfach die Freude und das Vergnügen am gegenseitigen Austausch. Das Theater war für sie nicht nur ein Ort des Ergötzens und der Erbauung, sondern auch ein Ort des Lernens und der Sensibilisierung für problematische Zusammenhänge und politische Gegebenheiten in den menschlichen Gesellschaften. Gerade auch Stücke von neueren Autoren wie Friedrich Dürrenmatt, Max Frisch, Jean-Paul Sartre, Carl Zuckmayer, Eugène Ionesco, John Osborne oder Samuel Beckett waren oft Gegenstand ihrer Diskussionen.

Nicht nur Prosper lernte in jener Zeit die junge Schauspielerin Désirée kennen, auch Leria hatte sich in eine Frau aus der Theaterwelt verliebt. In eine junge Bühnenmalerin, die allerdings nicht nur ihm, sondern einer ganzen Reihe von Mitgliedern des Ensembles die Köpfe verdrehte. Das sorgte naturgemäß für Klatsch und Tratsch und hatte Leria, der nach seinem frühen Münchner Erlebnis auf diesem Gebiet nicht besonders tätig gewesen war, in eine gewisse Verwirrung gestürzt, die ihm selbst fremd und unwirklich vorkam.

Albrecht, der, als die Rede auf diese Episode aus Lerias Liebesleben kam, gerne gleich etwas Genaueres erfahren hätte, bekam erst nach und nach mehr heraus, denn seinem Freund schien diese Begebenheit auch im Nachhinein noch etwas peinlich zu sein und er fügte nur ein nachdenkliches Statement hinzu, aus dem Albrecht schloss, dass es sehr wohl eine größere Enttäuschung für ihn gewesen sein musste.

Weiß du, mein Freund, es ist schon ein seltsames Ding um die Liebe. Den einen fällt sie einfach in den Schoß und sie empfinden bald schon Langeweile, weil sie erreicht haben, was sie wollten – und die anderen kommen erst gar nicht zum Zug, fühlen nichts als Leere und Selbstmitleid und würden sich am liebsten vergraben. Und zu allem Überfluss werden sie noch zum Gespött ihrer Artgenossen.

Es war die Zeit, als Prosper sehr mit sich selbst beschäftigt war und sich nicht allzu oft seinem Freund widmete, und Leria übte sich in einer gewissen Zurückhaltung, weil er seinen Freund nicht mit seinen Problemen belasten wollte.

Albrecht erfuhr immerhin so viel, dass diese Geschichte zwischen Leria und der attraktiven Malerin noch eine Zeitlang andauerte, auch als Prosper seine Zelte in München schon längst abgebrochen hatte. Denn die junge Frau konnte sich offensichtlich nicht entscheiden und pendelte spielerisch zwischen mehreren Bewerbern hin und her.

Im Ensemble herrschte so eine Art Stimmung wie vor einer Wette, wer denn wohl das Rennen machen würde. Für ständigen Gesprächsstoff sorgte vor allem die Dauer dieses Theaters im Theater.

Leria war es schließlich, der die Notbremse zog. Er bat den Intendanten um Urlaub. Dem Mann war die Geschichte ebenfalls zu Ohren gekommen. Er fand, dass dieses Vorhaben seines Mitarbeiters vielleicht gar nicht so übel war und gab dem Gesuch statt. Er sagte Leria auch ganz offen, dass er ohnehin schon daran gedacht habe, mit allen Beteiligten ein Gespräch zu führen.

Als Prosper bei einem seiner nächsten Besuche in München davon erfuhr, war er sehr bestürzt. Désirée hatte ihm zwar schon das eine oder andere Mal angedeutet, dass sein Freund ein wenig in der Bredouille steckte, aber nichts Genaueres berichtet. Désirée wollte sich bewusst aus dieser ganzen Geschichte heraushalten und beteiligte sich, wie auch einige andere Kollegen, nicht an der allgemeinen Gerüchteküche.

Prosper fuhr so schnell wie möglich zu seinem Freund. Er versuchte, Leria ein wenig aufzurichten, wollte wissen, was eigentlich genau abgelaufen war und bot ihm seine Hilfe an.

Nun erfuhr er nach und nach weitere Einzelheiten, musste

ständig nachfragen, um dann allmählich aus dem Flicken-teppich, den ihm sein Freund servierte, das Wesentliche zusammensetzen zu können.

So kannte er seinen Freund Leria nicht. Es war das erste und einzige Mal, dass er ihn in einer derartigen Verunsicherung erlebte.

Prosper fragte ihn am Ende, ob er nicht eine Zeitlang zu ihm kommen wolle.

Zuerst zögerte Leria. Doch Prosper drang in ihn, sagte ihm, dass er einfach einmal Ruhe nötig habe, um wieder zu sich selbst zu finden, und Leria willigte schließlich ein.

Albrecht wollte noch erfahren, was sich daraufhin am Theater in München getan habe.

Leria lachte kurz auf.

Nun, eigentlich hat sich das Problem überraschend schnell gelöst. Zwar nicht zur Zufriedenheit aller, aber immerhin mit einer gewissen Geschwindigkeit. Meine Malerin, die mir so sehr den Kopf verdreht hatte, hat sich kurz nach meinem Abgang mit einem der Dramaturgen aus dem Staub gemacht. Angeblich nach Wien.

–

Karl Bronnen war mit seiner Frau und seinem Sohn in das Hausmeisterhäuschen im Park des Obenvelderschen Anwesens eingezogen. Albrecht war sehr aufgeregt gewesen und konnte es kaum erwarten. Es war nicht nur die völlig neue Umgebung, sondern auch in vielerlei Hinsicht eine Änderung ihrer ganzen Lebensweise. Der Schulwechsel durch den Umzug in einen anderen Stadtteil stellte noch die harmloseste Veränderung dar. Mit dem neuen Umfeld traf er auf eine Reihe von anderen Menschen, die in sein Leben traten und die ihn auf besondere Art und Weise prägen würden.

Albrecht lernte auch jenen Mann besser kennen und respektieren, der von seinen Eltern immer mit dem Ausdruck großer Wertschätzung erwähnt wurde und der von Anfang an so freundlich zu ihm gewesen war, nämlich Prosper Obenvelder.

Sein Vater arbeitete sich mit sichtbarem Engagement in seine neue Aufgabe ein, auch Ellen, die nun ihre Stelle bei der Buchhandlung aufgegeben hatte, assistierte ihm dabei und prägte sich ebenfalls vieles von dem ein, was bei den zahlreichen Funktionen und Verpflichtungen eines Hausmeisters zu beachten war. Es handelte sich dabei nicht nur um Dinge der Verwaltung, sondern auch um eine ganze Reihe von Dienstleistungen, die zu bewältigen waren.

Und es ergaben sich weitere Begegnungen, die ebenfalls in seinem weiteren Leben eine große Bedeutung bekamen.

Albrecht erinnerte sich noch gut an sein erstes Zusammentreffen mit Leria und vor allem auch an die erste Begegnung mit einem knapp zwei Jahre jüngeren Mädchen, das Mira hieß. Albrecht war in dem großen Garten unterwegs, staunte über alles, was er vorfand, entdeckte den Teich mit den Seerosen, die alten Bäume, alle möglichen Arten von Blumen und Sträuchern, die ihm gefielen. Schon begann er, das ganze Ensemble in einen Zaubergarten zu verwandeln und sich Geschichten auszudenken, die sich darin abspielen könnten. Er setzte sich auf eine der steinernen Bänke und träumte vor sich hin. Plötzlich verspürte er einen leichten Luftzug in seiner unmittelbaren Umgebung, und als er aufsah, erblickte er einen großen schlanken Mann mit relativ langen blonden Haaren in einem weiten Umhang, angetan mit einer enganliegenden schwarzen Hose und dunkelblauen Schuhen, der in ein paar Metern Entfernung vor ihm stand und ihn anlächelte.

Albrecht erschrak nicht. Er war nur vollkommen überrascht.

Guten Tag, sagt der Mann freundlich und kam auf ihn zu.

Albrecht antwortete nicht, sondern starrte den Mann mit offenem Mund und weit aufgerissenen Augen an.

Er hatte den Mann gar nicht kommen hören. Dieser stand aus heiterem Himmel plötzlich vor ihm. War er vielleicht ein Zauberer, der irgendwo hier in diesem Garten hauste?

Der Mann setzte sich nun neben ihn auf die Bank.

Bist du stumm, mein Freund? Hast du deine Zunge verloren?

V ... Verzeihung, sagte Albrecht, ich ... war nur so ...

Ich bin Leria, sagte der Mann.

Ich heiße Albrecht.

Der Mann streckte ihm die Hand hin, Albrecht ergriff sie zögernd und lächelte sein Gegenüber zaghaft an.

Wir werden uns sicher öfter begegnen, fuhr der Mann fort.

Ja.

Du bist der Sohn des neuen Hausmeisters?

Ja.

Du gehst sicher schon in die Schule?

Ja. Ich bin in der zweiten Klasse.

Schön. Dann kannst du bestimmt schon lesen?

Klar. Ich ... hab schon lesen können, bevor ich in der Schule war.

Sehr schön. Gehen wir ein wenig spazieren?

Sie gingen durch den großen Garten. Leria erzählte dies und das, zeigte ihm dabei auch entlegene, geheimnisvolle Stellen. Sie kamen auch zu einem Gewächshaus, in dem, wie ihm Leria erzählte, unter anderem auch tropische Pflanzen zu finden seien.

Das zeige ich dir ein andermal.

Als sie ihren Weg fortsetzten, sagte ihm Leria:

Übrigens werden wir wahrscheinlich gleich ein Eichhörnchen sehen.

Ein Eichhörnchen?, fragte Albrecht erstaunt.

In diesem Augenblick rannte ein dunkelbraunes Eichhörnchen an einem der Stämme hoch.

Albrecht blieb stehen und sah mit großen Augen dem flinken Tierchen nach, das blitzschnell im Geäst des Baumes verschwand.

Das ist noch nicht alles, sagte Leria lächelnd. Wir werden gleich einer Elfe begegnen.

Albrecht stand immer noch an derselben Stelle.

Jetzt war ihm restlos klar: Dieser Mann musste so etwas wie ein Zauberer sein, da konnte es keinen Zweifel geben. Oder?

Komm, sagte Leria, wir gehen weiter.

Der Weg machte nun eine kleine Biegung, und als sie wieder auf der geraden Strecke waren, die unmittelbar auf das große Haus zuführte, kam ihnen ein Mädchen entgegen. Es hatte ein glitzerndes weißes Kleidchen an, trug weiße Strümpfe und Schuhe, auf dem Kopf ein goldenes Stirnband. Ihre langen dunkelbraunen Haare fielen ihr über die Schulter.

Als sie näherkamen, lächelte ihnen die Elfe entgegen.

Leise sagte Leria zu Albrecht, dass es vielleicht besser sei, wenn er den Mund wieder zumache, sonst würde er unter Umständen einen dummen Eindruck erwecken.

Albrecht schloss sofort seinen Mund, um ihn vorläufig nicht mehr zu öffnen.

Was bist du heute?, fragte Leria.

Ich habe an Dornröschen gedacht, sagte das Mädchen.

Dann ist sie keine Elfe, dachte Albrecht. Dornröschen! – dieses Märchen kannte er schon lange.

Darf ich bekannt machen, sagte Leria, der junge Mann, der mich begleitet, ist Albrecht und …

Ich bin Mira, unterbrach ihn das Mädchen, das sich als Dornröschen verkleidet hatte, und streckte ihm ihre Hand mit einer huldvollen Geste hin.

Albrecht ergriff stumm diese kleine Hand und versuchte ein Lächeln, was ihm aber nicht besonders gelang.

Kann er nicht sprechen?, fragte sie Leria.

Ich glaube doch, er ist vielleicht eher ein wenig ... zurückhaltend.

Gefällt dir unser Park?, fragte Mira.

Ja.

Wir könnten uns morgen treffen. Ich zeige dir dann alles.

Albrecht nickte.

So sehr er sich anstrengte, Albrecht brachte kein Wort heraus, starrte schließlich auf den Boden, als würde er aus den Tiefen der Erde irgendeine sinnvolle Erwiderung erwarten.

Mein Papa hat gesagt, dass ich dich holen soll, sagte Mira zu Leria.

In Ordnung. Mach's gut, Albrecht.

Bis morgen, sagte Mira.

Albrecht blieb immer noch an derselben Stelle stehen, als wäre er festgewachsen. Die beiden gingen in lebhafter Unterhaltung auf das Haus zu. Mira lachte einmal in hohen, perlenden Tönen, blickte sich dabei kurz um.

Wahrscheinlich machen sie sich über mich lustig, dachte Albrecht.

Am nächsten Nachmittag machte sich Albrecht auf den Weg. Als er sich der großen Villa näherte, hörte er Musik. Er verlangsamte den Schritt, kam behutsam näher und war wie verzaubert. Ein Klavier spielte, das konnte er durch das geöffnete Fenster im oberen Stockwerk hören, und er fand, dass jemand hier sehr gekonnt mit dem Instrument umging. Damals war er zwar noch nicht in der Lage, dergleichen beurteilen zu können, aber da er selbst noch nie ein Instrument angefasst hatte, erschien ihm das geradezu unglaublich, dass ein Mann in der Lage war, so etwas zu spielen. Denn er hatte keinen Zweifel daran, dass Prosper Obenvelder derjenige war, der solche Musik spielte.

Er hatte vor einiger Zeit einmal seinen Vater spielen hören, als sie zu Besuch im Haus seiner Großmutter waren. Sein Vater hatte irgendwann in seiner Jugend ein paar Jahre Klavierunterricht gehabt.

Karl, hack nicht so auf dem Instrument herum, hatte seine Großmutter damals gesagt.

Aber hier und jetzt? Das war etwas völlig anderes.

Albrecht setzte sich auf eine Bank vor dem Gebäude und hörte zu.

Plötzlich hörte die Musik auf und eine Stimme, es war die Stimme des Mädchens, sprach in seine Richtung:

Ich komme gleich.

Als sie zu ihm herauskam, begann sie sofort zu reden.

Schön, dass du gekommen bist. Ich habe schon gedacht, dass du vielleicht keine Lust hast.

Hast du … eben gespielt?

Ja. Hat es dir gefallen?

Das war … schön …

Ich spiele jetzt bald Stücke von Mozart. Ich habe auch schon eine Haydn-Sonate gespielt und eine Sonatine von Clementi.

Ja.

Spielst du auch ein Instrument?

Nein.

Möchtest du gerne spielen?

Ich … weiß nicht.


Mira hatte so leichthin daher geplappert, dabei war er der Ältere von beiden. Einerseits kam er sich dumm und unwissend vor, doch auf der anderen Seite nahm sie ihm dadurch etwas von seiner Schüchternheit. Er sagte sich, dass sie vielleicht ein wenig ‚altklug' redete – dieses Wort hatte seine Mutter einmal gebraucht, als er etwas von einem übereifrigen Klassenkameraden berichtet hatte.

Doch mit der Zeit gab sich das alles von allein.

Sie begannen ihre Märchenspiele, bauten mit Leria ein Baumhaus, dachten sich überhaupt alle möglichen Spiele und abenteuerlichen Betätigungen aus.

Sie wurden unzertrennlich. Und Albrecht begann Klavier zu spielen.

Er hatte zuerst seine Mutter gefragt, ob das für ihn vielleicht in Frage kommen könnte. Ellen hatte ihrerseits Karl auf den Wunsch ihres Sohnes angesprochen und Karl war zunächst nicht sehr angetan von der Idee, ein Klavier anschaffen zu müssen. Doch dann war ihm die Idee gekommen, ob er nicht seine Mutter fragen könnte. Das alte Klavier der Marke *Pfeiffer* stand immer noch im Wohnzimmer seines elterlichen Hauses und kein Mensch spielte mehr darauf. Aber er war sich nicht sicher, ob seine Mutter einwilligen würde. Doch sie hatte nichts dagegen.

Karl, wenn dein Sohn Klavier spielen möchte, dann kannst du es haben. Hier spielt ohnehin niemand mehr. Aber er sollte dann auch einen ordentlichen Unterricht bekommen.

Das Pianoforte war allerdings in einem erbärmlichen Zustand und eine Überholung und Instandsetzung der Mechanik war nicht gerade billig.

Als Prosper davon erfuhr, war er von der Idee, dass Albrecht Klavier spielen wollte, sehr angetan.

Karl, ich setze mich mit der Firma in Verbindung. Wir lassen einen Fachmann kommen und er soll uns ein Angebot machen. Ich helfe euch dabei.

Prosper war ohnehin sehr froh darüber, dass seine Tochter einen Spielkameraden gefunden hatte, den sie mochte. Außerdem war ihm nicht entgangen, wie gut sich die beiden ergänzten und wie fantasievoll sie miteinander spielten.

Und da war es durchaus in seinem Interesse, dass der Junge, dem er wohlgesonnen war, auch eine musikalische Ausbildung erhielt.

Zuerst hatte Albrechts Vater darauf bestanden, seinen Sohn selbst zu unterrichten. Für den Anfang könnte er sich das schon vorstellen, sagte Karl.

Wenn du meinst, sagte Prosper lakonisch.

So kam es, dass sein Vater mit der ihm eigenen Methode den Klavierunterricht begann. Zuerst wurden die Noten gelernt. Das stellte für Albrecht kein größeres Problem dar. Dann wurden diese Noten auf die Klaviertasten übertragen. Tonleitern mussten geübt werden, zunächst ganz langsam, dann wurde das Tempo gesteigert. Die Fingersätze, die sich sein Vater dafür ausdachte, waren teilweise abenteuerlich. Bei Fehlern gab es mit einem Lineal Schläge auf die Finger. Albrecht, der im Übrigen keinesfalls unmusikalisch war, versuchte bald selbst, geschicktere Reihenfolgen für die Finger auszudenken.

Von Mira hatte er eine Klavierschule für Anfänger bekommen. So konnte er die ersten einfachen Stücke einüben. Wenn etwas nicht sofort klappte, gab es schon mal eine Ohrfeige oder ab und zu auch eine Kopfnuss. Karl spielte seinem Sohn alle Stücke vor. Wobei er sich selten an den genauen Notentext hielt, manchmal auch wild drauflos spielte.

Es kam schließlich, wie es kommen musste: Nach vier Wochen hörte Albrecht auf, Klavier zu spielen.

Er traf sich an einem Spätnachmittag mit Mira in ihrem Zimmer. Sie hatte versprochen, ihm ein Rondo von Mozart vorzuspielen.

Sie bemerkte sofort, dass mit ihm etwas nicht stimmte.

Was ist mit dir?, fragte sie.

Albrecht, der seinen Kummer kaum unterdrücken konnte und mit großer Mühe dagegen ankämpfte, dass er nicht losheulte, sagte nur, dass er vorläufig mit dem Klavierspielen aufhören würde.

Warum denn?, wollte Mira wissen.

Darum, sagte Albrecht.

Er wollte seiner Freundin nichts davon berichten, wie seine

Stunden abliefen und wie sein Vater dabei mit ihm umging.

Es ist ... zu schwer für mich, sagte er dann.

Das glaube ich nicht, rief Mira.

In diesem Augenblick kam Prosper herein.

Mira, ich freue mich schon darauf. Grüß dich, Albrecht!

Mira hatte ihrem Vater versprochen, ihm den letzten Satz einer *Wiener Sonatine* von Mozart vorzuspielen. Doch als er die betretenen Gesichter der beiden Kinder sah, fragte er nun ebenfalls, ob etwas passiert sei.

Albrecht will nicht mehr Klavier spielen, sagte Mira.

Warum denn das?, fragte Prosper.

Albrecht begann leise zu weinen. Mira und ihr Vater nahmen ihn an den Armen und setzten ihn zwischen sich auf ein Sofa.

Beruhige dich, Kerlchen, sagte Prosper – so nannte er ihn damals oft – und nun mal der Reihe nach. Was ist los?

Nach und nach erfuhren sie, was sich zwischen seinem Vater und ihm abgespielt hatte.

Das finde ich gemein, sagte Mira schließlich.

Tja, begann Prosper, da werde ich wohl mit deinem Vater reden müssen.

Bitte nicht, sagte Albrecht sofort, das muss ich büßen.

Lass mich nur machen, sagte Prosper. Ich sage ihm nichts von dem, was du mir erzählt hast. Ich werde ihm einfach den Vorschlag machen, dass Miras Lehrerin daran interessiert wäre, auch dich zu unterrichten.

Aber davon weiß Frau Schleefor doch gar nichts, warf Mira ein.

Dann werde ich ihr dies vorschlagen, sagte Prosper mit einem verschmitzten Lächeln.

Und so ging es über die Bühne.

Frau Ortrud Schleefor, eine sehr gute Klavierlehrerin, die auch Mira erfolgreich unterrichtete, wurde entsprechend instruiert und der Deal gelang. Karl, der natürlich bemerkt hatte, dass sein Sohn ‚nicht so spurte', wie er sich das vorgestellt hatte, ging tatsächlich darauf ein. Allerdings war er inzwischen zu der Überzeugung gekommen, dass Albrecht nicht übermäßig begabt war und so dachte er, dass sein Sohn in diesem Bereich ohnehin Schiffbruch erleiden würde.

Prosper hatte Karl noch darum gebeten, sich möglichst nicht einzumischen, wenn Albrecht Klavier übte, denn Frau Schleefor hätte sich ausbedungen, dass ihre Schüler ganz für sich arbeiten sollten, ohne Dazutun der Eltern oder von anderen Verwandten.

Ellen, die in den vergangenen Wochen mit großer Besorgnis dieses betrübliche Unterrichtsexperiment zwischen Vater und Sohn beobachtet hatte, war erleichtert, dass sich hier ein neuer Weg auftat. Einmal hatte sie ihren Mann gebeten, doch nicht so streng mit seinem Schüler umzugehen. Karl fuhr sie sofort wütend an und verbat sich jede Einmischung. So blieb ihr nichts anderes übrig, als ihren Sohn so oft wie möglich zu trösten und ihn ein wenig aufzurichten.

Albrecht ging also zu Frau Ortrud Schleefor zum Klavierunterricht. Er wollte, obwohl sich seine Motivation in der Zwischenzeit etwas abgeschwächt hatte, wenigstens einen Versuch wagen. Und die freundliche und sehr erfahrene Klavierpädagogin bewirkte Wunder. Karl machte rasch Fortschritte und spielte nach kurzer Zeit die Stücke, die seine Lehrerin für angemessen hielt, mit beachtlicher Akkuratesse und ganz offensichtlicher Musikalität. Alle freuten sich darüber.

Karl musste ein wenig zähneknirschend eingestehen, dass sein pädagogisches Talent sich hier nicht übermäßig entfaltet hatte. Prosper fand die richtigen Worte, indem er ihm klarmachte, dass es grundsätzlich besser sei, wenn sich die eigenen Eltern nicht als Instrumentallehrer betätigten.

Karl, schau her, auch ich spiele leidlich Klavier, aber ich wäre nie auf die Idee gekommen, meine Tochter zu unterrichten.

So war Karl am Ende doch zufrieden und empfand sogar so etwas wie Stolz, als er sah und hörte, welche Fortschritte sein Sohn schließlich machte.

In der folgenden Zeit entwickelte sich Mira allerdings zu einer exzellenten Instrumentalistin. Im Alter von neun Jahren spielte sie zum ersten Mal öffentlich, nachdem sie sich schon bei verschiedenen privaten Hauskonzerten präsentiert hatte. Sie war bei einem Vorspiel in Stuttgart erfolgreich gewesen und hatte in ihrer Altersgruppe den ersten Preis gewonnen. Mit zwölf Jahren spielte sie mit einem Orchester der Landeshauptstadt das Es-Dur-Klavierkonzert (auch genannt *Jeunehomme*), K.V. 271, von Mozart. Dies war allerdings auch dem Umstand zu verdanken, dass Mira schon seit zwei Jahren von einem ausgezeichneten Klavierpädagogen der Stuttgarter Musikhochschule unterrichtet wurde. Paul Buck, ein sehr feinsinniger und großer Kenner (nicht nur) der Klavierliteratur, hatte bei einem Vorspiel sehr schnell die enorme Begabung Miras erkannt und förderte die junge Musikerin in hohem Maße. Buck war auf der einen Seite ein sehr exakter Arbeiter am Notentext und andererseits ein sehr sensibler und empfindsamer Vermittler für seine Schüler. Er ging auf die individuellen Eigenarten seiner Schülerinnen und Schüler ein, ohne dabei das Eigentliche, nämlich das Werk des Komponisten, außer Acht zu lassen. Ein Meister der Anschlagskunst, die oft bis in kleinste Nuancen hinein umgesetzt wurde. Körper- und Handhaltung waren mit ausschlaggebend, keine überflüssigen Bewegungen oder Grimassen, wie man das bei manchen Solisten – leider – ab und zu beobachten kann.

Mira folgte ihrem Lehrer mit Begeisterung auf diesem Weg und Paul Buck hatte seine Freude an dieser Schülerin. Nur einmal, kurz vor ihrem vierzehnten Geburtstag, unterbrach sie fast für ein Dreivierteljahr ihren Unterricht. Es hatte bei einem Klassenfest einen ‚Unfall‘ gegeben. Das war jedenfalls die Version, die berichtet wurde. Mira sei ‚überfallen‘ und verletzt worden.
Sie hatte unter Schock gestanden und war auch nach ihrem

Krankenhausaufenthalt noch viele Monate in Behandlung.
Albrecht erinnerte sich daran. Mira war lange weg gewesen.
Man hatte damals von einer Krankheit gesprochen, ohne
dass irgendjemand etwas Genaueres erfahren hätte. Seine
Mutter und auch Leria hatten ihm eingeschärft, niemandem
irgendwelche Fragen zu beantworten, wenn sich vielleicht
jemand von der Presse oder sonst wer danach erkundigen
wollte.
Mira hatte später nie davon gesprochen und Fragen nach
ihrem Ergehen danach einfach übergangen oder sich jede
Nachfrage verbeten.

Auch Albrecht machte Fortschritte auf dem Klavier. Nach ein
paar Jahren spielte er neben Suiten von Bach und Händel
die ersten Haydn- und Mozart-Sonaten, Klavierstücke von
Beethoven, Schubert, Schumann, Chopin oder Mendelssohn.
Aber auch Bartoks *Mikrokosmos* oder andere Werke von
Komponisten des 20. Jahrhunderts waren dabei.
Albrecht musste, nicht immer ganz neidlos, anerkennen,
dass er Mira nie erreichen würde. Zumindest nicht auf
musikalischem Gebiet.
Aber sein Werdegang zur Musik und schließlich auch zur
Literatur war im Grunde vorgezeichnet.
Mit zehn Jahren war er auf ein naturwissenschaftliches Gym-
nasium gekommen, auf dem schon sein Vater und Prosper
Obenvelder einstmals die Schulbank gedrückt hatten, und
Mira kam genau zwei Jahre später auf das altsprachliche
Gymnasium, das sich, aus welchen Gründen auch immer
‚humanistisch‘ nannte. Der damalige Direktor hatte sich
vordem bei den Nazis trefflich nach oben gearbeitet und im
besetzten Paris der vierziger Jahre eine entsprechend dubiose
Rolle gespielt.
Ein einschneidendes Ereignis in jenen ersten gymnasialen
Schuljahren war die Erkrankung von Albrechts Vater.
Zunächst konstatierte er eine häufige Antriebsschwäche und

Müdigkeit, dazu kamen nächtliche Schweißausbrüche, auch Atemnot und Schmerzen an verschiedenen Stellen seines Körpers. Ellen bat ihn darum, einen Arzt aufzusuchen, doch Karl weigerte sich lange und meinte, dass sich das wohl schon wieder geben werde. Als schließlich Schwellungen am Hals und in den Achselhöhlen auftraten, wandte sich Ellen auch an Prosper, der ihn sofort zu einem Arzt bringen ließ.

Die Diagnose war Lymphdrüsenkrebs, eine Krankheit, die nicht zuletzt durch seine eigene Sturheit lange nicht erkannt worden war. Eine Art von Krebserkrankung, die durchaus Heilungschancen hatte, aber eben aufgrund ihres fortgeschrittenen Stadiums musste er sich auf eine längere Behandlung einstellen. Einmal glaubte man, dass sein Leiden nun überwunden sei. Doch bald musste er die nächste chemo-therapeutische Behandlung über sich ergehen lassen. Schließlich verlor er den Kampf gegen die Krankheit.

Albrecht war damals vierzehn Jahre alt.

Während der Zeit von Karls Krankheit hatte sich Ellen schon mehr und mehr in das Aufgabenfeld ihres Mannes eingearbeitet. Auch Leria half ihr dabei und war oft ein hilfsbereiter Ratgeber. So war Albrechts Mutter auf diese Weise eine von Prosper wohlgeschätzte Hausmeisterin geworden.

Ellen wuchs in den folgenden Jahren weiter in ihre Aufgabe hinein. Sie, die einmal Buchhändlerin gewesen war, die früher gerne ein Literaturstudium aufgenommen, wenn sie die Möglichkeit dazu gehabt hätte, blühte bei ihrer Tätigkeit förmlich auf. Ihr Interesse an Büchern, am Lesen, war nach wie vor vorhanden und mit Leria und Prosper waren immer interessierte Gesprächspartner zugegen, die ihr auch Bücher ausliehen und sich gerne mit ihr unterhielten. Oft war sie vor allem mit Leria zusammen. Dazu kamen damals auch all jene verschiedenen Veranstaltungen, Lesungen, Aufführungen, überhaupt alle Ereignisse, *Events,* wie man später sagen würde, die inzwischen im Hause Obenvelder stattfanden.

Albrecht dachte oft daran, dass seine Mutter in diesen Jahren wohl ihre glücklichste Zeit erlebt hatte. Er musste zugeben, dass sich seine Trauer und auch diejenige seiner Mutter über den Tod seines Vaters in Grenzen hielt.
Er wollte diesbezüglich nicht unsensibel sein. Er war sich darüber im Klaren, dass die Existenz seines Vaters nicht besonders von Glück gesegnet gewesen war. Viele Dinge in dessen Leben waren schiefgelaufen. Doch weshalb mussten oft andere darunter leiden? Diese Frage war wahrscheinlich so alt wie die Menschheit.

—

In der ersten Zeit, nachdem Karl und seine Familie in das Gartenhaus in der Stravenfordstraße eingezogen waren, war Désirée mit Unterbrechungen immer wieder anwesend. Dann beschäftigte sie sich oft mit Mira, las ihr Geschichten vor oder beteiligte sich an den Märchenspielen, was ihre Tochter besonders begeisterte. Albrecht wurde einbezogen und er dachte später manchmal daran, wie schön er es vor allem fand, wenn er den Befreiungshelden spielen durfte, etwa in Dornröschen oder Aschenputtel.

Leria hatte schließlich die Idee, bei der großen Linde eine Bühne aufzubauen, Kulissen aufzustellen, die Szenerie mit einfachen Gegenständen zu bestücken.

Von Mira stammte der Vorschlag, dass das Märchen vom *Schneewittchen* aufgeführt werden sollte. So schrieb Leria mit gelegentlicher Beteiligung von Prosper einen möglichst kindgerechten Text für die einzelnen Rollen und führte mit Désirée zusammen Regie. Er bemalte eine große Kulissenwand mit einer fantastischen Landschaft, auf der im Hintergrund sieben unterschiedlich hohe Hügel zu sehen waren, davor einzelne Waldflächen, unterbrochen von kleinen Seen oder Flussläufen.

Auf diese Weise wurde das Märchen vor ‚erweitertem' Publikum vorgeführt. Prosper, Leria, Miras Großmutter, Karl, Ellen und ein paar Angestellte, die im Hause Obenvelder arbeiteten, waren anwesend, sowie eine ganze Reihe von Leuten aus der Nachbarschaft, deren Kinder die Zwerge und noch andere Figuren darstellten. Bänke und Stühle waren aufgestellt worden.

Und Désirée spielte eine böse Stiefmutter, dass es nicht nur den Zuschauern, sondern auch manchen Mitspielern kalt den Rücken hinunterlief. Albrecht, der selbstredend den Königsohn zu spielen hatte, dem die Zwerge schließlich den gläsernen Sarg überließen, war von dem Spiel von Miras Mutter so beeindruckt, dass er beinahe seinen Auftritt verpasst hätte. Als *gläserner Sarg* diente lediglich eine Tragbahre, die von den Zwergen getragen wurde. Langsam bewegte sich der Zug auf die Bühne und plötzlich setzte über Lautsprecher eine Musik ein, die die Zuschauer bezauberte: die letzten sechzehn Takte aus dem *Zaubergarten* (*le jardin féerique*) aus Maurice Ravels *Ma Mère l'Oye*. Die Musik begann im pianissimo, in langsam fortschreitenden Akkorden, wurde nach und nach lauter und im Fortissimo der Akkorde mit den darüber laufenden Glissandi erwachte Schneewittchen schließlich aus seinem totähnlichen Schlaf. Schneewittchen, das von Mira beeindruckend gespielt wurde, sieht sich dem Königsohn gegenüber, der ihr Gemahl werden wird.

Désirée hatte die Idee gehabt, an dieser und ein paar weiterer Stellen des Stückes Ravels Musik erklingen zu lassen.

Die Kinder waren begeistert, ließen sich von den erfahrenen Theaterleuten leiten und in ihre Rollen hineinführen. Die Begeisterung übertrug sich auf das Publikum.

Es war ein Stück für Kinder, aber die Aufführung hatte eine Signalwirkung für Prosper und Leria, in deren Köpfen, unabhängig voneinander, ein bestimmter Gedanke zu wachsen begann.

Wenn sie nach München fuhren, durfte Mira häufig ihren Vater begleiten. Mira sah ab und an ihre Mutter auf der Bühne des Theaters. Auch wenn sie vieles noch nicht verstehen konnte, war das für sie eine aufregende, fantastische Welt.

Wochen und Monate vergingen, für die einen eine Zeit spielerischer Selbstvergessenheit, für andere begannen sich Änderungen abzuzeichnen, zunächst noch unbemerkt.

Bei einem dieser Besuche in München stand eine Aufführung in der Staatsoper auf dem Programm: Die Märchenoper *Hänsel und Gretel* von Engelbert Humperdinck. Es war für Mira ein unvergessliches Erlebnis.

Sie war so begeistert von der Musik, dem Gesang und dem Spiel auf der Bühne, dass Désirée Karten für Mozarts *Zauberflöte* besorgte.

Diese Aufführung fand zwei Monate später statt.

Mira, die zwischen ihren Eltern saß, war hingerissen. Vor allem *Papageno* hatte es ihr angetan, der Vogelmensch, der mit *Tamino*, einem ‚Märchenprinzen', so viele Abenteuer bestehen musste. Manchmal bewegte sie sich zu dieser Musik. Das war schließlich ‚ihr' Mozart, von dem sie nun auch schon Stücke spielte. Bei der Rachearie der *Königin der Nacht* starrte sie abwechselnd ihre Eltern an und flüsterte: Wie kann man denn überhaupt so singen?

Als am Schluss dieser Papageno seine Papagena bekam und die beiden nach anfänglichem ‚Stottern' ihren unvergleichlichen Parlando-Stil entfalteten, lachte Mira lauthals, so dass Prosper ihr die Hand auf den Mund legen musste.

Das musste sie unbedingt Albrecht erzählen und ihm alles berichten.

Was Mira an diesem Abend noch nicht wusste, war ein anderes, vorausgegangenes Ereignis, ein Vorgang, bei dem Désirée und Prosper unter sich etwas regeln und diskutieren mussten. Mira sollte davon möglichst nichts mitbekommen und so hatte Désirée eine Freundin vom Theater, die Mira auch schon kannte, gebeten, am Nachmittag des Vortags zu ihnen zu kommen, um Mira Gesellschaft zu leisten. Mira mochte diese Frau, die immer so lustige Geschichten erzählte und außerdem wahnsinnige Gesichter schneiden konnte.

Was war geschehen?

Nichts Neues unter der Sonne, aber die Beziehung zwischen Prosper und Désirée begann Risse zu bekommen. Dabei spielte weniger die Atmosphäre in der Obenvelderschen Familie eine besondere Rolle – Prospers Mutter lebte ohnehin sehr zurückgezogen – sondern eher die unterschiedlichen Interessen in den Berufen, auch die häufigen Trennungen und, nicht zuletzt, auch die vielen Begegnungen mit anderen Menschen.

Es traf Prosper schwer, als ihm Désirée mitteilte, dass sie sich in einen anderen Mann verliebt habe. Sie saßen im Stadtcafé am St. Jakobsplatz an einem der hinteren Tische und begannen zu reden.

Albrecht bekam erst jetzt, Jahrzehnte später, von Leria ein paar Hinweise zu dieser Unterhaltung, denn Prosper hatte, als er mit seiner Tochter aus München zurückgekommen war, am Tag darauf lange mit seinem Freund darüber gesprochen. Natürlich habe auch Prosper nach und nach gespürt, dass seine Beziehung zu Désirée etwas problematisch wurde, aber er hoffte dennoch, dass seine Ehe nicht daran zerbrechen würde. Dann war er von seiner Frau recht unvermittelt vor vollendete Tatsachen gestellt worden. Doch wie sollten sie Mira das alles erklären? Désirée nahm uneingeschränkt die Schuld auf sich. Sie bat Prosper, der ja im Falle einer Trennung ohnehin das Sorgerecht für ihre Tochter bekommen würde, dass sie Mira dennoch immer wieder sehen dürfe. Sie habe ihn fast verzweifelt darum gebeten und Prosper, obwohl er selbst mit sich zu kämpfen hatte und sich ziemlich elend fühlte, meinte dann schließlich, dass sie schon einen Weg finden würden.

Prosper hatte ihr noch vorgeschlagen, dass sie zunächst einfach eine Zeit der Trennung verbringen sollten, ohne gleich juristische Schritte einzuleiten. Leria hatte er mitgeteilt, dass er immer noch hoffte, Désirée würde vielleicht zu ihm zurückkehren.

Für Mira begann eine schwere Zeit. Prosper hatte ihr so schonend wie möglich beizubringen versucht, dass ihre Mutter nun *nicht mehr oft* nach Hause kommen würde. Zuerst sah sie ihn ungläubig an, dann fragte sie ihn unter Tränen, ob sie denn ihre Mama nicht mehr wiedersehen dürfe. Prosper versicherte ihr, dass sie sich diesbezüglich auf keinen Fall Sorgen machen müsse, das würden sie alles hinbekommen.

Mira stürzte davon, rannte in ihr Zimmer und warf sich auf ihr Bett. Prosper ging ihr nach, redete auf sie ein, aber sie reagierte nicht mehr darauf. Erst am nächsten Morgen erschien sie wieder, war kaum ansprechbar.

Auch in den nächsten Tagen redete sie kaum mit jemandem, aß kaum etwas, blieb meistens in ihrem Zimmer. Auch ihr geliebtes Klavier rührte sie nicht mehr an.

Prosper rief schließlich Désirée an und berichtete ihr, was sich hier abspielte.

Désirée kam am nächsten Wochenende. Prosper hatte es seiner Tochter mitgeteilt und Mira war über diese Nachricht sehr glücklich. Sie freute sich sehr darauf, begann sofort wieder auf dem Klavier zu üben. Sie wollte Désirée mit dem 1. Satz der *Leichten Sonate* in G-Dur von Ludwig van Beethoven überraschen.

Die Zeit von Freitagabend bis Sonntagnachmittag verlief einigermaßen harmonisch für die Menschen, die sich alle auf eine schwierige Konstellation in ihrem Zusammensein einstellen mussten. Die Eltern besprachen die organisatorischen Punkte und Prosper, dem die Reaktion seiner Tochter sehr zu denken gab, war klargeworden, dass er nun eigene Belange zurückstellen musste. Und so vereinbarten sie, dass Mira so oft wie möglich, wenn es die Zeit von Désirée zuließ, nach München kommen würde. Vor allem auch während der Schulferien. Désirée würde auf jeden Fall die Wohnung behalten. Da Mira, zumindest vorläufig, begleitet werden musste, wurde darüber gesprochen, dass im Falle einer Verhinderung von Prosper selbst, auch Leria das Kind nach München bringen könnte.

Mira spielte den Satz aus der Beethoven-Sonate. Désirée kämpfte mit den Tränen, nahm ihr Kind, nachdem es sein Vorspiel beendet hatte, in die Arme und hielt es lange fest.

Der Zeitpunkt des Abschieds kam. Prosper brachte Désirée zum Bahnhof. Sie saß im Fond des Wagens, zusammen mit Mira. Als der Zug nach Stuttgart abfuhr, winkte Mira, bis der letzte Wagen verschwunden war. Dann drehte sie sich um und vergrub ihren Kopf im Mantel ihres Vaters. Sie fuhren nach Hause und Prosper sah, als er den Kopf nach hinten wandte, direkt in die Augen seiner Tochter. Sie hatte die Lippen zusammengekniffen, ihr Gesicht wirkte ein wenig wie eine Maske. Als sie schließlich durch den Garten wanderten, Prosper hatte ihre Hand ergriffen, sagte er: Du bist mein tapferes Mädchen. Du wirst sehen, vieles wird wieder gut.

Albrecht erinnerte sich daran, wie begeistert Mira ihm von dem berichtete, was sie alles in München erlebt hatte. Vor allem von der Aufführung von Mozarts *Zauberflöte*! Und nur kurze Zeit später konnte er sie weder sehen noch mit ihr sprechen. Leria half ihm aus seiner Enttäuschung heraus, indem er ihm erklärte, dass es Mira im Moment nicht gut gehe und das habe überhaupt nichts mit ihm zu tun. Er müsse einfach ein wenig Geduld haben.
Gönne ihr ein wenig Zeit, Albrecht. Eines Tages wirst du es verstehen. Du musst versuchen, ihr nicht zu viele Fragen zu stellen. Nur damit kannst du ihr helfen. Sie wird dich bestimmt wieder sehen und mit dir reden wollen.
Alle taten ihr Möglichstes, um mit der neuen Familiensituation zurechtzukommen. Das meiste von dem, was sich Prosper und Désirée vorgenommen hatten, wurde umgesetzt. Und auch Mira begann sich im Lauf der Zeit daran zu gewöhnen: die Reisen hin und her, manchmal längere, dann auch wieder kürzere Aufenthalte.
Längst war Mira auch wieder häufiger mit Albrecht zusammen. Eine Sache allerdings wollte sie nicht mehr aufnehmen, nämlich ihre Märchenspiele. Als wäre hier ein Punkt erreicht worden, an dem nichts mehr weitergehen konnte. Kinder können vielleicht instinktiv spüren, dass bestimmte Tätigkeiten und Einstimmungen sich nicht mehr ohne weiteres wiederholen lassen, wenn Einschnitte oder Bruchstellen entstanden sind.
Sie entdeckten alle möglichen Brettspiele, auch Kartenspiele – und sie begannen, vierhändig Klavier zu spielen, was ihnen großen Spaß machte.
Prosper bemühte sich, nicht allzu viel von dem, was ihn inner-

lich umtrieb, nach außen dringen zu lassen. Leria versuchte seinen Freund immer wieder aufzurichten, bemühte sich rührend, ihn abzulenken.

Mein lieber Freund, sagte Prosper schließlich, ich weiß deine Bemühungen zu schätzen, aber glaube mir, ich habe in der Zwischenzeit das Erwachsenenalter erreicht.

Leria lächelte verlegen und machte eine beschwichtigende Geste.

Dann starb überraschend Prospers Lieblingsonkel Johann Obenvelder, der Hamburger Kunsthändler.

Prosper hatte ihn zuletzt bei der Beerdigung seines Vaters gesehen und sich lange mit ihm unterhalten. Onkel Johann, der in den letzten Jahren gewaltig an Umfang zugelegt hatte, war vier Jahre jünger als sein Vater, ging mühselig am Stock, aber hatte noch nichts von seinem Humor und seiner geistreichen Art zu erzählen und zu unterhalten verloren. Er hatte Prosper wiederholt gebeten, ihn doch bald einmal in Hamburg zu besuchen, er könne ihm ein paar *hochinteressante Neuerwerbungen* zeigen. Dazu war es nicht mehr gekommen und Prosper bedauerte dies natürlich, doch seit dem Tod seines Vaters war zu viel geschehen und sein Arbeitspensum war eben enorm angewachsen.

Prosper fuhr mit Leria nach Hamburg zur Beerdigung. Ein Großereignis mit vielen Freunden, Honoratioren der Stadt und einer stattlichen Menschenmenge. Zahlreiche Reden wurden gehalten, Grußworte gesprochen, Verdienste hervorgehoben und Huldigungen dargebracht.

Prosper und Leria verließen irgendwann diesen Ort und besuchten die Kunsthalle. Dort verbrachten sie mehrere Stunden und waren vor allem von den Sammlungen des 19. und vielen Exponaten des 20. Jahrhunderts begeistert: in der *Galerie des 19. Jahrhunderts* Philipp Otto Runge, Caspar David Friedrich oder Adolf von Menzel; die französischen Impressionisten, dazu auch viele Werke des deutschen Malers Max Liebermann. Dann eine große Sammlung der ‚Klassischen

Moderne', von Beckmann, Feininger, Kirchner, Klee, Munch oder Franz Marc bis zu George Grosz, Anita Rée und Max Ernst.

Leria fragte ihn schließlich, ob sie nicht doch noch einmal zur Beerdigungsgesellschaft zurückkehren müssten. Prosper meinte allerdings, sein Onkel sei stets Junggeselle gewesen, von irgendwelchen Familienangehörigen oder sonstigen Verwandten wisse er nichts.

Im Grunde werden wir uns langweilen. Wir kennen die Leute dort nicht und überlassen sie ihrer mehr oder weniger entwickelten Kunstbeflissenheit. Ich glaube, es hätte Johann gefallen, wenn er mitbekommen hätte, dass wir diesen ‚Kunstbesuch' gemacht haben. Das wäre vermutlich ganz in seinem Sinne gewesen.

Nach einigen *Wochen* erhielt Prosper einen Brief von dem Hamburger Nachlassverwalter und Notar, dass er doch bitte zur Testamentseröffnung in Sachen Erbschaft des verstorbenen Johann Obenvelder erscheinen möge.

Überrascht war Prosper davon nicht übermäßig. Insgeheim, und dabei hielt er sich Leria gegenüber nicht zurück, hatte er gehofft, dass ihm sein Onkel vielleicht ein Bild von Max Liebermann vermacht, das er immer sehr gemocht hatte: eine Darstellung von drei Pferden in einem Park, mit einer großen Villa im Hintergrund. Das Bild erinnerte ihn immer ein wenig an seine eigene Umgebung.

Völlig verblüfft war er nun aber von der Tatsache, dass er, bis auf ein paar Schenkungen an die Hamburger Kunsthalle, zum Alleinerben bestimmt worden war.

Und als er mit Leria und einem Anwalt die gesamte Hinterlassenschaft dieses Kunstsammlers in Augenschein nahm, verschlug es Prosper vorübergehend die Sprache.

Das waren wahnsinnige Schätze, deren Wert er im Augenblick gar nicht überblicken wollte. Auch der Anwalt sagte ihm offen, dass man noch zwei oder drei Expertisen abwarten müsse, bis alles richtig untersucht worden sei. Eine genaue Schätzung liege noch nicht vor. Man könne aber von einigen hundert Millionen ausgehen.

Leria, kannst du dir das vorstellen?, fragte Prosper an einem der nächsten Abende, als sie wieder zu Hause im Wohnzimmer saßen, nach dem Essen einen fruchtigen Sizilianer tranken und auf den guten Onkel Johann anstießen. Eine Sache scheint tatsächlich zu stimmen, die oft angeführt wird, fuhr er fort. Ich bin ja nun ein Mensch, der in eine begüterte Familie hineingeboren wurde. Und wenn man schon genügend Geld hat, dann kommt auch noch so ein großer Batzen dazu. Das ist, genau genommen, einfach nicht gerecht, Leria. Was sagst du dazu?

Leria dachte einen Augenblick lang nach.

Prosper, wie wäre es, auf welche Weise auch immer, etwas davon zurückzugeben? Es gibt vielerlei Möglichkeiten, Stiftungen, Unterstützungen, vor allem in sozialen Bereichen könntest du …

Daran habe ich ohnehin schon gedacht. Aber mir ist, übrigens nicht erst seit dieser Erbschaft, noch etwas anderes durch den Kopf gegangen. Du weißt, dass ich meinen Job nicht besonders liebe. Wie wäre es, die Leitung allmählich abzugeben. Das wäre doch nun ein guter Zeitpunkt, um ein paar Dinge in die Wege zu leiten. Natürlich nicht sofort, aber so langsam … Schritt für Schritt …

Das überrascht mich nicht übermäßig, unterbrach ihn Leria, aber das wäre nun schon eine Option …

Ich muss es einfach gründlich durchdenken, Möglichkeiten überlegen über die Art des Rückzugs. Im Moment ist das noch nicht spruchreif. Aber ich werde mit meinen Anwälten und Freunden einmal darüber reden. Wir haben nun ein paar sehr gewiefte Leute in der leitenden Etage, bei denen ich mir sehr gut vorstellen kann, dass sie den Laden am Laufen halten. Oder wir holen uns noch von außen jemanden dazu. Diese Menschen machen ihren Job einfach mit Engagement und entsprechendem Willen. Das sind Eigenschaften, die mir fehlen, Leria. Ich möchte Menschen Kunst präsentieren, mit Menschen Kunst machen, ihnen Theater, Musik, Literatur, Bildende Kunst zugänglich machen. Ich will mit ihnen diskutieren, debattieren, streiten und mitfühlen. Das sind große Worte, ich weiß. Friedrich Nietzsche sagte einmal *Ohne die Musik wäre das Leben ein Irrtum.* Ich möchte das erweitern: Nicht nur ohne Musik, sondern auch ohne alle die anderen Künste, die Literatur, die Philosophie, die Malerei und Bildhauerei, wäre unser Leben nichts. Das schmälert all die Aktivitäten der Menschen im Bereich der Naturwissenschaften nicht im Geringsten. Aber wir brauchen die Kunst. Von der Technik allein könnte ich nicht leben.

Leria räusperte sich.

Du weißt aber auch, dass ein Naturwissenschaftler das wieder ganz anders sehen würde. Und ein Techniker könnte nicht ohne Technik leben. Vor kurzem ist mir so ein Freak über den Weg gelaufen, der mir klarzumachen versuchte, dass die Naturwissenschaftler über eine ganz andere Art von IQ verfügen als die Geisteswissenschaftler, die eigentlich gar nichts Vergleichbares hätten, da deren Denkvermögen stets im Unkonkreten verharre.

Prosper hielt für einen Moment die Luft an.

Ach nee. Eine so einseitige Verteilung wäre aber merkwürdig. Erstens mal: Es gibt sehr viele Definitionen oder auch Kategorien von Intelligenz. Und ich kenne zahlreiche Menschen, die sowohl von der einen als auch von anderen Seiten bedacht worden sind. Meine Vorlieben in Bezug auf Kunst und Literatur waren immer präsent, aber deshalb habe ich mich durchaus auch für die Naturwissenschaften interessiert. Ich war auf einem naturwissenschaftlichen Gymnasium. Wenn es sich so verhalten würde, wie dein Freak behauptet, hätte ich nie ein Abitur machen können.

Leria lachte.

Tja, es lebe die Arroganz. Als ich ihm erklären wollte, dass es verschiedene, international bestätigte Kategorien von Intelligenz gibt, von denen wir alle unterschiedlich große Anteile besitzen, winkte er nur verächtlich ab. Mein Herr, sagte ich schließlich zu ihm, Sie sind sehr gebildet, vor allem überdurchschnittlich eingebildet.

Das hat ihm sicher sehr gefallen, sagte Prosper.

Er hat mehr oder weniger wütend das Weite gesucht.

—

Albrecht saß wie immer an seinem Schreibtisch und hatte die Gedächtnisprotokolle vor sich liegen, die er in dem Ordner mit den vorbereitenden Überlegungen zu dem ambitionierten ‚Unternehmen Haus der Künste' vorfand. Leria hatte fast immer Protokoll geführt und alles festgehalten. So konnte man Schritt für Schritt verfolgen, wie das Projekt allmählich verwirklicht wurde. Albrecht dachte daran, nur die wichtigsten Vorüberlegungen und Diskussionen festzuhalten.

Aber noch war das meiste in der Planung, das heißt in den Köpfen der Menschen. Albrecht sagte sich oft, dass Prosper und Leria eigentlich fast so etwas wie Visionäre gewesen sein mussten, als hätten sie vorausgeahnt, was nur weniger als zwei Jahrzehnte später durch die Medienrevolution in Gang kommen würde. Ein Prozess, der vieles von dem hinwegfegen würde, was in der kulturellen Tradition von Bedeutung war.

Albrecht wusste, dass solche Entwicklungen von den ‚Altvorderen' schon immer mehr oder weniger schmerzlich empfunden wurden. Aber das allmähliche Verschwinden der Lesekultur, die Verflachung des Gedankenaustauschs, das Schwinden des Einander-Zuhörens und überhaupt der Gesprächsbereitschaft, verbunden mit einer gewissen Trägheit, bestimmten Dingen auf den Grund zu gehen und lieber das auf halbem Wege Aufgelesene gleich als ganze Wahrheit zu verkünden – das war inzwischen fast an der Tagesordnung und vor allem sehr bequem.

Ein weiteres Familienereignis folgte nur wenige Wochen nach dem Tod von Johann Obenvelder. Prospers Mutter war überraschend verstorben. Sie war am Morgen nicht zum Frühstück gekommen, und als das Dienstmädchen nachsah, lag sie leblos in ihrem Bett. Der Tod hatte sie, wie man in solchen Fällen zu sagen pflegt, im Schlaf ereilt.

Seltsam, Leria, sagte Prosper. Du weißt ja, dass mich mit ihr nicht sehr viel verbunden hat, aber – und das ist nun mal so – sie ist einfach immer da gewesen. Und da, wo sie war, ist nun eine Lücke. Das geht nicht spurlos an uns vorbei. Mira hat sich so gut mit ihr verstanden.

Und in der Tat war es Mira, die am meisten trauerte.

Oma?, fragte Mira und begann zu weinen.

Prosper nahm sie in die Arme und sprach leise auf sie ein.

Etwa ein halbes Jahr später begannen die Arbeiten am Seitentrakt für die Kleine Theaterbühne und den Raum für Kunstausstellungen. Nach einem weiteren Jahr war dieser Anbau fertig und wurde mit einem ‚Tag der offenen Tür‘, vielen Vorführungen, sowohl musikalischen als auch mit literarischen Leckerbissen, kabarettistischen Einlagen und einer kleinen Kunstausstellung eröffnet. Letzteres allerdings, so hatten Prosper und Leria es sich überlegt, mit einer Reihe von Bildern lokaler Künstler im Verein mit Werken von eher unbekannteren Malern aus Onkel Johanns Sammlung. Alles andere wollten sie bis auf Weiteres unter Verschluss halten, denn das hätte zu viel Aufsehen erregt. Die teuren Bilder lagerten längst extern an einem sicheren Ort. Ein paar Bilder von Macke, Liebermann und Beckmann hingen auch als Leihgaben in mehreren großen Museen in Frankfurt, München und Basel. Ein Kunsthändler aus Köln, mit dem sich Prosper inzwischen angefreundet hatte, hatte den Verkauf von zwei Bildern von Picasso und Renoir an einen japanischen Industriellen vermittelt. Von dem Erlös hätte Prosper nicht nur diesen Anbau, sondern fast ein kleines Theater finanzieren können. Aber das hing – und hängt bis heute – mit gewissen pathologischen Entwicklungen des Kunsthandels und der mit ihm Geschäfte treibenden Klienten zusammen. Jedenfalls ahnte zunächst niemand in der Stadt, welche Kunstschätze dieser Mitbürger besaß, und der hütete sich, irgendetwas davon auszuplaudern. Prosper hatte die Absicht, eines fernen Tages einen großen Teil dieser Bilder der Öffentlichkeit zugänglich zu machen, aber dazu benötigte er noch einige Zeit, denn es musste erst auch die genaue Herkunft der Bilder geklärt werden. Erst vor kurzem war er von einem Anwalt aus Zürich angeschrieben worden, der seinerseits mit einem Berufskollegen in London in Verbindung stand. Diese Leute forschten nach Kunstwerken, die aus ehemals jüdischem Besitz stammten oder als sogenannte ‚Beutekunst' vor allem aus Frankreich und anderen von den Nazis besetzten Gebieten nach Deutschland transportiert worden waren.

Prosper und Leria waren sich darin einig, dass sie nach Klärung des Sachverhalts, falls sich Kunstwerke dieser Provenienz in ihrer Sammlung befinden sollten, diese Bilder entweder den ehemaligen Eigentümern zurückgeben oder auch den Nachkommen eine entsprechende Entschädigung zukommen lassen würden. Das waren nun Gegebenheiten, mit denen sie nicht gerechnet hatten. Prosper konnte sich zwar nicht vorstellen, dass sein Onkel in irgendwelche krummen Geschäfte verwickelt gewesen war, aber was wusste er schon über ihn? Er wollte ihm nichts Böses unterstellen, aber wie war sein Onkel Johann überhaupt an all diese Bilder gekommen? Das waren Fragen, die plötzlich wie aus dem Nichts auftauchten.

Der Tag der Eröffnung des Theaters war gekommen.

Eine Schauspieltruppe aus dem Heidelberg-Mannheimer Raum würde an zwei aufeinanderfolgenden Abenden ein Stück von Jean Anouilh präsentieren. *Der Reisende ohne Gepäck* war einer der ersten großen Erfolge des französischen Dramatikers in den späten dreißiger Jahren gewesen. Außerdem sollte es auch ein Programm für Kinder geben. Zwei Clowns, Schauspieler einer Gruppe, die vor allem Theater für Kinder machte, waren engagiert worden und sollten mit ihren Späßen und vielen kleinen gespielten Szenen für die Unterhaltung der jüngeren Gäste sorgen.

Leria hatte das Stück von Anouilh empfohlen, dessen deutsche Uraufführung 1946 am *Münchner Volkstheater* stattgefunden und das er später auf anderen Bühnen oder auch als Fernsehspiel gesehen hatte.

Albrecht fand schließlich auch ein Programmheft, in dem die Personen und die Schauspieler aufgeführt waren. Leria hatte einen kleinen Einführungstext geschrieben.

Der Soldat Gaston, der, nachdem er im Ersten Weltkrieg sein Gedächtnis verloren hatte und achtzehn Jahre in einem Sanatorium zubrachte, soll nun in seine Familie zurückgeführt werden. Eine ältere Herzogin möchte ihm dabei behilflich sein, wobei Anouilh es sich nicht nehmen lässt, mit dieser oder auch anderen Figuren bestimmte Verhaltensweisen und auch Ansichten im Umfeld bürgerlicher Hilfsbereitschaft zu ironisieren. Die Herzogin präsentiert Gaston in begüterten Familien, hier vor allem der Familie Renaud. Madame Renaud glaubt, in ihm ihren Sohn wiederzuerkennen, ebenso sein vermeintlicher Bruder Georges und dessen Gattin Valentine. Gaston bleibt jedoch in seiner Amnesie gefangen, kann sich an nichts erinnern, und so konfrontieren ihn seine angeblichen Familienangehörigen, die sich ihrer Sache recht sicher scheinen, mit seiner Vergangenheit: seine Grausamkeit als Kind, das Tiere quält und tötet, später als jemanden, der eine Dienstmagd verführt oder der seinen besten Freund bei einer Auseinandersetzung eine Treppe hinabstößt, sodass dieser lebenslang zum Krüppel wird. Weitere üble Charaktereigenschaften in seinem Verhalten, auch seiner ‚Mutter' und seinem ‚Bruder' gegenüber, treten zutage. Gaston ist entsetzt darüber, dass er so ein übler Kerl gewesen sein soll, und seine ‚Familie' versucht, während dieser traumatischen Reise in die Vergangenheit ihres ‚Sohnes' dennoch immer wieder auch zu beschwichtigen und zu relativieren, um ihn zu überzeugen, dass er als ‚Sohn' auf jeden Fall wieder willkommen sei.

Die Hausangestellten, die Teile des Geschehens in einer Art Teichoskopie durch das Schlüsselloch beobachten, entwerfen dagegen ein absolut ungeschminktes Bild von Gaston, alias Jacques, so sein früherer Name. Fast alle erinnern sich an sein übles Verhalten, seinen Umgangston und seine fatale Lebensweise.

Valentine, mit der Gaston/Jacques seinen eigenen Bruder betrogen hat, ist es schließlich, die ihm einen Hinweis liefert, dass dieser ‚Reisende' ohne Gedächtnis tatsächlich der verschwundene Sohn ist: Sie verweist auf eine kleine Narbe, die er auf seinem Rücken haben muss, und als Gaston dieses Zeichen tatsächlich entdeckt, wird ihm klar, dass er in ‚seiner' Familie angekommen ist. Er ist verzweifelt und möchte nun unbedingt mit seiner Vergangenheit brechen. Da noch weitere Familien, die ebenfalls einen Angehörigen im Krieg verloren haben, Anspruch auf ihn erheben, bedient sich Anouilh augenzwinkernd eines ‚Deus ex Machina', indem er einen jungen Engländer auftreten lässt, der bei einem Schiffsunglück seine gesamte Familie verloren hat und nun einen Verwandten braucht, um an die Erbschaft zu kommen. Also glänzende, unbeschwerte Aussichten auf ein angenehmes Dasein. Gaston, der frühere Jacques, lässt sich sofort darauf ein. In der Szenenanweisung am Ende heißt es, dass Gaston und der junge Engländer auf den Koffer springen, der im Vordergrund auf der Bühne steht, und lachend das Publikum grüßen.

Honni soit qui mal y pense – ein Schelm, der Böses dabei denkt.

Leria gefiel bei Anouilh dessen raffiniertes Spiel mit seinen Personen, die oft, ganz und gar nicht auf psychologisierende Weise, in eine besondere, manchmal etwas abgefeimte, mit Ironie angereicherte Handlungskonstellation gestellt und an scheinbar gutgemeinten Erwartungen des Publikums vorbei auf ihren Weg gebracht werden. In gewisser Weise tanzen sie den Zuschauern auf der Nase herum – und dem Autor des Stückes gefällt dieser Tanz, auf den er sich selbst eingelassen hat. Bei Anouilh findet man häufig dieses geistreiche Wechselspiel zwischen Schein und Sein.

Albrecht, der dieses Stück später in Wien gesehen hatte,

erinnerte sich bruchstückhaft an die Aufführung im Obenvelderschen Theater. Zum einen war er damals zu jung für
eine solche Problematik und zum anderen war er selbst mit
völlig anderen Dingen beschäftigt. Am Nachmittag hatte er
mit Mira vierhändig ein paar Tänze von Mozart und Schubert
gespielt. Dann war er bei den Darbietungen der Clowns
gewesen oder er hatte sich mit den anderen Kindern im Park
herumgetrieben.

Er sah all diese Dokumente durch, fand sich in der Welt seiner
Jugendzeit wieder und plötzlich wurden diese Ereignisse
erneut lebendig. Es wurde ihm so deutlich wie nie zuvor, was er
hier in der Stravenfordstraße für eine Zeit durchleben durfte.
Allerdings hätte er sich nicht mehr in allen Einzelheiten daran
erinnert, wenn nicht Leria alles bis ins Kleinste festgehalten
hätte.
Als er gegen vier Uhr zu Leria hinüberging, waren in seinem
Kopf wieder ein paar Fragen, die ihn beschäftigten. Sein
Freund erwartete ihn wie üblich mit Kaffee und kleinen
Leckereien.
Was mir aufgefallen ist, begann Albrecht, bei der Durchsicht
der Dokumente über die Einweihung des *Theater-Anbaus* ist
von einer bestimmten Person überhaupt keine Rede mehr …
Ich kann mir denken, wen du meinst, sagte Leria lächelnd.
Damals war bereits die Scheidung über die Bühne gegangen.
Désirée war außerdem zu dem Zeitpunkt ohnehin auf Tournee.
In jener Zeit habe ich kaum darauf geachtet. Ist sie niemals
mehr in die Villa Obenvelder zurückgekehrt?
Nur noch ganz selten. Wenn, dann meistens bei etwas
schwierigen Anlässen. Du wirst wahrscheinlich bald darauf
stoßen.
Leria schien in diesem Moment nicht näher darauf eingehen
zu wollen und so zügelte Albrecht seine Neugier.
Ja, das Stück von Anouilh! Leria blickte mit einem Gesichtsausdruck vor sich hin wie jemand, dem eine besondere,

angenehme Erinnerung durch den Kopf ging.

Es war ein toller Erfolg, fuhr er schließlich fort. Auch wenn der eine oder die andere das Stück ein wenig missverstanden hat, kam es bei den meisten gut an. Bei den männlichen Rollen glänzten vor allem Gaston als das in Amnesie befindliche Weltkriegsopfer und dessen Bruder Georges. Bei den Frauen waren es vor allem Georges Frau Valentine und die Zofe Juliette. Die Herzogin Dupont-Dufort war auch nicht übel, aber leider hat sie ein wenig übertrieben. Von da an arbeiteten wir immer wieder mit den Leuten in dieser oder auch in ähnlicher Besetzung zusammen.

Wie hat Prosper das alles nur geschafft, neben seiner Tätigkeit als Leiter eines solchen Unternehmens?

Tja, sagte Leria, das hast du wahrscheinlich nicht mitbekommen. Noch hatte er den Absprung nicht ganz geschafft. Nur wenige Wochen später erlitt er einen Kreislaufkollaps. Er war zwar nur kurz im Krankenhaus, aber sein Hausarzt und Freund Erich Kaufmann, natürlich auch die Ärzte des Krankenhauses, haben ihm dringend zugeraten, etwas kürzer zu treten, sonst könnten schwerwiegendere Probleme auftreten. Er hatte ja bereits mit seinem ‚Rückzug' begonnen, aber dieser Vorgang beschleunigte die Umsetzung seines lange gehegten Plans entscheidend.

Man kann sich das gar nicht richtig vorstellen, sagte Albrecht, er war doch immer sehr vital und wirkte nach außen stets lebhaft und unternehmungslustig. Ein Typ, den nichts umhaut.

Leria nickte.

Tja. Aber in diesem Fall war er wirklich völlig überarbeitet. Menschen können nun mal an ihre Grenzen kommen. Aber er erholte sich wieder. Bald darauf ist er mit seiner Tochter in die Ferien gefahren.

Jetzt erinnere ich mich, sagte Albrecht. Ich habe ein paar Postkarten von Mira bekommen, als sie mit ihrem Vater ins Bergell in die Schweiz gereist ist.

Genau, sagte Leria. Sie wohnten in einem Ferienhaus in Soglio, einem sehr schönen Ort, fast an der italienischen Grenze. Rilke hat dort einmal zwei Monate in einem Hotel verbracht.

Ich weiß, sagte Albrecht. Ich habe diese Gegend schon bereist. Soglio ist zauberhaft. Rilke hat im *Palazzo Salis* logiert.

Das ist mir ebenfalls bekannt, mein Freund. Hinter der Grenze liegt Chiavenna. Prosper und ich sind viele Jahre später noch einmal nach Soglio gereist. Allerdings nur für kurze Zeit, genau genommen nur ein paar Stunden …

Leria hielt inne.

Zuerst hatte er überlegt, im Hotel zu übernachten. Dann wollte er unbedingt weiterreisen. Seine Erinnerungen waren zu übermächtig.

Das kann ich gut verstehen, sagte Albrecht. Mira …

Sprechen wir lieber von etwas anderem, sagte Leria schnell. Prosper hat sich, wie gesagt, in der folgenden Zeit mehr und mehr aus der Leitung des Betriebs zurückgezogen. Er hatte mit seinen Anwälten eine entsprechende Rechtsgrundlage gefunden und holte außerdem noch eine weitere Führungskraft herein, die ihm sein Berater empfohlen hatte. Nach Einzelheiten darfst du mich nicht fragen, denn das ist nicht mein Ressort.

Albrecht dachte kurz nach.

Wir haben damals bemerkt, dass er häufiger zu Hause war. Meine Eltern haben auch darüber gesprochen. Irgendwie ist das schon aufgefallen.

Mag sein, sagte Leria. Aber nun begann das *Haus der Künste* richtig aufzublühen. Das war die Verwirklichung seines Traums.

Das ist schon eine wunderbare Sache, wenn man so etwas umsetzen kann, fügte Albrecht hinzu.

Gewiss, begann Leria, aber man darf dabei nicht vergessen, dass Prosper dann auch in den verschiedensten sozialen Bereichen tätig wurde, bis hin zu einem Heim für gestrandete Jugendliche, die mit Alkohol und Drogen zu tun hatten. Er hatte mehrmals auf einem etwas außerhalb gelegenen

Gelände Rock-Konzerte organisiert. Aber da bekam er dann doch Probleme mit ein paar Anliegern.

Daran kann ich mich auch noch erinnern, sagte Albrecht. Ich wollte damals mit Mira an einem dieser Konzerte teilnehmen. Ich konnte sie nicht dazu überreden.

Leria schüttelte den Kopf.

Nein, da war bei ihr nichts zu machen. Doch entscheidend war, dass nun unser eigentliches *Haus der Künste* verwirklicht wurde – zumindest bis ... aber das weißt du ja.

Es hat doch auch ... danach nicht gänzlich aufgehört?, fragte Albrecht.

Eine Zeitlang ging es schon noch weiter. Es gab auch den Gesprächs- und Freundeskreis, aus dem sich dann diese Literarische Gesellschaft bildete.

Leria nippte an seinem Kaffee.

Das begann alles damals bei der Diskussion über das Stück von Anouilh. Zunächst waren es neben Prosper und mir noch vier bis fünf weitere Leute: der bereits erwähnte Erich Kaufmann, Internist und übrigens auch glänzender Musiker – Violoncello, dann Peer Lefredin, Grafiker und Maler von der Künstlervereinigung, Johannes Kesselschmied und seine Frau, von der theologischen Fakultät, und Ernst Ludwig Brachvogel, Germanist und Philosoph. Andere folgten noch.

War denn nicht auch dieser Murkitsch mit von der Partie?, fragte Albrecht.

Der kam erst später dazu. Leider. Aber zunächst war das der harte Kern. Im Laufe der Zeit schlossen sich weitere Personen an, die einen länger, andere sprangen auch bald wieder ab. Es wurde kein Verein gegründet, aber im Laufe der Jahre wurde so etwas wie eine Institution daraus, wobei bei den teilnehmenden Personen stets eine gewisse Fluktuation bestand. Du wirst in den Unterlagen einiges darüber finden.

Als Albrecht aufbrach und sich auf den Weg zu seinem Hotel machte, begleitete ihn Leria bis zum Tor.

Als wir vorhin über das Bergell und Soglio sprachen, fiel mir auch wieder mein Freund in Zürich ein, du erinnerst dich? Jürgen Rosenfeld, der Dramaturg am Theater in Zürich?
Albrecht nickte.
Natürlich.
Er war ein großer Rilke-Verehrer, fuhr Leria fort. An der Wand neben seinem Schreibtisch hing eine Fotografie von Rilkes Grab in Raron. Auf dem Grabstein der Text, der einen tief berührt und gleichzeitig ratlos zurücklässt.

> Rose, oh reiner Widerspruch,
> Lust,
> Niemandes Schlaf zu sein
> unter soviel
> Lidern

Ich habe vor vielen Jahren einmal diese Grabstätte besucht, sagte Albrecht. Es ist in der Tat so. Ich habe schon einige Interpretationen dazu gelesen. Jede fällt wieder anders aus. Auf der einen Seite spricht man von der reinen Schönheit dieser Blume mit ihren zahlreichen ‚Lidern', die für den Ruhenden Frieden und Erlösung bedeuten müssten. Und andererseits wird die Rose auch als Schönheitssymbol des Lebens gefeiert, die *niemandes Schlaf* sein möchte.
Ein rätselhafter Text, sagte Leria. Er enthält eine Ambivalenz, die man auflösen möchte.
Leria schob den Vorhang zur Treppe nach oben zur Seite.
Ich habe einmal einen kurzen Text dazu gelesen, der mir gefallen hat. Ich weiß, wo ich ihn finden kann.
Albrecht blickte ihm verdutzt nach. Nach wenigen Minuten kam Leria zurück.
Befindet sich dort oben alles noch an Ort und Stelle?, fragte Albrecht erstaunt.
Die Bibliothek ist unverändert vorhanden. Ich weiß noch, dass ich dieses Blatt in dem entsprechenden Band der Rilke-

Ausgabe untergebracht habe. Ein bisschen Staub hat sich schon angesammelt, aber nur äußerlich.

Leria reichte ihm das Blatt weiter. Eine Erläuterung des Schweizers Willi Nef.

*Die Rose mit ihren vielen Lidern, d.h. mit ihren wunderbaren, zart duftenden Blütenblättern lädt zum Schlaf, zur Ruhe, zur Erlösung völlig ein. Sie ist nach dieser Seite das Sinnbild der Sehnsucht nach Frieden und Erlösung. Nun ist sie aber in ihrer Pracht auch das Sinnbild von Kraft, des Lebens; so dass es ihre Lust ist, niemandes Schlaf zu sein. In ihr liegt also Spannung von Zartheit und Kraft; in diesem Sinne wird sie als reiner Widerspruch bezeichnet. Vielleicht darf man sagen, dass in diesem wunderbaren Gebilde der Rose die Spannung unseres Lebens zwischen Sehnsucht nach Ruhe und Trieb zur Fülle des Lebens sinnbildlich gelöst erscheine.*

Ja, sagte Albrecht, durchaus denkbar. Aber wahrscheinlich gibt es nicht d i e eine Deutung.

Mir geht beim Lesen des Gedichts ein weiterer *Widerspruch* durch den Kopf, begann Leria. Die Schönheit dieser Blume als Gegensatz zur Welt. Und, mein Freund, man darf dabei nicht vergessen, wie schnell Schönheit verblüht. Die Rose würde dann auch für die Vergänglichkeit der Schönheit stehen. *Wir alle fallen / diese Hand da fällt ...* heißt es in einem seiner Gedichte, allerdings mit einer anderen Lösung.

Tja, lassen wir es dabei bewenden, sagte Albrecht. Auch wenn wir einen größeren Essay verfassen würden, wäre ich mir nicht sicher, ob wir eine Lösung fänden. Aber ... du wolltest mir noch etwas zu deinem Züricher Freund sagen.

Ja. Wir sind abgeschweift. Ich habe dir erzählt, dass er nach seinem Deutschlandbesuch damals völlig verstört war. Er musste sich in Behandlung begeben. Nach einigen Monaten ließ er sich beurlauben. Ich habe ihn oft besucht, aber es wurde immer schwieriger. Mit der Zeit war er kaum mehr ansprechbar. Jürgen Rosenfeld. Vielleicht zwei Jahre später hörte ich von einem seiner Freunde beim Theater, wohl dem

Einzigen, zu dem er noch Kontakt hatte, dass er sich das Leben genommen hat.

Albrecht schwieg einen Augenblick.

Empfand er so etwas wie Schuld?, fragte er.

Denkbar, sagte Leria. Aber das konnte nicht der einzige Grund gewesen sein. Sicher fühlte er sich schuldig, weil er, wie er wohl meinte, zu spät gekommen war, um seine Eltern und seine Schwester herauszuholen. Er hatte deren Ausreise mit Mittelsmännern genau geplant, alles war vorbereitet. Aber er konnte nicht wissen, dass die Gestapo kurz vorher zuschlagen würde. Vielleicht war es auch ein blöder Zufall? Oder es hatte jemand etwas mitbekommen und die Leute verraten? Das kam damals nicht selten vor. In Ländern mit autoritären Strukturen finden sich immer Denunzianten. Aber ich denke dabei, es müssen immer mehrere Dinge zusammenkommen, bis jemand Hand an sich legt. Bestimmt spielt auch die psychische Disposition eines Menschen eine Rolle. Bei einem meiner letzten Besuche ließ er einmal durchklingen, dass er eigentlich ‚genug‘ habe und er könne sich zu nichts mehr aufraffen. Irgendwann verließ er Zürich, hauste in einer einsamen Berghütte.

Albrecht verließ Leria und machte sich auf den Weg. Das eben Gehörte beschäftigte ihn sehr. Er dachte an die Schicksale vieler Menschen, die in Zeiten des Krieges und der politischen Verwirrung zu Tode gekommen waren. Auch Walter Benjamin fiel ihm ein. Oder Stefan Zweig. Er, der große europäische Schriftsteller, der den Zerfall nicht nur der deutschen, sondern der gesamten europäischen Kunst und Kultur mitansehen musste, sah sich schließlich außerstande, diesen Untergang zu ertragen ... *nachdem die Welt meiner eigenen Sprache für mich untergegangen ist und ... meine geistige Heimat Europa sich selber vernichtet,* schrieb er in seinem Abschiedsbrief.

Albrecht erinnerte sich daran, wie Prosper bei einem Gespräch über den Untergang von Kultur einmal geäußert hatte, dass wir doch als *Bildungsbürger, die wir sind,* immer an die berühmten Namen denken, die uns automatisch in den Sinn kommen, und kaum an die vielen Unbekannten, Verkannten und Nicht-Wahrgenommenen, die unter einem flächendeckenden Kulturverfall nicht weniger leiden.

Albrecht war sehr gespannt auf die Niederschriften und Protokolle über die nun folgenden Jahre. Und er wusste, dass er sich diesen Informationen würde stellen müssen, und im Falle, dass seine bisherige Sicht der Dinge Risse bekäme oder er zu einer Neubewertung mancher Vorgänge gezwungen wäre, durfte auf keinen Fall etwas verdrängt werden.

Das hatte er sich zumindest vorgenommen, obwohl er wusste, dass die Menschen kaum in der Lage sind, ihrer eigenen Subjektivität zu entrinnen.

Wir wollen es versuchen, dachte er trotzig, während er an der Terrasse seines Hotels angekommen war. Ehe er eintrat, blickte er kurz noch einmal die Straße hinunter, die zum Hauptbahnhof führte.

Dort hatte sie ihn verlassen. Und er hatte sie niemals wiedergesehen.

–

Albrecht fuhr für ein paar Tage nach München. Eigentlich schien ihm die Unterbrechung zu diesem Zeitpunkt nicht besonders günstig zu sein. Doch als er dann in der Stadt angekommen war und eine Reihe von Dingen anging, die er erledigen wollte, war er auch wieder froh, sich mit etwas ganz anderem beschäftigen zu können. Außerdem wollte er sich auf das Konzert im Herkules-Saal vorbereiten. Der Pianist Gerhard Oppitz, der sich immer wieder dem Gesamtwerk einzelner Komponisten widmete, hatte sich in den letzten Jahren intensiv mit dem Klavierwerk Franz Schuberts auseinandergesetzt. Eine künstlerische Arbeit, die schon vielfach gewürdigt worden war.

Auf dem Programm standen Schuberts *Wanderer-Fantasie*, die Sonate in a-Moll (D 537), mehrere weniger bekannte Klavierstücke, dann die *Moments musicaux* sowie die vier *Impromptus* (D 899).

Albrecht staunte bei der ‚Fantasie-Sonate' wieder einmal über die makellose Technik des Pianisten und gleichzeitig über dessen große Darstellungskunst: Die Fähigkeit der Vermittlung dieser musikalischen Thematik, deren Verwandlung und Durchgestaltung, die bei aller Virtuosität stets ihre Klarheit und Durchsichtigkeit behielten. Bei Oppitz ist diese stupende Beherrschung der musikalischen Technik nie Selbstzweck, sondern immer im Dienst des Werkes zu sehen. Es gibt bei ihm nie überzogene Tempi, mit denen manche seiner jüngeren Kollegen ab und zu Geschwindigkeitsrekorde aufzustellen versuchen – was dem Werk selten dient.

Schubert hat für seine *Wanderer-Fantasie* eine Art Motto aus seinem 1816 komponierten Lied *Der Wanderer* gewählt.

> Die Sonne dünkt mich hier so kalt,
> die Blüte welk, das Leben alt,
> und was sie reden, leerer Schall:
> Ich bin ein Fremdling überall.

Die Melodie dieses Liedteils wird vom Komponisten zum Thema des langsamen Satzes mit mehreren Variationen genommen. Gleichzeitig bestimmen charakteristische Motive dieses Themas auch alle Themen der anderen Sätze: Haupt- und Seitenthema des ersten Satzes (Allegro con fuoco), wobei das zweite Thema in der Mediante, E-Dur, erscheint, ähnlich wie in Beethovens *Waldstein-Sonate*, von C-Dur nach E-Dur. Ebenso findet sich diese Motivik im dritten Satz, Scherzo (Presto), sowie im letzten Satz (Allegro), der zunächst als Fuge beginnt und in der Coda mit ihren virtuosen Tonfolgen einen beeindruckenden Schlusspunkt setzt.

Alle Sätze sind also motivisch miteinander verwoben, gehen nahtlos ineinander über, was einerseits den ‚Fantasie-Charakter' betont und auf der anderen Seite auch den Aufbau einer Sonate erkennen lässt.

Albrecht hatte einst in einem musikwissenschaftlichen Seminar ein Referat über dieses Werk Schuberts gehalten. Als er nun nach längerer Zeit diese Fantasie im Konzertsaal wieder hörte, gingen ihm viele Erinnerungen an längst vergangene Zeiten durch den Kopf.

Bei einem Klavierstück des Abends wurde Albrecht in besonderem Maße ergriffen, als Oppitz die *Impromptus* (D 899) spielte, besonders bei dem dritten Stück in Ges-Dur, das für Albrecht einen unvergesslichen Moment in seinen Erinnerungen heraufbeschwor. Mira hatte diese Komposition bei einem ihrer Konzerte als Zugabe gespielt – und zwar für ihn: damals, zu seinem einundzwanzigsten Geburtstag. Für eine Zugabe war das Stück mit einer Länge von fast sechs Minuten beinahe ein wenig zu lang, aber Mira hatte sich das nicht nehmen lassen.

Unter einer sich in ganzen und halben, selten auch in Viertel-Noten fortschreitenden Kantilene pulsiert ständig ein aus Akkorden gewonnenes und aus Triolen bestehendes Mittelstimmengewebe, wie ein dahinfließendes Gewässer, das ab und zu durch kleine Untiefen oder Hindernisse unterbrochen wird – Akzente in Es-Moll mit Trillern, zwei-maligen Sechzehntel-Einwürfen oder kurzen dynamischen Aufwallungen in der ansonsten diese Melodie ebenfalls ruhig begleitenden Bassstimme, mit meist langen Notenwerten. Immer wieder die typischen kunstvollen Modulationen, wie sie bei Schubert häufig zu finden sind und auch hier diesem *Impromptu* eine unverwechselbare Farbigkeit des Klanges verleihen.

Albrecht hatte nicht die Absicht, seine Besprechung mit diesen Worten zu füllen. Das war eher etwas, das ihm durch den Kopf ging, in seinen Gedanken verankert war.

Nicht zuletzt auch durch die Interpretation dieses Pianisten wurde Albrecht in seine eigene, längst vergangene, auch glückliche Zeit zurückversetzt und er hatte sogar eine gewisse Schwierigkeit, konzentriert bei der Sache zu bleiben und nicht abzuschweifen.

Nach dem Konzert eilte er rasch zu seiner Wohnung zurück. Er wollte seine kritische Würdigung sofort niederschreiben, noch unter dem Eindruck des eben Gehörten.

Er gehörte zu den Musikkritikern, die sich keine allzu großen Abschweifungen gestatteten, sondern sich zur Sache selbst äußern wollten, ohne Belehrungen oder Besserwisserei. Er tendierte dazu, seine Meinung möglichst schnörkellos zu begründen, so auch sein Lob anklingen zu lassen, ohne allzu sehr in panegyrische Gefilde abzugleiten. Er war kein Freund der Zur-Schau-Stellung von angelerntem Wissen und er schätzte es auch nicht, wenn die Leute von der Kritikerzunft sich in Formulierungen verloren, die letztlich ihrer Eitelkeit frönten. So hatte er einmal in der Besprechung eines bekannten Musikkritikers über das Spiel eines Pianisten die Worte gelesen: *Augenblicke tödlicher Vollendung!* Er glaubte sich zu erinnern, dass damit der Pianist Benedetti Michelangeli gemeint war. Jener Kritiker neigte, trotz fachlicher Kompetenz, oft zu übertriebenen, etwas überspannten Formulierungen und gefiel sich ab und zu in sprachlicher Effekthascherei. Eigentlich schade, dachte Albrecht.

Einmal amüsierte er sich darüber, als ein lokaler Kritiker in der Besprechung eines Kammermusikabends bei einem Beethoven-Quartett unbedingt erwähnen musste, dass das Alban-Berg-Quartett vor kurzem in Rom bei dem gleichen Werk eine andere Auffassung vertreten habe. Was sollte denn das?, fragte sich Albrecht: Erstens kann der geneigte Leser das nicht nachvollziehen und zweitens will der Kritiker eigentlich damit vermitteln, was er doch für ein toller Hecht ist. Er fand es auch eigenartig, wenn jemand bei der Kritik eines Konzerts eine bestimmte politische Ausrichtung des Solisten zur Sprache brachte, die er auf Twitter oder Facebook gefunden hatte, und sich ausführlich darüber verbreitete. Das hatte, seiner Meinung nach, in einer Kritik absolut nichts zu suchen.

Ab und zu amüsierte er sich natürlich auch darüber, wenn, wie es bei manchen Zeitungen durchaus geschehen konnte, die Würdigung eines Konzerts von Leuten geschrieben wurde, die im Reich der Musik nur partiell zu Hause waren. Aber immerhin hatten sie doch einmal ein paar Jahre Klavierunterricht gehabt! Dann konnte es geschehen, dass er oder sie sich entweder allzu offensichtlich im Lexikon bedienten, den einen oder anderen Begriff auch nicht exakt anwendeten, oder, was Albrecht dann schon etwas ärgerlich fand, der gesamte Bericht sich in allen möglichen Nebensächlichkeiten verlor, von den Schuhen oder irgendwelchen Bekleidungs-Accessoires der Solistin oder des Solisten angefangen, bis zu sonstigen Bemerkungen über das Aussehen des Künstlers und dergleichen mehr, ohne etwas Genaueres über die Interpretation oder über die Musik selbst auszusagen.

Wenn Albrecht solche Dinge zu lesen bekam, fiel es ihm manchmal schwer, seinen Ärger darüber zurückzuhalten. Wenn er darüber ‚informiert' wurde, wie irgendein junger Pianist förmlich ‚ins Träumen gerät' oder wenn die Behauptung auftauchte ‚Beethoven war ein gewitzter und draufgängerischer Komponist', der angeblich ,Mozart entschlackt' habe. Das hatte dann schon etwas verstörend Unsinniges. Kein Wort darüber, *wie* die Musiker ihr Spiel gestaltet haben und ob ihre Darbietung stimmig erschienen ist. Stattdessen ein etwas überheblich und gönnerhaft-schnippisch wirkendes, angeblich ironisch sein sollendes Geplauder am Rande, wobei immer wieder irgendwelche abgedroschenen Vokabeln zur Anwendung kamen. Um etwas zu überdecken? Die eigene Inkompetenz? Ach ja, aber man tut doch sein Möglichstes und – nobody's perfect.

Albrecht bekam allerdings auch manchmal zu hören, dass seine Kritiken etwas ,unterkühlt' wirken würden, er solle sich doch ein wenig ,mehr Enthusiasmus' erlauben.

Nun ja, dachte er bei solchen Bemerkungen, jeder nach seiner Art. Er hatte sich nun einmal vorgenommen, seine eigene Person möglichst zurückzunehmen.

Eine Eigenart des Konzertpublikums und seiner vorüber-gehenden Vorlieben zeigt sich ab und zu bei den ,Mode-pianisten': Klavierstars, die oft kometenhaft emporschießen und die Konzertsäle füllen. Deshalb müssen sie nicht ,schlecht' sein, aber sie sind deshalb nicht besser als die anderen, längst arrivierten Künstler und Künstlerinnen. Albrecht hielt nichts davon, den einen gegen die andere auszuspielen, und er war sich darüber im Klaren, dass es ohnehin oftmals subjektive Auffassungen sind, wer nun seinen Vorstellungen von der gelungenen Wiedergabe eines Werkes am besten entsprach. Es fielen ihm eine ganze Reihe von Pianistinnen und Pianisten ein, die er persönlich bevorzugte. Jeder weitere Musikhörer würde wieder andere Namen nennen.

Das ist ganz normal, dachte Albrecht. Es gibt so viele große Namen!

Vor kurzem hatte er im Fernsehen einen dieser neuen Stars mit Beethovens f-Moll-Sonate, Opus 57, der sogenannten *Appassionata*, gehört. Offenbar sollte dabei auch ein neuer

Geschwindigkeitsrekord aufgestellt werden. Technisch über jeden Zweifel erhaben, aber ansonsten ein wenig langweilig interpretiert. Dazu kam, was natürlich die Kameraführung überdeutlich hervorkehrte, die ziemlich überdrehte Mimik und Gestik des Interpreten, was dieser musikalischen Präsentation einen leicht komischen Effekt bescherte.

Bei dieser Sonate, die Edwin Fischer einmal als ‚Gebirge‘ bezeichnet hat, muss dabei etwas von der ‚Passion‘ des Komponisten mitgeteilt werden. Obwohl der Beiname ‚Appassionata‘ nicht von Beethoven selbst stammt, sondern erst später von seinem Hamburger Verleger Cranz hinzugefügt wurde, hat sich diese Bezeichnung nicht zu Unrecht gehalten, denn der Komponist wollte bewusst die Hörenden mit dieser ‚eruptiven Dramatik‘, den plötzlichen dynamischen Ausbrüchen konfrontieren.

Auch das ist wie bei Shakespeare, war es Albrecht einmal in den Sinn gekommen. Gerade noch gebändigte Leidenschaft im Zusammenhang mit großer Kunst. Zu Beethovens Zeiten war das noch möglich.

Immer wieder fiel ihm bei solchen Überlegungen auch Mira ein, die auf dem Sprung gewesen war, sich in die erste Garde der Pianistinnen und Pianisten einzureihen. Mira hatte häufig Clara Haskil und ihren Landsmann Dinu Lipatti erwähnt, die sie als Vorbilder verehrte und deren Aufnahmen sie oft hörte. Beide hatten das Klavierkonzert von Robert Schumann eingespielt, Miras Lieblingskonzert, das sie selbst einmal bei einem denkwürdigen Konzert in der Stuttgarter Liederhalle dargeboten hatte.

–

Drei Tage später kehrte er wieder zurück, begab sich am Morgen des nächsten Tages in die Stravenfordstraße, um seine unterbrochene Arbeit wieder aufzunehmen.

Während der Fahrt im ICE zurück nach Stuttgart hatte er noch lange über seinen Münchner Konzertbesuch nachgedacht. Er hatte in München am nächsten Tag noch kurz mit Gerhard Oppitz telefoniert, den er aus seinen Studientagen an der Stuttgarter Musikhochschule kannte. Auch dieser Pianist hatte einst bei Paul Buck studiert.

Oppitz war über seinen Anruf erfreut gewesen, hatte aber, wie Albrecht erwartet hatte, wenig Zeit und sie konnten leider nur kurz miteinander reden.

Als er gerade zum Gartenhaus hinübergehen wollte, kam ihm schon Leria entgegen. Sie begrüßten sich und sein Freund fragte ihn sofort, wie sein Aufenthalt in München verlaufen sei. Albrecht berichtete von seinem Konzerterlebnis und Leria bedauerte anschließend, dass er nicht mitgekommen war.

Ich habe dir angeboten, mich zu begleiten, sagte Albrecht.

Nun ja, es ist nun mal eine Tatsache, dass man mit dem Älterwerden immer bequemer wird, meinte Leria.

Bist du schon bei dem Ordner mit der Signatur 5A angekommen?, fragte er dann.

Noch nicht. Aber ich denke, dass ich in dieser Woche damit beginnen werde.

Leria tat ein wenig geheimnisvoll.

Dazu möchte ich dir noch etwas sagen. Das, was du zunächst auf diesen Seiten an Informationen finden wirst, sollte in unserer Chronik nicht erwähnt werden. Das hat mir Prosper noch eindringlich aufgetragen.

Ja? Das verstehe ich nicht …

Du wirst es verstehen, wenn du es gelesen hast. Prosper wollte aber, dass du es erfährst.

Ein Geheimnis?, fragte Albrecht verwundert.

In gewisser Weise, sagte Leria.

Aber weshalb sollte ich es dann erfahren?

Lies es. Vielleicht wird dir dann manches deutlicher. Ach, ich wollte dir noch sagen, dass ich hier ganz in der Nähe in einer Parallelstraße ein schönes Zimmer für dich angemietet habe. Bei Frau Erna Hirschfeld, übrigens eine alte Bekannte von uns, die früher oft unsere Veranstaltungen besucht hat. Ich habe sie vor kurzem getroffen und zufällig erfahren, dass sie zwei Zimmer vermietet.
Danke, Leria. Ab wann kann ich dort wohnen?
Schon morgen Abend, wenn du willst.
Albrecht wunderte sich zwar ein wenig, aber er hatte nichts dagegen einzuwenden.
Es wird aber nur ein paar Wochen dauern, wandte er ein.
Das macht ihr nichts aus. Sie möchte gar keine Dauermieter.
Gut, dann werde ich heute Abend im Hotel Bescheid sagen und alles regeln.
Leria lächelte auf die übliche Weise.
Ist alles schon erledigt.
Leria, das muss doch nicht sein. Ich bin zwar nicht reich, aber durchaus in der Lage, meinen Lebensunterhalt zu bestreiten.
Das bezweifle ich nicht, mein Lieber. Im Vertrauen, ich habe eines der Sparschweine geschlachtet, die mir Prosper hinterlassen hat. Aber nicht weitersagen!

Der Ordner mit der Signatur 5A.
Albrecht musste sich eingestehen, dass ihn die Worte Lerias noch neugieriger gemacht hatten, als er ohnehin schon gewesen war. Bisher war er meistens chronologisch vorgegangen, um auf diese Weise einen genauen Rahmen abstecken zu können. Nun unterbrach er seine bisherige Lektüre und nahm sich den genannten blauen Band vor.
Einige Seiten waren mit Schreibmaschine geschrieben, viele aber auch in Lerias durchaus leserlicher Handschrift abgeheftet. Albrecht begann zu lesen, las immer weiter, unterbrach für kurze Zeit, um sich eine Tasse Kaffee zu machen, setzte seine Tätigkeit fort und hörte schließlich an einer Stelle

auf, wo er das Gefühl hatte, seine Lektüre unterbrechen zu müssen, da ihm die verstörende Geschichte über Mira so zu schaffen machte, dass er hier abbrechen musste. Ja, es war eine Geschichte, die ihm enorm zusetzte, ihn, ungeachtet des vergangenen Zeitraums, fassungslos machte und ratlos zurückließ.

Er stand auf, trat in den Park hinaus und ging ziellos die ausgetretenen Wege entlang, kreuz und quer an den alten Bäumen vorbei, an den wuchernden Wiesenstücken, die nur noch teilweise gemäht wurden. Sie sahen eigentlich schön aus mit den zahlreichen, in vielen Farben blühenden Sommerblumen oder sonstigen Gewächsen, die sich ungefragt angesiedelt hatten und dieses Gelände auf natürliche Weise für sich beanspruchten. Albrecht sah das nicht. Das, was er eben gelesen hatte, überdeckte alles. Selten hatte ihn etwas so sehr mitgenommen und von ihm Besitz ergriffen.

Er musste wieder einmal weit in jene Zeit zurücktauchen, als Mira fast vierzehn Jahre alt und bereits mehrere Konzertauftritte hinter sich hatte. Auf der einen Seite war sie noch das junge Mädchen, aber andererseits machte sie auch in geistiger Hinsicht einen erstaunlichen Reifungsprozess durch. Sie beide, Mira und er, erlebten das Ende ihrer Kindheit auf unterschiedliche Weise. Albrecht war damals ein hochaufgeschossener, zunächst etwas schlaksiger junger Kerl, der, wie es häufig vorkam, oft nicht so recht wusste, in welche Richtung er seine Gliedmaßen bewegen sollte. Sein Verhalten nach außen wirkte etwas linkisch und unbeholfen. Auch das war nichts Auffälliges oder besonders Hervorzuhebendes für einen Jugendlichen von sechzehn Jahren. Seine langen Haare und seine Kleidung entsprachen der Mode der damaligen Zeit. Seine Mutter störte sich nicht daran. Sein Vater hätte das wohl nie geduldet – aber sein Vater lebte damals schon nicht mehr.

Seine Mutter hatte inzwischen ihre Rolle als Hausmeisterin

übernommen und ging in dieser Tätigkeit auf. Und sie besaß offensichtlich ein gutes Händchen im Umgang mit ihrem ab und zu etwas launenhaften Sohn, der seinerseits mit den üblichen Schwierigkeiten des Erwachsenwerdens zu kämpfen hatte.

Prosper registrierte mit Erstaunen die Entwicklung seiner Tochter, Leria war der wohlwollende Beobachter, der nichts anderes erwartet hatte. Allerdings änderte sich Miras Verhalten Albrecht gegenüber. Er war zwar nach wie vor der Freund ihrer Jugendtage, aber er erinnerte sich deutlich daran, dass sie in gewisser Weise distanzierter mit ihm umging, zwar nicht in verletzender Weise, aber doch wahrnehmbar, als würde sie eine unsichtbare Grenze ziehen. Natürlich fand er sie schön, verehrungswürdig, aber es war eben jugendliche Schwärmerei.

Er hörte einmal, wie Leria zu Prosper sagte: Wenn man sie so sieht, glaubt man beinahe, Désirée vor sich zu haben.

Das ist mir nicht entgangen, mein Freund, aber, wie du eben treffend gesagt hast, *beinahe.*

Mira bekam nun ab und zu Besuch von Jungen und Mädchen aus ihrer Klasse, Partys wurden gefeiert und sie selbst wurde zu allen möglichen Gelegenheiten von ihren Kameraden eingeladen. Prosper achtete allerdings darauf, dass dies nicht allzu oft geschah, denn Mira hatte ein umfangreiches Programm zu absolvieren, neben der Schule lief ihre Ausbildung als Pianistin und da war nicht sehr viel freie Zeit vorhanden.

Auf den Seiten dieses Ordners wurde berichtet, wie Mira von einem jungen Mann gegen Abend von einer Geburtstagsfeier eines Klassenkameraden zurückgebracht wurde. Leria kam gerade selbst von einem Stadtgang zurück und sah mit Erstaunen diesen schnittigen Sportwagen vorfahren. Der Fahrer, vielleicht Anfang zwanzig, machte ihr die Wagentür auf, und als sie ausgestiegen war, ergriff er plötzlich ihren Arm und zog sie zu sich her. Mira wehrte sich, er versuchte sie zu küssen.

Leria!, rief sie, als sie ihn nur wenige Meter von ihnen entfernt entdeckte.

Der junge Mann drehte sich um, grinste Leria verächtlich an, stieg in seinen Wagen und fuhr mit aufheulendem Motor davon.

Was war das?, fragte Leria.

Ach nichts, sagte sie und ging schnell vor ihm her zur Villa hinüber.

Später berichtete er Prosper von dem Vorfall.

Prosper sprang wütend auf.

Wer war das?

Keine Ahnung, sagte Leria.

Nach dem Abendessen, als sich Mira, eigentlich unüblich, sofort zurückziehen wollte, stellte ihr Vater sie zur Rede.

Was war da vorhin los? Wer war das in dem Sportwagen, der dich hergebracht hat? Das war doch kein Klassenkamerad?

Mira blickte zu Boden.

Bitte, Mira. Ich möchte das wissen.

Nein, sagte sie schließlich. Es war die Geburtstagsfeier von Heino Gerok. Das war sein älterer Bruder. Er ... ist schon die ganze Zeit um mich herumgetanzt. Ich wollte schließlich gehen, die Fete war ja noch nicht zu Ende. Natürlich haben wieder alle protestiert. Und dann hat der mir angeboten, mich nach Hause zu fahren.

Aber du hättest doch anrufen können. Irgendjemand ist immer hier, der dich abholen kann.

Das wollte ich ja auch! Aber dann hat die Mutter von Heino zu ihm gesagt, dass er mich heimfahren soll.

Kennst du die Leute?, fragte Leria, als sie später noch im Salon saßen.

Nicht näher, sagte Prosper. Professor Friedrich Gerok ist Chefarzt in einer der Kliniken hier. Seine Frau stammt aus einer der großen Industriellenfamilien der Stadt. Ich glaube, meine Eltern haben sie gekannt.

Arroganter Laffe, kann ich da nur sagen, sagte Leria.

Das kann ich mir denken, sagte Prosper lächelnd. Aber … jetzt mal ganz abgesehen von diesem Typ, ich denke, dass es für Mira ab und zu schon ein bisschen unangenehm ist, eigentlich nie ganz entspannt an solchen Festivitäten teilnehmen zu können. Immer muss sie überlegen, wie lange kann ich bleiben, wie kann ich mich davonmachen und so weiter.

Stimmt, sagte Leria. Man bezahlt schon einen hohen Preis, wenn man auf einem bestimmten Gebiet einen entsprechenden Erfolg haben möchte. Das ist fast wie bei Leistungssportlern.

Natürlich. Aber, was glaubst du, Leria, habe ich sie vielleicht zu sehr unter Druck gesetzt? Ich habe immer geglaubt, dass sie das wirklich will.

Diesen Eindruck habe ich ebenfalls. Ich hatte auch nie das Gefühl, dass sie irgendetwas entbehrt. Aber vielleicht wird sie doch irgendwann einmal gegen gewisse Zwänge rebellieren? Prosper sah ihn erstaunt an.

Das kann ich mir nun wieder nicht so ganz vorstellen.

Ich meine nur, dass man sich im Grunde immer darauf einstellen muss, dass etwas ganz anderes geschehen kann.

Zwei Tage später traf ein Brief an Mira Obenvelder in der Stravenfordstraße ein.

Prosper widerstand der Versuchung, ihn sofort zu öffnen, und brachte ihn selbst ins Zimmer seiner Tochter. Als sie am Nachmittag nach Hause kam, ging sie wie immer in ihr Zimmer. Normalerweise ruhte sie sich ein wenig aus, bevor sie sich an den Flügel im Salon setzte, um ihr tägliches Pensum zu absolvieren.

Nach einer halben Stunde kam sie in Prospers Arbeitszimmer und legte ihm den Brief auf den Tisch.

Mira, lass mich eine Sache klarstellen: Wenn es nichts für dich sehr Unangenehmes ist, ein Drohbrief oder sonst irgendeine Gemeinheit, dann bist du nicht verpflichtet, mir den Brief zu zeigen.

Prosper hatte lange überlegt, wie er mit dem Brief umgehen sollte, aber er war nun mal an sie adressiert, ein Absender stand nicht darauf.

Du kannst den Brief lesen, sagte Mira. Es handelt sich nicht um eine Person, an der mir etwas liegt.

Nachdem sie, ohne ein weiteres Wort zu sagen, wieder gegangen war, öffnete Prosper den Brief.

Oben rechts auf dem leicht bläulich gefärbten Briefbogen stand in goldenen Lettern der Name des Absenders: Theodor Gerok.

*Meine liebe Mira,*
*es tut mir unsagbar leid, dass ich gestern ein wenig die Fassung verloren habe. Ich hoffe doch, dass Du mir verzeihen kannst?*
*Du hast mir so den Kopf verdreht, dass ich Dich einfach küssen wollte. Wenn es so weit gekommen wäre, würdest Du längst eine andere Meinung von mir haben, da bin ich mir ganz sicher. Leider kam dieser komische Clown dazwischen, aber es ist ja noch nicht aller Tage Abend. Wir müssen uns bald wiedersehen. Schicke mir ein kleines Zeichen der Hoffnung.*
*(Weißt Du eigentlich, wie schön Du bist?)*
*Ich warte auf Dich, aber lass mich nicht zu lange warten.*
*Dein Theodor*

Prosper war etwas fassungslos, als er diese Zeilen las. Das Wort ‚arrogant‘, das Leria benutzt hatte, war viel zu harmlos. *Meine liebe Mira* – schon bei dieser Anrede wurde er wütend. Plumpe Vertraulichkeit. Mit welchem Recht …

Er zeigte Leria den Brief. Dieser las ihn und legte ihn wortlos wieder auf den Tisch.

Was soll man da machen, rief Prosper. Man muss doch auch mal überlegen: Mira wird in ein paar Wochen vierzehn! Wenn der Kerl aufdringlich wird, soll er was erleben.

Gemach, mein Freund, sagte Leria lächelnd. Im Grunde ist das schon vom Gesetz her nicht möglich.

In diesem Augenblick kam Mira herein. Man konnte ihr ansehen, dass sie wütend war.

Prosper nahm sie in die Arme.

Was soll ich denn nur tun?, fragte sie. Ich gehe da nicht mehr hin.

Keine Angst, Liebes. Ich werde an seine Eltern schreiben und ihnen in aller Deutlichkeit klarmachen, dass er dich in Ruhe lassen soll. Oder wir werden gerichtliche Schritte unternehmen. Bist du einverstanden.

Mira nickte.

Eigentlich mag ich ja den Heino ganz gerne. Sein Bruder hat sich den ganzen Nachmittag dazwischengedrängt. Wir konnten kaum ein Wort miteinander reden. Ich glaube, dass Heino deshalb ziemlich aufgebracht war.

Was macht dieser Bruder eigentlich?

Studiert Medizin, denke ich. Das hat er mal gesagt.

Prosper schrieb noch am selben Abend einen Brief an die Familie Gerok und teilte den Leuten unmissverständlich mit, dass er es nicht dulden werde, dass ihr älterer Sohn seiner Tochter in dieser Form Avancen mache, er es außerdem an der primitivsten Form von Respekt fehlen lasse und offenbar vollkommen vergesse, dass Mira knapp vierzehn Jahre alt und damit noch minderjährig sei. Er hoffe, dass damit alles zu diesem peinlichen Verhalten des Herrn Sohnes gesagt sei und sich ein derartiger Vorfall nicht wiederholen werde. Er verbleibe im Übrigen …

Er legte noch eine Kopie des Briefes bei, den Mira erhalten hatte.

Der Antwortbrief ließ nicht lange auf sich warten.

*Mein lieber Herr Obenvelder!*, begann das Schreiben des Professors. Er erinnere sich noch gut an seine Eltern, auch seine Frau habe sich immer gut mit Frau Gisela Obenvelder verstanden. Sie hätten damals leider zur Beerdigung der Frau

Mutter nicht kommen können. Wichtige Termine hätten sie daran gehindert.

In diesem Tonfall ging es weiter. Erst am Ende des Briefes kam der Mann auf seinen Ältesten zu sprechen. Er habe mit seinem Sohn ein längeres Gespräch geführt, dieser sei einsichtig gewesen und er hoffe, dass diese Angelegenheit damit erledigt sei. Außerdem habe sich sein Sohn doch auch für sein Verhalten entschuldigt. Er gab noch seinem Wunsch Ausdruck, dass doch in Zukunft nichts zwischen ihnen stehen möge.

*Wir waren doch alle mal jung, Herr Obenvelder!*

Leria lachte laut, als ihm Prosper diesen Brief zeigte.

Tatsächlich traf kein weiterer Brief ein. Allerdings redete Heino Gerok kein Wort mehr mit Mira. Das war eben die übliche Familienpolitik – da musste sie durch.

Ein paar Wochen später, es war kurz vor ihrem vierzehnten Geburtstag, fand an einem Samstagnachmittag in einem öffentlichen Parkgelände der Stadt eine Party von Miras Klasse statt. Es war ein warmer Sommertag und Mira wollte gerne daran teilnehmen. Sie hatte mit ihrem Vater ausgemacht, dass er sie um zehn Uhr abends abholen würde.

Die Eltern hatten Kuchen gebacken und für Speis und Trank gesorgt.

Zwei Elternpaare ‚überwachten' aus der Ferne das Geschehen. Es blieb alles so weit im Rahmen, die Jungs hatten heimlich ein paar Bierdosen eingesteckt, aber es geschah nichts Schlimmes, die Party verlief für die meisten zufriedenstellend. Sie hörten Musik, tanzten dazu, amüsierten sich.

Zur verabredeten Zeit fuhr Prosper auf den Parkplatz des Geländes, wo auch schon andere Eltern warteten, um ihre Kinder abzuholen. Nach und nach kamen die ersten Jungen und Mädchen zu dem Parkplatz. Prosper wartete eine gewisse Zeit. Nachdem Mira auch nach zwanzig Minuten noch nicht aufgetaucht war, schloss er das Auto ab und machte sich langsam auf den Weg zu einem Pavillon, wo das Fest stattfand. Die Musik hatte aufgehört, man war bereits mit dem Aufräumen beschäftigt. Die Stadt hatte den Schülern bis 22Uhr30 die Erlaubnis erteilt, die Veranstaltung durchzuführen. Auch ein paar Eltern halfen dabei. An verschiedenen Stellen standen noch kleinere Gruppen zusammen. Prosper ging herum, konnte aber Mira nirgends entdecken. Da es sich um ein öffentliches Gelände handelte, befanden sich immer wieder auch andere Jugendliche und Leute jeden Alters dazwischen, die mit dieser Klasse nichts zu tun hatten. Schließlich fragte er in einer Gruppe nach Mira. Niemand wusste, wo sie steckte. Dann traf er auf Sonja Köhler, eine Klassenkameradin von Mira, die er kannte. Aber auch sie konnte ihm keine genaue Auskunft geben. Sonja erinnerte sich daran, dass Mira schon vor längerer Zeit auf die Toilette gehen wollte. Es sei ihr ein wenig übel gewesen.

Prosper ging sofort zu den Toilettenhäuschen. Nichts. Er ging wieder zurück zu seinem Wagen. Es konnte ja sein, dass sie dort in der Zwischenzeit wartete. Nichts. Ein Elternpaar, das wohl bemerkt hatte, dass er in großer Unruhe war, sprach ihn an. Er berichtete von der bisher vergeblichen Suche nach seiner Tochter. Die Leute boten sofort ihre Hilfe an. Sie gingen wieder in den Park und begannen überall zu suchen, auch Mitschüler schlossen sich schließlich an. Miras Name wurde immer wieder gerufen.

Prosper war verzweifelt. Er traf schließlich auf zwei Polizisten, die gerade auf dem Gelände ihre Runde machten und erzählte ihnen von seinem Problem. Sie gingen mit ihm zu ihrem Wagen. Dort rief einer der beiden Polizisten eine weitere Streife herbei. In der Zwischenzeit wurden mehrere Schüler befragt, die an dem Klassenfest teilgenommen hatten, ohne dass sich daraus unmittelbare Anhaltspunkte ergeben hätten. Schließlich wurde das Parkgelände geräumt und man begann das ganze Terrain abzusuchen. Der Park erstreckte sich über eine längere Strecke am Flussufer entlang. Am Ende befand sich auf der Seite ein dichtes und hohes Gebüsch. Dort entdeckte ein Polizist schließlich zwei nackte Beine, die aus dem Strauchwerk herausragten. Sie gehörten zum Körper eines jungen Mädchens, das auf dem Bauch lag. Der Mann drehte sie um. Es war Mira. Sie hatte die Augen geschlossen, an ihrem Haaransatz auf der Stirne war etwas Blut zu sehen, ihre Kleidung war teilweise zerrissen. Prosper wollte sofort zu ihr hinstürzen, doch ein Polizist hielt ihn zurück.

Bitte! Sie dürfen keine Spuren verwischen. Sie müssen sich gedulden.

Ein Polizist wollte gerade ihren Puls fühlen, als Mira die Augen aufschlug.

Mira!, rief Prosper. Sie reagierte nicht darauf, blickte nur starr geradeaus.

Kannst du mich hören?, fragte der Polizeibeamte.

Mira reagierte wieder nicht.

Wahrscheinlich steht sie unter Schock, sagte einer der Polizisten.

Wieder wurde telefoniert. Bis der Krankenwagen kam, kniete Prosper neben seiner Tochter und hielt ihre Hand. Auch die Kriminalpolizei traf ein, eine Beamtin und ein Beamter, die ihrerseits Fragen stellten und den Ort, wo Mira gefunden worden war, genau untersuchten.

Bei der nächsten Gelegenheit würden sie in der Schule auftauchen, um Schüler und die Eltern zu befragen, die an dem Abend im Park waren.

Der Krankenwagen kam, Mira wurde auf eine Trage gelegt und in den Wagen gebracht. Prosper fuhr mit seinem Auto hinterher zum Krankenhaus.

War es möglicherweise ein ... Gewaltverbrechen?, fragte Prosper später.

Wir müssen die Untersuchungen abwarten, erklärte die Kriminalbeamtin. Manches deutet darauf hin, aber noch wissen wir nichts Genaues.

An dieser Stelle hielt Albrecht kurz inne.

Das war diese ‚Krankheit' Miras, von der damals gesprochen worden war. Sie war das Opfer eines Überfalls geworden, das hatten sie ja erfahren. Die Gerüchteküche kochte damals hoch, aber ein Vergewaltigungsversuch? Davon war ihm gegenüber nie die Rede gewesen.

Leria hatte vermerkt, dass man zunächst nichts herausbekommen hatte. Niemand hatte etwas beobachtet. Weder die Mitschüler noch die anwesenden Erwachsenen. Eine Schwierigkeit bestand auch darin, dass es in dem Park viele dunkle Stellen gab, die nicht beleuchtet waren.

Albrecht las, dass Mira wohl einen Schlag auf den Kopf erhalten haben musste und das Bewusstsein verloren hatte. Der Täter hatte anscheinend versucht, sie zu vergewaltigen, aber das war wohl nicht gelungen. Die untersuchende Ärztin hatte zwar kleinere Kratzspuren an den Oberschenkeln ausgemacht, aber nach allem, was man herausfand, war dieser Versuch abgebrochen worden. Es konnten keine Spermaspuren gefunden werden. In der Dunkelheit hatte der Täter sein Opfer offensichtlich unbemerkt auf dem kurzen Wegstück an den Ort gebracht, wo es dann entdeckt worden war.

An dieser Stelle unterbrach Albrecht seine Lektüre. Es hielt ihn nicht länger im Gartenhaus, er wollte unbedingt mit Leria sprechen. Auch jetzt, Jahrzehnte nach diesen Vorfällen, war er wie vor den Kopf gestoßen. Wie war es Prosper und Leria überhaupt gelungen, diese Sache ‚unter der Decke' zu halten?

Albrecht? Du kommst schon?, fragte Leria, als sein Besuch ein wenig atemlos die Treppe herunterkam.

Ist etwas geschehen?

Nein, nein. Alles in Ordnung. Ich war nur etwas schnell unterwegs.

Albrecht! Mir kannst du nichts vormachen. Irgendetwas hat dich in diese Erregung versetzt.

Das schon, Leria. Aber das hat mit dem zu tun, was sich vor vielen Jahren abgespielt hat. Nicht mit meiner Person.

Hast du die Geschichte schon ganz gelesen?

Noch nicht, aber ich wollte sofort mit dir darüber sprechen. Damals geisterten wilde Geschichten durch die Stadt, aber du und meine Mutter haben mir immer gesagt, das seien alles Hirngespinste. Mira sei es bei dem Fest plötzlich übel geworden. Dann war von einer Krankheit die Rede und ihre lange Abwesenheit wurde damit begründet, dass sie in einer Reha sei und sich erholen müsse.

Sie war tatsächlich sehr lange weg, sagte Leria, und außerdem …

Leria, aber sie muss doch tatsächlich überfallen worden sein, angegriffen, misshandelt, was weiß ich!

Hat dir Prosper nie etwas davon gesagt?

Nein.

Auch Mira selbst nicht?

Sie hat nie ein Wort darüber verloren. Aber sag mir eines, Leria, hat dieser Typ, der ihr in jener Zeit nachgestiegen ist, damit zu tun?

Komm, setzen wir uns erst mal rein. Kann ich dir etwas anbieten? Außer Kaffee?

Ja, ein Glas Wasser – und einen Whisky, falls du einen dahast.

So gefällst du mir schon besser, sagte Leria.

Leria holte zwei Gläser und förderte aus einem der vielen kleinen Schränke eine Flasche Bourbon-Whisky zutage. Er reichte Albrecht ein Glas mit einem kräftigen Schluck des Getränks, goss sich selbst nur eine kleine Menge ein und verdünnte mit viel Wasser.

Ich vertrage das Zeug nicht mehr besonders gut, fügte er als Entschuldigung an.

Sie tranken sich zu. Eine kurze Zeit für das Kreisen von Gedanken.

Es war schon so, dass es ihr übel geworden ist, begann Leria. Sie ging schließlich zu den Toiletten. Doch das, was danach geschehen ist, blieb lange Zeit im Dunkeln, weil Mira sich nicht mehr daran erinnern konnte.

Das heißt, sie stand unter Schock, sagte Albrecht.

Nicht allein. Es war eine partielle Amnesie. Die Ärzte sprachen damals von einer anterograden Amnesie. Das bedeutet, dass sie nach dem schädigenden Zwischenfall eine Zeitlang ihr Gedächtnis verloren hat. Es war auch eine andere Variante im Gespräch, ein Nicht-Erinnern an das eigentliche Ereignis.

Okay, Leria, aber mich interessiert vor allem eine Sache: Wer war in der Lage, mit einer solchen Brutalität vorzugehen? Hatte es etwas mit diesem Gerok zu tun?

Ja und nein. Aber jetzt hör zuerst einmal zu. Die Tat selbst wurde von einem Typ begangen, der eher zufällig an diesem Ort war. Aber das fanden wir erst später heraus. Fest stand bald, dass jemand irgendeine Mixtur aus Alkohol und sonstigen Substanzen in ihre Cola-Flasche geschüttet haben muss, während sie ein paar Minuten bei einer anderen Gruppe war und zurückkam.

Aber das hätte sie doch gleich bemerken müssen, wandte Albrecht ein.

Nicht sofort. Sie nahm die Flüssigkeit mit einem Trinkhalm zu sich und, wie sie uns erst später mitteilte, sie war durstig und dachte sich nicht viel dabei, dass sich der Geschmack etwas verändert hatte, aber da war es schon zu spät. Es wurde ihr übel und sie wollte rasch die Toilette aufsuchen. Sie kam gar nicht bis dorthin, sondern ging auf eine Reihe von Büschen zu. Hinter diesen Sträuchern musste sie sich übergeben, torkelte vermutlich schon und fiel mitten in ein Gestrüpp hinein. Dann muss sie ohnmächtig geworden sein.

Könnte ich noch einen Schluck haben, sagte Albrecht, aber nur einen kleinen!

Leria schenkte ihm noch etwas nach. Albrecht trank das Glas sofort leer und stellte es ab. Leria fuhr fort, mit einer etwas verbissenen Hartnäckigkeit.

Das Blöde an der Geschichte war, dass ausgerechnet an

dieser Stelle ein Mensch lag, der offensichtlich seinen Rausch ausschlafen wollte. Mira war über ihn gestolpert. Der Mann war davon aufgewacht und bemerkte plötzlich eine junge weibliche Person neben sich. Er stieß sie an, doch sie rührte sich nicht …

Moment, Leria. Woher wusste man das alles?

Langsam, mein Freund. Ich erkläre es dir gleich. Jedenfalls fasste er sie erneut an. Und sie hat anscheinend irgendeinen Laut von sich gegeben. Aus irgendeinem Grund fasste dieser betrunkene Kerl das als Zustimmung auf. Er begann an ihr herumzumachen. Und dann kam sie zu sich, schlug die Augen auf und sah, wie dieser fremde Mann sich über sie beugte, ihren Rock hochzog und versuchte, ihr den Slip auszuziehen. Sie wollte schreien, brachte aber keinen Ton heraus. Schließlich gelang es ihr, sich auf die Seite zu drehen, kam auf die Beine und versuchte sich wegzubewegen. Aber sie kam kaum von der Stelle, drehte sich wieder um, strauchelte, fiel nach vorne und schlug mit dem Kopf an irgendeinen harten Gegenstand, ich glaube, es war so etwas wie ein Mauerrest. Nun blieb sie endgültig liegen und bewegte sich nicht mehr. In diesem Moment muss dem Mann in seiner Umnebelung klargeworden sein, dass er sich in eine vertrackte Situation gebracht hatte.

Albrecht stand auf, begann im Raum herumzugehen.

Leria, verstehst du, dass mich das alles unheimlich befremdet? Das ist einfach eine furchtbare Geschichte. Und nun, nach, was weiß ich, über vierzig Jahren, erfahre ich, was ihr damals wirklich zugestoßen ist.

Komm, setz dich wieder, Albrecht. Beruhige dich. Ich weiß auch schon, was ich jetzt tun werde.

Leria ging in seine kleine Küche und brühte einen Tee auf.

Später, als sie ihren Tee tranken und Albrecht sich wieder ein wenig gefangen hatte, erzählte ihm Leria den nächsten Teil dieser fatalen Geschichte.

Der Mann geriet, nachdem die junge Frau nun bewegungslos

vor ihm lag, in Panik. Er glaubte, dass sie nicht mehr lebte und er des Mordes verdächtigt werden könnte. Und so kam ihm die Idee, ihren Körper den kurzen Weg bis zu diesem Gebüsch am Ende des Parks zu bringen und dort abzulegen. Die Dunkelheit half ihm dabei. Er selbst kletterte an einer geeigneten Stelle trotz seines Zustands über den Zaun und verschwand.

Nach einer Unterbrechung, beide hingen schweigend ihren Gedanken nach, bat Albrecht seinen Freund darum, ihm den Rest der Geschichte mitzuteilen.
Es muss doch noch eine Ergänzung geben. Als ich dich danach fragte, ob dieser Gerok dabei eine Rolle gespielt habe, sagtest du *ja und nein*.
Das kommt alles noch. Aber zuerst wollen wir unseren trunkenen Herumtreiber noch ein wenig verfolgen, sagte Leria.
Wer war er? Er wurde doch gefasst?
Klar. Ich habe es schon angedeutet. Er war ein stadt- und polizeibekannter Herumtreiber, der manchmal bei einem Artgenossen unterkam, oft auch obdachlos war, ab und zu, wenn es ihn gerade überkam, mal irgendetwas arbeitete, unter Umständen kleinere Diebereien beging, aber er war eines nicht: ein Mörder oder Gewaltverbrecher.
Aber wie kam man ihm auf die Spur?
Das war nicht schwierig. Man hatte an der Stelle, wo Mira zuerst gelegen hatte, ihre Jacke gefunden, ebenso unter anderem auch Blutspuren von ihrer Kopfverletzung. Und das Entscheidende dabei war, dass sich Zeugen bei der Polizei gemeldet hatten, denen dort ein Betrunkener aufgefallen war. Einer davon wollte auch tatsächlich den *Borsten-Attl*, so sein Spitzname, erkannt haben. Er hieß Adolf Borst. Die Polizei machte ihn ausfindig und nahm ihn in Gewahrsam. Bei der Vernehmung erzählte er seine Version und beschwor die Beamten, dass man ihm glauben solle, denn er habe nie und nimmer jemanden umbringen wollen. Der vernehmende

Beamte fragte ihn dann, wie er darauf komme, denn von einem Mord sei überhaupt keine Rede. Der Kerl war völlig perplex, aber doch positiv überrascht. Allerdings machte man ihm schnell klar, dass sein Verhalten in keiner Weise in Ordnung gewesen sei und auch sein Alkoholkonsum würde ihn rechtlich nicht reinwaschen. Letztendlich kam er später mit einer erträglichen Strafe davon. Das hing allerdings auch mit Miras wiedererlangtem Gedächtnis zusammen. Zwar hatte er ein paar peinliche Handlungen verschwiegen, aber sein Anwalt plädierte für eine milde Strafe, da sein Mandant nicht wissen konnte, dass es sich um eine so junge weibliche Person gehandelt habe, was ja sowohl der Dunkelheit als auch seinem Zustand geschuldet gewesen sei. Auch sei ihm nicht bekannt gewesen, wie diese Jugendliche, die über ihn gestolpert war, in diese für sie unerträgliche Situation geraten war.

Und nun, mein Freund, sind wir beim anderen Teil deiner Anfrage gelandet.

Da wird es nun auch Zeit, sagte Albrecht.

Wer, glaubst du, hat diese Flüssigkeit in das Getränk von Mira geschüttet?

Doch nicht der Gerok?

Leria nickte.

Allerdings. Und dabei ist er beobachtet worden. Als Mira, wie gesagt, für eine kurze Zeit zu einer anderen Gruppe gegangen war, setzte sich Heino Gerok vorübergehend an Miras Tisch, wo im Übrigen auch einer seiner Freunde saß. Zu seiner Rechten auf dem Tisch stand Miras Cola-Flasche. Während sich seine Tischnachbarn in einem intensiven Gespräch über irgendeine Pop-Gruppe befanden, gelang es ihm, diese Flasche unbemerkt herunterzunehmen und unter der Wachstuchdecke sein vorbereitetes Fläschchen in die Cola zu leeren. Doch als er die Flasche zurückstellte, wurde er von einem Nachbartisch aus beobachtet. Eine Mitschülerin sagte später bei der Befragung durch die Polizei aus, dass sie nur diesen Vorgang zufällig gesehen habe, sonst nichts. Heino sei dann bald wieder aufgestanden und weggegangen.

Die ermittelnden Beamten nahmen das zunächst zu Protokoll, aber interessant wurde die Sache vor allem dann, als Mira in der Lage war, etwas genauer zu den Vorgängen dieses Abends Stellung zu nehmen. Bei der ersten routinemäßigen Befragung der Schülerinnen und Schüler kam natürlich auch Heino Gerok an die Reihe und man wollte von ihm wissen, ob er etwas zu diesen Ereignissen zu sagen habe. Aber er wiederholte im Grunde das, was die meisten dazu sagten, nämlich, dass ihnen nichts Ungewöhnliches aufgefallen sei und dass man sich das Ganze nicht erklären könne.

Das änderte sich allerdings bei der Frage, was er mit der Flasche von Mira gemacht habe.

Welche Flasche? Er wisse nichts von einer Flasche. Miras Flasche? Vielleicht habe er sie aus Versehen in die Hand genommen.

Bei der weiteren Befragung verwickelte er sich allerdings ständig in Widersprüche. Der Beamte sagte ihm schließlich auf den Kopf zu, dass er die Flasche manipuliert habe. Und Heino wurde zunehmend nervöser.

Ich habe nichts hineingeschüttet!, rief er schließlich.

Was war es denn?, wollte der Polizist wissen.

Mehr und mehr geriet Heino unter Druck. Die Beamten mussten das Gespräch schließlich abbrechen, um sich nicht dem Vorwurf auszusetzen, den Jugendlichen zu sehr in die Enge zu treiben.

Uns kannst du es ruhig sagen: Stammt die Idee, so etwas zu tun, von dir?

Es sei nicht seine Idee gewesen, stammelte er endlich.

Wessen Idee dann?

Heino schwieg, weinte leise vor sich hin.

Leria machte eine resignierende Geste.

Das war dann auch im Großen und Ganzen die Auskunft, die Prosper von den Ermittlern erhielt. Nachdem er allerdings den Beamten erzählt hatte, dass Mira vorher von dem Erstgeborenen der Familie in unverantwortlicher Weise bedrängt und belästigt worden war, wurde denn auch der Bruder Theodor vorgeladen. Dieser kam mit einem Anwalt, der sofort loslegte, dass man hier mit Unterstellungen arbeiten würde, man könne überhaupt nichts beweisen, alles sei an den Haaren herbeigezogen und es handle sich um üble Nachrede.

Natürlich haben die Eltern der beiden wohlerzogenen Knaben geschäumt und getobt. Man drohte mit Gerichtsverfahren, Prozessen wegen Verleumdung und dergleichen mehr. Leider gab es in keinem Moment auch nur den Ansatz einer Reue oder des Bedauerns. Man hatte sogar die Möglichkeit ins Spiel gebracht, dass dieses jugendliche Fräulein unter Umständen selbst einen gewissen Anteil an dem ganzen Geschehen haben könnte, diese stolze Pianistin, die ja immer die Nase recht hochtrüge.

Albrecht schüttelte den Kopf.

Wenn ich mir überlege, was Mira damals durchmachen musste, in physischer und psychischer Hinsicht.

Leria nickte.

Übrigens haben wir noch erfahren, dass die Polizei ein anonymes Schreiben erhalten hat, in dem mitgeteilt wurde, dass Heino vor mehreren Mitschülern verkündet hatte, dass sie dem *Fräulein am Klavier* bald *eins auswischen* würden, wie gesagt: im Plural!

Das ist unglaublich, sagte Albrecht. Und man hat nichts dagegen unternommen?

Leria schüttelte den Kopf.

Anonym. Wohl ein Mitschüler, der sich, aus welchen Gründen auch immer, hier hervortun musste. Aber in diesem Fall leider nicht verwertbar. Das Einzige, was die Eltern Gerok relativ schnell in Gang setzten, war die Verbringung ihres Sohnes Heino in ein exklusives Internat. Der Erstgeborene war in gewisser Weise aus der Schusslinie. Niemand konnte ihm offensichtlich etwas nachweisen und so konnte er sich ins Fäustchen lachen.

Am nächsten Tag las Albrecht weiter. Er hatte eine unruhige Nacht verbracht. Immer wieder suchten ihn diese Ereignisse heim, bedrängten ihn und wollten nicht weichen. Er versuchte sich in die damalige Situation hineinzuversetzen. Auch wenn es nicht zum Äußersten gekommen war, hatte Mira eine unerträgliche Demütigung hinnehmen müssen. Albrecht empfand eine kalte Wut darüber, dass die Urheber dieses infamen Spiels nicht zur Rechenschaft gezogen worden waren.

Auch Mira kehrte nicht mehr an ihre Schule zurück. Den ersten längeren Aufenthalt außerhalb des Krankenhauses verbrachte sie in einer kleinen Reha-Klinik im Süd-Schwarzwald, wo sie eine gute psychologische Betreuung und Allgemein-Behandlung erhielt. Sie hatte oft Alpträume und war psychisch angeschlagen. Doch nach einer ersten Zeit der Mutlosigkeit und Niedergeschlagenheit begann ein allmählicher Erholungsprozess auf immer breiterer Basis, der auch trotz einzelner Rückfälle weiterging. Und in diesem Zusammenhang wurde auch Désirée erwähnt, die sich intensiv einbrachte. Ihr gelang es immer wieder, schon bei den ersten Anzeichen, wenn Mira in ein Tief zu fallen drohte, sie aufzufangen und aufzurichten.
Prosper hatte ihr damals am Telefon in kurzen Worten mitgeteilt, was geschehen war, und Désirée kam wenige Tage später in die Stravenfordstraße. Sie hatte gerade neun Tage Pause am Theater und außerdem einen Sondertermin zu einer Lesung mit Musik für eine Literarische Gesellschaft abgesagt. Eine Kollegin konnte einspringen. Leria hatte sie noch nie so bedrückt und niedergeschlagen erlebt. Sie führte lange Gespräche mit Prosper und Leria, dazu kamen viele Besuche im Krankenhaus, wo sie oft lange an Miras Bett saß und ihre Hand hielt.
Prosper machte sich natürlich Vorwürfe, klagte sich fast an. Aber er fühlte dann doch eine gewisse Erleichterung, denn Désirée, die sich ihrerseits selbst immer wieder die Frage

stellte, wie so etwas geschehen konnte, sah bei Prosper aber keinerlei schuldhaftes Verhalten.

Prosper, es handelt sich immer um eine Verkettung von verschiedenen Umständen, Zufällen und auch menschlicher Niedertracht, sagte sie. Und ich frage mich: Warum gerade sie? Warum gerade Mira? Wir werden keine Antwort darauf finden. Wichtig ist, dass wir ihr helfen und zu ihr stehen. Ich kann mir nicht vorstellen, dass sie bewusst etwas getan hat, was zu diesem Geschehen führen konnte. Außer der Tatsache – und hier unterbrach sie sich kurz, ehe sie fortfuhr – dass sie so ist, wie sie ist, mit einer starken Ausstrahlung und eben einer Wirkung nach außen, der sich niemand so ohne Weiteres entziehen kann.

Prosper und Désirée kamen sich bei den vielen Gesprächen, bei dieser intensiven Auseinandersetzung mit dem, was ihrer Tochter geschehen war, wieder etwas näher. Nicht, dass sie wieder ein Paar wurden, aber sie nahmen in der Folgezeit wieder mehr Kontakt auf, schrieben sich häufiger und führten immer wieder längere Telefongespräche.

Leria machte Albrecht in diesem Zusammenhang darauf aufmerksam, dass er in einem Seitenschränkchen auch ein Bündel Briefe finden würde, in denen er einige sehr aufschlussreiche Details über die Gedanken und Überlegungen finden könne, die sich die beiden damals in Bezug auf ihre Tochter machten.

Désirée war es, die ihrer Tochter schließlich in entscheidender Weise dabei half, ihr seelisches Gleichgewicht wieder zu finden und sie auf ihren Weg zurückzuführen, den sie mit Freude begonnen hatte und den sie trotz dieser hässlichen Unterbrechung unbedingt wieder aufnehmen sollte.

In den Sommerferien lud sie ihre Tochter zu einem Aufenthalt in der Bretagne ein. Diese Reise sollte für Mira und ihre Mutter ein besonderes Erlebnis werden.

Désirée hatte ihre Ferienzeit schon mehrmals in einem schönen Haus am *Golfe du Morbihan* in der Süd-Bretagne verbracht. Das Haus gehörte Honoré Valentin, dem Bruder ihrer Mutter, einem Maler, Poeten und großen Musikliebhaber, der in seine Nichte Désirée vernarrt war und sie immer wieder aufforderte, ihn zu besuchen oder auch einfach das Haus zu bewohnen, wenn nicht gerade Gäste da waren.

Désirée, die ab und zu schon Freunde oder auch Partner mitgebracht hatte, teilte ihrem Onkel mit, dass dieses Mal ihre Tochter Mira dabei sein würde.

So trafen sie an einem heißen Tag Anfang August in dem Domizil am Golf gegenüber der *Île aux Moines* ein. Mira fand von Anfang an Gefallen an diesem Haus, das etwas abseits, unmittelbar am Wasser stand. Von der Terrasse aus hatte man einen überwältigenden Blick auf den Golf, auf die Inseln, inmitten eines einmaligen Zusammenspiels von Licht, Wasser, Land und Himmelswelten. Für sie war es fast wie ein Märchenland.

Albrecht fand ein paar Briefe aus dieser Zeit, die Désirée an Prosper geschrieben hatte. Miras Mutter sprach im Zusammenhang mit dieser Reise sogar von einer *glücklichen Fügung*. Dies war auch der Tatsache zu verdanken, dass in dem ziemlich geräumigen und großzügig eingerichteten Haus ein Pleyel-Flügel stand.

Mira, die in all den vergangenen Wochen nur noch ganz selten eine Taste angerührt hatte, schien dem Instrument zunächst keine Beachtung zu schenken. Die ersten beiden Tage waren angefüllt mit Erkundungsspaziergängen, Einkäufen oder Badezeiten. Mutter und Tochter genossen das Schwimmen im Golf. Désirée, die selbst zweisprachig aufgewachsen war, hatte schon früher immer wieder Französisch mit Mira geredet, da sie in der Schule neben Latein und Englisch auch diese Sprache lernte. Nun setzte sie ihren ‚Sprachunterricht' fort und Mira nahm diesen Ball sofort wieder auf und bald waren die Fortschritte, die sie dabei erzielte, nicht mehr zu überhören.

Am dritten Tag, als Désirée ein paar Besorgungen machen wollte, sagte ihr Mira, dass sie lieber beim Haus bleiben und sich einfach in die Sonne legen wolle. Ihre Mutter war damit einverstanden, es würde ohnehin nicht lange dauern, sie sei spätestens in eineinhalb Stunden wieder zurück.

Désirée hatte, wie sie Prosper schrieb, eine bestimmte Ahnung. Sie hatte ihre Tochter aus den Augenwinkeln dabei beobachtet, wie sie ein paar Noten, die in einem großen Stapel auf einem kleinen Schränkchen neben dem Flügel abgelegt waren, in die Hand genommen und zu lesen begonnen hatte. Vielleicht, dachte sie, als sie in Richtung *Vannes* fuhr, beginnt sie wieder zu spielen.

Und sie sollte sich nicht täuschen. Als sie zurückkehrte, den Wagen in der kleinen Remise am Rande des Grundstücks abstellte, hörte sie tatsächlich Klaviermusik. Und diese Musik kam ihr sehr bekannt vor. Sie ging durch den Garten, setzte sich leise auf die Terrasse und hörte beglückt zu. Mira spielte gerade die *Entretiens de la Belle et de la Bête*, die Gespräche zwischen der ‚Schönen‘ und dem ‚Biest‘ aus Maurice Ravels Märchenstücken *Ma Mère l’Oye*, zu Ende und begann dann das letzte Stück, *Le Jardin féerique*, den *Märchengarten*. Désirée dachte dabei wieder an die Schneewittchen-Aufführung in Miras Kindertagen und war eigenartig davon berührt.

Danach folgte eine kurze Pause. Schließlich spielte Mira ein weiteres Stück von Ravel an, das Désirée noch nie von ihr gehört hatte. Eine große Wellenbewegung in der linken Hand. Sie schien zunächst einen Fingersatz auszuknobeln, begann mehrmals, bis sie mit dem Ergebnis zufrieden war. Als sie erneut die weit ausholende Wellenbewegung mit den 32stel-Noten zu spielen begann, gesellte sich in der rechten Hand ein Viertonmotiv dazu, ein Takt, der sich noch einige Male wiederholte, bis schließlich eine Änderung eintrat. An dieser Stelle unterbrach Mira ihr Spiel. Désirée saß nach wie vor auf ihrem Stuhl auf der Terrasse und war wie verzaubert. Wie kann sie das einfach so spielen, dachte sie, als sie plötzlich ihre Stimme hörte.

Sitzt du schon lange hier?, fragte Mira.

W… woher weißt du denn, dass ich hier bin?

Dort, sagte Mira lachend, das Fenster ist offen, als ich eben hineinblickte, sah ich dich wie in einem Spiegel hier sitzen.

Désirée stand auf, ging zu ihr hin und nahm sie in die Arme. Lange standen sie einfach an dieser Stelle.

Bist du froh, dass du mitgekommen bist?, fragte ihre Mutter schließlich.

Ja, sagte Mira.

Sie setzten sich in zwei Liegestühle unter dem Sonnenschirm.

Ich wollte dich ja zum Einkaufen begleiten, sagte Mira, aber dann hatte ich plötzlich das Gefühl: Ich muss jetzt wieder Klavier spielen, verstehst du? Und ich wollte das allein ausprobieren, niemand sollte mir dabei zuhören.

Und dann bin ich doch sozusagen hineingeplatzt, sagte Désirée.

Das macht gar nichts, sagte Mira, da waren die ersten Momente schon vorbei. Ich habe doch Zeit gehabt. Ich habe sofort gemerkt, dass es funktioniert. Zuerst die c-Moll-Partita von Bach. Alles war auf einmal wieder da. Ich habe alles Mögliche angespielt. Frédéric Chopins Walzer in cis-Moll und sein *Fantasie-Impromptu*, danach einen Satz aus einer Mozart-Sonate. Schließlich bin ich bei Ravel gelandet. Gestern Abend habe ich in den Noten, die hier lagen, diese Klavierstücke gefunden.

Ich habe schon welche davon gehört, begann Désirée, aber ich erinnere mich nicht mehr an den Titel.

Es war aus den *Miroirs*, den *Spiegelbildern*, *Une barque sur l'Océan*.

*Eine Barke auf dem Ozean*, rief Désirée. Diese Auf-und-Abwärts-Bewegungen in der linken Hand, wie ein Schiff, das auf den Wellen tanzt.

Das ist eine wunderbare Musik. Ich möchte diese Stücke unbedingt näher kennenlernen. Heute Morgen war das eine schöne Erfahrung für mich: Ich spiele diese Musik – und kann mich darin vergessen.

Mira! Das … freut mich sehr.

Von nun an war an allen Tagen Klaviermusik zu hören, immer wenn sich eine Gelegenheit dazu ergab. Aber sie unternahmen auch weiterhin viele Ausflüge, nach *Vannes*, *Auray* und zu den Menhiren von *Carnac* oder Lorient. Sie machten Fahrten mit dem Boot zu den Inseln im Golf, zur Île aus Moines, Île d'Arz und *Gavrinis*.

Einmal waren sie von *Larmor-Baden* aus mit dem Boot auf die Insel *Gavrinis* gefahren. Dort besichtigten sie eines der bekanntesten keltischen Fürstengräber der Bretagne. Dieser ‚Cairn' mit einer Höhe von fast acht Metern und fünfzig Metern Durchmesser, mit der Grabkammer in seinem Inneren, zu der ein etwa 13 Meter langer Gang führt, der mit Dutzenden von Tragsteinen und neun Deckplatten konstruiert wurde, beeindruckte Mira in besonderem Maße.

Die Anlage sei über 6000 Jahre alt, hatte der Führer ihrer kleinen Gruppe gesagt.

Kann man sich das vorstellen?, fragte Mira. Ist das älter als Ägypten?

Die Pharaonen kamen ein wenig später, sagte Désirée lächelnd, aber so genau kann ich dir das nicht sagen.

Wir befinden uns in der Jungsteinzeit, sagte der Führer nun, der ihr Gespräch gehört hatte und offensichtlich auch etwas Deutsch verstand. Die erste Dynastie in Ägypten beginnt etwa um 2900 vor Christus, fuhr er nun in seiner Sprache fort, aber es gibt natürlich auch schon am Nil eine Reihe von Vorstufen. Ich möchte Sie allerdings nicht mit Einzelheiten langweilen.

Bestimmt nicht, rief Désirée, aber als Laie auf diesem Gebiet kommt man so rasch an seine Grenzen, wenn man mit diesen beeindruckenden Objekten konfrontiert wird.

Es stellte sich heraus, dass der Mann früher Kinderarzt in Brest gewesen war und sich während seines Ruhestands schon seit vielen Jahren vor allem mit den Megalith-Kulturen an der französischen Atlantik-Küste beschäftigte. Er sei auch eine Zeitlang Gasthörer zu diesem Thema an der Universität von Nantes gewesen.

Vous êtes spécialiste, sagte Désirée.

Pas tellement, Madame, mais je fais de mon mieux.

Monsieur Jean Dumenais, so hatte er sich vorgestellt, hielt ihnen nun einen sehr informativen Vortrag, der allerdings ein wenig lang geriet. Auch Mira versuchte einmal ein Gähnen zu unterdrücken. Monsieur Dumenais begann mit dem Hinweis auf den wahrscheinlich ältesten *Cairn de Barnenez* bei *Morlaix*, nordöstlich von Brest, der etwa 4500 Jahre vor Christus begonnen worden war. Désirée versuchte, da es sich hier schon um ein sehr spezielles Vokabular handelte, immer wieder nebenbei für Mira die wichtigsten Hinweise auf Deutsch zu übersetzen. Ihr Führer zeigte ihnen bei ihrem Weg durch den Gang zur eigentlichen Grabkammer zahlreiche Besonderheiten, vor allem die beeindruckende Ornamentik auf den größeren Steinflächen sowohl der Tragsteine als auch der Stützsteine. Konzentrische Halbkreise, Figurationen in Wellen- oder Schlangenformen, Muster von Fischgräten oder Flechten, daneben aber auch Pfeil und Bogen, Schildformen, Steinbeile und Krummstäbe. An einem Deckstein wurden Tiere mit Hörnern abgebildet, vielleicht Rinder.

Zahlreiche Phänomene geben immer noch Rätsel auf, sagte Monsieur Dumenais. Vieles werde wahrscheinlich im Dunkel der Geschichte verbleiben, die Forschung stoße ab und zu auf Überraschungen, doch manches könne vielleicht nie enthüllt werden.

Mira gefiel dieser Ausflug sehr. Sie meinte, der Mann habe zwar ein bisschen viel geredet, aber es sei ihr dennoch klargeworden, dass sich hinter all dem eine interessante Wissenschaft verberge. Sie fand vor allem dieses steinerne Arrangement imposant, ebenso die vielfältigen Einritzungen in die großen Monolithe.

Ich habe sicher nicht alles verstanden, Maman. Aber es war wirklich beeindruckend.

Das ist schön, Mira. Es wird mir auch immer wieder deutlich, dass man eben auf das Wissen und die Erkenntnisse der

Forschung angewiesen ist. Das ist auf allen Gebieten so.

Beim Stöbern in der kleinen Bibliothek von Onkel *Saint-Honoré*, wie Désirée ihren Verwandten Honoré Valentin manchmal scherzhaft nannte, hatte Mira ein schmales Bändchen mit Gedichten, Kurzprosa nebst Fotografien und ein paar Zeichnungen entdeckt, *Les pierres des temps passés*.
Hier ist auch ein Bild von einem der großen Steine, die wir im Ganggrab gesehen haben, sagte Mira, mit den vielen Halbkreisen und anderen Formen.
Ja, natürlich, sagte Désirée, darf ich mal sehen, hier sind auch andere Steinformationen, Dolmen und einzelne Menhire. Wenn du möchtest, übersetze ich dir ein paar Texte.
Was bedeutet der Titel?, fragte Mira. Heißt das ‚Steine der Vergangenheit‘?
In etwa, vielleicht würde man sagen *Die Steine vergangener Zeiten*. Gemeint sind auf jeden Fall die großen Steine, die für die Menschen der damaligen Zeit eine besondere Bedeutung hatten.
Hatten sie immer eine religiöse Bedeutung?
Fast immer. Es handelte sich nicht immer um Gräber, sondern oft auch um Kultstätten. Die Kelten und ihre Vorgänger hatten beispielsweise eine große Zahl von Göttern, aber viel kann ich dir dazu nicht sagen, denn man müsste sich genauer damit beschäftigen. Onkel Honoré weiß wahrscheinlich mehr darüber.
Aber trotzdem: Da sind all diese Spuren aus einer längst vergangenen Zeit und niemand weiß mehr irgendetwas über diese Menschen und mit ihnen ist auch ihre Religion verschwunden. Ist das nicht seltsam?
Désirée nahm sie in die Arme und küsste sie auf die Stirne.
Chérie, aber möglichst nicht allzu sehr in diese Gedanken eintauchen. Die Spezialisten der Jungsteinzeit wissen schon etwas mehr darüber, aber, wie gesagt, vieles wird im Dunkeln bleiben.

Heute Nachmittag habe ich einmal einfach die Augen geschlossen, als wir auf dem Hügel standen. Dabei habe ich mir gewünscht, dass ich plötzlich in die Zeit vor 5000 Jahren versetzt wäre, um einmal genau zu sehen, wie die Menschen damals gelebt haben.

Und? Hat es funktioniert?, fragte Désirée lachend.

Leider nicht, sagte Mira.

Das habe ich mir fast gedacht, sagte ihre Mutter mit gespieltem Ernst.

Du machst dich über mich lustig.

Nein, das tue ich überhaupt nicht.

Weißt du, ich habe mir schon einmal vorgestellt, wie es sein wird, wenn wir nicht mehr da sind. Alles geht ohne uns weiter und wir sind nicht mehr dabei. Zuerst fand ich diesen Gedanken irgendwie spannend, aber dann war ich plötzlich traurig.

Mira, versprich mir bitte eines, dass du dich nicht zu sehr in solchen Gedankenspielen verlierst. Bitte lass dich nicht zu sehr darauf ein …

… Solche Gedanken kommen aber einfach und ich kann nichts dagegen tun.

Chérie, du hast dein ganzes Leben noch vor dir. Wir müssen versuchen, uns von solchen Gedanken nicht beherrschen zu lassen. Hast du mit Prosper schon einmal darüber gesprochen?

Nein, aber mit Leria. Er hat so ähnlich reagiert wir du.

Was hat er gesagt?

Er hat gemeint, es sei durchaus nicht falsch, wenn wir uns klarmachen, dass unser Leben endlich ist und dass es dunkle Seiten gibt, aber viel wichtiger sei es, sich an die positiven Dinge zu halten und sich nicht an den Fährnissen und Unzulänglichkeiten unseres Lebens zu orientieren.

Da hat er recht gehabt. Mira, du hast etwas Schlimmes erlebt, aber du musst dir deutlich machen, dass es doch so vieles gibt, was dich erfreut, was dich ausfüllt. Denk an deine Musik und vor allem an all die Menschen, die dir nahestehen, die sich um dich sorgen, die einfach froh sind, dass es dich gibt.

Sie standen lange eng umschlungen mitten in dem Zimmer, ohne ein Wort zu reden. Als sie sich voneinander lösten und sich in die Augen blickten, sagte Mira:

Und ich bin froh, dass es dich gibt, Maman, und Prosper, Leria und all meine Freunde.

Désirée fuhr sich kurz mit der Hand über die Augen.

Spiel noch ein bisschen. Ich mache uns etwas zu essen. Als Vorspeise *Coquilles Saint Jacques*?

Sie begab sich in die Küche und Mira setzte sich an den Flügel und begann dieses virtuose Stück von Ravel zu spielen, das sie in der Zwischenzeit nahezu meisterhaft beherrschte.

Am Abend, als sich Mira schon zurückgezogen hatte, begann Désirée mit der Übersetzung eines Gedichts aus dem Band *Les pierres des temps passés*. Sie arbeitete noch über eine Stunde daran, bevor sie einen Brief an Prosper begann, in dem sie ihm einiges von den Gesprächen mitteilte, die sie mit Mira geführt hatte, von ihren Unternehmungen, Erkundungen und allgemein über die Fortschritte, die sie bei Mira in Bezug auf die Bewältigung ihres traumatischen Erlebnisses beobachten konnte.

Honoré Valentin hatte für das nächste Wochenende sein Kommen angekündigt. Dann würde auch ihre Zeit am *Golfe du Morbihan* zu Ende gehen. Onkel Honoré hatte allerdings darum gebeten, dass sie doch nicht sofort abreisen sollten.

Am nächsten Morgen herrschte stürmisches Wetter mit wilden Regenschauern und bald auch wieder sonnendurchfluteten Phasen. Vom Atlantik her blies ihnen ein heftiger Wind entgegen. Am folgenden Tag, der Wind hatte nachgelassen, als sie nach einem längeren Spaziergang zurückkehrten und es sich in den Liegestühlen auf der Terrasse bequem machten, brachte Désirée ihrer Tochter einen Text aus dem Gedichtband, den sie in der Zwischenzeit übersetzt hatte.

Oh, Maman, das ist ja toll! Wie kannst du das einfach so

hinkriegen?

Gemach, Chérie, ich habe es versucht und es hat mir viel Freude bereitet. Ich habe dieses Gedicht ausgewählt, weil ich das Gefühl hatte, dass es sehr schön auch unsere Eindrücke widerspiegelt, die wir bei der Besichtigung gewonnen haben.

Mira begann zu lesen.

Ich finde es schön, wenn jemand etwas in Worte fassen kann, was ihn besonders bewegt und was er zu einem Ereignis oder einem bestimmten Gefühl sagen möchte, sagte sie.

Désirée dachte einen Moment nach.

Es stimmt schon, was du sagst. Aber es gibt dafür mehrere Möglichkeiten. Der Dichter drückt es mit seinen Worten aus, der Maler mit seinen Bildern und der Komponist mit seiner Musik. Jeder findet seine Ausdrucksmöglichkeiten.

Liest du es mir vor?

Désirée begann:

Golfe du Morbihan

Um die Mittagswende
gleiten nacheinander
aufgelöste Wolkenformen
aus entfernten Räumen
über die Lagune
als würden Götter sich
mit Wind und Licht vereinen
sich verlieren über ihren alten Stätten
die sie gelassen überqueren

über ihnen
das blaue Band des Himmelsbogens
tief unten
in Grün und Blau
verfärbte Wassersphären
leicht bewegte Fluten

verstreute Inselwelten
auf denen große Steine
zeitlos ruhen

kein Ruf erreicht sie mehr
Stille legt sich auf die Gräber
überzieht die Zeugen aus Granit
mit Schweigen und Vergessen
draußen kämpft der Ozean
verbissen wider Felstitanen
innen am *kleinen Meer**
die versteinerte Zeit
der Götter

*mor bihan: kleines Meer (bretonisch)

Das gefällt mir, sagte Mira.
Désirée überreichte ihr wieder das Blatt mit dem Gedicht.
Dein Onkel Honoré … ist also ein Dichter?
Ja. Er hat mehrere Gedichtbände veröffentlicht. Er bekam auch schon ein paar Preise dafür.
Und sind die Bilder hier alle von ihm?
Die meisten. Aber seine Gedichte gefallen mir besser. Das ist allerdings auch Geschmackssache, fügte Désirée hinzu. Er war übrigens Literatur-Professor an der Universität von Rennes.

Ein paar Tage danach, das Wetter hatte wieder ein Sonnen-lächeln aufgesetzt, näherte sich Honoré Valentin seinem Haus. Eine hochgewachsene, hagere Gestalt, ein braungebranntes, wettergegerbtes Gesicht, von nahezu weißen Haaren um-rahmt, gemahnte er beinahe an einen keltischen Druiden. Es fehlte nur noch ein langes weißes Gewand, das in diesem Fall allerdings von einer Kombination aus weißer Segeltuchhose und hellblauem Sommerhemd ersetzt worden war, als würde der Träger dieser Kleidungsstücke unmittelbar zu einem Segeltörn aufbrechen.
Beim Näherkommen hörte er Klaviermusik und dachte zuerst,

dass seine Nichte wohl die Lautstärke ziemlich stark aufgedreht habe, bis er begriff, dass dies Live-Musik sein musste. Er stellte seine Reisetasche kurz ab und hörte zu. Aus dem offenen Fenster erklang der letzte Satz aus Beethovens erster Klaviersonate in f-Moll, ein sehr rasch vorwärtsstürmendes Prestissimo-Stück, das in exzellenter Manier dargeboten wurde. Honorés Neugierde gewann nun die Oberhand und er wollte möglichst rasch herausfinden, wer hier sein Instrument so erstaunlich zum Klingen brachte. In dem Augenblick brach die Musik ab und der Pianist oder die Pianistin begann eine Passage von weiter vorne zu wiederholen.

In diesem Moment stand plötzlich Désirée vor ihm und es folgte eine stürmische, aber relativ leise Begrüßung.

Was höre ich denn hier?, fragte er. Hast du musikalischen Besuch?

Komm doch erst einmal herein, sagte Désirée, und lass dich überraschen.

Sie nahmen den Weg über die Terrasse, zu der man über eine kleine Treppe gelangte. Vor der offenen Doppeltür blieben sie stehen und das, was Onkel Honoré nun im Inneren des Zimmers erblickte, nahm ihm für einen Moment den Atem.

Ist das deine Tochter?, flüsterte er schließlich.

Désirée nickte.

Wie alt ist sie denn?, fragte er.

C'est pas possible, sagte er, als es Désirée ihm zugeflüstert hatte. Das ist doch nicht möglich!

Mira war gerade bei der letzten Piano-Stelle des Satzes angelangt. Über den schnellen Triolen-Achteln im Bass spielte die rechte Hand mehrere aus Oktaven bestehende Legato-Phrasen. Dann begann in den letzten acht Takten in zupackendem Forte eine den Tönen des f-Moll-Akkords auf- und abwärts führende Triolenbewegung in der rechten Hand, die noch ins Fortissimo gesteigert und am Ende in einer Abwärtsbewegung vom dreigestrichenen f bis zum großen F abrupt in sich zusammenfiel. Mira betonte mit einer zusätzlichen Temposteigerung den Stretta-Charakter dieses

Teils, mit möglichst durchsichtigem Spiel und sparsamer Pedal-Verwendung.

Die Klavierspielerin saß am Ende in sich gekehrt auf ihrem Stuhl, bevor sie eher zufällig in die Richtung der beiden Personen blickte, die stumm im Türrahmen standen, Désirée lächelnd, daneben dieser hochgewachsene ‚fremde‘ Mann, der Onkel Honoré sein musste und der sie nun, wie sie fand, fast ein bisschen unverhohlen anstarrte. Mira stand auf und ging auf die beiden zu.

Bonjour, Monsieur, sagte sie dann artig, streckte dem Mann ebenfalls lächelnd ihre Hand entgegen, und Honoré, der erst in diesem Augenblick zu erwachen schien, ergriff diese Hand mit einem ‚mon Dieu‘ und führte sie zu seinen Lippen.

Mademoiselle Mira, sagte er, als er sich offensichtlich wieder etwas gefasst hatte, ich bin Onkel Honoré, ach was, einfach Honoré. Je suis ravi de faire ta connaissance.

Honoré überschüttete diese ‚bezaubernde Mademoiselle‘ nun mit Komplimenten, wirkte in seiner Begeisterung fast ein wenig exaltiert, bis Désirée versuchte, ihn wieder etwas ‚herunterzubringen‘.

Krieg dich wieder ein, Honoré. Wir sind doch keine überirdischen Wesen.

Doch, ihr seid ‚Ondines‘, Undinen, als wärt ihr gerade den Fluten entstiegen … oder keltische Göttinnen. Aber keine Sorge, ich höre gleich auf. Ich mache mich nur noch ein wenig frisch, dann lade ich euch heute Abend in eines der besten Fisch-Restaurants in der Nähe von *Locmariaquer* ein. Der Eigentümer ist ein Freund von mir, Jean-Paul Signac. Er ist weitläufig mit der Familie des berühmten Malers verwandt. Désirée, du kennst vielleicht diesen späten Impressionisten? Paul Signac hat auch einige Bilder in *Concarneau* gemalt. À tout à l'heure.

Dann enteilte er in sein Zimmer. Désirée und Mira blieben nach diesem Wortschwall leise vor sich hin lachend im Salon zurück.

Ein malerisches Restaurant au bord de la mer. Das Wetter spielte mit. Ein ungewohnt sanfter Wind wehte vom Meer her. Zu ihrer Rechten die Halbinsel *Quiberon*, in der Ferne die *Île d'Houat*, etwas rechts davon die *Belle-Île-en-Mer*, die größte bretonische Insel. Mira kamen diese Eilande so vor, als wären es ferne, verzauberte Welten. Verschiedene Schiffe kreuzten auf den Wellen des Ozeans und für das junge Mädchen versank bei diesem Anblick die schnöde Welt von gestern – zumindest für einen Moment des tiefen Erlebens, im Augenblick einer besonderen Empfindung. Auch Ravels wunderbare Musik fiel ihr dabei ein. Mira lehnte ihren Kopf an die Schulter ihrer Mutter, der ganz ähnliche Gedanken durch den Kopf gingen.

In diesem Augenblick kam Jean-Paul Signac an ihren Tisch, begrüßte seinen alten Freund Honoré, der wiederum seine beiden Begleiterinnen vorstellte.

Mesdames, ça représente pour moi un grand honneur …

Während Désirée ähnlich wortreich antwortete, musste sich Mira beherrschen, um nicht loszulachen.

Monsieur Signac verkündete noch, dass er alles Erdenkliche tun werde, um sie zufriedenzustellen.

Er ließ es sich in der Tat nicht nehmen, seine ‚besonderen‘ Gäste immer wieder selbst zu bedienen.

Nach einer sehr lecker zubereiteten bretonischen Fischsuppe wurde das unvermeidliche *plateau de fruits de mer* gebracht, das Jean-Paul selbst als *fantastique* bezeichnete.

Alle ließen sich dieses Essen aus dem Meer schmecken. Mira hielt sich allerdings bei der einen oder anderen ‚Meeresfrucht‘ zurück, da diese Produkte für sie im Geschmack etwas ungewohnt und fremdartig waren. Natürlich durfte ein Cidre nicht fehlen, Honoré hatte außerdem eine Flasche *Muscadet* aus der Region *Sèvre-et Maine* kommen lassen.

Ma chère Mira, qu'est-ce que tu veux boire?, fragte Honoré.

Mira wand sich ein wenig, doch dann erwiderte sie tapfer: Pardon, mais … je préfère … de l'eau minérale.

Bravo!, rief Honoré und nickte Désirée anerkennend zu.

Es wurde ein denkwürdiger Abend.

Schließlich trat eine bretonische Gruppe auf, die typische Lieder aus dieser Gegend darbot. Eine junge Frau sang traditionelle Lieder und wurde dabei von einer Bombarde, einem Doppelrohrblatt-Instrument, einer bretonisch-keltischen Harfe, einer Schalmei oder einem Dudelsack begleitet. Diese oftmals auch schwermütigen Melodien gefielen Mira und ihrer Mutter sehr. *J'entends le loup et le renard chanter*, hieß es in einem Text, oder *Et je suis né, au creux des vagues* in einem anderen Lied mit einer Melodie, die vor allem Mira sehr beeindruckte. Viele sogenannte ‚Lieder des Meeres‘ waren dabei und nicht selten verbargen sich ursprünglich Schicksale von Menschen dahinter, die mit dem großen Meer zu kämpfen und große Gefahren zu bestehen hatten.

Was bedeutet das, Maman, *au creux des vagues*? Ist das ein Wellental?, fragte Mira.

Das könnte man so sagen. Vielleicht würde man versuchen, es noch etwas poetischer zu formulieren, antwortete Désirée, *im Tal der Wellen* oder so ähnlich.

Ich finde, dass manche Lieder ein wenig traurig klingen, sagte Mira.

Ja, das stimmt. Es gab und gibt sehr viele Menschen in der Bretagne, die als Fischer auf das Meer hinausmüssen oder auch als Mitglieder einer Schiffsbesatzung, Matrose oder Kapitän, wie auch immer, zur See fahren. Und da kann man sich schon vorstellen, dass es immer auch Opfer gegeben hat. Das Meer hat hier seit jeher auch etwas Unbarmherziges.

An einem der nächsten Tage, Désirée und ihr Onkel Honoré saßen noch auf der Terrasse am Frühstückstisch, setzte sich Mira an den Flügel.

Sie spielte die Melodie des Liedes *Et je suis né au creux des vagues*, die sie an dem Abend in dem Lokal gehört hatte und begann die Melodie zu variieren, improvisierte darüber, mit immer weiter ausgreifendem Passagenwerk.

Honoré blickte Désirée an, bewegte zaghaft seinen Kopf hin und her, bevor er die Augen schloss und zuhörte.

Danach begann sie Ravels *Une barque sur l'océan*.

Honoré stand auf, stellte sich in den Türrahmen, wollte Mira unbedingt dabei beobachten. Er sah, wie sie mit sehr ruhigen Körperbewegungen ihre Finger scheinbar mühelos über die Tasten gleiten ließ und auch die schwierigsten Stellen mit einer eleganten Leichtigkeit bewältigte, die ihn völlig verblüffte.

À cet âge, flüsterte er. In diesem Alter.

Nach dem Mittagessen legte sich Mira mit einem Buch in den Liegestuhl. Honoré lud seine Nichte zu einem Spaziergang ein, er wollte ihr einen besonderen Ort zeigen, an dem sich ein einsamer Monolith befand.

Ma chère Désirée, du hast eine Tochter mit einer unglaublichen Begabung, begann Honoré. Die Mutter eine wunderbare Schauspielerin, ihr Kind eine begnadete Musikerin und Pianistin. Ich bin begeistert.

Nun ja, Honoré, auch der Vater ist ein sehr kunstsinniger Mensch, der, obwohl er Wirtschaftswissenschaftler und ehemaliger Unternehmer ist, sehr viel für Literatur, Musik, und Kunst übrighat. Er ist ein Kunstsammler und Mäzen. Er versteht von seinem Metier einiges, ist außerdem ein großer Liebhaber des Theaters. Dadurch haben wir uns überhaupt kennengelernt.

Pardon, Désirée, ich kenne Deinen Ex-Mann nicht und es war nicht meine Absicht, seine Rolle herunterzuspielen.

Ich wollte damit ja auch nur sagen, dass er mitnichten etwa einseitig orientiert ist. Wir haben uns nicht wegen unterschiedlicher Interessen und Vorlieben getrennt, das hatte andere Gründe. In der Zwischenzeit verstehen wir uns wieder ganz gut.

Das ist doch schön und das freut mich für dich, sagte Honoré.

Da ist aber noch eine andere Sache, die ich ansprechen wollte.

Ich kenne deine Tochter in der Tat noch nicht lange, aber eines ist mir gleich aufgefallen: Sie wirkt für ihr Alter sehr ernst.

Wenn sie sich unbeobachtet fühlt, kann man ab und zu in ihrem Gesichtsausdruck eine gewisse Melancholie entdecken. Bei einem so jungen Menschen erstaunt mich das ein wenig.

Tja, das hast du gut beobachtet, mein lieber Onkel. Mira war immer schon etwas, wie wir manchmal sagen, frühreif. Ich weiß nicht, ob das ein so guter Begriff ist, aber belassen wir es mal dabei. Auch Prosper, mein Ex-Mann, hat einmal gesagt, dass unsere Tochter alle Aufgaben und Pläne, die sie angeht, mit einer ungeheuren Energie und Zielstrebigkeit umzusetzen versucht, so, als hätte sie nicht viel Zeit zur Verfügung.

Honoré blieb stehen.

Désirée! Das klingt aber etwas eigenartig.

Zunächst fand ich es auch merkwürdig, aber je länger ich darüber nachdachte, desto mehr bekam ich es mit einer unbestimmten Angst zu tun. Und das war ein Gefühl, das ich möglichst schnell wieder zu verdrängen versuchte.

Da hast du gut daran getan. Solche Gedanken sollten wir rasch vergessen.

Désirée, die in einem Brief an Prosper auch dieses Gespräch mit Honoré erwähnte, schrieb, dass sie ihrem Onkel gegenüber auf keinen Fall etwas von Miras traumatischem Erlebnis mitteilen wollte.

Sie wanderten weiter, bis sie vor einem großen Monolithen standen. Hohe, alte Bäume umstanden ihn und bildeten einen Halbkreis. Nicht weit von dieser Stelle entfernt konnte man einen weiteren hochaufragenden Stein sehen. Auf der anderen Seite hatte man einen dieser unvergleichlichen Blicke auf den Atlantik.

Honoré begann ein Gedicht zu zitieren:

> Ce ne sont pas les arbres
> Qui dominent un paysage
> Ni le balancement des vallons
> Le quadrillage des parcelles
> Ni même les nuages

Ce sont les pierres
Nues géantes
Côte à côte solitaires
Comme des immolés

Es sind nicht die Bäume
die eine Landschaft bestimmen
weder die sanften kleinen Täler
noch die parzellierten Felder
nicht einmal die Wolken

Es sind die Steine
nackt und gewaltig aufragend
nebeneinander in ihrer Einsamkeit
als würden sie geopfert

Ist der Text von dir?, fragte Désirée.
Nein. Das Gedicht stammt von Gérard Le Gouic, einem unserer bekanntesten bretonischen Dichter. Er lebt in Quimper, ich kenne ihn gut.
Ein sehr schönes Gedicht, sagte Désirée.
Honoré ließ sich neben dem großen Stein nieder, nahm eine bestimmte Stellung ein und meditierte.
Désirée lehnte sich mit dem Rücken an den großen Stein und ließ ihren Blick über die unendliche Wasserfläche schweifen. Eine große Ruhe hüllte sie ein, sie fühlte sich eins mit diesem Land, dem Himmel, dem Meer.
Ich danke dir, sagte Désirée, als sie zurückwanderten, das war ein sehr schöner Moment.
Sehr gerne, sagte Honoré. Ich komme immer wieder hierher. Ich habe deutlich das Gefühl, dass mich der Ort beruhigt, mich gelassen macht. Übrigens, das wollte ich dir doch noch mitteilen: Gestern habe ich euch gesehen, wie ihr aus dem Wasser gekommen seid, als ihr euer morgendliches Bad

beendet habt.

Natürlich ganz zufällig, sagte Désirée etwas schnippisch.

Selbstverständlich, meine liebe Désirée, was hast du denn gedacht? Hast du moralische Bedenken?

Kaum, aber was hast du dir denn dabei gedacht?

Es war faszinierend. Jeden Morgen geht mein erster Blick hinaus auf den Golf. Und dann sehe ich auf einmal zwei wunderschöne nackte Frauen, die aus den sanften Wellen kommen, als wären sie wirkliche Undinen. Kannst du dir etwas Schöneres vorstellen?

Désirée lachte.

Du machst dich vielleicht lustig über mich, sagte Honoré, aber für mich war das wie Poesie.

Du meinst doch nicht *poésie pure*, mein lieber Honoré.

N.. nein, nicht ganz im literarischen Sinne.

Das habe ich mir fast gedacht.

Wenige Tage später verabschiedeten sich Désirée und Mira von Honoré Valentin.

Ihr werdet mir fehlen, sagte Onkel Honoré.

Sie mussten ihm versprechen, ihn im nächsten Jahr wieder zu besuchen.

Ich muss euch unbedingt auch noch Pont-Aven zeigen und, ach was, es gibt hier noch so viel zu sehen.

Als sie im Auto saßen, sagte Mira: Weißt du, Maman, an diese Gegend könnte ich mich wirklich gewöhnen.

Dann hat es dir gefallen?, fragte Désirée.

Ja, sehr.

Das freut mich, Chérie.

Lebt Onkel Honoré … eigentlich ganz allein?, fragte Mira nach einer Weile.

Seine Frau ist vor einigen Jahren gestorben. Sie war sehr viel jünger als er. Ich glaube, sie war mal seine Schülerin.

War sie … krank?

Ich weiß nichts Genaueres, Mira. Er hat nie darüber gesprochen. Und ich wollte ihn nicht mit meinen Fragen belästigen.

\*

Für Prosper bestand kein Zweifel darüber, dass Mira nicht auf ihrer bisherigen Schule bleiben konnte. So meldete er sie nach ihrer Rückkehr aus der Bretagne auf einem Gymnasium mit musischer Ausrichtung im Stuttgarter Raum an. Sie nahm dafür längere Anfahrtszeiten in Kauf. Ab und zu brachten sie auch Leria oder Prosper selbst mit dem Auto zu bestimmten Terminen, wenn die Zeit zu sehr drängte. In regelmäßigen Abständen setzte sie ihre Ausbildung bei Paul Buck an der Stuttgarter Musikhochschule fort. Ihr Lehrer war erfreut, dass sie Maurice Ravel für sich entdeckt hatte, und er studierte weitere Werke dieses Komponisten mit ihr ein: *Le Tombeau de Couperin* oder seine *Sonatine*. Dazu kamen auch Kompositionen von Claude Debussy oder Francis Poulenc. Schließlich machte Buck sie mit Werken von Paul Hindemith, Bela Bartok oder Arnold Schönberg bekannt.

Die meisten Menschen in ihrer häuslichen Umgebung, auch Albrecht und seine Mutter, stellten fest, dass Mira sich irgendwie verändert hatte, und sie dachten sich, dass das mit ihrer ‚Krankheit‘ zusammenhängen musste.

Aus dem fröhlichen, oft zu einem Spaß aufgelegten und umtriebigen Mädchen war eine ernste, in sich gekehrte Jugendliche geworden. Manche glaubten auch, dass sie ein wenig zu früh die Schwelle zum Erwachsensein überschritten habe.

Albrecht erinnerte sich, dass er sich in einem bestimmten Moment an Leria gewandt hatte, um ihn um Rat zu fragen. Denn er war doch etwas irritiert darüber, dass sie in gewisser Weise eine Grenze um sich gezogen hatte und auch für ihn nicht mehr wie in früheren Zeiten ansprechbar oder irgendwie zugänglich war. Nicht dass sie ihm gegenüber besonders abweisend gewesen wäre, aber er hatte deutlich eine Linie gespürt, die nicht mehr überschritten werden durfte.

Er hatte damals ein längeres Gespräch mit Leria darüber geführt, aber auch er hatte ihm nur den Rat mitgegeben, dass er sich in Geduld fassen müsse.

—

Dieser Aufenthalt mit Désirée in der Bretagne war für Mira in ihrer damaligen Situation sehr wichtig, sagte Albrecht.

Leria nickte.

Unbedingt. Da kam offensichtlich sehr viel zusammen. Das Zusammensein mit ihrer Mutter nach diesem schlimmen Vorfall, die neue, sehr anregende Umgebung und nicht zuletzt das Instrument, das in dem Haus geradezu auf sie zu warten schien.

Aber das war Désirée doch sicher bekannt?

Klar, sagte Leria. Prosper war ebenfalls glücklich über die Entwicklung der Dinge. Er tat alles, um seiner Tochter in allen Belangen, auch in Bezug auf ihre neue Schule behilflich zu sein, und Mira legte sich, wie man so sagt, mächtig ins Zeug. Obwohl die Ausbildung auf ihrem Instrument viel Zeit erforderte, litten ihre Schulleistungen nicht sehr darunter.

Das ist schon erstaunlich, sagte Albrecht. Und ihr Klavierspiel legte gleich noch einmal eine Stufe zu.

Du erinnerst dich vielleicht? Mit achtzehn Jahren gewann sie in München beim ARD-Wettbewerb einen 2. Preis.

Klar. Wer könnte das vergessen, Leria! Zwei Jahre später bereitete sie sich auf den Tschaikowsky-Wettbewerb in Moskau vor ...

Albrecht hielt einen Augenblick inne ...

... dazu ist es nicht mehr gekommen.

Leria räusperte sich.

Diese Jahre waren für uns alle, am meisten natürlich für Prosper, die schönsten und fruchtbarsten. Zahlreiche Aufführungen, Konzerte, Diskussionsveranstaltungen, Gespräche ...

Soll ich das alles im Einzelnen erwähnen?, unterbrach Albrecht.

Greife einfach heraus, was dir am wichtigsten erscheint, sagte Leria.

Albrecht blickte ihn verwundert an.

Weshalb gerade mir?

Leria zeigte wieder seinen verschmitzten Gesichtsausdruck.

Nun ja, es muss ohnehin eine Auswahl getroffen werden. Und nicht alles war von gleicher Bedeutung. Ich denke da beispielsweise auch an so manche Diskussionsrunde, die sich im Kreis drehte oder sich in germanistischen Spitzfindigkeiten verloren hat.

Was die nun folgenden Jahre anbelangt, muss ich mir sowieso zuerst einen Überblick verschaffen. Du spielst hier wohl auf die ‚Literarische Gesellschaft‘ an? Aber kam die nicht erst später ins Spiel?

Das stimmt, sagte Leria, aber eine ähnliche Art der Zusammenkünfte gab es bereits.

Albrecht stand auf.

Morgen werde ich mit diesem Zeitabschnitt beginnen. Hast du zufällig noch eine Shakespeare-Ausgabe hier? Ich kenne den ‚Sturm‘, aber ich möchte ab und zu etwas nachlesen.

Ist alles drüben im ‚Gartenhaus‘. Ich werde übrigens ein paar Tage weg sein. Wenn du mich wegen einer Sache sprechen möchtest, musst du dich leider etwas gedulden. Du weißt ja, ich verabscheue die neuen Kommunikationsmittel.

Das ist mir bekannt. Aber ich denke, dass ich durchaus zurechtkommen werde.

Albrecht verbrachte den nächsten Vormittag mit dem Sichten und Zurechtlegen von Material. In einer Ecke entdeckte er auch einen mittelgroßen Karton mit den Hinterlassenschaften seiner Mutter. *Ellen*, hatte Leria auf den Deckel geschrieben. Albrecht wunderte sich ein wenig, stellte die Schachtel aber zurück. Er wollte zu einem späteren Zeitpunkt darauf zurückkommen.

Dann machte er sich an die Lektüre der zahlreichen Unterlagen zu der Aufführung des Shakespeare-Stücks *Der Sturm*, das wieder von der Heidelberg-Mannheimer Gruppe präsentiert worden war. Parallel dazu war an zwei Abenden Musik zu dem Stück des großen englischen Dramatikers angeboten worden: Einmal eine direkt für dieses Drama komponierte

Bühnenmusik von Jean Sibelius aus dem Jahre 1925/26 und zum anderen die Sonate Nr.17 in d-Moll Opus 31 Nr.2 von Ludwig van Beethoven, für den das Shakespeare-Stück als mögliche Inspiration gedient haben könnte.

Auch wenn die Benennung der „Sturm"-Sonate wissenschaftlich nicht ganz astrein war, so hatte sich Prosper auf jeden Fall darüber gefreut, dass Mira eine Möglichkeit bekam, sich mit dem Klavierwerk präsentieren zu können.

Zunächst wurde im Programmheft kurz der Inhalt des Dramas vorgestellt.

Kein leichtes Unterfangen, dachte Albrecht, angesichts der gedanklichen Vielfalt und der außerordentlich komplexen Deutungsmöglichkeiten, die sich nach und nach im Laufe der dramatischen Handlung ergeben.

Nicht weit von einer Insel entfernt gerät bei einem Sturm das Schiff des Königs Alonso von Neapel in Seenot und erleidet Schiffbruch. Alle, sowohl der König und sein Gefolge als auch die Besatzung können sich an Land retten. Allerdings wird der Sohn des Königs, Ferdinand, von seinen Gefährten getrennt und für tot gehalten. Dabei sind auch Sebastian, der Bruder des Königs, Antonio, der Herzog von Mailand, Gonzalo, ein alter Rat, sowie der Spaßmacher Trinculo und der Kellermeister Stefano.

Auf der Insel befinden sich Prospero, der rechtmäßige Herzog von Mailand, und seine Tochter Miranda. Prospero wurde vor Jahren von seinem Bruder Antonio entmachtet und mit seiner Tochter in einem Boot auf dem offenen Meer ausgesetzt. Damals konnten sie sich auf die Insel retten, auch durch die Hilfe Gonzalos, der heimlich Nahrung und Bücher auf das Boot geschafft hatte. Prospero machte sich zum Magier und Herrscher der Insel, indem er die Hexe Sycorax und ihren missgestalteten Sohn Caliban unterwarf. In Prosperos Diensten steht auch der Luftgeist Ariel mit seinen Gehilfen, die aus der Gefangenschaft der Hexe befreit wurden.

Prospero war es, der durch seine magischen Kräfte und mit

der Hilfe Ariels den Sturm ausgelöst und ‚seine Feinde' auf die Insel gebracht hat. Er ist es auch, der bewirkt, dass der Königssohn Ferdinand mit Miranda zusammenkommt. Die beiden verlieben sich ineinander und werden, nachdem Ferdinand zuerst einige Prüfungen bestehen muss, miteinander verbunden.

Die anderen Figuren werden, außer Sebastian und Antonio, von Ariel mittels eines Liedes in einen tiefen Schlaf versetzt. Sebastian und Antonio entwerfen einen perfiden Plan, wie sie König Alonso beseitigen könnten. Wieder ist es Ariel, der die beiden an ihrem Tun hindert. Ständig scheinen alle Menschen, die es auf diese Insel verschlagen hat, an den magischen Schnüren Prosperos und Ariels zu hängen, die sie nach ihrem Gutdünken tanzen lassen.

In der Zwischenzeit ist der Spaßmacher Trinculo mit Caliban zusammengetroffen. Stefano kommt dazu und gibt diesem wilden Wesen Alkohol zu trinken, was zur Folge hat, dass Caliban diesen Fremden für mächtiger als Prospero erachtet. Die drei Männer beschließen, Prospero zu beseitigen. Im Hintergrund wirkt ständig Ariel weiter und die Magie vereitelt permanent alle Vorhaben. Alle diese Leute, die es als Schiffbrüchige auf die Insel verschlagen hat, werden von Prospero und Ariel durch Illusionen und magische Spiele dazu gebracht, sich ganz im Sinne des ‚Zauberers' Prospero zu verhalten. Zwar wird den einzelnen Personen durchaus ihr Fehlverhalten vor Augen geführt, etwa im Falle von Antonio, der sich unrechtmäßig den Titel eines Herrschers angeeignet hat, aber letztendlich verzeiht Prospero seinem Bruder und wird wieder zum Herzog von Mailand. Seine Tochter Miranda heiratet Ferdinand. Auch den anderen Ränkeschmieden wird vergeben, Ariel wird von seinen Verpflichtungen gegenüber seinem ‚Befreier' entbunden, Prospero zerbricht seinen Zauberstab und entsagt seiner magischen Tätigkeit.

Prosper und Leria waren sich offenbar nicht ganz sicher,

welcher Gattung dieses Stück zugeordnet werden sollte. Vielleicht konnten sie sich auch nicht einigen. So boten sie verschiedene Möglichkeiten an. Oder war es ein Versuch, die Zuschauer an der Diskussion zu beteiligen? Ähnlich verhielt es sich bei den unterschiedlichen Deutungen.

Eine Komödie? oder gar Tragödie? Auf der einen Seite gibt es ein Happy End, aber andererseits hält sich jede Art von Amüsement in Grenzen, was man ebenfalls in der Rezeptionsgeschichte in Bezug auf die Publikumsreaktionen immer wieder feststellen konnte. Zwar wird auch bei einer echten Komödie selten herzhaft gelacht wie etwa bei einer Posse oder einem Lustspiel, aber es gibt in dem Stück nicht sehr viele Möglichkeiten der Erheiterung oder der lächelnden Zustimmung. Vielleicht war es auch die Absicht Shakespeares selbst, diese Frage offen zu lassen?

Oft ist auch der Begriff ‚romance‘, Romanze, ins Spiel gebracht worden. Dafür würden in der abenteuerlichen Geschichte der Schiffbruch, das Stranden auf einer Insel, die Liebesgeschichte von Miranda und Ferdinand und das Happy End sprechen.

Doch gegen den oft ernsthaften Charakter einer ‚romance‘ spräche wiederum das ganze Kaleidoskop von magischen Handlungen, Reigen von Geistern und allen möglichen Erscheinungen aus diesem Bereich. Außerdem lässt sich eine Reihe von Ambivalenzen, Widersprüchen, Gegensätzen in den Personen selbst und in ihrem Handeln ausmachen, die wohl bewusst von Shakespeare selbst nicht aufgelöst worden sind. Dann kommt von Leria wieder der Hinweis, dass beim elisabethanischen Theater häufig Mischgattungen zu finden seien, in denen oftmals unterschiedliche Elemente vereinigt werden, nämlich romanzen- und komödienhafte Motive wie Sturm und Schiffbruch, Begegnung und Verbindung von Liebenden, Lösung von Konflikten und schließlich deren Aufhebung durch Gnade und Vergebung – und gleichzeitig Zauberei und Magie, gepaart mit Szenerien, die einer Farce ähnlich sind, mit, wie wir heute vielleicht sagen würden, ‚Fantasy-Figuren‘.

Auch bei der Interpretation der einzelnen Personen blieben Prosper und Leria eher zurückhaltend. Ersterer schloss sich, was die Figur des Zauberers Prospero anbelangt, ein wenig der traditionellen Auffassung an, die schon im 19. Jahrhundert häufig aufgetaucht war, in Prospero bis zu einem gewissen Grade den Dichter selbst zu sehen, Shakespeare, der hier in einem seiner letzten Dramen, vielleicht ja sogar in seinem letzten Werk, dem Zauber entsagt, seinen Stab zerbricht, sich mit dieser Geste von seinem Publikum verabschiedet, der seine Bücher, das heißt seine Dramen vergräbt und seiner Tätigkeit der ,Verführung' des Publikums ein Ende macht.

Shakespeare ist wie kaum ein Dramatiker der Weltliteratur von den ,Musen berührt worden', allen voran Thalia und Melpomene, den Musen der Komödie und der Tragödie, aber auch von Erato und Euterpe, den Musen der Liebes-Lyrik und Poesie schlechthin.

Der Dramatiker, der über viele Jahre hinweg sein Publikum verzaubert, begeistert und in seinen Bann gezogen hat, tritt von der Bühne ab, aber nicht, um in Vergessenheit zu geraten, sondern um in seinen Dramen weiterzuleben, solange es das Theater gibt.

Leria dagegen, der übrigens 1950 in Stuttgart Shakespeares „Sturm" mit Theodor Loos in der Rolle des Prospero zum ersten Mal gesehen hatte, konnte sich der Deutung seines Freundes nicht ganz anschließen. In der Zwischenzeit waren in der Auslegungspraxis dieses Dramas neue Deutungen entstanden, die nicht mehr auf das lyrische Ich des Dichters bezogen waren und auch nicht mehr eine am Ende friedvolle Idylle in allgemeiner Vergebung und Wiederherstellung von gerechten Verhältnissen sahen, sondern, wie etwa der polnische Literaturwissenschaftler Jan Kott fand, eher den Zustand ständiger Auseinandersetzungen in Machtkämpfen, Mord und Gewalt sowie Verschwörung und Aufruhr. Kott meinte, dass Prosperos Insel in diesem Sinne vor allem die wirkliche Welt zeige und keine Utopie.

Albrecht selbst war klar, dass bis in die siebziger Jahre des letzten Jahrhunderts häufig diese Interpretationen vorherrschten, aber er war in den vergangenen Jahren auch mit anderen, neueren Deutungen konfrontiert worden.

Einige kritische Punkte bezogen sich auch auf Shakespeare selbst, vor allem in Bezug auf den ‚Wilden' Caliban, dessen Mutter Sycorax einst die Insel beherrschte und von Prospero gewaltsam beseitigt worden war. Der neue Herrscher der Insel behandelt Caliban wie einen Sklaven, versucht ihn auch zu erziehen, bringt ihm die Sprache bei, aber insgesamt scheitert, wie Prospero selbst zugeben muss, die Sozialisation dieses ‚Wilden'. Typische Auffassungsweisen der Zeit Shakespeares, Parallelen zu der sich mehr und mehr ausdehnenden Kolonialherrschaft des britischen Empires treten deutlich zutage. Diese Tatsache wurde auch in neueren Inszenierungen immer wieder berücksichtigt. Die Unterwerfung ‚wilder' Völker wurde in früheren Zeiten oft dadurch gerechtfertigt, dass die von Trieben gesteuerten ‚Naturvölker' zu freier Selbstbestimmung unfähig und folglich dafür bestimmt seien, beherrscht zu werden und zu dienen hätten. Der ‚rohen Natur' stehe folglich die Weisheit und Kunst des Zauberers Prospero gegenüber. In manchen Inszenierungen wurde dadurch versucht, auf solche ‚Ungereimtheiten' aufmerksam zu machen und das Publikum dementsprechend zu belehren. Wenn Albrecht darüber nachdachte, war ihm das immer ein wenig zu viel ‚erhobener Zeigefinger':

Ich habe meine Schwierigkeiten damit, heutige Vorstellungen der sogenannten ‚political correctness' auf Haltungen und Einstellungen von Menschen vergangener Zeiten, soweit sie damals der allgemeinen Einschätzung entsprachen, zu übertragen.

Die sich über viele Jahrhunderte hinziehende eurozentrische Weltsicht, mit der man die Behandlung und Beurteilung von Menschen außerhalb des europäischen Kulturkreises rechtfertigte und begründete, kann man selbstredend aus heutiger Sicht verurteilen. Aber kann man das den Menschen von damals vorwerfen, denen diese Meinungen schon von klein auf eingetrichtert worden waren und die folglich solche Auffassungen für völlig normal hielten? Der Glaube an die ‚Vorrangstellung' des weißen Mannes, die Überlegenheit seiner Zivilisation, seiner Kultur, seiner Kunst und last but not least seiner Religion?

Albrecht wusste, dass solche Fragen ohnehin in einem Kunstwerk nicht gelöst werden können. Aber war Shakespeares Universum in seiner umfassend dramatischen Darstellung menschlicher Leidenschaften, Höhenflüge und Abgründe zu seiner Zeit nicht etwas Unglaubliches, nie Dagewesenes?

Noch ein weiterer Gesichtspunkt ging ihm durch den Kopf. Kritische Zuschauer und Zuschauerinnen können solche, unserer heutigen Auffassung widersprechende Meinungen doch von sich aus ergänzen und richtigstellen, ohne dass dadurch ein Kunstwerk seinen Rang einbüßt. Etwas anderes wäre es, wenn dem Publikum von vornherein ein menschenverachtendes, rassistisches oder völlig inhumanes Machwerk präsentiert würde. Aber das würde sich für ein ernsthaftes Theaterunternehmen ohnehin verbieten. Also wäre doch ein gewisses Vertrauen in die Urteilsfähigkeit des Publikums eigentlich angebracht.

Er erinnerte sich an die Aufführung in der Stravenfordstraße. Damals war er achtzehn Jahre alt, hatte anfänglich mit dem Stück seine Schwierigkeiten, hatte aber mit Leria viele Gespräche über das Drama geführt und auch als stiller Zuhörer an den Diskussionsrunden im Anschluss an die Vorstellungen teilgenommen. Er wusste, dass Leria einen ganzen Ordner mit Fotos besaß, und bei ihrem nächsten Zusammentreffen würde er mit ihm noch einmal über die Aufführung sprechen. Dann fiel ihm ein Blatt von Prosper in die Hände, das dieser wohl auf seiner alten, legendären Schreibmaschine geschrieben hatte. Wahrscheinlich war es als Beitrag für eine Gesprächsrunde verfasst worden.

„Persönliche Gedanken und Überlegungen zum Ende von Shakespeares ‚Komödie' The Tempest":

*Die erste nachgewiesene Aufführung dieser ‚Komödie' fand 1611 statt, Shakespeare starb im Jahre 1616. Da es sich bei diesem Stück wohl um eines seiner letzten Werke handelt, drängt sich der Gedanke auf, dass darin auch ein mögliches Vermächtnis des Dramatikers zum Ausdruck kommt. Ohne nun Prospero nur mit der Person des Autors gleichsetzen zu wollen, vollzieht sich in dessen ‚Absage an die Zauberkunst', nach deren illusionären Regeln alle Personen des Stückes zu agieren haben – auch das Publikum! – doch in gewisser Weise ein Abschied von der Bühne der Illusionen.*

*Weshalb bleibt dieses Stück, in dem sich so viele dramatische Entwicklungen ereignen, eine Komödie? Antonio, der schon seinen Bruder Prospero entmachtet hat, will nun auf dieser Insel mit Sebastian den König Alonso von Neapel töten, der ihm seinerseits damals in Mailand geholfen hat, Prospero zu beseitigen. Der ‚Sklave' Caliban wiederum bittet Stefano und Trinkulo, die ihn betrunken gemacht haben, Prospero umzubringen. Überall Intrigen, Missgunst und Machtgier. Keine Spur einer Insel-Idylle und nicht das geringste Anzeichen von der – etwas naiven – Utopie, wie sie der Ratgeber Gonzalo einmal angedacht hat.*

*Trotz alledem kommt es letztlich zu einem Happy End. Prospero vereitelt zusammen mit Ariel sämtliche bösen Machenschaften und vor allem: Er vergibt seinen Feinden. Wie kann das geschehen? Gehen etwa alle Personen, die ihre Hinterhalte legen wollten, in sich und bereuen? Nur König Alonso von Neapel wird sich seiner Schuld bewusst und zeigt Reue.*

*Wenn trotzdem am Ende durch Prosperos Großzügigkeit allen verziehen wird, sollte man bei dieser ‚Lösung' kein Auflösen in Wohlgefallen sehen, sondern eher, dass Prospero nach langem Ringen mit Ariels Hilfe zu bestimmten Einsichten gelangt ist, die darin bestehen, dass er zum einen bei einer Umsetzung von unbedachten Rachegelüsten selbst Schuld auf sich laden würde und zum anderen, dass er sich auf dieselbe Stufe wie seine schuldbeladenen Widersacher stellen würde. Prospero, der auch durch Ariel zu einer höheren Schau der Dinge vorgedrungen ist, lässt sich auf die Formel ,Gnade vor Recht' ein, nicht zuletzt auch deshalb, um den Niederungen menschlicher Machenschaften mit ihren dunklen Manövern eine Absage zu erteilen.*

*Prospero ist wieder Herzog von Mailand, seine Tochter Miranda wird den Sohn Alonsos heiraten. Er hat nun sein Feld bestellt, seine Aufgaben erfüllt und so kann er Ariel in die Freiheit entlassen.*

*Shakespeare glaubte im Übrigen nicht daran, dass sich Menschen entscheidend ändern können. Gerechtigkeit, wenn es sie denn irgendwo geben sollte, dann vielleicht, wie im Epilog Prosperos angedeutet, in einer anderen Welt – wenn man daran glauben möchte.*

*In den beiden letzten Versen bittet auch er um Nachsicht und Vergebung:*

> Wo ihr begnadigt wünscht zu sein,
> Lasst eure Nachsicht mich befrein.

Die nächsten Unterlagen, die Albrecht durchsah, betrafen das musikalische Begleitprogramm. Die Musik von Jean Sibelius hatte er seit damals nie mehr gehört. Der finnische Komponist hatte seine Bühnenmusik zu *The Tempest* für Singstimmen, gemischten Chor und großes Orchester zu Shakespeares Stück 1925/26 komponiert. Die Uraufführung fand am 15. März 1926 in Kopenhagen statt.

Prosper hatte eine Heidelberger Musikwissenschaftlerin eingeladen, die dieses Werk von Sibelius vorstellte und dabei auch eine allgemeine Einführung in die Tonsprache des finnischen Komponisten gab. Albrecht war kaum etwas davon in Erinnerung geblieben. Er hatte im Laufe der Zeit einiges von Sibelius gehört, sowohl ein paar seiner Sinfonien als auch eine ganze Reihe seiner programmatischen Tondichtungen. Besaß Leria vielleicht eine Aufnahme dieser Schauspielmusik?

Wie bei vielen Komponisten jener Zeit, die die Volksmusik ihrer Länder besonders erforschten und sie auf unterschiedliche Weise in ihre Kompositionen einbauten, spielte auch bei Sibelius die traditionelle finnische Musik, ebenso die Traditionen und die Landschaft seiner Heimat eine große Rolle.

Leria hatte in seinem ‚Protokoll‘ eine ganze Reihe von Punkten aufgeschrieben, die zu dieser Bühnenmusik gesagt wurden. Die Vortragende untermauerte ihre Ausführungen immer wieder mit Beispielen von der Schallplatte oder sie spielte einzelne Melodien und Motive auf dem Flügel an.

Sie informierte ihr Publikum mit zahlreichen Beispielen zur musikalischen Charakterisierung der Personen des Schauspiels und gab einige Hinweise zur Bühnenmusik des Komponisten zwischen der 7. Sinfonie von 1924 und der Sinfonischen Dichtung *Tapiola* 1926. Sibelius war, nach Auffassung der Rednerin, auf dem Höhepunkt seines Schaffens angelangt.

Albrecht unterbrach hier seine Lektüre, nahm sich vor, sich bei nächster Gelegenheit selbst einen Höreindruck zu verschaffen.

Der Tag war schon fortgeschritten und die Unterlagen zur Präsentation von Beethovens sogenannter *Sturmsonate* wollte sich Albrecht nicht mehr vornehmen. So begann er die Blätter in dem Karton mit der Aufschrift „Ellen" zu lesen. Er wusste, dass seine Mutter bis zum Ende sowohl mit Prosper als auch mit Leria gut befreundet war. Zwischen den Dreien herrschte ein herzliches Einvernehmen. Albrecht hatte nach dem Tod seines Vaters sehr rasch bemerkt, wie seine Mutter in ihrer Arbeit als Hausmeisterin, die sie ja schon während der Krankheit seines Vaters begonnen hatte, aufging. Es war, als würde sie ein neues Leben beginnen, sie selbst schien sich ständig zu verändern, ihr äußeres Erscheinungsbild wandelte sich, ebenso ihr Verhalten nach außen, sie lebte auf, begeisterte sich auch für all die künstlerischen Unternehmungen, die Prosper und Leria in Gang setzten.

Als Albrecht nach dem Abitur mit seinem Studium in Stuttgart begann, zunächst Musik und Germanistik, war er oft abwesend. Aber er hatte kein schlechtes Gewissen dabei, weil er wusste, dass Ellen, so sehr sie sich freute, wenn er heimkam, nicht allein, sondern immer bei Freunden war. Nach ein paar Semestern war er nach München gegangen, wo er auch Musikwissenschaft, Komparatistik und immer wieder auch Vorlesungen bei den Theaterwissenschaften besuchte.

Der Ordner enthielt vor allem persönliche Unterlagen. Auch Tagebücher aus der ersten Zeit ihrer Ehe mit seinem Vater, die er sich zu einem späteren Zeitpunkt vornehmen wollte, waren dabei. Gleich zu Beginn fand er, fein säuberlich abgeheftet, ein paar Briefe von ihr, die sie an Leria geschrieben hatte. Schon beim Lesen des ersten Briefes kam er aus dem Staunen nicht heraus.

*Liebster,*

*ich werde morgen Nachmittag gegen vier bei Dir sein. Ich kann es kaum erwarten. Du kannst Dir gar nicht vorstellen, was mir Deine Liebe bedeutet. Ich bin so unendlich dankbar, dass ich so etwas erleben darf …*

Oder an anderer Stelle: *Du schenkst mir so vieles, was ich während meiner Ehe nie erfahren habe, Aufmerksamkeit, Achtung und ja, auch Zärtlichkeit. Als ich noch ein Mädchen war, habe ich manchmal davon geträumt, dass jemand einmal so mit mir umgehen möge. Vielleicht kommt Dir das alles ein wenig ,mädchenhaft' oder sentimental vor, aber ich glaube, dass das, was wir uns in unserer Jugend einmal erträumt oder ausgedacht haben, irgendwann gesagt werden sollte, wenn der Zeitpunkt dafür gekommen ist (wenn man das Glück hat, dass es überhaupt ,geschieht'). Das heißt: Es einfach zu sagen, getraue ich mich dann doch wieder nicht, aber aufschreiben muss ich es und ja, schreiben – an Dich.*

Eine gute Freundschaft, das hatte er immer gewusst, aber dass zwischen den beiden eine Beziehung bestanden hatte, das war etwas Unerwartetes.

Was ihm dabei merkwürdig erschien, war die Tatsache, dass es ihr gelungen war, dieses Liebesverhältnis vor ihm zu verbergen, geheim zu halten.

Aber ihn erfüllten die neuen Informationen mit großer Freude. Wenn er etwas als befremdlich empfand, betraf es ihn selbst, dass er offenbar so sehr nur mit sich beschäftigt gewesen war, dass er überhaupt nichts mehr davon mitbekommen hatte, was sich in seinem Umfeld abspielte. Natürlich hatte er in jenen Jahren mit großen Problemen persönlicher Art zu kämpfen gehabt. Aber war das eine Entschuldigung für seine Ich-Bezogenheit?

Ich muss blind gewesen sein, dachte er.

Albrecht war sich sicher, dass Leria diese Briefe absichtlich an erster Stelle abgeheftet hatte.

Er blieb noch eine Zeitlang sitzen. Diese Lektüre hatte ihn emotional sehr bewegt.


Er packte einen Teil dieser Blätter in seine Tasche und machte sich auf den Heimweg. Seit er in dem Zimmer bei der guten Frau Hirschfeld wohnte, hatte er nur ein paar Minuten zu gehen.

Es gefiel ihm sehr gut bei ihr. Das ‚Zimmer‘ hatte sich als recht geschmackvoll eingerichtete Ein-Zimmer-Wohnung entpuppt, mit allem elektronischen Schnickschnack, auf den man inzwischen Wert legte. Auch Albrecht hatte sich längst anpassen müssen, obwohl ihm diese Art von ‚Zeit‘ manchmal ganz schön gegen den Strich ging.

Erna Hirschfeld hatte ihn, wie man so sagt, ins Herz geschlossen, war immer zu einem kleinen Plausch bereit, lud ihn ab und zu zum Essen ein, freute sich darüber, dass jemand über die längst vergangenen Aktivitäten des Hauses Obenvelder schrieb und forschte.

Das war schließlich hier kaum wahrgenommen oder auch nur entfernt beachtet worden, hatte sie ihm gleich zu Beginn erklärt.

An diesem Abend nahm er nur eine Kleinigkeit zu sich. Er wollte unbedingt noch die Dokumente durchlesen, die er mitgenommen hatte. Als er zu Bett ging, war Mitternacht schon vorüber. Er konnte lange nicht einschlafen. So viel ging ihm durch den Kopf, Erinnerungen tauchten auf, setzten sich bei ihm fest und begannen eine Achterbahnfahrt durch seine Gedankenwelten, eine neuronale Dynamik, die ihn lange am Einschlafen hinderte.

Am nächsten Morgen begab er sich gleich nach dem Frühstück zur Villa Obenvelder und machte sich an die Arbeit.

Nun war Ludwig van Beethovens Sonate Nr. 17 in d-Moll, Opus 31 Nr. 2 an der Reihe. Er musste das nun angehen, obwohl er immer noch ein wenig davor zurückschreckte. So viele Jahre waren seitdem vergangen. Dennoch war es für ihn nun mal kein leichtes Unterfangen, objektiv und ohne Befangenheit über Mira zu schreiben.

Du kriegst das hin, hatte ihm Leria vor ein paar Tagen gesagt. Du wirst feststellen, dass es dir sogar hilft. Wenn du es schriftlich festhältst, schreibst du es auch aus dir heraus.

Du meinst als Therapie?, fragte Albrecht.

Wir werden sehen, dachte er.

Er kannte diese Sonate in- und auswendig. Und wenn er sie selbst spielte, sah und hörte er immer Mira, die dieses Klavierwerk so viel vollkommener spielen konnte als er. Stets sah er sie vor sich, wie sie den Kopf senkte und tief in den arpeggierten A-Dur Akkord des Largo-Beginns hineinhörte – diese vier hintereinander folgenden Töne, ein Motiv, das in einem sehr viel schnelleren Tempo später das Kopfmotiv des 1. Themas bildet. Hier, in den ersten beiden Takten der Einleitung wird dieses Vier-Ton-Motiv nur angedeutet oder man könnte auch sagen vorausgedeutet. Danach in d-Moll das

Allegro mit den schnellen Achtelbewegungen, die nach drei Takten mit einem Adagio-Takt wieder ‚ausgebremst' werden. Es folgen wieder zwei Largo-Takte, dieses Mal in C-Dur, denen sich wieder ein Allegro-Teil mit ähnlicher Achtelbewegung wie vorher anschließt, die aber nun in den folgenden zwölf Takten weitergeführt wird, um schließlich endgültig zum ersten Auftreten des d-Moll-Hauptthemas in Takt 21 zu kommen. Das Seitenthema, das in Takt 40/41 beginnt, erinnert in seiner Struktur deutlich an die rasche Achtelbewegung in der Einleitung. Beethoven hat hier das Prinzip einer ‚musikalischen Vorausdeutung' angewandt.

Albrecht teilte hier auch die Meinung verschiedener Analytiker, die davon ausgingen, dass diese sogenannten ‚Einleitungs-Rezitative', wie sie immer wieder genannt wurden, im Grunde weit mehr sind als hinführende Vorbereitungstakte, sondern gleichzeitig als strukturbildend bezeichnet werden können: Die Largo-Takte erscheinen mit weiter ausholenden Arpeggien gleich drei Mal hintereinander wieder vor dem Beginn des Allegros der Durchführung, in der hauptsächlich das erste Thema verarbeitet wird – und sie stehen in erweiterter Form am Beginn der Reprise, wo erneut der arpeggierte A-Dur-Akkord erscheint, ergänzt mit einer einstimmigen, rezitativartigen Tonfolge über vier Takte. Das folgende Allegro entspricht exakt den Takten zu Beginn des Satzes. Im nachfolgenden Largo wieder dieser arpeggierte C-Dur-Akkord, erneut mit einem einstimmigen, viertaktigen Rezitativteil ergänzt.

Diese ‚Rezitative' deuten darauf hin, dass etwas mit musikalischen Mitteln ‚erzählt' wird, dass es eine literarische Vorlage geben kann.

In der Reprise taucht ansonsten das erste Thema nicht mehr auf, stattdessen folgt auf das letzte Rezitativ im Tempo Allegro eine 12-taktige Entwicklung zum Seitenthema hin, bestehend aus einer sich dreimal wiederholenden Figur: vier harte Akkordschläge, beim ersten Mal noch pianissimo, mit nachfolgenden Akkordbrechungen in raschen Auf- und Abwärtsbewegungen. Der darauffolgende Teil, weitgehend in d-Moll, ganz dem zweiten Thema gewidmet, entspricht strukturell der Exposition. Am Schluss des Satzes ein in dieser Form fast schemenhaft wirkender Ausklang: Unter einem liegenden d-Moll-Akkord der rechten Hand spielt die linke Hand im Bass zwei Oktaven tiefer im Pianissimo sechs Takte lang eine ostinate Achtelbewegung aus den Tönen des d-Moll-Dreiklangs, die nur noch entfernt an die vergangene Dramatik erinnern – die letzten vier Takte in ruhigen Ausklangs-Akkorden. Ganz leise verklingt etwas.

Mira ließ die Achtelbewegung in der linken Hand immer leiser werden und bei den Schlussakkorden hielt sie lange inne, um dem Klang nachzuhören.

Beeindruckt hatte ihn auch die Interpretation des zweiten Satzes, wie Mira sich in die meditative Stimmungslage dieses Adagios hineinversetzte. Bei solchen Sätzen besteht die Schwierigkeit für den Interpreten häufig darin, den Spannungsbogen zu halten.

Bemerkenswert war auch die Art und Weise, wie sie den letzten Satz, *Allegretto*, anging. Sie nahm das nahezu den ganzen Satz bestimmende Viertonmotiv mit seiner Sechzehntel-Motorik sehr leicht, zunächst fast ein wenig tänzerisch, was sie aber auf diese Weise nicht durchgängig vermitteln konnte und wollte. Zwar werden bei diesem Satz die thematischen Kontraste des 1. Satzes nicht auftauchen, dafür ein gleichmäßiges Fließen des Stromes mit an- und abschwellenden Elementen, was sich am deutlichsten in der Dynamik manifestiert. Es existieren zwar thematische Gegensätze, doch die Themen treten in keinen ausgesprochenen Dialog, da sich alles in einem ständigen Fluss befindet.

Einer der bemerkenswertesten Finalsätze in Beethovens Sonatenwerk, der nach einer den Tönen des d-Moll-Akkords abwärts folgenden Figur vom zweigestrichenen d bis zum großen D leise verklingt. Alle drei Sätze enden leise, verklingen im Raum.

Albrecht wusste, dass manche Pianisten den Satz sehr schnell spielten und spielen. Mira hatte damals ein gemäßigtes Tempo gewählt, was seiner Meinung nach eher dem Charakter dieses *Allegrettos* entsprach. Albrecht hatte auf Schallplatte auch einmal eine Aufnahme mit Clara Haskil gehört, die ein strenges, nicht zu langsames, aber sehr durchdachtes Dahinfließen dieses ‚Perpetuum mobiles' präsentierte.

Albrecht war sich im Klaren, dass die Anlage dieses Satzes die Interpreten zu ganz unterschiedlichen Auffassungen brachte. Daniel Barenboim wählt ebenfalls kein zu rasches Tempo, beginnt etwas zurückhaltend, fast ein wenig nachdenklich, dann bei den entsprechenden Passagen aber auch wieder zupackend. Auch eine Aufnahme mit der portugiesischen Pianistin Maria João Pires fiel ihm ein: Hier fallen bei diesem Satz die dynamischen Gegensätze besonders auf, Forte-Stellen, die sehr temperamentvoll angegangen werden, dann aber auch immer wieder wunderbar zarte und feinsinnig herausgespielte Passagen und am Schluss ein gerade noch hörbarer Ton. Rudolf Buchbinder, auch er ein großer Beethoven-Spieler, wählt ein rascheres Tempo, nach Albrechts Geschmack ein bisschen schnell, aber auch bei ihm ein makellos herausgespielter Schluss. Bei manchen Pianisten hatte Albrecht hin und wieder den Eindruck, dass sie einfach lieber ein ‚donnerndes' Finale hinlegen wollten.

Das ist natürlich Ansichtssache, dachte er, und seine Auffassung für diesen dritten Satz von Beethovens ‚Sturmsonate' war, ohne einer Gleichförmigkeit Vorschub leisten zu wollen, auf Zurückhaltung, zumindest auf eine gemäßigte Dramatik angelegt – das leise Antippen des Schlusstons bedeutet so etwas wie Nachdenklichkeit, die Gegensätze sind zur Ruhe gekommen.

Die ‚Ruhe nach dem Sturm'? Albrecht wollte bei dieser Sonate keinesfalls an die musikalische Umsetzung eines bestimmten ‚Programms' denken. Anton Schindlers Bemerkung in seiner Biografie über Beethoven, dass der

Komponist in Bezug auf dieses Werk gesagt habe: *Lesen Sie nur Shakespeares Sturm*, kann nicht die Schlussfolgerung zulassen, dass hier eine Art Schauspielmusik komponiert worden ist. Denkbar wäre eher, dass Beethoven, nach einem Modewort der damaligen Zeit, eine sogenannte „Poetische Idee" aufgegriffen hat. Dies wäre, vor allem beim ersten Satz, angesichts seiner ungewöhnlichen Umsetzung der Form des Sonaten-Hauptsatzes, nicht ganz von der Hand zu weisen. Eine Reihe von Punkten könnten zumindest auf „The Tempest" hindeuten, so etwa die ungewöhnlichen Wechsel der Tempi, die musikalischen Vorausdeutungen der Themen, die gesteigerte Dramatik der Gegensätze, das innovative Einbeziehen von Instrumentalrezitativen. Dies alles lässt auf gewisse Einflüsse etwa von literarischen, außermusikalischen Bezügen auf die Komposition schließen. Manche Interpreten wollen ‚das stürmische Meer', den ‚Schiffsuntergang', das Wirken und die Täuschungsmanöver Ariels, Calibans Ränke oder die Handlungsweise Prosperos erkennen. Doch das schloss Albrecht aus, da er in dieser Komposition auf keinen Fall so etwas wie Programmmusik sehen konnte. Dieses Umsetzen einer „Poetischen Idee" lässt sich jedoch auch bei anderen Werken zeigen. Am offensichtlichsten in seiner 6.Symphonie, der „Pastorale", die Beethoven als *Symphonie caractéristique* bezeichnet hat. Man könnte auch an die Instrumentalrezitative im vierten Satz seiner 9.Symphonie denken oder etwa an die Sonate Opus 81a, „Les Adieux", ein Klavierwerk, bei dem der Komponist, wie bei seiner 6.Symphonie, die einzelnen Sätze mit Überschriften versehen hat.

In den nächsten Tagen arbeitete Albrecht an seiner Chronik weiter, hielt fest, verwarf oder ergänzte, was ihm wichtig erschien. Ab und zu war ihm schon die Frage durch den Kopf gegangen, wer denn wohl diese ‚Chronik' lesen würde. Wahrscheinlich gibt es nicht mehr viele von jenen Menschen, die damals die Gelegenheit hatten, alle die vielfältigen künstlerischen Veranstaltungen zu besuchen.

Doch auf der anderen Seite musste er sich eingestehen, dass, je länger er sich dieser Aufgabe stellte, es für ihn selbst immer wichtiger wurde, sich mit all dem Vergangenen auseinanderzusetzen, ohne dass er sich ständig erklären konnte, was ihn antrieb, ihn vorwärtsdrängte. Er wollte auf jeden Fall diese ganze Geschichte zu Ende bringen, gleichgültig, wie lange es dauern würde.

An einem der folgenden Tage, es war ein warmer Sommertag, hatte Albrecht einen Gartentisch hinausgetragen, seinen Stuhl so platziert, dass er zur Linde hinübersehen konnte. Zu seiner Rechten schützten ihn zwei mächtige Kiefern vor den Strahlen der Nachmittagssonne. Dazu war ein leichter Wind aufgekommen, der den Aufenthalt im Freien angenehm machte.

Während er ein wenig selbstvergessen an seinem Laptop arbeitete, nahm er plötzlich neben sich eine Bewegung wahr, und als er aufsah, blickte er in das lächelnde Gesicht Lerias.

As usual, sagte Albrecht. Deine Ankunft erfolgt stets nach einem unerwarteten Anpirschen, ganz in der Art des unvergessenen Indianerhäuptlings ‚Leise Sohle'.

Leria lachte.

Du kennst mich doch und du weißt: Ich werde mich nicht mehr ändern.

Das erwarte ich auch gar nicht, sagte Albrecht.

Kommst du voran? Wo befindest du dich gerade?

Im Auge des Sturms. Du weißt ja, Shakespeare, Beethoven und die Folgen im Hause Obenvelder.

Das habe ich mir fast gedacht.

Leria, es hat sich ein ganzes Bündel von Fragen angesammelt. Ich mach dir einen Vorschlag. Ich gehe erst mal rüber zum Haus, mach mich ein wenig frisch, richte uns etwas zu essen, ich habe auch einen schönen Crémant im Kühlschrank, dann rufe ich dich und wir bringen die Sachen hierher.

Ist dir das nicht zu umständlich? Ich kann auch ...
Keine Widerrede, mein Freund. Du hast ein schönes Plätzchen hier. Das gefällt mir. Wir speisen heute bei dir!
Sprach's, drehte sich um und eilte, zwar leicht gebückt, aber ansonsten flink wie ein Wiesel, dem man sein Alter kaum anmerkte, zu seiner Wohnung hinüber.

In neueren Arbeiten über Beethoven ist immer wieder die Rede davon, dass das wirklich Erstaunliche bei seiner Kompositionsweise darin zu finden ist, wie er die traditionelle Form erweitert, ergänzt und verwandelt. Hier liegt seine eigentliche Radikalität, das wirklich Revolutionäre seiner schöpferischen Arbeit. Ohne die Tradition zu verlassen – die Sonaten-Hauptsatzform bleibt stets gegenwärtig – erfindet er sie immer wieder neu und führt sie zu neuen Ufern. Dazu gehört unter anderen eben auch der 1. Satz der *Sturm-Sonate*. Es werden völlig neue Ausdrucksmöglichkeiten erprobt, dachte Albrecht.
Er erinnerte sich daran, welche Gedankengänge Adorno in die Welt gesetzt hatte, um Beethovens ‚eigentliches Gelingen' in dessen Bewunderung der Französischen Revolution zu sehen. Für Adorno handelte es sich um ‚revolutionäre Musik', die sich an eine ‚solidarische Menschheit' richtete. Nicht, dass eine solche Behauptung nun gänzlich falsch wäre, aber Albrecht – und nicht nur er – hatte bei Adorno ständig das Gefühl, dass er unter dem Deckmantel wissenschaftlicher Erkenntnis und im Besitz zeitloser Wahrheiten dem Komponisten Beethoven ständig Dinge ‚überstülpt', die letztlich seine eigenen Kopfgeburten sind. Vor allem, wenn er sich dabei seiner speziellen *dialektischen Methode* bedient. So kommt Adorno zu dem Schluss, dass Beethovens Werke eigentlich unmittelbar umgesetzte Philosophie seien, seine Musik habe ‚Erkenntnischarakter' und vermittle eine ‚ästhetische Wahrheit'. Könnte Beethovens Musik eine Verwirklichung von Hegels *Phänomenologie des Geistes* sein?

Was sollte man zu dem folgenden Satz aus Adornos unerbittlicher Denkwerkstatt sagen: Beethovens Musik sei *das spontane Bewusstsein der Nichtidentität vom Ganzen und Teilen ebenso wie die Synthese, die beides vereint.* Sic.
Albrecht war nicht bereit, sich auf diese subjektivistischen Wortspielereien einzulassen. Er konnte manchmal nur den Kopf schütteln, wenn er an solche Formulierungen dachte.
Tröstlich zu wissen und sich darüber im Klaren zu sein, dass die dialektische Methode nicht die einzige Art und Weise sein kann, sich die Welt zu erklären, dachte Albrecht. Dieser Frankfurter Ästhetizist, der sich wohl stets für den Ober-Präzeptor in Sachen Musik-Ästhetik hielt, hat neben ein paar guten Überlegungen auch viel Unsinn verbreitet. Aber um das zu beweisen, müsste man selbst, wie schon angedeutet, mehrere Bücher schreiben. Dazu hätte ich keine Lust. Aber eine Frage stelle ich mir immer wieder. Weshalb hat man diesem Vordenker ganzer Generationen nicht etwas mehr Widerspruch entgegengebracht?

Nach einiger Zeit, er war gerade dabei, noch ein paar Sätze zu Ludwig van Beethovens Kompositionsstil zu formulieren, hörte er ein Geräusch, das sich anhörte wie ein Gefährt, das knirschend über den Weg gezogen wurde.
Als Albrecht in diese Richtung blickte, sah er Leria, der einen kleinen Leiterwagen hinter sich herzog.
Kann ich dir helfen?, rief er ihm entgegen.
Nicht nötig, kam es zurück.
Albrecht fuhr sein Laptop herunter, räumte den Tisch frei und holte einen weiteren Stuhl aus dem Haus.
Hast du noch irgendwo einen Beistelltisch?, fragte Leria.
Albrecht ging ins Haus zurück, gefolgt von Leria, der sofort zum Küchenschrank ging, um Teller und Besteck herauszunehmen.
Albrecht blickte ihm erstaunt zu, und als sich ihre Blicke begegneten, zauberte sein Freund ein vielsagendes Lächeln in sein Gesicht.

Draußen richtete Leria die Tafel für ihre Mahlzeit her – anders konnte man das, was er mit all seinen mitgebrachten Köstlichkeiten an Essen und Getränken auftischte, nicht bezeichnen. Er war es auch, der einen Beistelltisch gefunden und irgendwo noch ein uraltes Toastgerät hervorgeholt hatte, um Teile eines Baguettes aufzubacken.

Zum Wohl, mein Freund, sagte er schließlich, als sie den ersten Schluck seines Crémant d'Alsace tranken. Sie ließen sich ihr Essen schmecken, das Leria offensichtlich mit allerlei Spezialitäten aus dem Elsass angereichert hatte.

Als sie bei Wein und Käse angekommen waren, fragte ihn Leria beiläufig, ob er schon in den Karton mit der Aufschrift „Ellen" hineingeschaut habe.

Albrecht nickte.

Möchtest du darüber reden?, fragte Leria.

Ja, Leria. Ich war einigermaßen überrascht, aber ich möchte gleich zu Beginn klarstellen, dass es mich gefreut hat, als ich es nun – wenn auch sehr spät – erfahren habe.

Das freut mich auch, Albrecht. Ich hatte es natürlich gehofft, aber ich war mir nicht ganz sicher. Hast du selbst niemals etwas davon geahnt oder gewusst?

Nein. Ich war sehr froh darüber, dass sie nach dem Tod meines Vaters so in ihrer Arbeit aufgegangen ist und dass sowohl mit dir als auch mit Prosper ein, man kann doch schon sagen, herzliches Einvernehmen bestanden hat. Aber dass es dann darüber hinausging ...

Leria sagte nach einer Pause:

Ich weiß, sie war zunächst, wie soll ich sagen, ein wenig besorgt. Sie ... liebte ihren Sohn sehr, verstehst du? Mütter haben das ab und zu so an sich ...

Albrecht musste lachen und verschluckte sich an dem Côtes du Rhône, den er gerade zu trinken im Begriff war ...

... vielleicht dachte sie auch, du könntest vielleicht ein wenig eifersüchtig werden. Das ist durchaus schon vorgekommen.

Ich weiß, aber das ist Unsinn. Gut, vielleicht, wenn ich jünger gewesen wäre. Aber ich mache mir trotzdem sogar Vorwürfe, dass ich in der Tat so sehr mit mir selbst beschäftigt war, dass ich offensichtlich nicht mehr viel von dem wahrgenommen habe, was sich um mich herum abgespielt hat.

Übrigens hatte deine Mutter vor, mit dir über unsere Beziehung zu sprechen, aber das war in der Zeit, als deine Beziehung zu Mira begonnen hatte, sagte Leria.

Albrecht nickte.

Bei mir war das zu Beginn so etwas, was die Franzosen *un amour fou* nennen.

Wir haben das natürlich alle mitbekommen, sagte Leria. Deine Mutter hat sich sehr darüber gefreut, auch ich. Und übrigens auch Prosper. Du weißt ja, er hat immer große Stücke auf dich gehalten. Du hattest ein gutes Abitur gemacht, mit dem Studium begonnen.

Klar. Ich verdanke ihm sehr viel.

Das wollte ich damit gar nicht sagen. Ich wollte dir vielmehr einfach verdeutlichen, dass eigentlich alle Beteiligten mit dieser Entwicklung der Dinge sehr einverstanden waren. Ich habe kaum von irgendjemandem etwas Gegenteiliges gehört.

Sie diskutierten noch lange über die vergangenen Zeiten.

Leria sprach freimütig über die Jahre mit Ellen, war bemüht, Albrecht klarzumachen, dass diese Beziehung sowohl für Ellen als auch für ihn eine glückliche Zeit darstellte und sie beide sehr froh waren, ein solches Zusammensein, wenn auch sehr spät, noch erlebt zu haben.

Leria war es auch, der Ellen Halt gab, sie auffing und tröstete, als das große Unglück über die Familie Obenvelder hereinbrach und zunächst alle Menschen, die auch nur irgendwie damit zu tun hatten, mit in diesen Strudel hineinzog.

Dort, rief Leria plötzlich.

Ein hellbraunes Eichhörnchen rannte an einem Stamm hoch und verschwand im Geäst.

Ja, ein Eichhörnchen, sagte Albrecht mit leicht gedämpftem Unterton.

Leria sah ihn eindringlich an.

Albrecht, es handelt sich nicht mehr um dieses Eichhörnchen. Ich weiß, dass die Schatten der Vergangenheit manchmal übermächtig daherkommen, aber du musst endlich verhindern, dass sie zu viel Macht über dich haben. Das wünsche ich mir so sehr für dich.

Okay, Leria. Du hast Recht. Komm, gib mir noch einen Schluck von dem Crémant, das verjagt zumindest vorübergehend bestimmte Geister des Vergangenen.

Im Moment hatte Albrecht kein großes Bedürfnis mehr, auf Interpretationsfragen zu Shakespeares *Sturm* oder auf die *Sturmsonate* zu sprechen zu kommen. Nur auf die damalige Aufführung des Stückes im Hause Obenvelder gingen sie noch kurz ein.

Albrecht hatte vor allem noch den Darsteller, der den Prospero verkörperte, vor Augen, auch Miranda und Caliban. An die anderen Personen hatte er nur noch eine blasse Erinnerung.

Leria hatte diesbezüglich das bessere Gedächtnis.

Ariel? Du hast doch wohl den ‚Luftgeist' nicht vergessen? Aber auch Trinculo und Stefano waren ganz passabel. Ferdinand hat doch einen beeindruckenden Liebhaber abgegeben. Aber keine Frage, die Miranda war bezaubernd, weil sie so natürlich herüberkam. Antonio und Alonso waren ein wenig blass. Bemerkenswert war auch die Rolle Gonzalos, des naiven Alten, der eine Insel-Utopie entwickelt und in allem nur das Beste sieht. Auch hier hat Shakespeare bestimmte Ideen seiner Zeit aufgegriffen und sie letztlich nicht alle für brauchbar befunden – aber lassen wir das jetzt lieber. Weißt du, was ich noch in besonderer Erinnerung behalten habe? Im letzten Aufzug, in den Szenen, wo Prospero nach und nach seine Gnade und Vergebung über alle diese Figuren ausschüttet, die ihm ans Leder oder ihn sogar umbringen wollten, taucht am Rande immer wieder Ariel auf, der, dem Publikum zugewandt, ab und zu eine zweifelnde Miene aufsetzt oder entsprechende Gesten mit der Hand vollführt. Das, so fand ich damals, war ein interessanter Regie-Einfall.

Ach? Das habe ich damals leider gar nicht bemerkt, sagte Albrecht. In der Tat, ein guter Gedanke.

–

Als Albrecht zurückgekommen war, wollte ihn Frau Hirschfeld zum Abendessen einladen. Aber er musste dankend ablehnen. Er war im Übrigen auch froh, sich zurückziehen zu können, denn nach dem langen Gespräch mit Leria wollte er lieber allein sein. In seiner Chronik war er nun an dem Punkt angelangt, wo in seinem eigenen Leben Ereignisse eingetreten waren, die mit ihren Höhen und Tiefen sein weiteres Leben entscheidend bestimmt hatten.

Es war etwa ein halbes Jahr, nachdem Mira diesen Zweiten Preis beim ARD-Wettbewerb in München gewonnen hatte. Sie spielte bei einem Neujahrskonzert in der Villa Obenvelder einen Teil ihres Programms und dazu wurde noch die Sonate in a-Moll von Edvard Grieg für Violoncello und Klavier mit einer befreundeten Cellistin dargeboten. Das Konzert fand am späten Nachmittag statt und am Abend war ein Essen im engeren Familien- und Freundeskreis geplant.
Vor der Veranstaltung hatte Albrecht ein paar einführende Worte zu den einzelnen Programmpunkten gesagt. Zu Beginn spielte Mira von Johann Sebastian Bach Präludium und Fuge c-Moll aus dem *Wohltemperierten Klavier II*, danach folgte von Ludwig van Beethoven die Sonate Opus 53 in C-Dur, die sogenannte *Waldstein-Sonate*, darauf die Cello-Sonate von Grieg und zum Schluss die *Bilder einer Ausstellung* von Modest Mussorgsky. Das Publikum, in dem auch ein paar geladene Gäste von der Stuttgarter Hochschule saßen, war begeistert. Als Zugabe spielte sie noch einen *Tanz im Bulgarischen Rhythmus* von Bela Bartok. Leider war ihr verehrter Lehrer Paul Buck durch einen anderen Termin verhindert gewesen.
Schade, hatte Mira zu Albrecht gesagt, ich kann dir gar nicht sagen, wie viel ich ihm verdanke.
Albrecht hatte Clara Wallman, die Cellistin, zum Bahnhof gebracht, und als er zurückkam, waren die meisten Besucher bereits gegangen. Im Salon wurde die Tafel für das Abendessen gerichtet. Albrecht nahm sein noch halb volles Glas Sekt, das

er vorher auf einem Schränkchen hinter dem Flügel abgestellt hatte, ging wieder nach vorne und blätterte ein wenig in den Noten der Cello-Sonate.

Eigentlich eine Klaviersonate mit Cello-Begleitung, dachte er vor sich hin. Auch nicht viel einfacher als das Klavierkonzert.

Plötzlich spürte er eine Hand auf seiner Schulter. Albrecht erschrak ein wenig.

Mira!

Habe ich dich erschreckt? Das wollte ich nicht.

Nur ein kleines bisschen.

Ich möchte dir nur sagen, das war sehr schön, wie du vorhin die Programmpunkte vorgestellt hast. Nicht zu lang und dennoch sehr informativ und prägnant. Das hat mir sehr gut gefallen – und nicht nur mir.

Aber ich bitte dich! Das war doch harmlos im Vergleich zu dem, was danach kam. Mira lächelte ihn an.

Bitte nicht gleich herunterspielen. Du hast ganz frei gesprochen und du weißt eine Menge von diesen Dingen.

Albrecht war ein wenig verwirrt. Das Kompliment traf ihn unvorbereitet. So unmittelbar hatte sie ihn schon lange nicht mehr angesprochen.

Es hatte immer mal wieder männliche Wesen gegeben, die wohl versuchten, bei ihr zu landen, vielleicht auch kleinere Liebeleien, aber, soweit er wusste, nichts Ernstes.

Albrecht hatte einmal auch mit Leria darüber gesprochen und ihm seine Verwunderung mitgeteilt, denn Mira sei doch eine sehr attraktive, begehrenswerte Person. Leria hatte ihm einen seiner vielsagenden Blicke zugeworfen, die, ohne dass er sich näher darüber verbreiten wollte, einfach zum Ausdruck brachten: Nun ja! C'est comme ça.

Zum Wohl, sagte sie nun und sie stießen mit ihren Gläsern an. Erneut schickte sie ein Lächeln zu ihm herüber, das ihm durch Mark und Bein ging.

Albrecht suchte, wie vor vielen Jahren schon einmal, nach Worten, hatte das Gefühl, nun irgendetwas sagen zu müssen, etwas, das nicht wie ein plattes Lob daherkam, aber es fiel ihm partout nichts Passendes ein.

Was hast du denn?, fragte sie schließlich.

Weißt du, dein Spiel hat mir einfach so gut gefallen, dass ich momentan nicht weiß, was ich dir dazu sagen könnte, ohne dass es als banaler Allgemeinplatz herüberkommt. Das ist im Augenblick mein Problem.

Mira begann zu lachen.

Du brauchst nichts zu sagen. Ich glaub es dir auch so.

Jetzt bin ich dir unendlich dankbar, sagte Albrecht und stimmte seinerseits in ihr Lachen ein.

Worüber amüsiert ihr euch so?, fragte plötzlich eine Stimme, die zu Prosper Obenvelder gehörte.

Wir sind dabei, uns gegenseitig Komplimente zu machen, sagte Mira.

Sehr schön, das ist nie verkehrt, vor allem dann nicht, wenn sie erstens ernst gemeint und zweitens tatsächlich verdient sind. Albrecht, ich fand übrigens deine einführenden Worte sehr gelungen. Sehr schön auf den Punkt gebracht. Ich weiß, dass so etwas nicht einfach ist. Kompliment auch meinerseits.

Falls ihr die Absicht hattet, mich in Verlegenheit zu bringen, nun ist es euch gelungen, sagte Albrecht.

Nach einem weiteren kleinen Ausbruch allgemeiner Heiterkeit, legte ihm Prosper seinen Arm auf die Schulter.

Kommt. Lasst uns in den Salon gehen und den trivialen Genüssen der Nahrungsaufnahme frönen.

Papa, kann Albrecht neben mir sitzen?, fragte Mira nebenbei.

Klar, warum nicht.

Im großen Salon waren inzwischen schon einige Leute versammelt, die noch einmal zu klatschen begannen, als sie die Pianistin hereinkommen sahen. Auch Ellen war da, im Gespräch mit Leria. Spontan ging Albrecht zu ihr hin und nahm sie in die Arme.

Oh, das ist aber lieb von dir, sagte sie. In der Zwischenzeit hat das fast Seltenheitswert.

Alle waren sie am großen runden Tisch versammelt. Rechts neben Prosper saß Mira, dann Albrecht, Ellen und Leria, Freunde und Verwandte. Links vom ‚runden' Tisch war noch eine längliche Tafel aufgebaut, an der später auch die Leute aus der Küche und weitere Angestellte des Hauses Platz nehmen würden. Normalerweise saßen sie bei den meisten Familienfeiern mit am großen Tisch, aber dieses Mal reichte der Platz nicht für alle aus.

Auf den Tischen standen bereits Antipasti, Vorspeisensalate, Caprese, sowie Bruschetta, geröstetes Brot mit Knoblauch und Olivenöl.

Auf ein Zeichen von Prosper wurde schließlich das Essen aufgetragen. Die Chefin der Küche, Signora Mirandolina, führte die Gruppe an und mehrere Platten mit köstlichen Gerichten aus der italienischen Küche – auf Wunsch von Mira, die auch die Speisenfolge ausgesucht hatte – wurden hereingetragen. Mirandolina war vor etwa einem Jahr bei Familie Obenvelder gelandet, eine stattliche Frau Anfang fünfzig, deren matronenhaftes Aussehen mit einem schwarzen Haarschwall und manchmal herrischem Blick darüber hinwegtäuschte, dass sie im Grunde eine herzensgute und humorvolle Person war. Ihren Humor benötigte sie vor allem dann, wenn Leria sie in aller Ernsthaftigkeit ab und zu ‚Mandolina' nannte. Dann baute sie sich vor ihm auf wie eine Hetäre und warf ihm, wie eine Schlange zischend, ein paar ‚freundliche' italienische Ermahnungen an den Kopf, bis Leria ihr, mit seinem unvergleichlichen Unschuldsblick, versicherte, dass das nicht mit Absicht geschehen und dass die Mandoline außerdem ein sehr schönes Instrument sei. Am Ende brachen sie beide in Gelächter aus und Mirandolina ging mit gespielter Gekränktheit ihrer Wege.

Als erster Hauptgang, *primo piatto,* wurden Spaghetti in verschiedenen Variationen gereicht. Danach folgte mit dem *secondo piatto* ein weiterer Gang, wahlweise *Costoletta alla milanese* oder ein Fischgericht ‚al forno', im Ofen gebacken.

Dazu die entsprechenden Beilagen. Prosper hatte schon beim ersten Gang die Köchin des Hauses gebührend gelobt und Mirandolina hatte mit einem *mille grazie, Signore* geantwortet. Man konnte ihr ansehen, dass es ihr eine große Freude machte, den Leuten ein schönes italienisches Essen zu servieren. Als nun dieser zweite Gang gereicht wurde, erklang plötzlich wie von Geisterhand aus den Lautsprechern der Beginn des Konzerts in C-Dur für Mandoline, Streicher und Basso continuo von Antonio Vivaldi. Für einen Moment verschlug es allen die Sprache. Die einen begannen Beifall zu klatschen, wieder andere versuchten einen aufkommenden Heiterkeitsanfall zu unterdrücken. Am unschuldigsten, so wurde hinterher versichert, schaute Leria drein. Mirandolina blieb abrupt stehen, drehte nach einem Moment des Zuhörens ihren Kopf in Richtung Leria, der mit einem Ausdruck tiefster Ergebenheit seine Arme ausbreitete und sagte:

Ist das nicht eine wunderbare Musik?

Es ist eine Mandoline, sagte Mirandolina.

Unüberhörbar, antwortete Leria.

Als wäre ein Bann gebrochen, setzte nun ein vielstimmiges Gemisch von Bravo-Rufen, Lachen und Beifallsbekundungen ein. Eine so losgelöste und heitere Stimmung hatte im Hause Obenvelder lange nicht mehr geherrscht. Einen Moment lang hatte Albrecht Miras Hand ergriffen und geküsst, dann ein wenig erschrocken innegehalten. Es war ihm schlagartig bewusst geworden, dass er mit dieser spontanen Geste vielleicht ein wenig zu weit gegangen war, und als er schon den Mund öffnen wollte, um eine Entschuldigung zu murmeln, legte sie ihm einen Finger auf den Mund und sah ihn an.

Diesen Blick würde er nie wieder vergessen.

Als später das Dessert gebracht wurde, wurden erneut Beifallsrufe laut angesichts von Tiramisu, *Quark a'la Christina* und *Panna Cotta con frutti.*

Am Ende des Essens hielt Prosper noch eine launige Rede auf die Köchin und ließ alle hochleben, die an dieser gelungenen

Veranstaltung beteiligt waren. Mirandolina war offensichtlich sehr gerührt. Auch Mira bedankte sich auf ihre Weise. Zuerst ging sie zu ihr hin, sprach ihren Dank aus und schließlich drückte Mirandolina die junge Frau an ihren stattlichen Busen. Mira trat an den Flügel im Salon, um der exzellenten Köchin ein kleines musikalisches Dankeschön zu servieren. Zuerst brachte sie eine kurze Sonate von Domenico Scarlatti zu Gehör und als weitere musikalische Würdigung eine etwas schwermütige neapolitanische Volksweise, die sie spontan mit ein paar Variationen ergänzte. Mira wusste, dass Mirandolina väterlicherseits aus einem kleinen Dorf in der Nähe von Neapel stammte, ihre Mutter war Venezianerin.

Nach langem Beifall mit Bravorufen, Dankesbezeigungen und sonstigen Äußerungen des Wohlgefallens aus einer nicht enden wollenden Floskelkiste, kam die Zeit der Aufteilung in Gesprächsgruppen und nur vorübergehend gab es eine Vereinzelung.

Albrecht erinnerte sich an diesen Abend, als hätte er am Vortag stattgefunden.

Nach dem Abendessen gab es für ihn kaum mehr eine Gelegenheit, sich mit Mira zu unterhalten. Ständig war sie unterwegs, tauchte mal bei der einen, dann wieder bei einer anderen Gruppe auf. Er selbst saß eine Zeitlang bei seiner Mutter, auch Leria schwebte durch den Raum, wie ein Vögelchen von Ast zu Ast, parlierte, diskutierte, hörte zu oder erzählte.

Albrecht wusste damals schon, dass er nie einer der Menschen sein würde, die den leichteren Plauderton beherrschten oder auch das, was allgemeinhin als Smalltalk bezeichnet wurde. So war er meist Beobachter, manchmal auch kritischer Zuschauer. Davon war allerdings an diesem Abend bei ihm nichts zu spüren. Denn irgendetwas war wie ein kleines Samenkorn in seinen Kopf, in sein Herz – wohin auch immer – geflogen, das in ihm aufkeimen wollte, ihn aber auch beunruhigte.

Allerdings geschah dann noch am späten Abend dieses Tages etwas, das imstande war, dieses Wachstum ein wenig zu beschleunigen.

Seine Mutter hatte sich bereits zurückgezogen, die meisten Gäste waren gegangen. Auch Prosper und Leria waren nirgends mehr zu sehen. Albrecht hatte mit den beiden noch einen kleinen ‚Absacker' getrunken und wollte zum Garten-haus zurückkehren.

Er ging gerade den bereits spärlich beleuchteten Gang entlang, der zur Eingangstür führte, als er den Duft eines unverwechselbaren Parfums roch, das von einer jungen Frau stammte, die während des Abendessens zu seiner Linken gesessen hatte.

Mira stand plötzlich vor ihm und blickte ihn an.

Ich wollte dir doch wenigstens noch eine Gute Nacht wünschen, sagte sie.

Nach einem Moment des Zögerns trat sie nahe an ihn heran und legte plötzlich ihre Lippen auf die seinen. Lange und intensiv. Dann löste sie sich von ihm, ließ ein leises Lachen hören und ging zur Treppe, die zu den oberen Räumen führte. Bis bald, hatte sie noch geflüstert.

Albrecht blieb ein paar Minuten lang an Ort und Stelle stehen, ohne sich zu bewegen, ehe er die Tür öffnete, leise wieder schloss und mit einem besonderen Gefühl den kurzen Weg zum Gartenhaus antrat.

Wenn Albrecht über diese erste Zeit ihrer Liebe nachdachte, erinnerte er sich immer an den Beginn seiner wunderbaren Beziehung, die ihm die beiden schönsten Jahre seines Lebens bescherte. Eine Empfindung von Glück, wie er sie sich in seinen kühnsten Träumen nicht hätte vorstellen können.

Die nächsten Tage waren den Begegnungen, dem Zusam-mensein und gegenseitigen Versprechungen gewidmet. Inmitten der allgemeinen Betriebsamkeit, die damals allent-halben im Hause Obenvelder herrschte, war es ein wenig schwierig, eine Zweisamkeit zu realisieren. Und nach kurzer Zeit holte sie ihr Alltag wieder ein, Mira mit Schule und zunehmenden musikalischen Auftritten, Albrecht mit seinem Studium, das er ohnehin bald in München weiterführen wollte. Désirée hatte in der Zwischenzeit München verlassen und war nach einem kurzen Zwischenspiel am Theater Basel in Düsseldorf angekommen. Am dortigen Schauspielhaus, das 1970 einen Neubau erhalten hatte, war sie Mitglied eines bedeutenden Ensembles, das von Karl-Heinz Stroux als Generalintendant geleitet wurde. Im Hause Obenvelder war sie nur noch sehr selten zu Gast. Sie bemühte sich weiterhin, so oft es ihre Zeit zuließ, ihre Tochter zu treffen. Doch da auch Mira zunehmend unter Termindruck stand, waren ihre Begegnungen seltener geworden, zumal bei Désirée häufig noch Tourneen und immer häufiger auch Rollen in Fernseh-produktionen dazukamen.

Beide bedauerten das sehr. Aber das war kaum zu ändern.

Désirée hoffte in diesem Jahr auf die Sommerferien, die sie gerne mit Mira wieder in der Bretagne verbringen wollte.

Doch nun musste Mira ihre Mutter davon unterrichten, dass sie ihre Ferien ganz anders zu gestalten gedachte. Denn da war etwas Neues in ihrem Leben geschehen: sie liebte.

Albrecht und Mira schrieben sich oft. In diesen ersten Wochen sahen sie sich selten. Selbst wenn sie an den Wochenenden für kurze Zeit in die Stravenfordstraße kamen, geschah es nicht oft, dass sie dort beide gleichzeitig eintrafen. Albrecht hatte sich schon vor längerer Zeit zu einer Exkursion des Tübinger Musikwissenschaftlichen Instituts angemeldet, die ihn vom 10. bis 20. Februar nach Mantua und Venedig auf die Spuren von Claudio Monteverdi führte.

Erst mit Beginn der Semesterferien, als Albrecht wie immer zumindest für zwei oder drei Wochen zu Hause war, konnten sie ihre erste längere gemeinsame Zeit miteinander verbringen.

Ellen hatte schnell eine gewisse Veränderung bei Albrecht bemerkt. Wie für alle Mütter war es auch für sie nicht leicht, sich vorzustellen, dass ihr Sohn nun endgültig von einer anderen Frau beansprucht, vereinnahmt wurde. Aber auf der anderen Seite freute sie sich für ihn, und Mira war dazuhin ein Wesen, das ihr vertraut und sympathisch war.

So hoffte sie darauf, dass auch Prosper nichts gegen diese Beziehung der beiden einzuwenden hatte. Prosper selbst äußerte sich Ellen gegenüber zunächst nicht. Außerdem war er in den ersten Wochen des neuen Jahres oft in Sachen Kunsthandel unterwegs.

Doch es war Leria, der ihr bei einer ihrer Besprechungen ein paar Brocken hinwarf, die sie etwas beruhigten.

Prosper muss sich auch erst einmal mit dem Gedanken vertraut machen, dass seine Tochter flügge wird, sagte Leria. Aber erstens ist sie volljährig und zweitens muss er sich daran gewöhnen, dass sie irgendwann ihre eigenen Wege geht.

Aber das müssen wir doch alle, warf Ellen etwas zaghaft ein.

Natürlich, Ellen. Doch in Miras Fall liegt die Sachlage eben darin, dass Prosper auf jeden Fall dafür kämpfen wird, dass ihre Karriere als Pianistin gesichert ist.

Ich kann mir nicht vorstellen, dass Albrecht ein Hinderungsgrund sein könnte, sagte Ellen.

Da kann ich dich beruhigen, Ellen. Wir haben selbstverständlich schon ein paar Mal über die beiden gesprochen. Und Prosper hat schließlich selbst zugegeben, dass er sich bei Albrecht diesbezüglich keine Sorgen machen muss. Du weißt doch, dass er deinen Sohn sehr schätzt.

Das beruhigt mich in der Tat, Leria.

Du weißt ja, dass er wahnsinnig stolz auf seine Tochter ist. Manchmal versuche ich ihm klarzumachen, dass er sie nicht als Besitz betrachten kann. Von mir lässt er sich das durchaus sagen. Dann muss man ihn eine Nacht darüber schlafen lassen und am nächsten Morgen teilt er einem so nebenbei mit: Du hast nicht Unrecht, mein Freund.

In der letzten Februarwoche waren die Temperaturen merklich angestiegen, nachdem es vorher noch sehr kalt gewesen war. Nun lag die Ahnung von einer neuen Jahreszeit in der Luft, wie Leria ab und zu bemerkte, wenn er eine Weisheit des Volksmunds zitierte.

Albrecht kam in der Mitte der Woche am frühen Nachmittag an. Er ging wie immer den mittleren Plattenweg hoch, an der Villa vorbei zum Gartenhaus hinüber.

Seine Mutter erwartete ihn schon und nahm ihn in die Arme.

Da bist du nun mal wieder, mein Lieber. Freust du dich?

Wie kannst du da noch fragen.

Komm, ich habe deinen Lieblingskuchen gebacken. Wir trinken erst mal eine schöne Tasse Kaffee.

Albrecht stellte rasch sein Gepäck ab und hängte seinen Mantel an einen Haken.

Auf dem Tisch in dem kleinen Wohnzimmer stand die Platte mit einem duftenden Apfelkuchen – und drei Gedecken.

Kommt noch jemand?, fragte Albrecht.

Ich hole den Kaffee, sagte Ellen und ging in die Küche.

In diesem Augenblick klopfte es an die Haustür.

Schaust du mal nach, rief seine Mutter.

Albrecht öffnete die Tür und Mira flog in seine Arme. Er trug sie fast ins Zimmer und setzte sie schließlich an den Tisch.

Du bist immer für eine Überraschung gut, sagte er zu Ellen.

Vielen Dank, dass du mich eingeladen hast, sagte Mira zu ihr.

Aber das ist doch das Mindeste, was ich tun kann.

Es wurde eine unterhaltsame Kaffeeplauderei. Mira erzählte von ihren Tätigkeiten und Plänen, erwähnte, dass sie zwei Plattenaufnahmen hinter sich gebracht habe. Albrecht berichtete von seiner Exkursion, wie er schließlich in Venedig einer Aufführung von Monteverdis *Orfeo* beigewohnt habe, mit Originalinstrumenten im *Teatro La Fenice*.

Das ist eine sehr schöne Musik, sagte Albrecht.

Aber ... ist es nicht eine traurige Geschichte?, fragte Mira.

Doch. Orpheus, der seine Geliebte durch ein grausames

Schicksal verloren hat, macht sich auf den Weg in die Unterwelt. Dort möchte er mit der Macht seines Gesangs den Herrscher der Unterwelt, Pluto, dazu bewegen, ihm seine geliebte Eurydike zurückzugeben. Pluto lässt sich schließlich darauf ein, unter einer Bedingung: Orpheus darf sie auf seinem Weg in die Oberwelt auf keinen Fall ansehen, also sich niemals umwenden. Fast wäre alles gut gegangen, doch im letzten Augenblick dreht er sich um, weil er herausfinden möchte, ob ihm Eurydike wirklich folgt, und damit ist sie für ihn auf immer verloren.

Ich habe es ja gesagt, keine schöne Geschichte, sagte Mira.

Aber eine wunderbare Oper.

Was hast du sonst in Venedig gesehen, doch sicher nicht nur ein Opernhaus, fragte Ellen. Nein, natürlich nicht. Wir haben vieles besichtigt. Übrigens, da fällt mir ein, ganz in der Nähe der Rialto-Brücke befindet sich eines der ältesten, bis heute noch bespielten Theater in Venedig, das ‚Teatro Goldoni‘. Und was glaubt ihr, habe ich auf dem Spielplan entdeckt? Die Komödie *Mirandolina* von Carlo Goldoni.

Wie denn das, rief Mira, hast du das Stück gesehen?

Leider nicht.

Das musst du aber Mirandolina erzählen, sagte Ellen.

Und wer oder was ist diese ‚Mirandolina‘ bei Goldoni? Hat sie vielleicht sogar eine Ähnlichkeit mit unserer Küchenfee?, fragte Mira.

Ich kenne das Stück nicht genau. Soviel ich weiß, handelt es sich um eine gewitzte Wirtin, die verschiedene Männer gegeneinander ausspielt, um sich am Ende mit einem ganz anderen Mann zu verbinden.

Das könnte vielleicht auch auf unsere Köchin passen!, riefen die beiden Frauen.

Als Mira aufbrach, lud sie Albrecht zum Abendessen ein, und als er daraufhin erstaunt zu seiner Mutter hinübersah, sagte Ellen:

Das passt, mein lieber Albrecht. Ich bin heute Abend mit Leria im Konzert. Mittwochs ist Kammerorchester-Abend.

Ah, ja?

Also bis später, sagte Mira, küsste ihn leicht auf die Wange und weg war sie.

Als sie danach noch eine Weile zusammensaßen, fragte Albrecht seine Mutter, was sie denn davon halte, dass er und Mira und überhaupt. Sie wisse ja, was er meine.

Ellen musste lachen.

Das ist doch schön, Albrecht. Das freut mich für dich. Übrigens finde ich, dass sich Mira schon ein wenig verändert hat. Sie ist nun viel offener, zugänglicher, irgendwie fröhlicher. Man kann den Eindruck gewinnen, dass sie positiver gestimmt ist.

Das geht mir auch so, sagte Albrecht. Die Zuneigung zu einem Menschen verändert einen. Die Welt wird dadurch nicht besser, aber man kann sie besser ertragen.

Ja, erwiderte Ellen mit einem leisen Lächeln, da ist etwas dran.

Wenn Albrecht nun an dieses Gespräch zurückdachte, wurde ihm erneut klar, dass ihm in diesem Augenblick hätte deutlich werden müssen, dass auch seine Mutter, vielleicht zum ersten Mal in ihrem Leben, selbst dabei war, diese Erfahrung zu machen. Aber in jenen Tagen kam ihm der Gedanke gar nicht. Eine Stunde später ging er zur Villa hinüber. In einer Tasche sein Geschenk für Mira. Eine Schallplattenkassette mit der Aufnahme von Monteverdis *Orfeo*. Für Prosper und Leria jeweils eine besondere Flasche italienischen Weines, von einer der berühmten Lagen in der Toskana, einen *Chianti classico*. Albrecht war kein großer Weinkenner, so hatte er sich auf das Urteil eines venezianischen Weinhändlers verlassen, in der Hoffnung, den beiden damit eine Freude zu machen. Seiner Mutter würde er am nächsten Tag einen *Panforte di Siena* überreichen. Und nun hoffte er, dass Mira, obwohl ihr vorher die Geschichte von Orpheus und Eurydike etwas ‚traurig' erschienen war, die Musik Monteverdis gefallen würde.

Auf sein Läuten öffnete sich die Tür sehr schnell, Mira ließ ihn seine Tasche abstellen und stürzte sich in seine Arme.

Kurze Zeit später saßen sie allein im Salon an einem kleineren Tisch an einem Fenster zum Park.

Ist Prosper nicht da?, fragte Albrecht.

Nein, er hält sich gerade in England auf. Wieder einmal der Kunsthandel. Wahrscheinlich befindet er sich wieder in diesem Auktionshaus. Du weißt ja … Sotheby's.

Ich habe davon gehört, sagte Albrecht.

Mirandolina hat heute ihren freien Tag, aber sie hat vorgesorgt. Im Ofen befindet sich eine wunderbare Lasagne. Als Vorspeise werde ich gleich eine klassische Minestrone holen – auch eine ihrer Spezialitäten.

Sie stand auf und eilte in die Küche, nicht ohne ihm ihr zauberhaftes Lächeln zu hinterlassen.

Sie kam mit einem Servierwagen zurück, auf dem eine Terrine mit der Suppe stand, nebst einem Korb mit italienischem Brot. Während sie alles bereitstellte, holte Albrecht sein Geschenk heraus und überreichte es ihr.

*Orfeo!*, rief Mira. Ich danke dir vielmals!

Sie legte die Kassette kurz weg, trat zu ihm hin und küsste ihn. Können wir ein wenig hineinhören?

Gerne.

Sie legte die erste Platte auf und setzte den Apparat in Gang. Ich habe einen ,Sizilianer' aus Papas Keller geholt, sagte Mira. Ich selbst werde mich weitgehend an die Wasserkaraffe halten.

Magst du keinen Wein?

Er bekommt mir nicht. Vor kurzem habe ich es wieder einmal probiert, aber schon nach einem halben Glas wurde mir übel. Das tut mir leid.

Tja, ich weiß auch nicht, weshalb.

Während ihres Mahls erklang die Einleitungsmusik dieser Oper, eine Toccata mit fanfarenartigen Klängen, gefolgt von einem Prolog, in dem eine allegorische Figur, *La Musica*, von der Macht und dem Zauber der Musik singt und dabei verkündet, dass das Lied von dem göttlichen Sänger Orfeo berichten wird.

Mira war von der Musik sehr angetan, besonders gefiel ihr das Instrumental-Ritornell, das immer wieder zwischen einzelnen Strophen erklang.

An einer bestimmten Stelle, nachdem die Hirten und Nymphen das Glück des neuen Paares Orpheus und Eurydike besungen haben und Orpheus selbst die Sonne als Zeugin seines Glücks anruft, fragte Mira:

Wie läuft das nun in der Handlung weiter? Kommt irgendwann der Umschwung, das heißt, die Stelle, an der etwas Schlimmes geschieht?

Ja, eine Botin kommt und verkündet den Tod von Eurydike. Sie ist von einer Schlange gebissen worden.

Dann unterbreche ich hier die Musik.

Möchtest du die Oper lieber nicht hören?, fragte Albrecht ein wenig erstaunt.

Doch, doch. Natürlich werde ich das Ganze anhören. Aber nicht jetzt.

Ist gut, sagte Albrecht.

Einen Augenblick lang nahmen sie still ihr Essen zu sich.

Nach einer kleinen Pause fragte Albrecht nach ihrer Schallplattenaufnahme.

Mira berichtete von ihrem Spiel im Tonstudio, erzählte von dem Procedere und dem ganzen Drum und Dran.

Ich habe schon eine Platte für dich bereitgelegt. Es handelt sich um eine *Englische Suite* von Bach, je eine Sonate von Haydn und Mozart, die *Variations sérieuses* von Mendelssohn und die f-Moll-Sonate von Brahms.

Uff, das ist ja ein irres Programm, sagte Albrecht.

Mira brach in Gelächter aus.

Nun ja, es hat aber auch Spaß gemacht.

Ich bin schon gespannt darauf.

Mira blickte ihn an.

Schön, dass du wieder da bist, sagte sie.

Meine Reise war sehr anregend, interessant. Aber ich konnte es kaum erwarten, wieder hier zu sein.

Nach dem Genuss der Lasagne waren sie so gesättigt, dass sie auf ein Dessert verzichteten und sich lieber auf einem alten Kanapee niederließen. Eng umschlungen freuten sie sich über ihre Nähe, genossen eine Zeitlang einfach ihr Zusammensein, eine Ruhe, in der nur noch das leise Ticken einer Standuhr zu hören war.

Nach einem langen Kuss stand Mira auf, nahm ihn an der Hand, löschte das Licht und führte ihn in ihr Zimmer. Nun gab es für sie kein Halten mehr. Rasch entledigten sie sich ihrer Kleider, ließen sich auf das Bett fallen, immer wieder suchten sich ihre Lippen, ihre Hände spielten, strichen über die Haut ihrer Körper, sie flüsterten sich Worte zu, führten schließlich ihre Geschlechter zusammen, erlebten das Glück einer Lust in Liebe. Albrecht kam zuerst zum Höhepunkt und kurze Zeit später bäumte sich Miras Körper auf, ihre Hände klammerten sich an ihren Geliebten, bis sie ermattet zurückfiel.

Sie deckten sich zu, lagen schweigend nebeneinander, sahen sich an. Sie redeten nichts mehr in dieser Nacht, als wäre das Glück etwas Sprachloses, etwas, das eigentlich nicht in Worten wiedergegeben werden kann.

Die nächsten Tage und Wochen vergingen wie im Flug.

Es gab niemanden in ihrer Umgebung, der ihnen ihr Glück nicht gegönnt hätte.

Wann ist Hochzeit?, fragte Mirandolina einmal beim Essen.

Das wissen wir noch nicht genau, sagte Mira lächelnd.

Und Mirandolina zog die Augenbrauen hoch, schien sich zu wundern, schüttelte kurz den Kopf und widmete sich wieder dem Essen, als wollte sie sagen: Sitten sind das!

Prosper und Leria pressten die Lippen zusammen, um nicht herauszuplatzen. Mira und Albrecht taten so, als hätten sie gar nicht zugehört, aber unter dem Tisch fanden sich zwei Hände, die sich erfassten und drückten.

Zwischen Mira und Désirée gingen Briefe hin und her, wurden Telefongespräche geführt. Auch Miras Mutter freute sich über die Beziehung zwischen Albrecht und ihrer Tochter. Die Nachricht hatte sie zunächst überrascht, da sie diesen jungen Mann ja schon kannte, aber bisher nichts von einer tieferen Neigung zwischen den beiden wahrgenommen hatte. Die Art und Weise, wie Mira ihr nun von Albrecht berichtete und von ihren Gefühlen sprach, machte ihr deutlich, dass hier etwas entstanden war, das über eine einfache Liebelei hinausging.
Désirée fragte bei ihr an, ob sie beide vielleicht in das Haus am *Golfe du Morbihan* kommen wollten. Das klang verlockend, aber dennoch hatten Mira und Albrecht andere Pläne für ihre Sommerferien. Es fiel Mira nicht leicht, ihrer Mutter abzusagen.

Sie hatten von einem Ferienhäuschen ganz im Süden von West-Frankreich bei *Hendaye*, nicht weit von *Saint-Jean-de-Luz* entfernt, erfahren. Ein Kommilitone Albrechts hatte dort schon einmal mit seinen Eltern gewohnt und ihm die Adresse gegeben.
Es wurde eine wunderbare Reise durch Frankreich. Prosper hatte Mira zum bestandenen Führerschein einen Golf geschenkt, wie es sich für eine Tochter aus gutem Hause gehörte, und Albrecht, der vom politischen Zeitgeist, der in jenen Jahren herrschte, auch von der Uni her, nicht gänzlich unbeleckt war, neckte Mira manchmal ein wenig damit.
Sei dir darüber im Klaren, Liebste, dass wir zu den Privilegierten gehören.
Ich weiß, mein lieber Albrecht. Aber ich habe auch schon mal gegen den Krieg in Vietnam demonstriert, gegen die faschistischen Regimes in Lateinamerika oder sonst wo. Und ich muss zugeben, dass ich mich ziemlich ohnmächtig fühle. Aber so sehr ich mich auch anstrenge, mein schlechtes Gewissen hält sich in Grenzen. Vielleicht kommt das ja noch.
Albrecht blickte sie schalkhaft an.

Wir werden daran arbeiten, dir dein ‚falsches Bewusstsein‘ auszutreiben. Und ich weiß auch schon wie.
Oh, da bin ich aber gespannt. Wie wirst du das denn anstellen?
Mit all meiner Liebe.
Dann könnten deine Bemühungen vielleicht erfolgreich sein.
Sie fuhren das Rhônetal hinunter, machten da und dort Station, begannen zu besichtigen, stellten diese Tätigkeit aber bald wieder ein, weil sonst ein Weiterkommen kaum möglich gewesen wäre. So übernachteten sie immer wieder in kleinen Hotels an unbekannten, aber malerischen Orten, machten einen Sprung nach rechts, vom Mittelmeer an den Atlantik, landeten irgendwann in Biarritz, bogen links ab in Richtung *Saint-Jean-de-Luz* und *Hendaye*.

Albrecht träumte sich zurück in unvergessliche Wochen. Er wusste, dass er diese Reise in der Chronik höchstens erwähnen könnte, darüber schreiben würde er nicht. Die einzelnen Tage waren nur in seinem Kopf, in den Erinnerungen an die schönste Zeit seines Lebens.
Damals habe ich wirklich gelebt, dachte er oft. Ich bin nur zwei Jahre alt geworden. Wie unbeschwert wir waren!

Wir machen keine Bildungsreise, hatte Mira verkündet.
Nein, wir reisen nur für uns.
Wir reisen und leben.
Wir leben und lieben.
Mira lachte.
Nur en passant: So nebenbei besuchen wir das Geburtshaus eines meiner Lieblingskomponisten.
Das habe ich mir fast gedacht, sagte Albrecht. *Ciboure*, Ravels Geburtsort, das dürfen wir uns nicht entgehen lassen.
All diese üblichen Beschäftigungen in Form von Baden, Wandern, Ausflügen, kleinen Schiffsfahrten, dazwischen die Momente der Liebe, der Austausch von Zärtlichkeiten, der Versuch, die Zeit anzuhalten.

Hatte er in jenen Tagen jemals das Gefühl, dass sich all dies niemals wiederholen würde? Eigentlich nicht. Die Liebe denkt im Augenblick ihrer schönsten Erfüllung nicht an ihr Ende. Ein Sich-einander-Schenken gelingt nur im Eliminieren der Skepsis. Anders wäre das nicht möglich.

Und dann das Meer. Mira kannte dieses wilde Element schon von ihrem Aufenthalt in der Bretagne. Für Albrecht war es neu. In Venedig hatte er ohnehin von der Adria nicht viel gesehen. Nur einmal legte sich ein Schatten auf die Leichtigkeit ihres Lebens. Es war gegen Ende ihres Aufenthalts, als sie von einem schlimmen Unfall hörten, der sich an ihrem Strandabschnitt ereignet hatte. Ein zehnjähriger Junge aus England, dem sie mit seiner Familie immer wieder beim Baden begegnet waren, war zu weit hinausgeschwommen und hatte es nicht mehr zurückgeschafft. Sein Vater wollte ihm sofort zu Hilfe kommen und beide wurden von der starken Strömung abgetrieben. Rettungskräfte waren zur Stelle und fuhren mit ihrem Boot hinaus. Doch nur der Vater konnte noch gerettet werden.

Sie erfuhren von dem Unglück zufällig zwei Tage später, als sie am Abend im Restaurant des Hotels ‚Pohotenia' in Hendaye saßen, in dem sie schon ein paar Mal gegessen hatten.

Einer der Kellner, Jean-Claude, den sie inzwischen kannten und der stets zu einem kleinen Scherz aufgelegt war, kam an ihren Tisch und blickte ziemlich betreten drein.

Mira und Albrecht sahen ihn verwundert an.

Der Kellner begann zu berichten. Es stellte sich heraus, dass die englische Familie in diesem Hotel untergebracht war.

So erfuhren sie diese tragische Geschichte.

Der Appetit war ihnen, wie man so sagt, gründlich vergangen. Der Junge hatte ihnen einmal strahlend eine große Muschelschale gezeigt, die er am Strand gefunden hatte.

Nun erklang im Restaurant eine Musik, die sie schon mehrmals gehört hatten. Ein Klarinettist spielte zu einer Gitarrenbegleitung eine getragene, schwermütige Melodie.

Mira kämpfte mit den Tränen.

Es … tut mir leid …

Albrecht rückte seinen Stuhl zu ihr hin und nahm sie in die Arme.

Lass es gut sein. Unsere emotionalen Befindlichkeiten lassen sich nicht pausenlos von unserem Verstand steuern.

Albrecht, was du nicht immer für Erklärungen abgibst, sagte sie und küsste ihn flüchtig auf die Wange.

In diesem Augenblick kam die Wirtin des Hotels an ihren Tisch. Sie erklärte ihnen, dass ein paar Gäste sie gebeten hätten, dieses Stück zu spielen.

Was ist das für eine Musik?, fragte Mira.

Der Klarinettist Jean-Christian Michel spielt in etwas veränderter Fassung das Stück eines spanischen Komponisten. Es handelt sich ursprünglich um ein Gitarren-Konzert von Joaquín Rodrigo, daraus der zweite Satz, ein Adagio.

Das passt gut, sagte Mira.

Das freut mich, sagte die Wirtin. Es handelt sich nicht um Trauermusik, aber das Stück vermittelt eine Stimmung, die uns zu Herzen geht.

Mira und Albrecht sagten nichts dazu.

Als das Stück verklungen war, wurde das Stimmengemurmel wieder lauter.

Nach dem Essen fragte Mira:

Was meinst du? Dort vorne steht ein Klavier. Ich würde auch gerne einen kleinen musikalischen Gruß beisteuern. Soll ich die Wirtin fragen?

Albrecht war zunächst etwas verblüfft von ihrem Wunsch.

Ich weiß nicht, ob sie das möchte.

Klar. Aber ich frage sie einfach mal.

Er war verwundert, mit welcher Selbstverständlichkeit sie aufstand und zu der Frau hinging, die sich gerade mit einer Kellnerin unterhielt.

Albrecht konnte von seinem Platz aus sehen, wie Madame mit einem Lächeln die Augenbrauen hob, ihren Arm um Miras

Schultern legte und mit ihr zu dem Instrument hinging.

Mesdames, Messieurs, chers amis, begann sie eine kurze Rede und erklärte ihren erstaunten Gästen, dass eine junge Musikerin aus Deutschland gerne mit einer kleinen Darbietung ihr Mitgefühl zum Ausdruck bringen wolle.

Mira konzentrierte sich kurz, dann begann sie den ersten Satz aus der *Sonatine* von Maurice Ravel zu spielen. Zart und ausdrucksvoll beginnt das erste Thema in fis-Moll. In weichen Zweiunddreißigstel-Bewegungen und danach sich mehrmals wiederholenden Dreiklangs-Rückungen entfalten sich Ravels eindrucksvolle Klangwelten wie aus einer Zauberwelt. Auch dies keine Trauermusik, aber die Mischung aus Heiterkeit und Melancholie verfehlt nicht ihre Wirkung auf die Zuhörer. Nach einem vorübergehenden ‚Ausbruch' im Mittelteil des Satzes bis zum Fortissimo folgt wieder das zarte Piano des Anfangsthemas und nach weiteren Klangfarbenvarianten, auch durch überraschende Tonartwechsel, verklingt das Stück in immer langsamer und leiser werdenden Tonfolgen, wie Klänge, die irgendwohin fallen und verwehen.

Zu Beginn ihres Spiels konnte man noch ein gewisses Gemurmel hören, aber nach und nach wurde es immer stiller. Am Ende erhob sich Mira nach einer Pause, lächelte ins Publikum, wollte an ihren Platz zurückkehren, als ein Beifallssturm losbrach, der, obwohl vielleicht in dieser Situation ein wenig unpassend, sich offensichtlich Bahn brechen musste.

Die Wirtin eilte zu ihr hin, nahm sie in die Arme und führte sie schließlich an ihren Platz zurück. Albrecht umarmte sie ebenfalls.

Schon während sie gespielt hatte, war ihm erneut durch den Kopf gegangen, was für eine Wirkung von Musik ausgehen kann. Auch ihm wäre es lieber gewesen, wenn diese musikalische Darbietung schweigend zu Ende gegangen wäre. Als sie nun neben ihm saß, bemerkte er, dass sie geweint hatte. Sie trank ein Glas Wasser und er prostete ihr mit einem Glas Wein zu.

Nach ein paar Minuten kam ein älterer Herr an ihren Tisch, stellte sich vor und bat um ein kurzes Gespräch. Albrecht, der ebenfalls aufgestanden war, deutete auf einen der Stühle. Er sprach sie auf Deutsch an, sagte, dass er *Professeur* am *Pariser Conservatoire* sei.

Ich war außerordentlich beeindruckt von Ihrem Spiel, Madame. Obwohl dieses Instrument kein Pleyel- oder Steinway-Flügel ist, war ich völlig verblüfft, wie Sie diesen Satz aus Ravels *Sonatine* gespielt haben.

Er fragte nach ihrer Ausbildung und ihrem Werdegang und so ergab sich ein längeres Gespräch über Musik und damit zusammenhängende Themen.

Kennen Sie Wilhelm Kempff?, fragte er einmal.

Ja, sagte Mira. Ich habe ihn schon im Konzertsaal, aber auch auf Schallplatte häufig gehört.

Er wurde auch an unser Konservatorium berufen. Und Sie, Monsieur? Sind Sie auch Musiker?

Mein Studium hat eher mit Musikforschung und Literatur zu tun.

Musikforschung?

Hauptsächlich Musikwissenschaft.

Ah, musicologue. C'est très intéressant.

Als er sich verabschiedete, wünschte er den beiden alles Gute für ihren weiteren Weg.

Vielleicht hören wir Sie einmal in Paris, wer weiß?

Ja, vielleicht, sagte Mira lächelnd.

Besuchen Sie doch einmal einen unserer Meisterkurse, fügte er noch hinzu.

Anschließend saßen sie noch eine Zeitlang auf einer Bank an der Uferpromenade.

Irgendwie hat mich dieses Gespräch ein wenig abgelenkt. Ich war zuerst wirklich sehr niedergeschlagen, sagte Mira. Wir kannten die Menschen, die nun mit diesem Unglück leben müssen, nicht näher. Und dennoch ist mir das sehr nahegegangen.

Albrecht nickte.

Aber als du gespielt hast, wirktest du sehr gelöst. Jedenfalls hatte ich diesen Eindruck.

Ja, aber ... habe ich mich damit eigentlich selbst ein wenig getröstet?

Das kann schon sein. Aber ich würde dabei nichts Schlimmes empfinden. Ich glaube, wir Menschen sind ständig dabei, zu versuchen, mit dem Unglück auf der Welt, welcher Art auch immer, zurechtzukommen. Das gelingt uns nicht ständig, aber es liegt in unserer Natur, es zu versuchen.

Ist das bei allen Menschen so?

Das weiß ich nicht. Es soll Exemplare unserer Gattung geben, für die so etwas wie Empathie ein lebenslanges Unwort bleibt. Hoffentlich gibt es aber nicht zu viele davon.

Albrecht nahm sie in die Arme.

Sie hörten stumm der Brandung zu, dem ewigen Geräusch der Meere, die den Menschen großen Respekt abverlangen, ihre Fantasie in Gang setzen, aber auch Gefahr bedeuten, Vernichtung bringen können.

Manchmal hört es sich an, als würden die Wellen etwas erzählen, wenn sie an den Strand schlagen, sagte Albrecht. Von Entwicklungen und Urzuständen, die weit zurückreichen, fast bis an den Anfang der Welt. Oder sie berichten etwas aus den dunklen Tiefen, von den vielen Schicksalen und Begebenheiten, die sich zugetragen haben und längst vergessen sind.

Und jetzt ist eine neue traurige Geschichte dazugekommen, sagte Mira.

Ja. Und in dem Augenblick, wo wir darüber reden, geschieht wieder irgendwo etwas. Aber man muss nicht immer nur an ein Unglück denken, es kann auch etwas Fröhliches geschehen, eine heitere Begebenheit. Das dürfte doch wohl auch vorkommen.

Natürlich, Albrecht. Trotzdem muss ich an die vielen Geschichten denken, die in den Tiefen der Meere ruhen, die wir niemals erfahren werden. Das Meer behält sie für sich, wird sie niemals preisgeben.

Zwei Tage später waren sie auf der Rückreise.
Sie chauffierten abwechselnd, hatten es ein wenig eiliger als bei der Hinfahrt, übernachteten nur ein einziges Mal hinter Chalon-sur-Saône. So erreichten sie ihre Heimatstadt bereits am Ende des zweiten Tages.

In Albrechts Kopf lief ihre damalige Reise wie ein Film ab. Vielfältige Erinnerungen, die ihn wieder zurückholten, ihn einfingen, auf der einen Seite glückliche Tage vor Augen führten und andererseits auch schmerzten und ihm wieder einmal die Flüchtigkeit des großen Augenblicks deutlich machten.

–

Als Albrecht das nächste Mal in die Villa Obenvelder kam, begab er sich sofort zur Wohnung Lerias, die er ja normalerweise erst am Nachmittag aufsuchte.

Nanu, so früh heute?

Mit diesen Worten empfing ihn sein Freund und hieß ihn Platz zu nehmen.

Eine Tasse Kaffee?

Vielen Dank, ich habe eben gefrühstückt. Vielleicht ein Glas Wasser.

Wo drückt dich der Schuh?, fragte Leria sofort.

Tja, wo soll ich anfangen! Ich habe heute Nacht fast kein Auge zugetan. Es ging mir wieder alles durch den Kopf, was sich damals abgespielt hat. Meine Beziehung zu Mira, die Zeit unserer Liebe, unserer Reisen, Unternehmungen, die Arbeit an ihrer Karriere. Schließlich kamen die Monate ihrer intensiven Vorbereitung zu dem Wettbewerb in Moskau, an dem sie gerne teilnehmen wollte. Und dann ... du weißt ja, was kam.

Der Tschaikowsky-Wettbewerb? Leria blickte ihn an.

Ich weiß, was du sagen willst, Leria. Im Augenblick stockt meine Arbeit genau an diesem, ich möchte mal sagen, Wendepunkt der Ereignisse. Ich habe gewusst, dass ich bei meiner Chronik irgendwann an diesem Punkt ankommen würde und – um ganz ehrlich zu sein – ich habe ein etwas mulmiges Gefühl dabei.

Leria dachte einen Moment nach.

Albrecht, ich schlage vor, du sparst zunächst einfach mal die Dinge aus, die mit Mira zu tun haben, vor allem, wenn es um eure persönliche Beziehung geht. Es gibt doch immer noch ein paar interessante Veranstaltungen, die man näher erwähnen sollte. Aber eine Sache in Bezug auf die Ereignisse mit Mira halte ich dennoch für wichtig: Schreib es auf! Und wenn es nur für dich selbst ist. Was du davon später in der Chronik festhältst, ist eine andere Sache.

Albrecht stand auf und ging ein wenig hin und her, als

müsste sich seine innere Unruhe in diesem Bewegungsdrang umsetzen.

Ich bin überzeugt, dass du erleichtert sein wirst, wenn du es aufgeschrieben hast, sagte Leria.

Albrecht sah ihn kurz an.

Vertreten wir uns ein bisschen die Beine?

Sie gingen die Treppe hoch und begaben sich auf die verwachsenen Pfade. Verwachsen, überwuchert von allerlei Grünzeug, so waren die Wege inzwischen, auf denen man sich zwar noch fortbewegen konnte, die aber immer seltener begangen wurden.

Um es gleich vorwegzusagen, Leria, ich fühle bis heute ein gewisses Unbehagen in Bezug auf mein eigenes Verhalten. Es handelt sich nicht um ein sogenanntes schlechtes Gewissen, eigentlich nicht, es ist eher das Gefühl, nicht deutlicher über den eigenen Schatten gesprungen zu sein, als es wirklich darauf ankam. Das liegt auch ein wenig an meiner Natur. Ich war immer ein sehr vorsichtiger Mensch, vielleicht zu sehr.

Ein paar Minuten gingen sie schweigend nebeneinander. Albrecht wusste, dass er nun noch einmal in jene Zeit eintauchen musste, die nicht nur sein Leben für immer verändert hatte.

Schließlich nickte er Leria zu und begab er sich zu seinem Arbeitsplatz im Gartenhäuschen.

Ich gehe es an, sagte er mehr zu sich selbst.

*

Im folgenden Jahr machte Mira ihr Abitur und konzentrierte sich mehr und mehr auf ihre Karriere als Pianistin. Vor allem als sie ihren Schulabschluss hinter sich hatte, stürzte sie sich mit großer Energie auf die Vorbereitung für den Moskauer Wettbewerb. Daneben begann auch bereits eine Konzerttätigkeit, die allerdings noch im Rahmen blieb, da ihre ‚Impresarios', nämlich Prosper und Leria, auch in Verbindung mit einer Konzert-Agentur, darauf achteten, dass sie ihre Kräfte schonte.

Es gab für diesen Wettbewerb bestimmte Vorgaben, die erfüllt werden mussten. In der ersten Runde sollten aus dem *Wohltemperierten Klavier* von Bach ein ‚Präludium und Fuge' gespielt werden. In der zweiten Runde wurden ein oder mehrere Werke von russischen Komponisten verlangt. Da hatte Mira die freie Wahl. Sie wählte schließlich die Sonate in fis-Moll, Opus 23, von Alexander Skrjabin.

Für die Final-Runde war natürlich das Klavierkonzert b-Moll, Opus 23, von Peter Tschaikowsky vorgesehen und noch ein ebensolches Werk für Klavier und Orchester nach ihrer Wahl. Mira hatte sich für das Klavierkonzert Nr.2 in f-Moll von Frédéric Chopin entschieden.

Für die Menschen in der Villa Obenvelder wurde es ein unvergessliches Erlebnis, als sie dort das Konzert von Tschaikowsky zum ersten Mal vorspielte. Mira hatte einen Kommilitonen von der Stuttgarter Hochschule mitgebracht, der auf einem zweiten Klavier den Orchesterpart spielte.

Schon bei der ersten Kadenz während des Einleitungsteils entfaltete sie bei den vollgriffigen Akkorden und den danach folgenden Passagen mit den Oktaven eine stupende Virtuosität fast in der Art, wie man sie vielleicht auch bei Martha Argerich zu hören bekam. Daneben konnte sie blitzschnell in die zartesten Pianissimo-Bereiche umschalten, etwa auch im 2.Satz, Andantino semplice, wo sich nach einem liedhaften Thema immer wieder ein sehr rasches, oftmals ganz leises Laufwerk anschließt. Bei dem Allegro con fuoco des 3.Satzes erklingt ein Thema, das an einen kaukasischen Tanz erinnert. Sie entfaltete eine solche Spielfreude bei dieser Musik, dass es den zuhörenden Menschen fast den Atem verschlug.

Albrecht erinnerte sich daran, dass sie damals von der Virtuosität dieses ‚Reißers' ein wenig geblendet waren, denn zwischenzeitlich fand er Solokonzerte von anderen Komponisten wesentlich interessanter. Allerdings stieß er bei der Durchsicht verschiedener Aufzeichnungen von Leria auf die Bemerkung einer Zuhörerin, die geäußert hatte, dass Virtuosen-Konzerte, wenn sie so gespielt würden, durchaus ein Vergnügen sein könnten.

Außerdem waren da auch die Stücke von Bach, das Klavierkonzert von Chopin und die Sonate von Skrjabin. Alle hatten damals das Gefühl, dass Mira eine Chance hatte, ganz oben anzukommen. Auch Prosper war sich sicher.

Die folgenden Begebenheiten waren von Leria fein säuberlich notiert worden.

Drei Monate vor dem Wettbewerb.

Prosper und Leria befanden sich im Büro zu einer Besprechung. Plötzlich hörten sie hinter sich ein Geräusch. Als sie sich umwandten, erblickten sie Mira, die im Türrahmen stand, mit aufgerissenen Augen, kreidebleich.

Was ist mit dir?, fragte Prosper erschrocken.

Mir ist übel, meine Hände … wollen plötzlich nicht mehr …

Prosper eilte sofort zu ihr hin.

Das geht bestimmt wieder vorbei, sagte er. Komm, setz dich erst mal.

Sie ließ sich in Prospers Ohrensessel fallen. Er und Leria zogen ihre Stühle zu ihr hin, saßen an ihrer Seite, Prosper nahm ihre zitternden Hände.

Wahrscheinlich ist das alles ein bisschen zu viel im Moment. Du solltest dich vielleicht einmal einen Tag ausruhen.

Es ist so merkwürdig, begann Mira. Es kamen … mehrere Sachen zusammen. Ich sah alles ein wenig verschwommen. Mir wurde schwindlig und dann fühlte ich auf einmal, dass meine Hände nicht mehr richtig funktionierten.

Wann zeigte sich das?, fragte Prosper.

Jetzt … vor Kurzem. Ich habe mich an das Instrument gesetzt, zunächst war alles ganz normal. Ich fühlte mich zwar ein wenig müde, aber meine Hände arbeiteten wie immer. Auf einmal spürte ich in meinem linken Arm so etwas wie ein

Ziehen, die Hände begannen zu zittern, gleichzeitig hatte ich einen Schweißausbruch, mein Kopf schmerzte – ich weiß gar nicht so recht, wie ich diesen Zustand beschreiben soll.

Prosper, wir sollten vielleicht einen Arzt rufen, sagte Leria.

Meinst du, dass das notwendig ist?, fragte Mira.

Ich rufe Erich Kaufmann an, sagte Prosper.

Er ging ans Telefon und wählte die Nummer seines Freundes. Die Arzthelferin teilte ihm mit, dass der Herr Doktor bei einer Fortbildung und erst übermorgen wieder in der Praxis sei, aber seine Kollegin, Frau Doktor Hageman, könne vielleicht zurückrufen?

Prosper brachte Mira in ihr Zimmer und sie legte sich hin. Nach einer halben Stunde rief die Ärztin an und Prosper fragte sie, ob sie kurz bei ihnen vorbeischauen könne, es sei dringend.

Als die junge Frau später kam, hatte sich Mira einigermaßen beruhigt. Nach der Befragung und der ersten Untersuchung, gab ihr die Ärztin eine Spritze mit einem Beruhigungsmittel. Eine ihrer ersten Fragen war, ob dieses Phänomen schon einmal aufgetreten sei, was natürlich verneint wurde.

Können Sie sich das schon irgendwie erklären?, fragte Prosper, als er die Frau zur Tür brachte.

Sie macht einen etwas überarbeiteten Eindruck, sagte sie, vielleicht auch etwas überreizt. Ich kann Ihnen im Moment noch nichts sagen. Ich werde erst mal mit Dr. Kaufmann darüber reden und er wird sich sofort melden, wenn er wieder hier ist. Wir werden wohl weitere Untersuchungen machen müssen, aber dazu sollte unbedingt sie in die Praxis kommen.

Am nächsten Tag ließen die Sehstörungen und auch gewisse motorische Störungen der Gliedmaßen nach und einen weiteren Tag später war alles wieder wie vorher.

Mira war froh, verbrachte wieder mehrere Stunden an ihrem Instrument, als wäre nichts gewesen.

Albrecht war an dem darauffolgenden Wochenende nach Hause gekommen, sofort zu Mira geeilt und in ihre Arme gestürzt. Sie hatte ihm bei einem vorausgegangenen

Telefongespräch nur mitgeteilt, dass sie ‚einen leichten Schwächeanfall' gehabt habe, aber es sei ‚alles wieder im Lot'. Nun fragte er sie nach ihrem Ergehen und war froh zu hören, dass es ihr wieder einigermaßen gut ging.

Erich Kaufmann und seine Kollegin untersuchten Mira in der folgenden Woche gründlich und am Abend rief er Prosper an und teilte ihm mit, dass man einen Neurologen zu Rate ziehen müsse.

Einen Neurologen, rief Prosper, wieso denn das?

Das ist einfach eine Vorsichtsmaßnahme, mein Freund, wir wollen nichts versäumen.

Mehr getraute er sich zu diesem Zeitpunkt nicht zu sagen, schrieb Leria. Denn Dr. Kaufmann hatte natürlich schon eine Ahnung, um was es sich handeln könnte.

Leria war offensichtlich einer der Ersten, die von dieser ‚Ahnung' etwas erfuhren.

Er hatte den Arzt bei einer der Diskussionsveranstaltungen, die in jenen Tagen stattfand, es ging damals um einen neuen Roman von Günter Grass, in einem günstigen Moment gefragt, ob es ein ‚Schlimmstenfalls' gebe. Erich Kaufmann sah ihn an, drehte sich zweimal um, und flüsterte ‚ja'! Leria flüsterte ebenfalls: ‚MS'? Der Arzt nickte und meinte dann noch, er habe nichts gesagt, man müsse auf jeden Fall noch abwarten, was die Untersuchungen ergeben würden.

Und dieser schlimme Verdacht bewahrheitete sich.

Multiple Sklerose, eine Krankheit, die in vielfältiger, *multipler* Form vorkommt. Und zwar, was man zunächst noch nicht wissen konnte, in einer gefährlichen, sogenannten malignen Form.

Erich Kaufmann musste Familie Obenvelder, nachdem die eindeutige Diagnose gestellt worden war, darüber informieren, was sie zu erwarten hatten in Bezug auf die verschiedenen Verlaufsformen mit den einzelnen Schüben und sonstigen Begleiterscheinungen.

Albrecht erinnerte sich daran, als wäre das alles gestern

gewesen. Leria war damals ins Gartenhaus gekommen und hatte ihnen alles berichtet.

Unheilbar? Dieses Wort hatte auf ihn von vorneherein eine niederschmetternde Wirkung gehabt. Selbstredend war er sich auch im Klaren darüber, dass eine schwere Aufgabe auf ihn zugekommen war, der er sich würde stellen müssen.

Als dann in unterschiedlichen Abständen die nächsten Schübe bei ihr kamen, manchmal auch sehr heftig, musste sich Albrecht mit aller Kraft gegen die Verzweiflung stemmen, die in ihm selbst aufzukommen drohte.

Er hatte davon gehört, dass viele Menschen, die von der allgemeinen Verlaufsform dieses Leidens betroffen waren, eine durchaus passable Lebenserwartung hatten, zumal die medikamentösen Therapieansätze ständig verbessert worden waren – und nun diese Diagnose.

Nach einigen Wochen wurde von den Ärzten der Beschluss gefasst, Mira in eine Spezialklinik zu bringen.

Auch Désirée meldete ihr Kommen an. Sie hatte von ihrem Arzt erfahren, dass in der Nähe von Hamburg eine medizinische Einrichtung geschaffen worden war, die sich in besonderem Maße auf diese Krankheit spezialisiert hatte. Prosper zögerte zuerst noch, weil er hoffte, dass in der näheren Umgebung eine entsprechende Klinik vorhanden sein müsste. Doch nach längerer Bedenkzeit gab er nach.

*

Albrecht wollte sich noch ein wenig die Beine vertreten, ehe er sich an diesem Tag auf den Rückweg machte. Das ‚Wieder-Eintauchen‘ in all das Vergangene hatte ihn sehr deprimiert. Er hatte auch nicht vor, bei Leria vorbeizuschauen.

So wanderte er gedankenverloren durch den Park. An einer Stelle hatte Leria vor einigen Wochen einen Baum fällen lassen, eine alte Kiefer, die schon hier gestanden hatte, als er mit seinen Eltern hergezogen war.

Schließlich war er beim Teich angekommen und setzte sich auf die Bank. Ein paar Frösche sprangen ins Wasser, als der für sie ungebetene Besucher erschien.

Albrecht starrte in dieses grünliche, weitgehend von Seerosenblättern überwachsene Gewässer, und er konnte nicht vermeiden, dass ihn die Erinnerungen längst vergangener Zeiten ungehindert übermannten.

Plötzlich spürte er einen Luftzug, der wie ein Hauch über ihn hin wehte und gleich darauf vernahm er die vertraute Stimme Lerias.

Ich muss dich wahrscheinlich nicht fragen, wie du dich fühlst, sagte er.

Nein, das musst du nicht, denn das kannst du dir denken.

Leria setzte sich neben ihn.

Du warst wie immer sehr fleißig, begann Albrecht. Die Tagesberichte einer Krankheit, eure/unsere Hoffnungen und Befürchtungen, die ärztlichen Bulletins und vieles mehr – alles fein säuberlich abgeheftet, wie bewahrt für die Ewigkeit.

Nun ja, alles von uns Bewahrte wird mit uns verschwinden. Unsere Endlichkeit kann nun mal mit der Ewigkeit nicht mithalten, sagte Leria.

Ein durchaus tröstlicher Gedanke, mein Freund.

Leria lachte.

Wie weit bist du gekommen?, fragte er.

Bis zu der Stelle, wo Désirée ihr Kommen angekündigt hat.

Ah ja! Das war schon sehr heftig, sagte Leria.

Weshalb?

Nun, sie hat Prosper starke Vorwürfe gemacht, die ihn sehr getroffen haben.

Das habe ich nicht gewusst, sagte Albrecht. Das ist mir völlig entgangen.

Ich habe es im Bericht auch nicht erwähnt. Sie gab ihm eine gewisse Mitschuld. Er habe Mira zu sehr getrieben, nicht überfordert, aber vielleicht doch auch seinen eigenen Ehrgeiz zu sehr mit eingebracht.

Albrecht schüttelte den Kopf.

Aber, selbst wenn es so gewesen wäre, hätte das doch kaum diese Krankheit ausgelöst.

Natürlich nicht, sagte Leria. Désirée scheint das auch eingesehen zu haben. Sie hat sich später bei Prosper entschuldigt. Aber das war eben die Gesamtsituation. Die Nerven lagen bei allen blank.

Ja, sagte Albrecht, es war ein furchtbarer Schlag für uns alle.

Leria sah fragend zu seinem Freund hinüber. Albrecht erwiderte diesen Blick nur kurz und schwieg.

Am Abend, als Albrecht in seinem Zimmer saß, kreisten seine Gedanken wieder unablässig weiter.

Wäre es besser gewesen, wenn ich mir damals bei einem Therapeuten einmal alles von der Seele geredet hätte?, dachte er halbblaut vor sich hin.

Leria hatte während ihres Gesprächs sicher darauf gewartet, dass er selbst etwas mehr von seiner damaligen Befindlichkeit mitteilen würde. Aber er war sich sicher, dass es auch umgekehrt noch einige Punkte gab, die ihm bis heute vorenthalten worden waren.

Als er sich damals nach dem ersten Schock über die Krankheit von Mira wieder etwas gefasst hatte, war bei ihm der Gedanke aufgetaucht, sein Studium abzubrechen, um einfach ganz für sie da zu sein, sich um sie zu kümmern, ihr, wo er konnte, Beistand zu leisten. Prosper, so hatte er überlegt, würde dem sicher nicht entgegenstehen. Er würde seine Ausbildung einfach zu einem späteren Zeitpunkt wieder aufgreifen.

Doch Prosper war in jener Zeit kaum ansprechbar und so hatte er sich an Leria gewandt. Davon würde ich dir abraten, war damals Lerias Kommentar. Sprich ruhig auch mit Mira darüber, aber ich glaube nicht, dass sie damit einverstanden wäre.

Und so war es auch. Mira hatte ihn angeblickt und seine Hand genommen.

Lieber Albrecht, das möchte ich nicht. Ich bin doch hier nicht allein. So viele Menschen sorgen sich um mich. Du wirst bestimmt immer wieder für eine längere Zeit hier sein können – und ich werde mich immer freuen, wenn du hierher zurückkommst.

Er hatte sich damals etwas gewundert, eine gewisse Distanzierung in diesen Worten gespürt, die ihn bei längerem Nachdenken betroffen machte. Aber er äußerte sich nicht dazu. Gleichzeitig war er mit sich selbst ein wenig zu Gericht gegangen: War er vielleicht etwas zu empfindlich geworden?

Wochen und Monate vergingen. An manchen Tagen fühlte sich Mira besser und sofort keimte Hoffnung auf. Vielleicht hatte ein Medikament besser angeschlagen oder sie schob es auf irgendeinen ganz irrationalen Grund. Dann wurde sie nur kurze Zeit später wieder eines Besseren belehrt.

Eine endlose Achterbahnfahrt zwischen Hoffnung und Ausweglosigkeit.

Ihr Klavierspiel musste sie gänzlich aufgeben. Einmal, als sie sich relativ gut fühlte, hatte Prosper noch ein Hauskonzert organisiert und ein paar Leute dazu eingeladen. Beim ersten Stück, einer Suite in d-Moll von Georg Friedrich Händel war alles wunderbar gelaufen. Beim ersten Satz der letzten Sonate von Mozart in D-Dur, KV. 576, musste sie bereits während der Wiederholung der Exposition aufhören. Von plötzlichen Schmerzen übermannt, wollte sie aufstehen und wäre möglicherweise gestürzt, wenn nicht Prosper und Leria sofort aufgesprungen wären, um sie noch rechtzeitig festzuhalten.

Das war ihr letzter Auftritt gewesen.

Albrecht war erst ein paar Tage später zurückgekommen. Als man ihm von dem Ereignis berichtete, wollte er sofort zu ihr. Prosper hielt ihn zurück.

Albrecht, du kannst im Moment nicht zu ihr. Sie hat sich seit diesem unsäglichen Konzert in ihrem Zimmer vergraben und will niemanden sehen.

Aber ...

Prosper hatte ihm eine Hand auf die Schulter gelegt.

Sie hat ausdrücklich gesagt: niemanden. Ich kann sie nur mit großer Mühe dazu überreden, dass sie überhaupt etwas zu sich nimmt. Du musst jetzt stark sein, mein Freund.

Warum musste dieses Konzert überhaupt stattfinden? Wollte sie das denn unbedingt?

Komm, wir setzen uns einen Moment, Albrecht. Ich muss mich bei dir entschuldigen, denn diese unglückliche Situation hat dazu geführt, dass ich mich kaum mehr um dich gekümmert habe ...

... Prosper, du musst nicht ...

Lass mich dir das sagen, denn ich habe deshalb ein schlechtes Gewissen. Ich habe erst gestern mit Ellen darüber gesprochen und ich habe deutlich gefühlt, dass sie sich Sorgen um dich macht.

Wir telefonieren oft und führen lange Gespräche, hatte Albrecht erwidert, ich habe ihr immer wieder gesagt, dass sie sich um mich keine Sorgen machen muss, denn ... was mich anbelangt ...

Albrecht kämpfte mit den Tränen. Er war aufgestanden, zu einem Fenster gegangen, hatte an dieser Stelle für ein paar Minuten verharrt und in den Park hinuntergeblickt, der dabei war, in ein eigenartiges Dämmerungslicht einzutauchen, ein Anblick, der ihm wie ein unwirkliches Traumbild erschienen war.

Er erinnerte sich daran, dass ihm das damals ein wenig peinlich war, dabei wäre Prosper der Letzte gewesen, der daran Anstoß genommen hätte.

Er sah wieder Prosper vor sich, der ruhig hinter ihm saß und ihm zulächelte, als er zum Tisch zurückkam. Dieses Gespräch hatte sich ihm tief eingeprägt.

Albrecht fuhr sich mit einem Tuch kurz über das Gesicht.

Das mit dem Haus-Konzert war ihre Idee, begann nun Prosper. Ich hatte kein gutes Gefühl dabei, aber ich wollte ihr diesen Wunsch nicht abschlagen. Es war wohl schon wie ein trotziges Sich-Aufbäumen gegen etwas Unvermeidliches.

Albrecht nickte.

Entschuldige, bitte …

Nein. Niemand muss sich hier entschuldigen. Wir alle müssen lernen, mit diesem schweren Schicksalsschlag umzugehen und Mira, solange es irgend geht, beistehen, ihr klarmachen, dass wir immer für sie da sein werden.

Albrecht saß auf seinem Stuhl und hielt den Kopf gesenkt.

Das Leben ist grausam, sagte er schließlich. Gibt es denn gar keine Hoffnung?

Die dürfen wir trotz allem nie aufgeben. Im Moment bekommt sie neue Medikamente, die ihr vielleicht helfen werden. Die Möglichkeit besteht immer.

Und diese Klinik? Ist das immer noch eine Option?

Auch daran denken wir. Désirée hat erst gestern telefoniert und mir gesagt, dass man dort neuartige Heilmethoden ausprobiert hat, die in einigen Fällen schon geholfen haben. Natürlich noch zu wenig, um schon allgemeine Aussagen machen zu können, aber wer weiß?

Albrecht stand auf.

Du bist mir nicht böse, wenn ich mich zurückziehe?

Mitnichten. Sobald es ihr wieder ein wenig besser geht, gebe ich dir sofort Bescheid.

Danke, Prosper.

Wofür, mein Freund? Das ist doch wirklich eine Selbst-verständlichkeit. Ich hätte schon früher mit dir reden müssen.

Albrecht ging zur Tür.

Eine Sache noch, Albrecht. Auch wenn dir das Dasein im Augenblick ein wenig trostlos erscheint: Wir müssen in unserem Leben mit schlimmen Situationen umgehen, machen Erfahrungen, die uns niederdrücken, uns aus der Bahn zu werfen drohen. Es ist dennoch wichtig, dass wir uns davon nicht unterkriegen lassen. Das muss auch Mira spüren, wenn wir bei ihr sind. Ich ... mache mir das auch selbst jeden Tag klar.

Albrecht nickte ihm mit einem kleinen Lächeln zu und ging.

Nach dieser Unterredung stand sein Entschluss fest: Er würde sein Studium in München, soweit das möglich war, auf Sparflamme weiterführen. Er hatte noch am selben Abend mit einem befreundeten Kommilitonen telefoniert und mit ihm ausgemacht, dass er ihm ab und zu auf dem Postweg ein paar kopierte Skripte von den Vorlesungen und Seminaren zukommen lassen sollte.

Wenn Albrecht heute daran dachte, musste er im Nachhinein über seinen damaligen Pflichteifer lächeln. Allerdings glaubte er, dies auch Prosper, der ihm sein Studium großzügig mitfinanzierte, schuldig zu sein.

Tatsächlich geschah es, dass Mira auf die von ihrem Vater erwähnten Medikamente gut reagierte. Nach wenigen Wochen spürte sie eine deutliche Besserung, war wieder ansprechbar, machte mit Albrecht kleinere Spaziergänge, zuerst im Park, dann auch wieder außerhalb.

Zuerst war Albrecht erschrocken, als er sie zum ersten Mal wieder besuchen konnte. Sie hatte stark abgenommen und wirkte wie ein zartes Wesen, das von jedem Windstoß verweht werden könnte.

Auch ihr Verhältnis hatte sich geändert. Nur noch manchmal blitzte ein wenig die alte Vertrautheit auf, die einmal zwischen ihnen geherrscht hatte. An unmittelbare körperliche Nähe war im Moment nicht mehr zu denken. Es fiel ihm nicht leicht, aber er war ohne Wenn und Aber bereit, die neue Situation zu akzeptieren. Mira war ihm dafür dankbar.

Eines Morgens, als sie mit Prosper und Leria am Frühstückstisch saß, hatte Mira plötzlich Schwierigkeiten mit ihrer

Bewegungskoordination. Sie stieß ein Glas mit Orangensaft um und es zeigte sich, dass sie ihre Bewegungen nicht mehr richtig unter Kontrolle hatte. Sie legte ihre zitternden Hände auf den Schoß und blickte hilflos vom einen zum andern.

Ihr Vater und Leria standen sofort auf.

Sie brachten sie zu einem Lehnstuhl und schoben ihr einen kleinen Hocker unter die Beine. Leria setzte sich neben sie und redete beruhigend auf sie ein, während Prosper in sein Büro ging, um Erich Kaufmann anzurufen.

In diesem Augenblick kam Albrecht herein, der Mira zu einem morgendlichen Spaziergang abholen wollte. Er taxierte kurz die Situation, nahm sich einen Stuhl und setzte sich auf die andere Seite. Etwas unbeholfen hielt sie ihm ihre beiden Arme hin und Albrecht nahm ihre Hände behutsam zwischen die Seinen. Ganz allmählich ließ das Zittern wieder etwas nach. Vielleicht lag es an den Medikamenten, die sie beim Frühstück eingenommen hatte, jedenfalls schien sie ruhiger zu werden.

Heute Nachmittag um 15Uhr, sagte Prosper, als er wieder ins Zimmer kam. Erich hat eigentlich seinen freien Nachtmittag. Aber er hat sofort zugesagt.

Albrecht blieb noch längere Zeit bei ihr. Schließlich wollte Mira aufstehen. Albrecht half ihr dabei.

Du kannst mich loslassen, sagte sie. Ich möchte ein wenig herumgehen.

Vorsichtig setzte sie einen Fuß vor den anderen und begann durch den Raum zu wandern, wurde sicherer, bewegte sich etwas schneller.

Ich habe mich so auf unseren Spaziergang heute Morgen gefreut, sagte Mira. Könnten wir heute Nachmittag nicht zu Fuß in die Praxis gehen?

Meinst du, dass das gehen wird?, fragte Albrecht ein wenig zweifelnd.

Warum nicht?

Prosper, der die Unterhaltung in seinem Büro gehört hatte, kam herein.

Mira, wir werden dich mit dem Wagen dorthin bringen.

Ich möchte es aber, sagte sie fast wütend. Es ist doch gar nicht so weit.

Wir werden sehen. Wenn … nichts dazwischen kommt, kannst du es versuchen.

Es wurde ein denkwürdiger Spaziergang.

Normalerweise benötigte man vielleicht zwanzig Minuten bis zu der Arztpraxis. Mit Mira musste man nun eine längere Zeit einplanen. Und Prosper hatte schon einen Plan.

Vor dem Mittagessen, Mira hielt sich noch in ihrem Zimmer auf, teilte er Albrecht mit, dass er heimlich mit dem Auto folgen werde, dann könne er jederzeit zur Stelle sein, wenn es nötig sein sollte.

Aber du kannst doch nicht in unserem Tempo durch die Stadt fahren, gab Albrecht zu bedenken.

Kein Problem, sagte Prosper. Ich fahre ein wenig kreuz und quer. Wenn alles gut geht, werde ich etwas später in der Arztpraxis eintreffen.


Der Gang durch die Stadt.

Mira und Albrecht, ein junges Paar, das Händchen haltend in langsamem Tempo durch die Straßen wanderte.

Der Verkehr rollte an den beiden vorüber, wurde auf der breiten Einkaufsstraße, die an zahlreichen Geschäften vorbeiführte, etwas dichter, dazu der beißende Geruch von Abgasen, manchmal Geschrei von Kindern, die irgendetwas riefen, Wortfetzen, die an ihren Ohren vorbeitönten, zerrissene Melodien aus Wagenkolonnen, ein Gemenge von Dissonanzen, das einen fast stehenden Klang bildete, der dennoch von Unruhe erfüllt war.

Die beiden schienen nichts davon wahrzunehmen. Sie näherten sich der großen Kirche, kamen am Marktplatz vorbei, hörten die Uhr des Rathauses schlagen und gleich darauf die Glockenschläge vom Kirchturm. Man konnte den Eindruck gewinnen, als sei die Art ihrer Fortbewegung von einer gewissen Vorsicht geprägt.

Immer wieder blickten sie sich an, Mira versuchte sein Lächeln zu erwidern. Bei einem Musikgeschäft kurz vor einer Straßenkreuzung hielten sie inne. Albrecht lehnte sich mit dem Rücken an die große Schaufensterscheibe zog Mira zu sich her und nahm sie in die Arme. Sie ruhten sich ein wenig aus, bevor sie ihren Weg fortsetzten.

Schließlich kamen sie zur Brücke über den Fluss, überquerten sie und erreichten die Straße zum Bahnhof.

Mira ließ seine Hand los, blieb stehen.

Dort drüben ist der Eingang zur Praxis, sagte sie. Es sind nur ein paar Meter. Möchtest du wirklich so lange warten?

Auf jeden Fall, Mira.

Bis später, sagte sie. Eine kurze Berührung der Lippen.

Dann ging sie langsam, mit bedächtigen Schritten weiter. Albrecht wandte den Blick nicht von ihr ab. Mira war an der Eingangstür angekommen und drückte auf den Klingelknopf. Sie drehte den Kopf noch einmal in seine Richtung, zeichnete mit der Hand eine kleine Bewegung in die Luft, die Tür öffnete sich, sie trat ein.

Albrecht blieb unverwandt an dieser Stelle stehen und starrte immer noch auf die Tür, durch die Mira in das Haus gegangen war.

Plötzlich legte sich eine Hand auf seine Schulter. Es war Prosper.

Ist alles so weit gut gegangen?

Albrecht nickte.

Ich gehe dann mal rein, sagte Prosper. Möchtest du warten? Ich habe allerdings keine Ahnung, wie lange es dauern wird.

Ich werde mir schon die Zeit vertreiben, sagte Albrecht.

Er ging wieder zurück über die Brücke, wandte sich nach rechts und wanderte langsam die Straße am Fluss entlang weiter. Ein leichter Wind bewegte die langen Arme der Trauerweiden am Ufer, kräuselte das bräunlich-grüne Wasser des Flusses, das sich unter den Strahlen der Nachmittagssonne ab und zu in eine Fläche aus glitzernden Punkten verwandelte. Manchmal glitten Boote vorbei.

Der allgemeine Lärm verebbte allmählich, es blieb nur das übliche Geräusch des bewohnten, belebten Raums.

Albrecht setzte sich auf eine Bank am Ufer und überließ sich dem Spiel seiner Gedanken.

Später kehrte er zurück, setzte sich eine Zeitlang in das Terrassencafé des Hotels an der Brücke, trank einen Espresso, erhob sich danach wieder, suchte eine Buchhandlung am Marktplatz auf, besah ein paar Bücher, verließ immer noch voller Unruhe den Laden und machte sich auf den Weg zur Arztpraxis.

Über eineinhalb Stunden waren in der Zwischenzeit vergangen. Er ging vor dem Praxiseingang auf und ab, nahm all seinen Mut zusammen und drückte auf den Klingelknopf. Niemand öffnete. Auch nach einem weiteren Versuch nicht. Er ging in eine Telefonzelle und rief Prospers Büro an. Leria müsste doch da sein. Niemand nahm den Hörer ab. Resigniert machte er sich schließlich auf den Heimweg.

Als er zu Hause ankam, traf er seine Mutter in großer Aufregung an.

Gut, dass du kommst, sagte sie.

Was ist passiert?

Leria hat eben angerufen. Sie haben Mira ins Krankenhaus gebracht, sagte sie. Sie muss während ihres Besuchs bei Dr. Kaufmann fast zusammengebrochen sein. Prosper und Leria sind bei ihr.

Was? Ich gehe sofort hin, rief Albrecht.

Ellen ergriff seinen Arm.

Das musst du nicht, Albrecht. Prosper wird bei ihr bleiben. Leria kommt gleich zurück. Im Moment kann sonst niemand zu ihr.

Seit wann ist sie dort?, fragte Albrecht.

Es muss schon bald nach ihrer Ankunft in der Praxis passiert sein.

Albrecht stand wie erstarrt, seine Mutter nahm ihn an der Hand, führte ihn zu ihrer Couch, setzte sich neben ihn, legte ihre Arme um ihn. Für ein paar Augenblicke war er wieder der kleine Junge, der Trost suchte. Lächelnd richtete er sich schließlich wieder auf, nahm sanft ihren Arm herunter.

Danke, war das einzige Wort, das er sagte. Ansonsten saßen sie einfach zusammen, ohne ein Wort zu sprechen, ihre Schultern aneinandergelehnt.

Albrecht würde sich immer daran erinnern, wie tröstlich er diese Nähe zu seiner Mutter empfunden hatte.

Kurz darauf klopfte es an die Tür. Es war Leria. Auch er wirkte verstört und betroffen von den Ereignissen.

Tut mir leid, Albrecht, aber Prosper konnte dich nicht benachrichtigen. Außerdem ging alles so schnell. Er hat noch kurz hier angerufen. Ich fuhr sofort zum Krankenhaus.

Werde ich Mira sehen können?, fragte Albrecht.

Sie liegt auf der Intensivstation. Im Moment dürfte das schwierig sein.

Albrecht sprang auf.

Leria! Muss man das Schlimmste befürchten?

Leria machte eine beschwichtigende Geste.

Ich glaube nicht, Albrecht. Sie braucht nun nur absolute Ruhe.

Und das wurde eine stehende Redewendung in den nächsten Tagen. Leria wiederholte sie, Prosper schloss sich an. Alle baten ihn um Verständnis, vertrösteten ihn. Angeblich ging es Mira wieder etwas besser, aber sie wolle niemanden sehen.

Später konnte sich Albrecht nicht mehr richtig erklären, weshalb er eigentlich so ,folgsam‘ gewesen war.

Es waren schon fast zwei Wochen vergangen, als er Prosper erklärte, dass er Mira unbedingt besuchen wolle.

Prosper dachte einen Moment nach.

Ich werde mir einen günstigen Zeitpunkt überlegen. Ich gebe dir heute noch Bescheid, Albrecht.

Später kam Prosper im Gartenhaus vorbei und verkündete, dass es vielleicht in zwei Tagen glücken könnte.

Albrecht verlor in diesem Augenblick die Geduld. Was er noch nie getan hatte, auch nicht ansatzweise, er schrie Prosper beinahe an.

Was soll denn das nun wieder heißen? Will sie mich nicht mehr sehen?

Prosper blieb ruhig.

Langsam, langsam, Albrecht! Ich kann dich ja verstehen.

Das glaube ich nicht, sagte Albrecht in einem immer noch etwas aggressiven Ton.

Albrecht, bitte!

Ellen hatte ihn am Arm ergriffen und sah ihn angstvoll an.

Albrecht nahm seine Jacke und ging nach draußen.

Am nächsten Tag fuhr er kurz nach dem Mittagessen zum Krankenhaus. Prosper war schon am Morgen aufgebrochen und Albrecht rechnete damit, ihn bei Mira anzutreffen. Er hatte sich die Station und die Zimmernummer aufgeschrieben. Als er dort ankam, wurde der Raum gerade gereinigt und Mira war nirgends zu sehen. Er ging zurück zur Stationsschwester und fragte nach.

Mira Obenvelder? Die ist heute Morgen abgeholt worden.

Bitte?

Sind Sie ein Angehöriger der Familie?

Ja ... schon. Sie ... ist meine Verlobte.

Ach so? Herr Obenvelder war hier. Ein Krankenwagen hat sie abgeholt.

Ein Krankenwagen?

Ja. Wir haben sie zum Ausgang gefahren. Ich glaube, es war eine Hamburger Nummer.

Eine Hamburger Nummer?

Albrecht stand für einen Moment ratlos und stumm dieser Frau gegenüber. Dann drehte er sich um.

Entschuldigen Sie, bitte.

Ich konnte sie nicht einmal mehr sehen, sagte er später.

Das verstehe ich auch nicht, sagte Ellen.

Auch sie war ratlos, konnte sich das Verhalten Prospers nicht erklären.

Das sieht ihm eigentlich nicht ähnlich, meinte sie schließlich. Aber wer kann schon in alle Menschen hineinblicken.

Während der beiden folgenden Tage von Prospers Abwesenheit wuchs Albrechts Wut auf seinen Wohltäter. Dazu kamen aber auch seine Verzweiflung und ein gewisser Selbsthass, der seinen Ursprung in seiner eigenen Unsicherheit hatte. Denn er machte sich Vorwürfe, weil er sich nicht selbst stärker durchgesetzt und die Initiative ergriffen hatte. Er hätte früher darauf dringen müssen, dass man ihn zu ihr ließ. Allerdings hatte er diese Entwicklung der Dinge nicht voraussehen können.

Dieses ‚hätte', hätte müssen, sollen, können, war lebenslang durch seinen Kopf gegangen.

Und heute? In diesem Moment, als er wieder intensiv seiner eigenen Geschichte begegnete, erschien das alles wie ein Schulterzucken der vergehenden Zeit, die nun mal keine Korrekturen zulässt.

—

Das war das einzige Mal, dass ihr euch überworfen habt, sagte Leria bei ihrem nächsten Zusammentreffen. Aber nicht für immer und auch nicht für lange – dem Himmel sei Dank.
Albrecht nickte.
Nun ja, aber damals hatte sich bei mir schon einiges angestaut. Du darfst nicht vergessen, Leria, auch wenn das für dich unter Umständen etwas überzogen klingt … Mira war das Glück meines Lebens, nicht mehr und nicht weniger.
Ich weiß. Wir beide haben in jener Zeit nur sehr wenig über eure Auseinandersetzung gesprochen. Ist es sehr indiskret, wenn ich dich heute, ein paar Jahrzehnte später, danach frage?
Du hast sicher mit Prosper darüber diskutiert?, fragte Albrecht.
Allerdings.
Prosper hat mir von Anfang an versichert, begann Albrecht, dass sein ganzes Vorgehen auch zum Schutz von Mira gewesen sei, der er jede zusätzliche Aufregung und Belastung habe ersparen wollen – und er habe beabsichtigt, auch mich ein wenig dabei zu schonen. Da habe ich dann bereits nachgehakt. Wie er eigentlich dazu komme, solcherart über meine Befindlichkeiten zu verfügen. Nun ja, ein Wort hat das andere ergeben. Ich habe ihm schließlich noch vorgeworfen, dass er immer über alle anderen bestimmen wolle und dass in erster Linie stets das geschehe, was er sich vorgenommen habe. Von dem Zeitpunkt an wurde es dann etwas laut.
Man hat davon gehört, sagte Leria lächelnd.
Bevor ich ging, wollte ich von ihm die Adresse dieser Klinik bei Hamburg wissen. Als er mir dann sagte, dass ich das zu ‚gegebener Zeit‘ schon erfahren würde, platzte mir der Kragen. Da bat er mich zu gehen.
An dieser Stelle sollte ich dir auch noch etwas sagen, Albrecht. Nicht alles, aber ein paar Punkte von dem, was er dir damals mitgeteilt hat, haben Prosper und ich im Ungefähren abgesprochen. Das kann und will ich nicht leugnen. Allerdings nicht ganz in der Fassung, wie du mir das eben mitgeteilt hast. Aber

... ich selbst hatte darüber meine eigene Meinung.

Albrecht sah ihn verwundert an.

Lass es mich dir erklären. Mir war damals schon klar, dass seine Argumentation dir gegenüber wohl vorgeschoben war. In gewissem Sinne kam er von seiner Rolle eines Über-Vaters nicht los. Es war seine Tochter, in die er vernarrt war, niemand sollte ihm diese Rolle streitig machen können. In dieser Beziehung kam er selbst stets an erster Stelle.

Albrecht schüttelte den Kopf.

Aber er hat mich doch als Freund und Geliebter seiner Tochter akzeptiert: Wir waren so gut wie verlobt. Mira und ich sprachen auch davon, dass wir heiraten wollten. Ich hatte nie das Gefühl, dass Prosper insgeheim dagegen war.

Manches von dem, was ich dir eben gesagt habe, läuft auch im Unbewussten ab. Dein Eindruck war nicht falsch. Er hat immer mit Wohlwollen von eurer Verbindung gesprochen. Aber das hat ihn nicht daran gehindert, seine Rolle weiterzuspielen.

Hast du ihm das eigentlich mal gesagt?, fragte Albrecht.

Albrecht, Prosper und ich sind ... waren befreundet. Ich bin diesbezüglich schon ein wenig vorgeprescht, aber er hat das sofort zurückgewiesen. Und ich war schließlich nicht einmal ein Familienangehöriger und schon gar nicht sein Psychologe, also stand es mir nicht zu, ihm in diesen Dingen zu nahezutreten.

Albrecht und Leria verstummten eine kurze Zeit lang. Albrecht nahm als Erster den Faden wieder auf.

Ihr wusstet, dass ich schließlich die Adresse dieser Klinik herausbekommen habe?

Das haben wir erst später von Désirée erfahren, sagte Leria.

Albrecht fuhr fort.

Ich bin Hals über Kopf nach München zurückgekehrt, habe geglaubt, ich müsse mich nun blindlings in mein Studium stürzen. Aber das hat natürlich kaum etwas genützt. Zunächst war es ein hektisches Hin und Her ohne Sinn und Verstand, das manchmal auch in irgendeiner Bar endete. Schließlich habe ich versucht, Désirée zu erreichen. Zunächst ohne Erfolg. Nach vielen Anläufen und manchen Umwegen war es mir gelungen. Sie freute sich über meinen Anruf, aber wir konnten nur kurz reden. Sie war dabei, nach Hamburg umzuziehen. Sie nannte mir die Adresse dieses Hauses, gab aber zu bedenken, dass man mich dort kaum vorlassen würde. Sie schlug vor, dass wir uns treffen könnten, sie würde mit mir hingehen, mich als Verlobten ihrer Tochter vorstellen und dann könne ich eine gewisse Zeit allein bei ihr sein. Sie nannte mir auch gleich einen Termin, den wir allerdings bald wieder verschieben mussten. Drei Wochen später gelang es. Ich hatte von München aus den Nachtzug genommen und am anderen Morgen holte sie mich in Hamburg-Altona ab. Sie erschien mir ein wenig verändert, jedenfalls hatte ich sie anders in Erinnerung. Ihre Haare waren nun viel kürzer, unter ihrem anthrazitfarbenen leichten Mantel trug sie eine weiße Bluse mit einem hinreißenden, hellblauen Kostüm. Du weißt ja, ich verstehe überhaupt nichts von Mode, aber es kam mir so vor, als wäre das damals vielleicht der sogenannte letzte Schrei gewesen. Ich muss auch dazusagen, dass ich sie niemals vorher in einer solchen Aufmachung gesehen hatte. Und, ja, dann lächelte sie mich an und umarmte mich. Ich war in der Tat ein wenig verwirrt.

Da bist du also, sagte sie.
Sie führte mich zu dem Platz, wo sie ihr Mercedes-Cabrio geparkt hatte.
Wir fuhren vielleicht eine halbe Stunde, bis wir die Klinik erreichten. Das Haus lag in einem parkähnlichen, weitläufigen Gelände mit teilweise hohen Bäumen. Während der Fahrt sprachen wir über Mira. Zu Beginn redete sie offen über sich selbst, äußerte sich über ihre persönlichen Empfindungen in Bezug auf die Krankheit Miras, unterbrach sich immer wieder und verstummte schließlich.
Plötzlich war da keine elegante Person mehr, die inzwischen

schon fast so etwas wie ein Star geworden war, sondern eine leidende, sich mit großer Energie beherrschende Frau, die sich daran klammerte, dass noch nicht alles verloren sein könne.

Sie blickte mit einem traurigen Lächeln zu mir herüber.

Auch ich fing nun an zu reden. Ab und zu stellte sie mir Fragen, wenn ihr etwas unklar war. Allmählich verlor ich meine Befangenheit, redete mir vieles von der Seele, und ich hatte den Eindruck, dass sie mir intensiv zuhörte. Immer noch denke ich mit großer Dankbarkeit und Sympathie an dieses Gespräch, das ich mit ihr führen konnte. Übrigens liefen mir die Tränen aus den Augen – und es war mir nicht einmal peinlich. Was mich bis heute wundert.

Am Ende legte sie eine Hand auf meine Schulter, als wollte sie sagen: Wir müssen versuchen tapfer zu sein! Das war eben meine etwas banale Interpretation.

Wir kamen an die Pforte, sie stellte mich als Verlobten ihrer Tochter vor. Als wir uns auf den Weg zu Mira machten, begegneten wir einem älteren Arzt, den Désirée kannte und der sie freundlich begrüßte. Nachdem sie mich wiederum vorgestellt hatte, sagte er uns, dass Mira in der vorangegangenen Nacht einen schlimmen Schub gehabt habe und kaum ansprechbar sei. Er bat uns in sein Zimmer und berichtete uns, dass Mira in letzter Zeit Fortschritte gemacht habe. Die neuen Medikamente hätten gut gewirkt. Aber das sei nun mal das Heimtückische an dieser Krankheit.

Wir ... können nicht zu ihr?, fragte ich. Ich muss ihn schon ziemlich verzweifelt anblickt haben. Er sah mich an, dachte einen Moment nach. Herr Bronnen, ich schaue gleich noch mal nach ihr. Am besten, Sie warten einen Moment in dem Aufenthaltsraum in der Nähe ihres Zimmers. Frau Perlmann, wenn Sie mich bitte begleiten würden?

Wir fuhren mit dem Aufzug ein Stockwerk höher. Der Arzt führte mich zu dem Raum, in dem ich warten sollte. Dann ging er mit Désirée in ein Zimmer schräg gegenüber, mit der Nummer B14. Ich ging die ganze Zeit unruhig auf und ab. Es lagen alle möglichen Zeitschriften und Magazine herum. Ich trat ans Fenster, blickte kurz hinaus in diese Parklandschaft. Schließlich verließ ich den Raum wieder und wanderte vor B14 ständig auf und ab. Endlich kam Désirée aus dem Zimmer, nahm mich an der Hand und ging mit mir in den Aufenthaltsraum zurück. Diese Unterhaltung, Leria, hat sich mir für alle Zeiten eingeprägt.

Was ist mit ihr?, fragte ich sofort.

Albrecht, es fällt mir sehr schwer, dir das nun mitteilen zu müssen …

Ich merkte ihr an, wie sie sich quälte.

Ist es … sehr schlimm?

Als ich ins Zimmer trat, hat sie mich sofort erkannt und freute sich auch über mein Kommen. Sie hat zwar im Moment ziemliche Kopfschmerzen, Schweißausbrüche, überhaupt Schmerzen an vielen Stellen ihres Körpers …

Und wenn wir nur ganz kurz …?

Sie sah mich an.

Leider ist im Moment nichts zu machen, Albrecht. Ich habe ihr, übrigens so schonend wie möglich, gesagt, dass du hier bist und draußen wartest. Daraufhin begann sie sofort zu weinen und drehte ihren Kopf gegen die Wand. Ich verhielt mich still und wartete. Schließlich flüsterte sie etwas. Ich verstand sie nicht. Sie drehte sich wieder zu mir um und in ihrem Blick lag schiere Verzweiflung.

Er soll mich nicht sehen, sagte sie.

Warum nicht?

Mira sprach sehr leise: Albrecht soll mich … so wie ich einmal war … in Erinnerung behalten.

Mira, aber er möchte es doch so sehr.

Maman, bitte, ich will es nicht. Er … kann mich doch so nicht mehr lieben, sagte sie weinend und drehte sich wieder weg.

In diesem Augenblick kam eine Schwester herein und brachte Medikamente und etwas zu trinken. Der Arzt bat mich, zu dir zu gehen und mit dir zu reden. Er werde bald nachkommen.

Diese Mitteilungen bestürzten mich zutiefst. Alles in mir wehrte sich dagegen. So konnte es doch nicht zu Ende gehen. Noch einmal begehrte ich auf.

Désirée, auch wenn sie sich noch so sehr verändert hat, das … macht mir doch nichts aus!

Das glaube ich dir sofort. Aber … ich bitte dich, sie zu verstehen. Sie hat sehr stark abgenommen, ihre Wangen sind eingefallen, ihre Augen liegen tief in ihren Höhlen. Sie ist tatsächlich nur noch ein Schatten ihrer selbst.

Das spielt für mich keine Rolle, protestierte ich.

Sie sah mir eindringlich in die Augen.

Albrecht, ich weiß doch auch nicht mehr, was ich tun soll.

Du hast sie tatsächlich nicht mehr gesehen? Hat es denn auch danach nie mehr eine Möglichkeit gegeben?, fragte Leria.

Albrecht schüttelte den Kopf.

Das war einer der schlimmsten Momente für mich. Wir fuhren nach Hamburg-Altona zurück. Während der Fahrt redeten wir kaum ein Wort. Désirée lud mich ein, bei ihr zu übernachten, sie habe ein Gästezimmer und es würde ihr keine Mühe machen. Aber ich lehnte ab. Ich wollte nur noch allein sein, dankte ihr natürlich, dass sie das alles für mich in die Wege geleitet hatte.

Albrecht, sagte sie noch, ich weiß, wie schlimm das für dich sein muss, aber ich möchte dich vor allem um eines bitten: Trage es Mira nicht nach.

Um Himmels willen, Désirée. Das käme mir nie in den Sinn. Es ist nur …

Weiter kam ich nicht. Ich sah sie nur an und konnte überhaupt nichts mehr sagen. Sie nahm mich in die Arme.

Albrecht, wenn du reden möchtest, du hast meine Telefonnummer, ruf mich an, hörst du? Ich möchte dir wenigstens auf diesem Wege helfen. Wenn ich nicht da bin, sprich auf den Anrufbeantworter, ich werde versuchen, dich so bald wie möglich zu kontaktieren.

Ich danke dir, sagte ich, ich werde darauf zurückkommen.

Das sagte ich ihr einfach so hin und im gleichen Augenblick dachte ich daran, dass sie im Grunde doch selbst Trost und Unterstützung bräuchte.

Wir trennten uns. Ich winkte ihr noch kurz zu, als sie wegfuhr. Das war also mein Besuch in Hamburg. Sie hatte mir beiläufig noch gesagt, dass sie in der nächsten Spielzeit am Hamburger *Thalia Theater* spielen werde.

Das sieht ihr ähnlich, sagte Leria. Aber inzwischen war sie eben schon sozusagen ‚erste Sahne'. Sie konnte es sich offensichtlich aussuchen.

Weißt du eigentlich noch irgendetwas von ihr?, fragte Albrecht.

Leria schüttelte den Kopf. Keine Ahnung. Aber, soweit mir bekannt ist, befindet sie sich nicht mehr in Deutschland. Damals war ihr Name sehr häufig in den unterschiedlichsten Presseorganen. Ich lese von Zeit zu Zeit immer noch die eine oder andere Theaterzeitschrift. Aber ihr Name ist schon lange nicht mehr aufgetaucht.

Vielleicht lebt sie gar nicht mehr, sagte Albrecht.

Kann auch sein. Sie war, glaube ich, etwas jünger als Prosper. Aber, was ich dich noch fragen wollte, Albrecht, hast du noch einmal einen Versuch gemacht, in diese Klinik zu kommen?

Nein. Aber Désirée und ich blieben in Kontakt, telefonierten oder tauschten ab und zu Briefe aus. Sie hat Wort gehalten. So erfuhr ich ständig, wie man so sagt, den Stand der Dinge. Einmal ging es ihr besser, dann wieder schlechter. Dieses schreckliche Auf und Ab. Ein knappes halbes Jahr später starb Mira, aber das weißt du ja.

Du warst damals selten hier, sagte Leria nach einer Pause.

Richtig. Und es hat mir auch wegen meiner Mutter leidgetan. Wir Menschen sind oft so egozentrisch, wenn es um unsere privaten Befindlichkeiten geht.

Sie hat dir das nie übelgenommen, außerdem habe ich mich auch ein wenig um sie gekümmert, sagte Leria lächelnd.

Ich habe dir schon gesagt, dass mich das im Nachhinein etwas tröstet, weil es mein schlechtes Gewissen beruhigt. Hast du noch einen Schluck von dem Whisky?

Leria stand auf.

Ich habe wieder welchen besorgt.

Albrecht hörte ihn in seiner kleinen Küche hantieren, holte schließlich zwei Gläser aus dem Schrank, stellte sie auf den kleinen Tisch, als Leria schon mit einer Flasche Whisky und Mineralwasser ankam.

Ich habe leider kein Sodawasser hier. Wie du weißt, muss ich ohnehin verdünnen. Da tut es auch Mineralwasser. Ich hole gleich noch ein paar Eiswürfel.

Das tut jetzt gut, sagte Albrecht, als er den ersten Schluck genommen hatte.

Wie hast du damals eigentlich erfahren, dass Mira gestorben war?

Ich erhielt einen Brief von der Klinik. Ein gewisser Dr. Gutbrod, wohl der Arzt, den ich bei meinem Besuch angetroffen hatte, war von Désirée beauftragt worden, mich zu benachrichtigen. Sie selbst muss einen Zusammenbruch erlitten haben, war für ein paar Tage ebenfalls im Krankenhaus.

Daran erinnere ich mich noch, sagte Leria. Prosper, der auch immer wieder nach Hamburg gefahren war, hatte es mir berichtet. Übrigens kam es im Zusammenhang mit der Verschlimmerung der Krankheit, die ja zu Miras Tod führte, zum endgütigen Bruch zwischen den beiden. Und das hatte natürlich auch wieder damit zu tun, dass er, seit der Verlegung seiner Tochter in diese Klinik, nicht mehr die erste Rolle spielte, weil nun naturgemäß Mutter und Tochter bis zum Ende ein viel innigeres und vertrauteres Verhältnis zueinander hatten. Und es kam hinzu, dass Prosper seiner ehemaligen Frau fast Vorwürfe machte, dass Mira in diese Klinik nach Hamburg verlegt worden sei, was möglicherweise statt einer Heilung die Krankheit eher verschlimmert habe. Jedenfalls hat Désirée das Gespräch daraufhin sofort abgebrochen.

Albrecht schüttelte den Kopf.

Das mit dem endgültigen Zerwürfnis zwischen ihnen habe ich später von Prosper selbst erfahren. Aber wenn ich die Sache nun in deiner Fassung höre, dann finde ich das in hohem Maße seltsam. Vor allem ist dieser Vorwurf an Désirée ebenso irrational wie vorher ihre Schuldzuweisung an Prosper, dass er am Ausbruch der Krankheit eine Mitschuld trage.

Das könnte man so sagen, sagte Leria.

Albrecht nahm einen großen Schluck.

Keine Angst, Leria, ich werde mich nicht betrinken, aber im Augenblick ist meine innere Erregung auf einem Höchststand.

Dann fahren wir sie gemeinsam herunter, sagte Leria.

Weißt du, woran ich oft gedacht habe?, fuhr Albrecht fort, ich bin in meinem Leben immer wieder Menschen begegnet, die mit dieser Krankheit existieren mussten und das eigentlich ganz ordentlich schafften. Wir alle müssen doch ständig mit der Möglichkeit rechnen, dass uns irgendetwas befällt und in Mitleidenschaft zieht. Warum musste es dann bei Mira auch noch die maligne Form sein? Die schlimmste aller Möglichkeiten?

Leria zuckte resignierend mit den Schultern.

Wir werden darauf nie eine Antwort finden, Albrecht. Wie kommt es, dass ein zwölfjähriger Junge Krebs bekommt oder eine 18jährige junge Frau unverschuldet einen tödlichen Autounfall hat. Wir wissen es nicht. Ist es einfach der Preis eines absurden Daseins? Oder sind es Gottes unerforschliche Ratschlüsse?

Was müsste das eigentlich für ein Gott sein, der sich vorbehält, solche Schläge auszuteilen?, sagte Albrecht. Da kann ich nur sagen: Nein, danke!

Leria lachte.

Hast du eigentlich noch das Hin und Her bei der Beerdigung mitbekommen?

Inwiefern? Ich war bei der Trauerfeier auf dem hiesigen Hauptfriedhof. Die fand aber erst vier Wochen nach ihrem Tod statt. Désirée war nicht dabei. Es geschah, wie es so schön heißt, *nur im engsten Familienkreis*. Ich selbst war ohnehin wie versteinert. Ich war anwesend und abwesend, überall und nirgends. Aber lassen wir das nun beiseite. Worum ging es?

Désirée hat zunächst darauf bestehen wollen, dass Mira in Hamburg beerdigt wird, fuhr Leria fort. Prosper war selbstredend dagegen. Es wurde sehr lange hin und her gestritten. Schließlich kam es doch noch zu einer Einigung. In Hamburg fand eine kleine Trauerfeier statt und anschließend fuhr Prosper mit der Urne hierher, wo dann wenige Tage später ebenfalls eine Feier abgehalten wurde. Ich weiß noch, dass ich mich damals gewundert habe, dass Désirée so einfach nachgegeben hat. Denn es war abzusehen, dass sie niemals mehr hierherkommen würde. Du warst doch dabei: Bei der Feier hier waren nur sehr wenige Leute. Aber das war so gewollt. Prosper hat erst nach dieser Zeremonie, der wir sowieso nichts abgewinnen konnten, in der Regionalpresse die Anzeige veröffentlicht.

Albrecht räusperte sich.

Aber das, was danach kam, nach der Trauerfeier, das war für mich das eigentlich Ergreifende …

… und deine Versöhnung mit Prosper, warf Leria dazwischen.

Richtig, Leria. Du erinnerst dich doch sicher daran, wie wir uns alle im Salon versammelt haben?

Klar, Albrecht, wer könnte das vergessen!

Prosper, wir beide, meine Mutter, Erich Kaufmann und seine Frau, die Angestellten des Hauses. Mirandolina war gerade in Italien. Prosper setzte den Plattenspieler in Gang und wir hörten Ludwig van Beethovens Sonate Nr. 17 in d-Moll, Opus 31 Nr.2, in einer Aufnahme mit Mira Obenvelder. Beim Hören dieser Sonate kam ich an meine Grenzen …

Nicht nur du, Albrecht, unterbrach Leria, die meisten von uns. Ich habe dich dabei beobachtet, wie du gekämpft hast. Aber auch Prosper, Ellen, das Ehepaar Kaufmann, ich selbst. Und wir blickten wie gebannt immer wieder auf den leeren

Klavierstuhl vor dem Flügel.

Schon dieser erste Akkord in A-Dur, diese langsam aufeinanderfolgenden Töne nach dem Arpeggio: das hatte auf mich eine elektrisierende Wirkung. Das war die eigentliche Predigt. Es war, als würde sie zu uns sprechen. Aus einer fernen Welt, nicht mehr von dieser.

Damit gibst du so manches von dem wieder, was uns allen damals mehr oder weniger durch den Kopf ging.

Aber getröstet hat es mich nicht, sagte Albrecht. Ich habe sehr lange gebraucht, mich mit diesem Niemals-mehr abzufinden. Wahrscheinlich habe ich es bis heute nicht geschafft. Leria sah ihn an, wollte etwas erwidern, unterließ es aber.

Am nächsten Tag kamen sie noch einmal auf Beethovens *Sturmsonate* zu sprechen.

Du darfst dabei nicht vergessen, dass wir zu diesem Werk immer eine besondere Beziehung hatten, sagte Leria.

Es gibt eine objektive und eine subjektive Komponente beim Hören eines musikalischen Kunstwerks, begann Albrecht, und die beiden Bereiche kommen kaum immer zu gleichen Teilen zum Tragen. Dabei spielen stets auch unsere persönlichen Befindlichkeiten eine Rolle.

Nehmen wir zum Beispiel Beethovens *poetische Idee* mit den in manchen Werken eingestreuten, *sprechenden* Elementen. Hier beginnen wir zu deuten, zu hinterfragen, allgemeine und persönliche Bezüge herzustellen. Wir unterstellen unter Umständen etwas, und beziehen es auf uns selbst, aber bei der Konfrontation mit einem Kunstwerk, nicht nur aus dem Bereich der Musik, werden bei jedem von uns unterschiedliche Assoziationen, Gedanken freigesetzt. Das gehört für mich immer dazu.

Leria nickte.

Dabei kann ich dir gut folgen. Bei dieser Musik in einem solchen Zusammenhang beginnen wir zu philosophieren. Übrigens ist dir sicher bekannt, dass der Komponist selbst von einem bestimmten Ideenpool seiner Zeit angeregt worden ist. Immanuel Kant, Friedrich Schiller zum Beispiel.

Nicht zu vergessen die Ideen der Französischen Revolution, fügte Albrecht hinzu.

Leria lachte in sich hinein.

Nun ja, wahrscheinlich entwickelt jede Epoche ihr eigenes Beethoven-Bild. Aber nun sind wir von dem Thema unseres Ausgangspunkts ein wenig abgekommen.

Vielleicht wollten wir das ja, sagte Albrecht. Nur noch eine kleine Ergänzung. Kant sagt über Musik selbst nicht sehr viel, vielleicht lag sie ihm auch nicht so sehr am Herzen. Aber ich habe oft über seinen Begriff des *interesselosen Wohlgefallens* nachgedacht. Die Durchmischung von subjektiver und objektiver Betrachtungsweise eines Kunstwerks ist für mich von großer Bedeutung. Natürlich setzt Kant mit der bei ihm üblichen Argumentationskette fast mathematisch genau seine Begriffe zusammen: die Urteilskraft, die zwischen Natur und Freiheit vermitteln soll. Bei der *reflektierenden Urteilskraft* kommt das *Zweckmäßige* ins Spiel. Diese *Zweckmäßigkeit* kann subjektiv oder objektiv sein. Schließlich kommt er bei seiner Ästhetik zu Begriffen wie das *Schöne* und das *Erhabene*. Vor allem Letzteres scheint uns als Begriff heute etwas fernzuliegen. Aber zu Beethovens Zeit war das anders. Übrigens war das auch bei dem Begriff des ‚Pathetischen‘ der Fall, wobei Schiller nun in seiner Abhandlung ‚Über das Pathetische‘ manche Gedanken Kants variiert. Schiller macht deutlich, wie er als dramatischer Dichter mit dem *Furchtbaren* umgeht und dabei das ganze Leid der Welt ins Spiel bringt. Wichtig ist ihm aber dabei, dass es für den Theaterbesucher nicht bei der Zuschauerrolle bleiben sollte, sondern dass das Individuum sich selbst gegenüber die Rolle eines Betrachters auch bei der eigenen Bedrohung von Leib und Leben einnehmen müsste. Und diese Haltung kann den ästhetischen Triumph über das *Furchtbare* bedeuten und das hat auch etwas mit Freiheit zu tun, die nämlich immer dann zum Tragen kommt, wenn sie die tragischen Gegebenheiten unseres

Daseins überwindet, und zwar als moralische Freiheit.

Das sind interessante Überlegungen, sagte Leria. In diesem Sinne hat Beethoven seine Klaviersonate Opus 13 dann als *Sonate pathétique* bezeichnet?

Genau. Das musikalische Kunstwerk vermittelt auf diese Weise eine ästhetisch-moralische Botschaft. Das war dem Komponisten wichtig. Auch als Selbstverwirklichung. Du kennst sicher den oft zitierten Ausspruch von ihm: *Ich will dem Schicksal in den Rachen greifen!* Das waren für ihn entscheidende Punkte: Die Überwindung des Schicksals, was ja mehr und mehr auch mit seiner beginnenden Taubheit zu tun hat, seine Emanzipation als Künstler, der herkömmliche Formen durchaus übernimmt, aber auf oft überraschende Weise abwandelt, verwandelt und in eigenständig neuer Weise präsentiert. Und schließlich die Wahrnehmung von Freiheit, bei sich selbst als Künstler und, allgemein, bei den Menschen, denen Beethoven sowohl eine ästhetische als auch moralische Botschaft in diesem Sinne vermitteln möchte.

Bravo.

Leria hob das Glas und prostete ihm lächelnd zu.

Ich weiß, jetzt habe ich mal wieder etwas doziert. Ich habe deinen leichten Anflug von Ironie durchaus wahrgenommen.

Mitnichten, mein Freund. Ich habe dir interessiert zugehört. Die *Französische Revolution* hat eine ganze Reihe von Ideen befördert, die nicht zuletzt auch von der *Aufklärung* herkamen. Bei diesem ersten Versuch der Umsetzung dieser Ideen sind zwar furchtbare Dinge geschehen, aber die Ideen von Freiheit, Gleichheit und Brüderlichkeit gingen um die Welt.

Das ist ein permanentes Problem unserer Spezies, Leria. Die besten Ideen der Menschheit, welcher Provenienz auch immer, laufen ständig aus dem Ruder, wenn man versucht, sie umzusetzen.

Leria lachte.

Jetzt höre ich wieder Prospers Stimme.

Ah, ja?

Aber nun eine ganz andere Frage, erwiderte Leria. Hörst du die Aufnahmen von Mira noch manchmal?

Immer mal wieder. Mein Plattenspieler funktioniert immer noch.

Hast du die Schallplatten nicht digitalisieren lassen?, fragte Leria.

Doch schon, aber was die Aufnahmen von Mira angeht, bleibe ich, solange es geht, diesem Medium treu.

Schön. Darauf trinken wir zum Abschied, sagte Leria.

Albrecht lächelte.

Das tun wir: Auf die Vergänglichkeit der Musen!

–

In den folgenden Wochen arbeitete sich Albrecht durch die Unterlagen zu einer ganzen Reihe von Veranstaltungen, die in den vergangenen Jahren bis zum Tod Miras und noch kurze Zeit darüber hinaus von dem *Literarischen Gesprächskreis* zu den Bereichen Kunst und Literatur im Obenvelderschen *Haus der Künste* stattfanden. Wie er mit Leria verabredet hatte, würde er in seiner Chronik die meisten der Programmpunkte nur kurz erwähnen und vielleicht mit ein paar Hinweisen ergänzen. Allerdings würde es ihm freistehen, die eine oder andere Veranstaltung, die ihm wichtig erschien, mehr hervorzuheben.

Albrecht studierte, las, exzerpierte und staunte über die große Vielfalt der Aktivitäten, die Palette der Angebote, neben den Theateraufführungen, die in diesen Jahren gemacht worden waren. Vorträge über Friedrich Schiller, Friedrich Hölderlin, Heinrich von Kleist, Heinrich Heine, Wilhelm Waiblinger, Eduard Mörike, Theodor Fontane, bis hin zu Thomas Mann, Arno Schmidt, Paul Celan, Ingeborg Bachmann, Marie-Luise Kaschnitz, Peter Härtling und anderen. Dabei ebenso Lesungen von bekannten oder unbekannteren schreibenden Personen auch aus der Region. Dazu kamen Kunstausstellungen, oft in Zusammenarbeit mit dem örtlichen Kunstverein, Vorträge und Diskussionen zu den unterschiedlichsten Problemen der Gesellschaft, der modernen Malerei, zu einzelnen Philosophen und, nicht zu vergessen, die Soireen zu Literatur und Musik, wie beispielsweise Gedichte von Federico García Lorca, die von einer Schauspielerin aus Köln gelesen wurden, zusammen mit Musik spanischer Komponisten, wie Manuel de Falla oder Enrique Granados. Hier war wieder Mira mit von der Partie. Sie spielte diese Stücke mit einem Cellisten aus der Stadt.

Albrecht fühlte sich von dieser Fülle im ersten Moment beinahe erdrückt.

Er erinnerte sich längst nicht mehr an alle Darbietungen und Veranstaltungen und war außerdem an manchen ‚Events' nicht dabei. Eine Person war, neben Prosper, stets zugegen und hatte sein Protokoll geführt: Leria. Meistens nahm, so viel wusste er noch, wenn es ihr möglich war, auch Ellen daran teil.

Leria! Du hast mich nicht einmal gewarnt, was da auf mich zukommt!
Sein Freund lachte.
Klar, ich wollte einfach nur dein Gesicht sehen, wenn du diese Sache in Angriff nimmst. Albrecht drohte ihm scherzhaft mit dem Zeigefinger.
Aber Spaß beiseite, fuhr Leria fort, es genügt hier eine kleine Chronologie. Als ich vor einiger Zeit die Ordner durchgeblättert habe, war ich selbst wieder überrascht von all diesen Ereignissen und Präsentationen in Sachen Kunst und Literatur, die wir damals in Gang gesetzt hatten. Und wir können, glaube ich, auch stolz darauf sein, was wir in jener Zeit alles initiiert haben.
Ist das eigentlich, außerhalb unseres *Hauses der Künste* auf irgendeine Weise wahrgenommen worden?
Nun ja, mit Maßen, sagte Leria. Unsere Probleme mit der lokalen Presse blieben uns ab und zu auch in Sachen Literatur erhalten. Wir hatten oft auch Frauen und Männer zu Gast, die als Wissenschaftler an der Universität arbeiteten, von der Professorin bis zum wissenschaftlichen Mitarbeiter. Wenn das Niveau dann etwas ‚gehoben' war, erregte das unter Umständen den Unmut der Journalistin oder des Journalisten. Einmal geschah es, dass beim Vortrag eines Kleist-Preisträgers vor allem dessen Aussehen, seine Kleidung, seine Art des Redens und sein ‚abgehobener' Stil beschrieben wurden. Darauf angesprochen, meinte die Dame von der Presse, manches sei doch tatsächlich ein wenig übertrieben gewesen, obwohl sie selbst *wahnsinnig viel lese. Das ist sehr schön*, hatte Prosper zu ihr gesagt, *aber, gnädige Frau, es ist Ihnen doch hoffentlich klar: Auch ein Quartalsäufer ist nicht unbedingt ein Weinkenner!*

Das war aber schon etwas heftig, sagte Albrecht.

Tja, wir haben uns offensichtlich nicht nur Freunde gemacht.

Aber sonst? Von Seiten der Stadt?

Offiziell so gut wie nie. Es gab immer wieder Männer und Frauen, die sozusagen als Kulturdezernenten tätig waren. Aber die Ernennung derselben erfolgte im Allgemeinen im Zuge des Parteienproporzes und nur in seltenen Fällen aufgrund von deren kulturaffiner Disposition.

Aber wurden sie überhaupt eingeladen?, fragte Albrecht.

Natürlich. Jedes Mal. Außerdem gab es in der Presse meistens die entsprechenden Hinweise und auch den Veranstaltungskalender.

Das ist aber schon seltsam, sagte Albrecht.

Das kann man so sagen. Selbst als wir eine Lyrik-Anthologie mit zahlreichen Autorinnen und Autoren der Region herausbrachten und das Bändchen in der Städtischen Bibliothek und auch in unserem Haus vorstellten, war weit und breit kein einziger Vertreter der Stadt zu sehen. Dabei waren es Menschen aus der Region, die sich auf einem bestimmten Gebiet betätigt hatten, auch wenn es sich nicht unbedingt um Weltliteratur handelte.

Ein starkes Stück, sagte Albrecht.

Diese Art von Nicht-Beachtung gehörte und gehört zur lokalen Tradition. Aber lassen wir das lieber, sagte Leria.

Nun, ich werde versuchen, in einer Art Essay diese Veranstaltungsreihe zu würdigen und entweder ein paar wesentliche Punkte dazu niederschreiben oder auch aus meiner heutigen Sicht manches hinzufügen. Alles andere würde ins Uferlose führen.

Das ist schon in Ordnung, Albrecht. Was ich gut fände, wäre, wenn du noch etwas ausführlicher auf eine bestimmte Diskussion eingehen würdest, die schließlich zum Ende der *Literarischen Gesellschaft* geführt hat.

Ich habe es schon gesehen. Es gibt ein ausführliches Protokoll zu diesem Streitgespräch. Ich bin schon gespannt darauf.

Leria blickte auf die Uhr.

Ich wollte noch etwas anderes vorschlagen. Was hältst du von einem kurzen Gang zum Friedhof?

Albrecht sah seinen Freund für einen Augenblick erstaunt an. Dann ging eine Erinnerung durch seinen Kopf. Er hatte noch an diesem Morgen daran gedacht, aber es im Laufe des Tages wieder vergessen: Ellens Todestag.

Wie dumm von mir, Leria. Natürlich gehen wir hin.

Du kennst doch den Rosenstrauch hinterm Gartenhaus?

Gibt es dieses Gewächs noch?

Wo hast du denn deine Augen, mein Freund.

Das kann ich dir sagen: In Aktenordnern, Büchern und sonstigen Aufzeichnungen.

Leria lachte.

Kurze Zeit später waren sie auf dem Weg zum Friedhof. Jeder von ihnen hatte drei Rosen mit dunkelroten Blütenblättern in der Hand. Nach dem Eingangstor wandten sie sich nach links. Am Krematorium vorbei führte sie ihr Weg hinunter, sie kamen an hohen alten Bäumen vorbei, schlugen schließlich einen Pfad nach rechts ein und standen nach wenigen Metern vor dem Grab der Familie Obenvelder. Etwas seitlich von Prospers Grabstein war in einem modernen, kunstvoll gearbeiteten Steinblock, der an ein abgebrochenes Säulenstück erinnerte, eine Nische mit der Urne von Mira.

Unmittelbar neben diesem großen Familiengrab befand sich die kleinere Grabstätte von Ellen Bronnen. Albrechts Mutter war ursprünglich an einer anderen Stelle beerdigt worden, später wurde sie auf die Initiative Prospers hin hierher verlegt, weil rechts von der Obenvelderschen Ruhestätte ein Grab aufgelöst worden war. Das Grab von Albrechts Vater existierte nicht mehr.

Sie legten ihre Rosen auf die Gräber, im Gedenken an Ellen, Mira und Prosper. Beide dachten an die Menschen, die sie in ihrem Leben geliebt und verehrt hatten und die sie schmerzlich vermissten.

Sie setzten sich auf eine Bank in der Nähe, überließen sich eine Zeitlang dem Perpetuum mobile ihrer Erinnerungen, spürten die Atmosphäre dieser Friedhofslandschaft mit ihren alten Bäumen.

Jetzt sind es schon fast fünfzehn Jahre, begann Leria. Und immer noch höre ich ab und zu morgens beim Aufwachen Ellens Stimme, wenn sie an mein Fenster kam und rief: Der Wind muss in die Segel des Tages wehen! Ich warte auf dich!

Weißt du noch, dass ich beinahe zu spät zur Beerdigung kam, fragte Albrecht. Ich befand mich ja gerade auf einer Wanderung irgendwo in Lappland. Damals war bei mir noch nichts mit Mobiltelefon. Außerdem glaube ich auch nicht, dass man dort ein Netz gehabt hätte.

Leria nickte.

Natürlich erinnere ich mich. Du hast dann zufällig eine Woche später von diesem Hotel aus telefoniert. Ich habe den Namen vergessen ...

*Hotel Aulanko.*

Ja, ein fantasievoller Name.

Prosper war am Telefon und hat es mir gesagt. Es war furchtbar, vor allem derart unvorhergesehen, dass ich zunächst überhaupt nicht mehr wusste, wo mir der Kopf stand.

In gewisser Weise ging es uns allen so. Ich glaubte fest daran, dass sie dieses Krebsleiden überwunden hatte. Natürlich war die Diagnose Brustkrebs für uns alle ein Schock. Aber dann, nach der Chemo und mehreren Nachuntersuchungen schien alles in Ordnung zu sein.

Ich erinnere mich noch deutlich an das Telefongespräch nach ihrer letzten Untersuchung. Sie war so guter Dinge, geradezu heiter. Ich war sehr erleichtert, sagte Albrecht.

Das waren wir alle. Und tatsächlich war beinahe ein Dreivierteljahr lang nichts, was zur Sorge Anlass gegeben hätte.

Vor meiner Reise nach Finnland war ich noch mal zehn Tage

hier. Sie war damals so froh und gelöst. Wir saßen oft noch an den Abenden lange zusammen und sprachen miteinander. Du kannst mir glauben, Leria, ich selbst war später wirklich dankbar dafür, dass ich wenigstens noch einmal diese Zeit mit ihr verbringen konnte.

Ja, sagte Leria, das war wichtig für dich.

Aber jetzt rede ich schon wieder über mich. Ich kann mir vorstellen, wie schwer es für dich gewesen sein muss.

Leria lächelte.

Nun ja, du weißt, dass wir nun mal erst sehr spät zusammengekommen sind. Ich habe mich in meinem Leben immer wieder verliebt. Doch Ellen war die einzige Frau, die auch mich geliebt hat. Ich war, als ich sie näher kennenlernte, nicht mehr der Jüngste und ich hätte mir gewünscht, dass diese Partnerschaft noch länger dauern würde. Aber auch ich bin dankbar, dass ich diese wunderbaren Jahre erleben durfte.

Sie standen auf und wanderten langsam auf den Ausgang zu.

Als Albrecht damals zu dieser Wanderreise nach Lappland aufgebrochen war, hatte er die Überzeugung, dass er diese Unternehmung ohne Probleme antreten konnte. Er hatte später oft daran gedacht, dass er auch in diesem Fall einen Menschen, der ihm nahestand, nicht mehr sprechen, sehen, erleben konnte. Als er endlich in die Stadt zurückgekommen und in die Stravenfordstraße geeilt war, hatten sich die sterblichen Überreste seiner Mutter längst als ein kleines Häufchen Staub in dem dafür vorgesehenen Behältnis befunden, und die immer wieder verschobene Urnenbestattung konnte nun stattfinden.

Die Familie Bronnen hatte seit dem Kirchenaustritt der Großeltern keiner Religion mehr angehört. Ellens Familienangehörige waren Mitglieder einer freikirchlichen Vereinigung, doch hatte auch bei ihr, zumal nach dem endgültigen Bruch mit ihrer Familie vor vielen Jahren, die Religion keine große mehr Rolle gespielt.

Dennoch war es ein Theologe, der bei der Trauerfeier eine Rede hielt und die Zeremonie begleitete, nämlich Helmut Ronnefeld, ein guter Freund von Prosper und Leria, früher ebenfalls häufiger Besucher der Veranstaltungen in der Villa Obenvelder. Ihm gelang es, eine passende, auf keine bestimmte Konfession bezogene Rede zu halten, in der er auf dezente Art und Weise das Auf und Ab von Ellens ersten Ehejahren bis zum Tod ihres Mannes schilderte und schließlich die Zeit der zweiten Hälfte ihres Lebens, als sie ihre Erfüllung in ihrer Tätigkeit und in ihrer Begegnung mit lieben Menschen gefunden hatte, nicht zuletzt auch in ihrem Stolz auf den einzigen Sohn, der ihr immer eine Stütze gewesen sei. An dieser Stelle hatte Albrecht vor sich auf den Boden geblickt. Er fand, dass er dieser Pflicht keinesfalls immer genügt hatte, aber Beerdigungen haben es nun mal so an sich, dass alle Menschen, sowohl die Verstorbenen als auch die Zurückbleibenden in einem relativ günstigen Licht abgehandelt werden – weil es sich nun mal so gehörte?

Auch Prosper hielt eine kurze Rede, hob Ellens Verlässlichkeit, ihre sympathische Art, mit Menschen umzugehen, hervor, ihre Mitarbeit und ihre Unterstützung bei den vielen Veranstaltungen, ihre sachkundigen Beiträge, neben ihren beruflichen Aufgaben, die sie stets mit großem Engagement erledigt habe.

Das war nun keinesfalls übertrieben, fand Albrecht. Er drückte Leria, der neben ihm saß, lange die Hand. Sein Freund saß die ganze Zeit über ganz still und in sich zusammengesunken neben ihm.

Prosper schloss damals mit einem Gedicht von Mascha Kaléko. Ellen hatte ihre Gedichte sehr gemocht und Leria hatte Prosper gebeten, diesen Text zu lesen.

Memento

Vor meinem eignen Tod ist mir nicht bang
Nur vor dem Tode derer, die mir nah sind.
Wie soll ich leben, wenn sie nicht mehr da sind?

Allein im Nebel tast ich todentlang
Und lass mich willig in das Dunkel treiben.
Das Gehen schmerzt nicht halb so wie das Bleiben.

Der weiß es wohl, dem Gleiches widerfuhr;
– Und die es trugen, mögen mir vergeben.
Bedenkt: den eignen Tod, den stirbt man nur,
Doch mit dem Tod der andern muss man leben.

Diese Beerdigungen von Menschen, die einem nahestehen! Das Verschwinden all derjenigen, die uns vorausgehen. Unsere kläglichen Versuche, das Unvermeidliche zu verstehen.

Vor zwei Jahren. Prosper Obenvelders Beerdigung. Bei diesem Ereignis durfte nach Prospers Verfügung keine Rede gehalten werden. Nur Musik sollte erklingen, Einspielungen oder auch Life-Aufnahmen von Mira, Ausschnitte von ihren Konzert-Auftritten. Am Ende erklang der dritte Satz aus Beethovens d-Moll-Sonate Opus 31,2, dieses fast heiter wirkende Allegretto mit dem dominierenden Vier-Ton-Motiv.
Albrecht war einmal eine kurze Textzeile dafür in den Sinn gekommen, was er Prosper allerdings nie mitgeteilt hatte. Das war während der Zeit von Miras Aufenthalt in der nord-deutschen Klinik gewesen.
Bei dem aufwärts führenden Sextsprung des Motivs zu Beginn mit den beiden abwärts führenden Sekunden, a- f- e- d, waren ihm die Worte in den Sinn gekommen *Komm – doch – zu – rück, komm doch zu-rück, komm doch zu-rück …*

Albrecht wusste sehr wohl um die Irrelevanz solcher
Vorstellungen, aber diese Idee hatte sich seit der Zeit vor
Miras Tod in seinem Kopf festgesetzt und war nicht mehr
wegzukriegen. Er kannte das *Le-be wohl* zu Beginn von
Beethovens Sonate *Les Adieux*, was ja vom Komponisten
so beabsichtigt war, aber er tröstete sich in seinem Fall
schließlich damit, dass seine persönlichen ‚Ergänzungen'
letztlich im Privaten verblieben. Albrecht fand sich damit
ab, dass solche Dinge vorkommen können, wenn *absolute
Musik* auf persönliche Begebenheiten trifft, vor allem in
Grenzsituationen und dann später bei den Erinnerungen,
wenn sich beim Gedenken an einen Menschen wie von selbst
eine bestimmte Musik einstellt. Das ist fast wie in einem
Film, dachte er. Es sind unsere persönlichen *Leitmotive*, die
uns begleiten und nicht mehr loslassen. Und so war es auch
bei Prospers Beerdigung. Musik erklang – und es war so, als
würde eine Rede in Tönen gehalten werden. Zumindest für
einen Teil der ohnehin kleinen Gruppe von Menschen, die
bei dieser Trauerfeier anwesend waren. Denn Prosper hatte
ebenfalls festgelegt, dass seine Beerdigung nur *im engsten
Familienkreis* stattzufinden habe.
Leria ließ es sich dann doch nicht nehmen, am Ende
der Trauerfeier ein kurzes Gedicht für seinen Freund zu
zitieren.

Bilanz
Ich habe gedacht
mir gelinge
die Ortung des Lichts
das Ausloten von Wasser-Zeichen
ich könne
den Entwurf der Welt
entschlüsseln
mich hineindenken
in die Polyphonie der Zeit

ich habe
ins Leere gedeutet
ich bleibe nur
bei mir selbst

Die Todesanzeige für Prosper Obenvelder war erst nach seiner Beerdigung veröffentlicht worden. In den letzten Monaten war er nicht mehr er selbst gewesen.

Genug der Beerdigungen!, sagte Albrecht, als er sich von Leria am Ende dieses Tages verabschiedete.

Einverstanden, mein Freund. Also bis Morgen.

—

In den nächsten Tagen widmete sich Albrecht wieder seinem ‚Quellenstudium'. Spätestens in einer Woche wollte er mit der Materialsammlung abschließen und er hoffte, dass er bis zum Ende des Monats eine erste Rohfassung seiner Chronik fertig stellen konnte. Er musste sich dieses Ziel setzen, da er im September mehrere Termine wahrnehmen sollte. Schon im Verlauf des Monats August hätte er eigentlich in der Nähe von Salzburg einen 10-tägigen Ferienkurs leiten müssen, doch glücklicherweise konnte ein Ersatzmann für ihn einspringen. Er hatte sich in der Zwischenzeit so sehr mit seiner augenblicklichen Aufgabe identifiziert, dass er dieses Vorhaben unbedingt zu Ende bringen wollte, selbst wenn er dabei ein paar finanzielle Einbußen hinnehmen musste.

Er konstatierte nebenbei auch, dass ihm durch seine erneute Beschäftigung mit der Kompositionsweise Beethovens ein früheres Forschungsvorhaben wieder in den Sinn gekommen war, das jedoch über ein paar anfängliche Skizzen nie hinaus gediehen war, nämlich eine Arbeit über die Entwicklung der Musik von Beethoven zu Schönberg. Albrecht hatte diesen Plan immer wieder zurückgestellt, aber nun dachte er daran, wenn er einmal in Rente gehen würde, vielleicht doch auf dieses Projekt zurückzukommen.

Aber das war im Augenblick noch Zukunftsmusik.

Zuerst also die Zeit der letzten Veranstaltungsreihen im *Haus der Künste*, die Monate von Miras Krankheit, bis zur letzten Theatervorstellung und dem anschließend nicht sehr glücklich verlaufenden Diskussionsabend wenige Monate nach Miras Tod, der dann das Ende der *Literarischen Gesellschaft* markierte. Danach fanden, oft unter der Leitung Lerias und Ellens Mitarbeit, in unregelmäßigen Abständen noch ein paar Literaturabende, Kunstausstellungen und vereinzelt auch Lesungen statt, an denen Prosper nicht mehr teilnahm. Doch auch das war irgendwann zu Ende.

Nach insgesamt knapp vierzehn Jahren Tätigkeit in Sachen

Musik, Literatur und Kunst, fiel das gesamte Anwesen in einen Dornröschenschlaf, aus dem es nicht mehr erwachen sollte. Prosper begann eine rastlose Reisetätigkeit, am Anfang noch zu manchen Orten, wo er früher mit Mira gewesen war, ab und zu auch in Begleitung von Leria, und stellte fest, dass ihm das kaum weiterhalf. Er erweiterte seinen Radius, war oft viele Monate abwesend, eilte von Kontinent zu Kontinent, von einem Ziel zum andern, floh vor sich selbst, verlor sich in den Irrgärten seiner eigenen Gedankengänge.

Er reiste meistens allein. Reisegesellschaften fand er unerträglich. Unterwegs gelang es ihm jedoch häufig, Kontakte zu Menschen zu knüpfen, soweit das auf Englisch möglich war, etwas von Land und Leuten zu erfahren, sich ihre Probleme und Sorgen anzuhören. Auch die Besichtigung von Sehenswürdigkeiten war angesagt. In dieser Beziehung war er ganz der Tourist, der seine selbstauferlegten Pflichten erfüllt. Doch stets war er auf einer fast zwanghaften Suche nach Ablenkung, nicht als Zerstreuung oder Unterhaltung, sondern um wenigstens vorübergehend zu vergessen.

Ellen und Leria taten ihr Bestes, um das Haus mit den Gartenanlagen in Ordnung zu halten. In den ersten Jahren half ihnen noch oft ein Gärtner mit seinen Gehilfen, denn allein hätten sie dieses Terrain kaum bewältigen können.

Prosper war den beiden dankbar, dass sie so bereitwillig diese Rolle übernommen hatten. Es war ihm nicht entgangen, dass sich Leria und Ellen vor allem durch ihre gelingende Beziehung mit dieser Aufgabe zufriedengaben. Auch sie verreisten ab und zu, manchmal nach Italien oder Frankreich, oftmals auch innerhalb von Deutschland.

Wenn Prosper nach langen Wochen von einer seiner Reisen zurückkehrte, lud er oft gleich am nächsten Tag die verbliebenen Menschen zum Essen ein, war hungrig nach Gesprächen, wollte seine Eindrücke schildern, berichten, informieren. Er reichte Bildbände herum, in denen das betreffende

Land dargestellt war. Er konnte sehr lebendig, manchmal auch durchaus spannend erzählen. Er fotografierte selbst nie. Leria hatte berichtet, dass ihm das absolut lästig gewesen wäre.

Verstehst du, Albrecht, sagte Leria, wir, Ellen und ich, ein paar Beschäftigte in Haus und Garten, erfuhren vieles von der Welt, von Ländern, die wir selbst nie kennenlernen konnten. Von Islands Gletscherwelten bis zum Kilimandscharo, von den andinen Hochkulturen bis zu den ägyptischen Pyramiden, von der Chinesischen Mauer bis nach San Franzisco, von der Wüste Gobi bis zum Tempel Borobudur auf Java. Von vielen Ländern, die dazwischen liegen. Und irgendwann, das geschah nicht selten, brach er mitten in der Schilderung ab und sagte: Wie gern hätte ich das alles meinem Kind gezeigt! Dann nahm er sein Glas Wein, trat ans Fenster, blickte auf den Garten hinaus – oder wohin auch immer – und redete kein Wort mehr. Leise verließen wir den Raum.

Albrecht war in jener Zeit selten zu Hause in der Stravenfordstraße. Und von den ‚Ereignissen‘, die sich dort abspielten, oder von dem, was es eben ‚an Neuem‘ zu berichten gab, erfuhr er entweder etwas von seiner Mutter oder von Leria.

Das letzte Theaterstück, das im Hause Obenvelder gespielt wurde, war Lessings *Minna von Barnhelm*. Hatte Prosper vielleicht bewusst eine Komödie ausgewählt? Doch er äußerte sich nicht näher dazu.

Lessing hatte die Handlung seines ‚Lustspiels‘ von 1767 in die Zeit nach dem Siebenjährigen Krieg verlegt, der von 1756 bis 1763 gedauert hatte.

Der unehrenhaft und auch unrechtmäßig aus dem preußischen Militärdienst entlassene Major von Tellheim, der mit seinem Diener Just in einem Berliner Gasthof wohnt, fühlt sich zutiefst gedemütigt, da er durch eine Verleumdung in diese missliche Lage geraten ist. Inzwischen fast mittellos, wird er von dem Wirt des Gasthofs in ein billiges Zimmer umquartiert und es bleibt ihm nichts anderes mehr übrig, als seinen Verlobungsring bei dem Wirt zu versetzen, um seine Schulden zu begleichen. Verschiedene Szenen zeigen auch die Großzügigkeit des Majors, wenn er unter anderem der Witwe eines gefallenen Freundes eine beträchtliche Summe erlässt, die dieser ihm noch schuldete. In das frei gewordene, ‚standesgemäße‘ Zimmer ist nun Minna von Barnhelm, mit der Tellheim verlobt ist, mit ihrer Zofe Franziska eingezogen. Minna ist auf der Suche nach dem Major. Tellheim fühlt sich aufgrund seiner finanziellen Situation und seiner ‚verlorenen Ehre‘ außerstande, das Fräulein von Barnhelm zu heiraten. Als Minna den Ring erkennt, den ihr der Wirt zum Kauf anbietet, ist sie überglücklich, löst ihn sofort ein und beginnt nun ein nicht ganz ungefährliches, raffiniert eingefädeltes Spiel, um ihren Bräutigam zurückzuerobern. Dabei bedient sie sich auch einer gewandten Redekunst, wie man sie bei den Frauenrollen jener Zeit noch kaum angetroffen hat. Als sie zusammentreffen, erweist Minna sich als emanzipierte, rhetorisch versierte Frau, deren Argumente jedoch an Tellheim abprallen. Er seinerseits wiederum versucht ihr klarzumachen, dass er ihrer als ‚Krüppel‘ und ‚Bettler‘ nicht mehr würdig sei.

Minna behauptet schließlich dem Major gegenüber, dass sie aufgrund ihrer mit ihm eingegangenen Verlobung selbst enterbt worden und dadurch ebenso in Armut gefallen sei. Tellheim fällt auf diese Lüge herein und fühlt sich verpflichtet, sich ihrer anzunehmen. Doch Minna gibt ihm den Ring zurück und er ist so verblüfft, dass er in diesem Moment gar nicht merkt, dass es sein eigener ist.

Es ergibt sich ein weiteres Hin und Her bis zur Lösung des Knotens. Parallel dazu findet ein Spiel zwischen der Zofe Franziska und Tellheims Wachtmeister Werner statt, die am Ende ebenfalls ein Paar werden. Ehe Tellheim erfährt, dass ihn der König vollständig rehabilitieren wird und er sein Vermögen zurückerhält, hat Lessing sozusagen als ‚retardierendes

Moment' ein Kabinettstückchen eingefügt: die Szene mit Riccaut de la Marlinière, einem französischen Leutnant, der geradezu eine Karikatur des preußischen Majors darstellt, eine deutliche Parallelfigur, die ebenfalls vor dem finanziellen Ruin steht, die, allerdings auf einem wesentlich tieferen Niveau, in einem französisch-deutschen ‚Parlando-Stil' loslegt, da Minna nun mal des Französischen nicht mächtig ist. Der Leutnant, der versehentlich im Zimmer der Damen gelandet ist, sollte Tellheim eigentlich melden, dass ‚seine Sache' bei Hofe bald positiv entschieden werde. Riccaut de la Marlinière offenbart dazuhin neben diesem nichtssagenden, phrasenhaft-hohlen Konversationsstil, dass seinesgleichen auch keine besonderen moralischen Maßstäbe kennt. Ein ironischer Seitenhieb auf gewisse Stereotypen in der Zeit Lessings? Vielleicht auch ein spöttischer Hinweis auf den frankophilen preußischen König, der Voltaire und andere französische Intellektuelle zu sich einlud, eine Vorliebe für alles Französische hatte, aber weder für deutsche Philosophen, beispielsweise in Königsberg, noch für die Literaten deutscher Sprache seiner Zeit viel übrighatte? Auch die literarische Behandlung des (nicht nur) preußischen Begriffs der Ehre, der hier durchaus in Frage gestellt wird, lässt satirische Ansätze erkennen, denn es geht ja in dieser Komödie um nichts weniger als um die Liebe zwischen zwei Menschen, die an dem überzogenen Ehrbegriff und dem Stolz des preußischen Offiziers zu scheitern droht. Aber auch Minna treibt ihr Spielchen immer weiter. Selbst als der Brief des Königs eingetroffen ist, spielt sie noch die scheinbar Gleichgültige. Erst als Minnas Onkel und Vormund, der Graf von Bruchsall, sein Kommen ankündigt, wird sie die Maske fallen lassen und alles aufklären. Der Graf erweist Tellheim alle Ehre und die Liebenden versöhnen sich nun endlich. Dieser Schluss macht unter anderem auch deutlich, dass die Vernunft über starre Strukturen triumphieren kann.

Albrecht staunte wieder einmal über die Gründlichkeit, mit

der hier wohl vor allem durch Leria dieses Theaterstück vorbereitet worden war. Er las noch verschiedene Notizen zu Lessings Theatertheorien, bei denen er eine Auswahl treffen musste.

Leria hatte geschrieben:

*Lessing hat mit diesem Stück einen neuen Typus der ‚Komödie' geschaffen: Es ging ihm nicht nur um das Lachen und das Sich-Amüsieren auf Kosten anderer, die auf diese Weise bloßgestellt werden, und auch nicht allein darum, bei Unglück und Missgeschick von anderen in Tränen zu zerfließen. Lessing möchte in seiner Komödie beides vereinen, Posse und ‚comédie larmoyante': Das Possenspiel will nur zum Lachen bewegen; das weinerliche Lustspiel will nur rühren; die wahre Komödie will beides. Tatsächlich kann man feststellen, dass bei der Komödie ‚Minna von Barnhelm' an verschiedenen Stellen die Handlung ‚zu kippen' droht, der Ausgang offen ist und das Publikum in Bezug auf ein glückliches Ende verunsichert werden könnte. Doch spätestens mit dem Auftritt des Riccaut de la Marlinière müsste die Richtung deutlich werden. Lessing war vor allem auch eine Sache wichtig: das Mit-Fühlen mit den Personen, das Sich-Hineinversetzen-Können in einen Menschen, das Bangen und Hoffen auf einen glücklichen Ausgang, aber auch die Wahrnehmung, dass ein schwieriges Problem durchaus auch auf heitere, unterhaltende Art und Weise gelöst werden kann.*

Leria kam dann noch auf ein paar Aspekte zu Lessings Stück im Zusammenhang mit der *Aufklärung* zu sprechen. Es ist von der Vernunft die Rede, die in der Lage ist, die Menschlichkeit trotz aller persönlichen Interessen obsiegen zu lassen. Und dann Minnas Rolle, eine Frau, die mit ‚Herz und Verstand' ihre Interessen wahrnimmt und damit in ihrem Verhalten nicht der damals gängigen Norm entspricht.

Außerdem hatte Leria noch Argumente des aufklärerischen Denkens hinzugefügt, unter anderem auch die Tatsache, dass nicht wenige Vordenker der Aufklärung bei ihren Überlegungen in Bezug auf die allgemeine Emanzipation des Menschen die Frauen stärker in den Fokus rückten, als das früher der Fall war. Nach der Französischen Revolution und vor allem nach Napoleon, als überall die Restauration im Gange war, wurde die Uhr wieder rückwärts gedreht. Lessing und andere waren in dieser Beziehung viel weiter fortgeschritten. Später, während des ganzen 19. Jahrhunderts und noch lange darüber hinaus, hatte die beginnende Emanzipationsbewegung nicht nur in Deutschland mit starkem Gegenwind zu kämpfen.

Albrecht fand in den Unterlagen noch den Hinweis, dass der Plan bestanden hatte, Samuel Becketts *Warten auf Godot* zu spielen, ein Stück, das Leria 1953 an den Münchner Kammerspielen in der Inszenierung von Fritz Kortner gesehen hatte. Aber zu dieser Aufführung sollte es nicht mehr kommen. Dann wandte er sich jener ominösen ‚Aufklärungs-Diskussion‘ zu, die sein Freund akribisch dokumentiert hatte.
Leria hatte ja bereits angedeutet, dass dieser Vortrag mit anschließender Diskussion ziemlich ‚danebengegangen‘ sei. Man habe ab und zu auch dem Wunsch einzelner Teilnehmer entsprechen wollen, wenn sie einen Beitrag zu einem Thema leisten wollten. Das sei zwar nicht in jedem Fall, aber manchmal eben auch fragwürdig gewesen.
So hatte Gottfried Deslaert, der schon seit einiger Zeit an den Veranstaltungen teilnahm, immer wieder sehr deutlich darauf gedrängt, einen Vortrag zu dem Thema ‚Aufklärung‘ zu halten. Deslaert war schon öfter durch eigenwillige, ab und zu durchaus auch unqualifizierte Diskussionsbeiträge aufgefallen, aber Prosper hatte gemeint, man solle dem Mann eine Chance geben. Über den Werdegang dieses Mannes wusste man wenig. Einige behaupteten, er sei verhinderter Theologe, andere verorteten ihn als ehemaligen Mitarbeiter irgendeiner Behörde.
Ursprünglich sollte dieser Vortrag mit anschließender Diskussion im Anschluss an das Stück von Lessing stattfinden,

doch musste diese Veranstaltung aus organisatorischen Gründen auf einen späteren Termin verschoben werden. Prosper hielt sich wegen Mira ohnehin oft in Hamburg auf und Leria blieb zurück, um verschiedene Dinge zu regeln, die eben getan werden musste.

Auf diese Weise verging einige Zeit, bis sich die ‚Literarische Gesellschaft' an einem Dienstagabend im Theateranbau erneut versammelte. Wie bei den Veranstaltungen dieser Art üblich, nahmen knapp vierzig Personen daran teil. Prosper hatte es sich lange überlegt, ob er der Diskussion beiwohnen wollte, hatte sich dann aber doch noch zur Teilnahme entschlossen. Außer Ellen und Leria war Erich Kaufmann zugegen, der Maler und Grafiker Peer Lefredin, Johannes und Erna Kesselschmied, beide evangelische Theologen, Ernst Ludwig Brachvogel, Philosoph und bekennender Agnostiker, Kurt Rudolf Murkitsch, Biologe, Theologe und in der Lehrerausbildung tätig, Gottfried Deslaert, der Referent, sowie eine bunt gemischte Zuhörerschaft von Menschen, die seit vielen Jahren an den Veranstaltungen teilnahmen oder Einzelne, die gerade an einem bestimmten Thema interessiert waren.

Der Referent begann seinen Vortrag über *die Aufklärung* zunächst mit einem historischen Abriss, kam dann auf das Problem der konfessionellen Spaltung in Europa zu sprechen, den Streit über *die wahre Religion*. Dazu sei der Aufschwung der Wissenschaften gekommen und damit sei auch eine *Zementierung der Vorherrschaft der Vernunft* einhergegangen. Zwar habe es in Rom *schon ein paar Unregelmäßigkeiten* gegeben, aber die *Reformation* sei eine *Überreaktion* gewesen, denn er sei bis heute der Überzeugung, dass sich das alles mit der Zeit *von selbst wieder gegeben hätte*. Letztendlich habe diese *Rebellion gegen Rom* nur zu fürchterlichen und endlosen Auseinandersetzungen wie z.B. dem *Dreißigjährigen Krieg* und anderen schrecklichen Ereignissen geführt.

Darauf folgte ein langes Plädoyer gegen die *Überbewertung*

der Vernunft, die bis heute nachwirke, die *Entzauberung der Welt*, die *Verwissenschaftlichung des Menschen* oder überhaupt die *Entfesselung der Technik*. *Die Atombombe, meine Damen und Herren, ist eine Erfindung der Aufklärung!*
Bei einigen der Zuhörer war im Laufe seines Vortrags ein vernehmliches Räuspern zu hören. Der Redner schloss mit der Behauptung, dass *die Aufklärung eine Verdunkelung des Himmels* gewesen sei und letztlich könne dem Menschen in seiner von ihm *selbstverschuldeten, transzendentalen Obdachlosigkeit* nur geholfen werden, wenn er sich auf seine religiösen Wurzeln zurückbesinne.

Leria erwähnte kurz, dass nach diesem Vortrag nur von ein paar wenigen Zuhörern eine kurze Beifallsbekundung zu hören gewesen sei, aber ansonsten betretenes Schweigen geherrscht habe.
Schließlich meldete sich Ernst Brachvogel als Erster.
*Haben Sie das Wort ‚selbstverschuldet‘ absichtlich an dieser Stelle verwendet?*
*Weshalb fragen Sie?*, lautete Deslaerts Gegenfrage.
*Kennen Sie die kleine Schrift Immanuel Kants ‚Was ist Aufklärung‘?*
*Ja, natürlich.*
*Dann kennen Sie ja auch Kants berühmten Satz:* „Aufklärung ist der Ausgang des Menschen aus seiner *selbstverschuldeten* Unmündigkeit"?
*Aber, das ist ja ein ganz anderer Zusammenhang.*
*Eben! Würden Sie vielleicht erklären, weshalb Kant auf diese ‚Unmündigkeit‘ zu sprechen kommt?*
*Ja, wissen Sie, das war doch eine ganz andere Zeit. Außerdem war doch auch Kant ein typischer Vertreter dieser Vernunft-Philosophie. Auch er hat schließlich geglaubt, alle Probleme damit lösen zu können.*
*Nun, so einfach hat es sich Kant keinesfalls gemacht*, entgegnete Brachvogel, *Sie biegen sich alles so zurecht, wie*

*Sie es haben wollen. Das ist eine typische Argumentation von Aufklärungsgegnern. Die Leute von der Kirche zum Beispiel waren doch immer an der ‚Unmündigkeit' ihrer Schäfchen interessiert, weil sie sie dann besser gängeln konnten.*

Hier hatte Deslaert empört protestiert, doch Leria brach diesen Streit ab, denn er wollte noch weitere Meldungen von anderen Zuhörern zulassen.

Leria hatte mehrere Fragen aus dem Publikum notiert, die auf das Problem der Ausgangssituation der *Aufklärung* gerichtet waren: Weshalb überhaupt so eine Bewegung oder Geistesrichtung, die im Wesentlichen im 18. Jahrhundert ihren Ausgang nahm, entstehen konnte. Und man hatte den Eindruck, dass sich der Redner des Abends häufig um eine klare Antwort herumwand.

Erna Kesselschmied, die protestantische Theologin, brachte einen anderen Gedanken ins Spiel, indem sie Deslaert fragte, ob er sich noch nie überlegt habe, dass auch Theologen beider Konfessionen von so manchen Ideen der Aufklärung beeinflusst worden seien.

*Vernunft und Glaube schließen sich doch nicht gegenseitig aus. Und ich bitte Sie doch zu bedenken, dass nicht wenige Aufklärer, übrigens auch Lessing, keine Atheisten waren.*

Bevor eine Antwort erfolgte, hakte Brachvogel nach.

*Die Reformation als ‚Überreaktion' zu bezeichnen und die damalige, offenkundige Zerrüttung des Papsttums mit ‚ein paar Unregelmäßigkeiten' abzutun, ist ja wohl eine absurde Verharmlosung.*

*Also ich muss doch schon bitten,* ereiferte sich nun Deslaert.

*Wie kann man sich nur die Kirchengeschichte in dieser Weise zurechtbiegen,* warf Peer Lefredin dazwischen.

*Gemach, gemach,* begann nun Kurt Rudolf Murkitsch. *Es ist nun mal eine Tatsache, dass die Überbetonung der Vernunft vom wahren Glauben wegführen kann.*

Murkitsch blickte bedeutend in die Runde. Mit seiner sonoren Stimme versuchte er stets den Eindruck zu erwecken, als spräche er von einer Kanzel aus zu einer andächtig zuhörenden Gemeinde.

*Die Vernunft vermag sich zwar in trefflichen Syllogismen zu ergehen, aber es ist nun mal eine Tatsache, dass ein nur vernünftiges Argumentieren kaum in der Lage ist, so etwas wie ,Nächstenliebe' oder ,Barmherzigkeit' zu erklären. Von dieser Warte aus betrachtet, bleibt für die Aufklärung wahrlich so manches im Dunkel.*

Deslaert, der bei den Ausführungen Murkitschs mehrmals genickt hatte, wollte dem nun nicht nachstehen und bemühte einen frühen Kritiker der Aufklärung herbei, nämlich Johann Georg Hamann, einen Philosophen des 18. Jahrhunderts, der einmal gesagt habe, dass ein überhöhter Vernunftglaube zu einem *transzendentalen Aberglauben* werden könne und vom *einzig wahren Weg* des Christentums wegführe.

Johannes Kesselschmied stand auf. Er hatte, zusammen mit Leria, ein Kurzreferat zu Lessings Dramentheorie vorbereitet und wollte nun darauf dringen, dass man sich mit dem Verfasser der Komödie *Minna von Barnhelm* noch ein wenig auseinandersetzen sollte, da die begonnene Diskussion offenkundig zu nichts führe.

In diesem Augenblick hörte man die Stimme, die zu Prosper gehörte und die allgemeine Verwunderung auslöste.

*Liebe Freundinnen und Freunde der ,Literarischen Gesellschaft'. Ich wollte heute eigentlich keine Rede halten. Aber ich bin der Meinung, dass zu dem Referat, das wir vorhin gehört haben, noch einiges gesagt werden muss. Als erster Punkt: Weshalb ist überhaupt eine Bewegung, die unter dem Namen ,Aufklärung' fungiert, entstanden? Dafür gibt es zahlreiche Erklärungen, die wir im Moment gar nicht alle erläutern können. Was nun allgemein die Naturwissenschaften angeht, so hat deren Entwicklung ja schon längst vor dem ,Jahrhundert der Vernunft' begonnen. Denken Sie nur an Kopernikus, Kepler oder Galilei, um nur einen Bereich zu nennen. Man könnte ebenso die Mathematik und andere Wissenschaften erwähnen. Die Neugierde und der*

Wissenshunger der Menschen ist keine Erfindung der Aufklärung. Und nun zu dem Problem der ‚Dunkelheiten', lieber Herr Deslaert. Die Aufklärung ist zunächst eine wichtige Bewegung zur Emanzipation der Menschen. Emanzipation wovon? Da gab es auf der einen Seite den Absolutismus, das Gottesgnadentum, deren Vertreter – das heißt: die Herrschenden – ihre Macht von Gott direkt ableiteten, um so ihre Machenschaften zu rechtfertigen. Die Untertanen mussten gehorchen, gleichgültig, was der jeweilige Herrscher in Gang setzte. Bei Unbotmäßigkeit drohten Folter, Gefängnis und Tod. Und auf der anderen Seite war die Macht-Kirche, die ihrerseits ihre Schäflein total gängelte, Andersgläubige brutal verfolgte, hier und anderswo, und selbst kleinste Abweichungen von der offiziellen Lehre gnadenlos an den Pranger stellte. Die Folge waren Scheiterhaufen, das heißt Verbrennungen von sogenannten Hexen, Heiden oder Abtrünnigen welcher Couleur auch nimmer. Dazu kamen Folterungen, Einschüchterungen, Misshandlungen aller Art – Letzteres hat sich bekanntlich ja bis heute gehalten. Das, lieber Herr Deslaert, das war die Schwärze, die über die Menschen gekommen ist. Das ist die Verdunkelung des Himmels, nicht nur des sogenannten ‚dunklen' Mittelalters, sondern auch darüber hinaus. Wie konnte das geschehen? Im Namen einer Religion, die mit dem Schlagwort der ‚Nächstenliebe' angetreten ist? Von all dem wollten sich die Leute der Aufklärung befreien, das war ihr Ausgangspunkt. Aber das können die Gegner dieser Bewegung natürlich bis heute nicht einsehen. Ab und zu kommt zwar mal eine halbherzige Entschuldigung aus dem Vatikan. Geschenkt! Nebenbei bemerkt: Die Protestanten waren ebenfalls über viele Jahre hin eifrige ‚Hexenjäger'. Auch der virulente Antisemitismus Martin Luthers steht übrigens in einer langen, langen Tradition. So viel zum ‚Unternehmen Nächstenliebe'!

Noch ein letztes Wort zu Herrn Murkitschs Barmherzigkeit. Ein solches Wort aus Ihrem Munde zu hören, angesichts der Tatsache, wie Sie in dieser Stadt teilweise mit Ihnen anvertrauten Menschen umgesprungen sind, hört sich merkwürdig an. Ich

habe vor einiger Zeit einmal mit ein paar von Ihren ‚Opfern'
gesprochen und erfahren, wie Sie sie behandelt und oft auch
‚fertiggemacht' haben. Sie haben sicher auch Ihre ‚Lieblinge'
gehabt, aber bei vielen Ihrer ‚Schützlinge' haben Sie ein Klima
der Angst verbreitet, wo Sie eigentlich diese jungen Menschen
hätten unterstützen müssen – das hat mir gereicht. Es lebe die
reine Gesinnungsethik!

Prospers Stimme hatte am Ende fast schneidend geklungen.
Er setzte sich nicht mehr hin, ging zur Tür, die ins Haupthaus
zurückführte und verschwand.

Aber auch Kurt Rudolf Murkitsch, Gottfried Deslaert und ein
Monsignore verließen die Versammlung.

Zurück blieb eine Gruppe von Menschen, von denen die einen
sich bestätigt fühlten, andere verunsichert waren, da und
dort auch wütend, manchmal etwas bestürzt.

Auch Leria fühlte sich nicht ganz wohl in seiner Haut, als
verschiedene Leute auf ihn zukamen und ihn mehr oder
weniger konsterniert fragten, was denn eigentlich mit
Prosper Obenvelder los sei. Leria war sich natürlich darüber im
Klaren, dass sein Freund durch die Ereignisse in seiner Familie
traumatisiert war, aber bisher war es nicht vorgekommen,
dass er auf eine solche Art reagiert hatte. Allerdings war er
sich insgeheim bewusst, dass auf diese Weise auch Dinge
gesagt worden waren, die einmal zur Sprache gebracht
werden mussten.

Es sollte sich zeigen, dass dies Prospers letzter Auftritt
gewesen war. Fortan war die Zeit seiner *Flucht durch die Welt*
angesagt. Die ‚Literarische Gesellschaft' in ihrer bisherigen
Form löste sich auf, doch Leria führte zusammen mit Ellen
und mit ausdrücklicher Billigung von Prosper weitere
Veranstaltungsreihen durch, bis auch diese, wiederum bedingt
durch andere Ereignisse, irgendwann zu Ende waren.

Bei seinem nächsten Treffen mit Leria brachte Albrecht noch
einmal das Gespräch auf jenen denkwürdigen Abend mit der

‚Aufklärungs-Diskussion'.

Das war schon ‚starker Tobak', was ich da gelesen habe, begann Albrecht. Hat sich Prosper dir gegenüber noch einmal dazu geäußert?

Nicht allzu viel, sagte Leria. Im Großen und Ganzen stand er natürlich inhaltlich zu seinen Ausführungen. Allerdings gab er zu, dass die Art und Weise, wie er das alles vorgebracht habe, vielleicht ein wenig ‚scharf' gewesen sei. Dabei grinste er mich tatsächlich etwas verschwörerisch an.

Ich fragte ihn offen, ob er dabei eine gewisse Absicht verfolgt habe und Prosper bejahte.

Er wollte also bewusst für sich selbst etwas beenden?, fragte Albrecht. Es war nicht allein die Empörung über das offenkundige Theologengeschwätz?

Leria nickte.

Ohne Zweifel. Er wollte es so. Prosper katapultierte sich bewusst aus allem heraus, was ihm über so viele Jahre wichtig gewesen ist.

Aber ihr habt dann doch weitergemacht?

Klar. Wir haben viele Gespräche mit den Leuten geführt. Nicht dass wir uns angebiedert hätten, aber wir haben ihnen klargemacht, dass es in unserem Land im Grundgesetz einen Paragrafen zur Religions- und Meinungsfreiheit gibt. Selbst ein paar von unseren Theologen haben schließlich diese Tatsache zumindest nach außen hin akzeptiert.

Das wundert mich, sagte Albrecht, denn viele von diesen Leuten tun so, als würde es diesen Paragrafen überhaupt nicht geben.

Leria lachte.

Auch im kleineren Maßstab wurde im Laufe der kommenden Jahre so etwas wie eine Institution für Insider und Interessierte daraus. Lesungen, Vorträge, manchmal auch kleine Gruppenreisen in Sachen Literatur.

Daran erinnere ich mich noch, sagte Albrecht. Einmal habe ich euch begleitet. Weißt du noch?

Natürlich! Unsere Reise ins Elsass, nach Waldersbach zu Oberlin, auf den Spuren von Jakob Michael Reinhold Lenz. Vorher noch Sessenheim, Goethe und Friederike Brion.

Das war sehr interessant damals, sagte Albrecht. Du hast auch die Novelle *Lenz* von Büchner vorgelesen.

Tempi passati, sagte Leria.

Sie schwiegen einen Moment.

Ihr habt das also noch mehrere Jahre gemacht, sagte Albrecht schließlich.

Allerdings, es wurden, was wir zunächst nicht für möglich gehalten hätten, fast neun Jahre daraus. Bis ... aber das weißt du ja.

Und euer Publikum blieb euch treu?

Ja. Einige davon schon. Übrigens, was uns sehr gefreut hat, neben Erich Kaufmann, Ernst Brachvogel und Peer Lefredin auch das Ehepaar Kesselschmied. Letztere gehörten zu den toleranteren Theologen, die zumindest einsahen, dass es durchaus andere Meinungen geben konnte als die ihre.

—

Albrecht war in den nächsten Wochen mit der Endfassung seiner Chronik beschäftigt, aber er kam doch nicht so schnell vorwärts, wie er sich das vorgestellt hatte. Außerdem kam noch etwas Unvorhergesehenes dazwischen, das die Beendigung seiner Arbeit um drei Wochen verzögerte.

Es war um den 20. August, an einem regnerischen Vormittag, als Albrecht gerade seine Arbeit im Gartenhaus aufnehmen wollte. Er spürte den oft gefühlten Luftzug, der stets mit der Ankunft Lerias einherging und wieder einmal stand sein alter Freund lächelnd neben ihm.

Leria, was führt dich so früh zu mir?

Es gibt Neuigkeiten, mein Freund. Ich möchte dich bitten, zu mir herüberzukommen. Es ist Besuch da. Aus Frankreich.

Aus Frankreich? Etwa ... Désirée?

Nein, nein. Nicht sie selbst. Aber ein guter Freund von ihr aus früheren Zeiten. Er möchte dich sprechen.

Ist gut. Ich komme.

Als sie in Lerias Wohnung traten, stand ein etwas beleibter, etwa sechzigjähriger Mann mit ein paar verbliebenen grauen Haarbüscheln auf dem Kopf vor ihnen, der sie freundlich anlächelte.

Leria stellte Albrecht vor.

Freut mich sehr, Herr Bronnen. Mein Name ist Ludwig Wegener.

Es stellte sich heraus, dass er und Désirée sich von früher her kannten.

Wie geht es ihr?, fragte Albrecht sofort.

Soviel ich weiß, ganz gut. Wir kennen uns seit Désirée Perlmanns Engagement am Düsseldorfer Schauspielhaus. Seit jener Zeit sind wir befreundet. Meine Frau war in jenen Jahren Dramaturgin.

Das finde ich schön, dass wir noch einmal nach so langer Zeit etwas von ihr hören, sagte nun Leria. Nehmen Sie doch bitte Platz. Kann ich Ihnen etwas anbieten? Einen Kaffee vielleicht?

Danke, nur ein Glas Wasser, bitte.

Er setzte sich.

Ich möchte Sie nicht lange aufhalten und gleich zur Sache kommen. Meine Frau und ich haben Désirée vor kurzem besucht. Wir wohnten in einer Ferienwohnung auf der *Belle-Île-sur-Mer* in der Bretagne. Das ist eine Insel unterhalb von Lorient. Unsere Freundin besitzt dort ein sehr schön gelegenes kleines Haus. Das ist eine wunderbare Landschaft. Kennen Sie die Gegend zufällig?

Leria und Albrecht verneinten.

Désirée hatte vor einiger Zeit erfahren, dass ihr früherer Mann gestorben ist. Seitdem hatte sie immer vor, mit dem Gefährten ihrer früh verstorbenen Tochter noch einmal Kontakt aufzunehmen. Nur hatte sie keine Ahnung, wo sie sich hinwenden könnte. Sie wusste nicht, was aus all den Menschen von damals geworden ist, sie hatte keine Adressen mehr, nichts.

Aber wie haben Sie uns dann gefunden?, fragte Albrecht.

Der Zufall spielte auch eine große Rolle dabei. Sie hatte mir Ihren Namen genannt und dabei die Stadt München erwähnt. Und so begann ich auf gut Glück bei dem einen oder anderen Kollegen in München nachzufragen, die ich eben kannte. Überall Fehlanzeige. Dann, nach einigen Wochen, rief mich die Frau eines Freundes an, eine Musikerin, die Ihren Namen kannte. Sie schreiben doch noch Kritiken für *die Süddeutsche Zeitung*?

Ja, sicher, sagte Albrecht. Aber wie konnten Sie dann hierherkommen?

Wegener lachte.

Warten Sie, wie die Geschichte weitergeht. Ich rief sofort bei der Zeitung an, erreichte auch das zuständige Ressort. Allerdings teilte mir ein Redakteur mit, dass er zwar wisse, wo Sie sich befänden, aber er könne mir keinesfalls die Adresse mitteilen. Ich versuchte ihm in wenigen Worten klarzumachen, worum es sich handelte, aber ich hatte keinen Erfolg damit. Er erklärte mir nur, dass Sie in einer familiären Angelegenheit für einige Wochen in Ihrer Heimatstadt seien und dass Sie wahrscheinlich Anfang September wieder nach München zurückkehren würden. Er bedauerte, mir im Moment nicht weiterhelfen zu können. Im Telefonbuch stehen Sie übrigens auch nicht.

Das ist mir bekannt, sagte Albrecht zur allgemeinen Erheiterung.

Jetzt wird es geradezu spannend, flocht Leria ein.

Aber ab jetzt ging es ziemlich schnell. Ich rief am selben Abend noch bei Désirée an und konnte ihr immerhin mitteilen, dass ich Sie gefunden hatte. Désirée war sehr froh darüber und sagte mir, dass sie schon eine Idee habe, wo Sie sich befinden könnten.

Natürlich, sagte Leria. Sie befinden sich auf dem Anwesen von Désirées verstorbenem Mann. Und gleichzeitig auch dem Ort, wo Herr Bronnen seine Jugend verbracht hat.

Ludwig Wegener machte eine entsprechende, anerkennende Handbewegung.

Das war mir persönlich in diesem Moment noch nicht deutlich. Jedenfalls fuhren wir vierzehn Tage später in die Südbretagne und verbrachten dort zwei wunderbare Wochen. Désirée hatte sich in der Zwischenzeit überlegt, wie sie vorgehen wollte. Ihr war, wie gesagt, auf der einen Seite sofort klar, wo man Sie finden könnte, aber andererseits konnte sie ja nicht wissen, dass Sie tatsächlich hier anzutreffen sind, ebenso wenig, dass Ihr Freund Leria hier weilt. Also wollte sie nicht einfach aufs Geratewohl einen Brief losschicken, der Sie dann möglicherweise gar nicht erreichte. Daraufhin bot ich ihr an, im Falle, dass ich Sie hier antreffe, Ihnen den Brief persönlich zu überbringen.

Und deshalb machen Sie den weiten Weg hierher?, fragte Albrecht.

Halb so schlimm, sagte Wegener lächelnd. Wir wohnen in der Nähe von Köln, kommen aber immer wieder nach Süddeutschland, da Verwandte meiner Frau bei Stuttgart leben.

Nachdem Désirées Brief in die richtigen Hände gelangt war, erhob sich Ludwig Wegener. Ich darf mich nun verabschieden? Meine Frau erwartet mich in einer halben Stunde an der Neckarbrücke. Wir möchten noch eine Fahrt mit dem Schiff flussabwärts unternehmen, wenn wir schon in dieser schönen Gegend gelandet sind. Ich hoffe, dass die Sonne vielleicht noch irgendwann durchkommt.

Sie brachten ihren Gast zum Tor, bedankten sich und wünschten einen schönen Tag.

Albrecht konnte es kaum erwarten, den Brief zu öffnen.

*Lieber Albrecht,*

*Du wunderst Dich sicher, nach so langer Zeit eine Nachricht von mir zu erhalten. Mein alter Freund Ludwig hat sich erboten, Dir den Brief zu bringen, denn ich hätte es nicht gewagt, ihn einfach ins Blaue hinein loszusenden. Selbst wenn Ludwig Dich nicht anträfe, würden wir dennoch Mittel und Wege finden, Dir den Brief zuzustellen. Doch die Hauptsache dabei war, herausgefunden zu haben, wo Du lebst und arbeitest, denn ich wünsche mir so sehr, Dich noch einmal zu sehen.*

*Ich befinde mich nun schon viele Jahre in Frankreich. Nach dem Tod meiner geliebten Tochter war ich noch einige Jahre am Thalia-Theater. Danach ging ich nach Paris, spielte dort an verschiedenen Bühnen. Aber ich will Dich nicht mit der Aufzählung meiner zahlreichen Tätigkeitsbereiche langweilen. Es war ein unstetes Leben, das nirgendwo zur Ruhe kam. Nun bin ich im sogenannten Ruhestand angekommen, lebe viel am Meer, eigentlich die meiste Zeit des Jahres. Nur im Winter und zwischendurch immer mal wieder in meiner Wohnung in Nantes. Ansonsten in meinem kleinen Haus auf der Belle-Île-sur-Mer, ich blicke jeden Tag auf den großen Ozean, dessen Anblick mich sehr beruhigt, trotz der oft wechselnden Wetterlagen.*

*Aber ich möchte nun gleich noch einmal auf mein Anliegen zu sprechen kommen. Es wäre schön, wenn wir uns noch* einmal sehen und sprechen könnten. Hättest Du vielleicht eine Möglichkeit, mich hier zu besuchen? Du lebst wahrscheinlich nicht allein? Auch Deine Frau ist hier willkommen. Nur nebenbei: Ich habe ein Gästezimmer mit einem eigenen kleinen Bad. Was meinst Du dazu? Ich notiere Dir unten meine Telefonnummern. Es würde mich wirklich interessieren, wie Du Dein Leben bisher verbracht hast.

Auf jeden Fall würdest Du mir eine große Freude machen, wenn Du Dich meldest. Weißt Du etwas von Leria? Falls Du noch Kontakt zu ihm hast, richte ihm bitte herzliche Grüße von mir aus.

Auch an Dich liebe, herzliche Grüße
Désirée

Albrecht reichte den Brief wortlos an Leria weiter.

Das sind interessante Neuigkeiten, sagte Leria, nachdem er das Schreiben gelesen hatte. Ich nehme die mir zugedachten Grüße gerne entgegen. Im Grunde möchte sie auch wissen, ob ich überhaupt noch lebe, fügte er lachend hinzu.

Das ist nicht ganz von der Hand zu weisen, antwortete Albrecht. Du bist nun mal der Methusalem des Hauses Obenvelder.

Aber nun Spaß beiseite, sagte Leria, was meinst du dazu?

Tja, das kommt nun sehr überraschend. Ich muss darüber nachdenken …

Albrecht, ich würde sagen, da gibt es nicht viel zu überlegen. An deiner Stelle würde ich die Reise machen.

Ja, schon. Aber wir wollten doch auch unser Projekt möglichst abschließen.

Klar. Aber in diesem Fall könnten wir zwei Fliegen mit einer Klappe schlagen.

Albrecht blickte ihn erstaunt an.

Wie meinst du das?

Nun, auf der einen Seite erfüllst du Désirée ihren Wunsch und auf der anderen Seite könntest du in unserer Chronik auch noch einen kleinen Beitrag über unsere Schauspielerin schreiben. Dieses ‚Haus der Künste' war zwar nie so ganz ihre Heimat, aber im Zusammenhang mit Prosper und natürlich mit Mira wäre das doch eine interessante Ergänzung. Nichts Persönliches, nur ein paar biografische Fakten.

Da hast du nicht Unrecht, Leria.

Das will ich doch meinen. Auf zwei Wochen kommt es nun auch nicht an.

Hier gab Albrecht zu bedenken, dass er allerspätestens ab Mitte September wieder in München sein müsse. Doch dann überdachte er die Sache.

Leria, ich werde ja ohnehin von dort aus weiterarbeiten. Ich habe alles abgespeichert, was ich benötige.

Das lässt sich doch hören, sagte Leria. Wann fährst du?

Womit fahre ich denn überhaupt? Ich könnte einen Wagen mieten.

Genau, das machen wir. Übrigens, das geht alles auf die ‚Firma'.

Leria, das kriege ich gerade noch hin!

Das sind schlicht und ergreifend Spesen. Das gehört zu unserer Chronik. Du interviewst eine Person, sozusagen in unserem Auftrag.

Du tust gerade so, als würde ich am Hungertuch nagen.

Keinesfalls. Aber ich hätte ein schlechtes Gewissen dabei, wenn du dafür die Kosten übernimmst. Albrecht – und hier sah er ihn fast mitleidig an – es ist genug Geld vorhanden! Mehr als genug.

Drei Tage später war Albrecht mit einem Peugeot unterwegs nach *Quiberon*.

Noch am Abend des Tages, an dem er den Brief erhalten hatte, telefonierte er mit Désirée, die sehr erfreut war, dass er sich gleich meldete.

Wir haben so viel zu reden, sagte sie.

Ihr Gespräch am Telefon dauerte nicht lange. Sie schlug ihm

vor, dass er von Paris aus am besten die Autobahn über *Rennes* und von dort die *Route Nationale* nehmen sollte.

In *Quiberon* stellst du das Auto am besten in einem der Parkhäuser ab. Du kannst ein Schnellboot nach *Sauzon* nehmen. Wenn du auf dem Schiff zur Insel bist, rufst du an. Ich hole dich dann ab. Gute Reise, Albrecht. Ich freue mich sehr.

Die endlose Fahrt auf den Autobahnen ermüdete ihn. Zuerst in Richtung Mannheim – Saarbrücken, dann diese langweilige *Autoroute de l'Est*. Auf der sogenannten *Francilienne* so schnell wie möglich an Paris vorbei. Am ersten Tag kam er bis *Chartres*, stieg in einem Motel ab und wurde nach einem Spaziergang zur Kathedrale für die Monotonie des zurückliegenden Tages entschädigt. Er setzte sich nach dem Rundgang durch das Kircheninnere in eine Bankreihe im Mittelschiff, ließ sich von der Atmosphäre des imposanten Raums anstecken und kam zur Ruhe.

Am nächsten Tag fuhr er früh weiter.

Er blieb auf der Autobahn über *Le Mans* nach *Rennes*, nahm dann die *Route Nationale* bis Quiberon. Nach etwa viereinhalb Stunden erreichte er schließlich den Fährhafen und parkte den Wagen. Kurz nach 14 Uhr befand er sich auf dem Schiff, rief Désirée auf dem Handy an und fuhr über ein leicht bewegtes Meer auf diese bretonische Insel zu.

Nach der langen Fahrt mit dem Auto kam ihm nun diese Überfahrt beinahe unwirklich vor.

Es ist eigentlich eine besondere Reise, dachte er. Das Licht, die Farben des Meeres und des Himmels, dieses Boot, das über das Wasser zu fliegen scheint. Er hatte schon viele Reisen in seinem Leben unternommen. Aber es macht einfach einen Unterschied, wenn man irgendwo erwartet wird. Das ist immer eine Ankunft der anderen Art.

Schon nach dreißig Minuten fuhr das Schiff in den kleinen, pittoresken Hafen von *Sauzon* auf der Insel ein. Er nahm seinen Koffer, ging mit den anderen Leuten über die schmale Gangway an Land und stand unmittelbar vor Désirée.

Sie lächelte ihn an. Für einen Moment zuckte er zusammen und verzog unwillkürlich das Gesicht, als würde ihm ein Schmerz zugefügt.

Er stellte sein Gepäck ab.

Was hast du?, fragte Désirée erschrocken.

Nichts, nichts, sagte Albrecht und lächelte nun zurück. Ein leichter Schwindelanfall. Nichts von Bedeutung.

Sie umarmten sich. Sie sahen sich an.

Ich habe dich gleich wiedererkannt, sagte sie. Wenn auch leicht ergraut, bist du immer noch der schlanke, hochgewachsene junge Mann von damals.

Vielen Dank, sagte Albrecht und lachte.

Désirée war noch immer eine gutaussehende, nun ältere Dame mit nahezu weißem Haarschwall, braungebranntem, etwas wettergegerbtem Gesicht. Sie war fast ungeschminkt, die Linie ihres Mundes deutete mit leicht abwärts führender Tendenz die Spur einer Lebenssicht an, die sich, ohne dass man etwas dazutut, im Laufe des Daseins mit seinen Schicksalsschlägen einstellt.

Albrecht war vorher bei ihrem Lächeln erschrocken, weil es ihn plötzlich ganz stark an Mira erinnert hatte. Aber das sagte er ihr nicht.

Sie müsste auf die Achtzig zugehen, dachte er. Aber man sieht es ihr nicht an.

Sie fuhren in Désirées Renault auf einem Regionalsträßchen, *Les Terres de Vigne,* in Richtung Westen, durch Gras und Heideland, vorbei an kleinen Pinienwäldchen, ab und zu Felsgebilde, platt am Boden oder aufgerichtet, da und dort eine fast mediterran anmutende Flora. Nach ein paar Kilometern bogen sie nach links auf einen schmaleren Weg ein, der zu einer Kuppe hochführte. Désirée hielt kurz an. Ein wunderbarer Blick auf den Atlantik.

Habe ich dir zu viel versprochen?, fragte Désirée scherzhaft.

Fantastisch, sagte Albrecht.

Anschließend führte der Weg auf eine Gruppe von fünf oder

sechs verstreut in die Landschaft gebauten, weiß getünchten, typisch bretonischen Häuschen zu.

An einem hielt sie an.

Hier sind wir, sagte Désirée.

Sie betraten durch ein Gartentor ein vielleicht zehn Ar großes Gelände, das größtenteils von einer dichten, etwa ein- bis eineinhalb Meter hohen Hecke umgeben war. Nach vorne zum Meer hin von einer Steinmauer verstärkt. Im Garten selbst verschiedene Sträucher und kleinere Bäume, da und dort Hortensien, auch eine kleine Felsformation, daneben eine hohe Pinie.

Sie gingen in das Haus hinein, kamen in ein geräumiges Wohnzimmer mit großen Fenstern.

Albrecht konnte nur noch staunen.

Désirée blickte ihn von der Seite an.

Jetzt sage ich gar nichts mehr.

Désirée lachte.

Etwa hundert Meter vor ihnen lag eine endlose blaue Wasserfläche, ein bewegtes stürmisches Meer, das seine Wellen gegen die gezackten Felsen weiter unten warf, die für sie im Augenblick nicht zu sehen waren.

Nachdem sie ihm sein Zimmer gezeigt und er sich ein wenig frisch gemacht hatte, setzten sie sich auf den überdachten Balkon vor dem Wohnzimmer, der bei Bedarf auch durch Glasschiebetüren ganz geschlossen werden konnte.

Auf dem Tisch befand sich ein leckeres Arrangement von Horsd'oeuvres aller Art, eine *Assiette de Crudités*, eine Platte mit *Crevettes*, dazu *Baguette* und ein Krug mit *Cidre*, den Albrecht nun zum ersten Mal kostete.

Falls du dir in den Kopf gesetzt hast, mich hundertprozentig zu verwöhnen, so ist dir das bereits in den ersten Minuten meines Hierseins gelungen.

Désirée lächelte ihn verschmitzt an.

Warte erst mal, was da noch alles kommt!

Sie prosteten sich zu.

Ich bin sehr froh, dass du gekommen bist, dass alles auch so schnell funktioniert hat.

Sie berichtete ihm ein wenig, wie sie zu diesem Haus gekommen war. Ihre Eltern waren früher immer wieder hierhergekommen, da die Familie ihrer Mutter aus der Bretagne stammte.

Du erinnerst dich? Ich war mit Mira einmal hier in der Nähe, sagte sie. Gegenüber von Quiberon, zwischen *Locmariaquer* und *Port Navalo* befindet sich der Eingang zum *Golfe du Morbihan*. Das ist gar nicht weit, vielleicht dreißig oder vierzig Kilometer von uns aus. Das war eine wunderbare Zeit mit ihr. Sie blickte einen Moment stumm vor sich hin.

Ich erinnere mich noch daran, wie begeistert Mira von ihrem Aufenthalt am Golf erzählt hat, sagte Albrecht.

Auch er hielt inne, es war fast so, als hätte sie seine Worte gar nicht gehört.

Onkel Honoré, fuhr sie fort. Auch er ist schon lange nicht mehr unter den Lebenden. Er starb knapp zwei Jahre nach unserem Besuch in seinem Haus.

Désirée schüttelte den Kopf ein wenig, sah Albrecht an, als würde sie plötzlich wieder zu sich kommen.

Albrecht, begann sie, inzwischen ist so viel Zeit vergangen. Ich hatte mir fest vorgenommen, bei unserem Zusammensein nicht ständig von all den Menschen zu reden, die gestorben sind. Und nun bist du hier und schon sind alle meine diesbezüglichen Vorsätze wie weggeblasen. Mich interessiert doch vor allem auch, wie dein Leben verlaufen ist.

Da gibt es nicht viel zu erzählen, denn es verlief ziemlich unspektakulär …

Désirée blickte ihn lange an.

Das ist nicht unbedingt maßgeblich, sagte sie schließlich. Was ist dir wichtig gewesen, welche Entscheidungen hast du getroffen, gab es … andere Menschen, die an deinem Leben teilgenommen haben?

Das ist gleich ein ganzes Bündel von Fragen, bei denen ich erst einmal überlegen müsste, wie ich sie beantworten sollte.

Er trank einen Schluck Cidre, ließ seinen Blick in die Runde schweifen und blieb an irgendeinem winzigen Punkt auf der weiten Wasserfläche hängen. Er fühlte mit einem Mal, dass seine Augen schwer wurden.

Weißt du was, sagte Désirée, vielleicht solltest du dich einfach ein wenig ausruhen. Einverstanden?

Albrecht zuckte die Achseln.

Ist das für dich in Ordnung?

Natürlich. Du hast eine anstrengende Reise hinter dir.

Er stand auf, wollte helfen, die Teller abzuräumen.

Albrecht. Das mache ich schon.

Weckst du mich bitte, falls ich einschlafen sollte?

Das tu ich, sagte sie lachend.

Albrecht entledigte sich schnell seiner Schuhe und legte sich auf das Bett. In der Tat dauerte es nicht lange, bis er eigeschlafen war. Die Reise hatte ihn doch sehr ermüdet. Verdammt, man ist nun mal nicht mehr der Jüngste, dachte er noch vor sich hin.

Er erwachte erst wieder, als ihn jemand sanft an der Hand zog.

Pardon, sagte er und fuhr hoch.

Langsam, langsam, sagte Désirée. Du hast beinahe eineinhalb Stunden geschlafen.

Albrecht setzte sich auf, fühlte sich wieder wesentlich besser.

Machen wir einen Spaziergang?, fragte sie.

Sehr gerne.

Ein Pfad führte vom Haus weg auf die Klippen zu.

Dieser Teil auf der westlichen Seite der Insel ist die *Côte Sauvage*, sagte Désirée.

Albrecht bestaunte diese außerordentlich zerklüftete Küstenlandschaft, gegen deren Steilküsten der Atlantik seit Urzeiten anrennt und immer wieder tiefe Schneisen schlägt.

Der Wind hatte etwas zugelegt und jagte ein paar weiße Wolken vor sich her. Doch was am Himmel wie ein Spiel aussah, wirkte sich bei den Wellen unten wieder ganz anders aus, wenn sie gegen die Felsen schlugen, als wären sie wütend auf alles, was sich ihnen entgegenstellte.

Désirée zeigte in nördliche Richtung.

Weiter oben befindet sich die sogenannte *Apotheker-Grotte*. Vielleicht können wir die Stelle über dieser Attraktion in den nächsten Tagen einmal besichtigen. Das Meer hat in Millionen von Jahren eine riesige Felsgrotte unter den Klippen ausgehöhlt. Der Name *Apotheker-Grotte* kam wohl von den Nestern der Kormorane, die sich früher an den Wänden befanden. Sie waren den Gefäßen in den Apotheken früherer Zeiten ähnlich. 1990 ist ein Teil der Grotte eingestürzt.

Der Geruch des Meeres, dieses Gemisch aus Jod, Tang und Salz wurde vom Wind über das Land verteilt, auch der Duft von würzigem Harz aus den Pinienwäldchen machte sich ab und zu bemerkbar, dazu das intensive Licht der Abendsonne, all dies hinterließ auch bei Albrecht einen unvergesslichen Eindruck.

Übrigens, hast du gewusst, dass Claude Monet hier gemalt hat?

Nein, das wusste ich nicht, sagte Albrecht. Ich glaube, dass sich in Prospers Kunstsammlung auch Bilder von diesem Maler befinden, aber ich bin mir nicht sicher.

Ich kann dir ein paar Beispiele in einem Buch zeigen, sagte Désirée. Diese Insel wurde ansonsten von Malern selten heimgesucht, auf jeden Fall nicht so häufig wie die Provence, die Côte d'Azur oder zum Beispiel der Ort *Collioure*, unterhalb von *Perpignan*. Nicht zu vergessen *Pont-Aven* in der Bretagne, zwischen *Lorient* und *Quimper*. Auch das ist nicht weit von hier.

Davon habe ich gehört. Paul Gauguin vor allem, nicht?

Perfekt, meinte Désirée lächelnd. Aber, wie gesagt, auch Monets Bilder von dieser Klippenlandschaft mit ihren gezackten Felsen sind beeindruckend.

Das kann ich mir gut vorstellen. Auch ich, als einfacher Reisender, der erst seit ein paar Stunden hier weilt, bin von dieser Umgebung sehr angetan.

Désirée lachte.

Das freut mich, Albrecht.

Nach einer Viertelstunde hielten sie an.

Ich glaube, wir sollten nun zurückgehen. Das Abendessen muss vorbereitet werden.

Sie zeigte mit dem Arm in südliche Richtung.

Nicht weit von hier stehen zwei sehr imposante Menhire, zwischen denen eine Straße durchführt. Sie heißen Jeanne und Jean, nach der Legende ein Liebespaar, das sich schon vor der Eheschließung intensiv geliebt hat und deshalb von einer Hexe zu Stein verwandelt wurde.

Was für eine Tragödie, sagte Albrecht. Aber, nun ja, die Welt ist voll davon.

Nach ihrer Rückkehr begab sich Albrecht unter die Dusche, während sich Désirée intensiv in der Küche zu schaffen machte. Später, als er seine Hilfe angeboten und abgewiesen worden war, nahm er auf der Terrasse Platz. Désirée gesellte sich nach ein paar Minuten zu ihm und schenkte ihm ein Glas gut gekühlten *Crémant de Val de Loire* ein. Sie stießen an, freuten sich über das Wiedersehen und genossen nicht nur das leicht perlende Getränk, sondern auch den Blick auf das Meer mit einer Sonne, die bald untergehen würde. Das nächste Land geradeaus lag über fünftausend Kilometer entfernt vor ihnen, also genug Weite, um sich in unbestimmte Fernen zu verlieren, mit der Vorstellung von einem gefühlt unendlichen Raum.

Bist du irgendwo, dachte Albrecht manchmal in solchen Momenten, dort oben, dort draußen, irgendwo unter der Milchstraße?

Was ist mit dir, Albrecht?, fragte Désirée mitten in seine Gedanken hinein.

Bitte? N..nein, nichts, gar nichts. Weshalb fragst du?

Du kamst mir für einen Moment so niedergeschlagen vor, ja,

etwas … traurig. Vielleicht ist das auch das falsche Wort.

Nein, nein. Sei beruhigt. Es ist nichts.

Eine Zeitlang saßen sie ruhig nebeneinander.

Denkst du noch oft an sie?, fragte Désirée plötzlich.

Albrecht lächelte seine Gastgeberin an.

Bist du Hellseherin?, fragte er.

Muss man das sein?

Es vergeht kein Tag, sagte er nach einer weiteren Pause.

Désirée nickte.

Bei mir im Grunde auch nicht. Dennoch habe ich mir immer die Binsenweisheit eingehämmert, dass man versuchen sollte, loszulassen. Und auf dieses Klischee folgt gleich der nächste Allgemeinplatz: Das Leben geht weiter.

Lächelnd hielt Albrecht ihr sein Glas hin.

Désirée schenkte ihm ein.

Hast du … immer allein gelebt?

Wie man es nimmt, sagte er schließlich. Aber es hat schon ab und zu Versuche gegeben, die allerdings nicht sehr lange gedauert haben, oder man könnte auch sagen: Es hat sich eben nicht ergeben. Dass mein Leben so verlaufen würde, war nicht ausdrücklich geplant. Kennst du Hölderlins großen Satz, *Einmal lebt ich, wie Götter, und mehr bedarfs nicht…?* Ein ganz klein wenig habe ich das, vielleicht etwas überheblich, auch auf mich bezogen, *un tout petit peu …*

Seine Ode *An die Parzen*, sagte Désirée. Nun ja …

Albrecht machte eine beschwichtigende Geste.

Ich habe kein bleibendes Gedicht geschrieben, sagte er. Aber ich durfte, für eine kurze Zeit, eine große Liebe erleben. Und dafür war ich, trotz allem, immer auch dankbar. Natürlich ist mir klar, dass es gar nicht sicher ist, ob so eine Beziehung ein Leben lang gehalten hätte.

Désirée war aufgestanden, trat zu ihm hin und legte ihm ihre Hände auf die Schulter.

Albrecht, das hat nichts mit Überheblichkeit zu tun. Es ist oft so, dass uns ein Gedicht, ein Text, ein Bild, eine Musik, was auch immer, etwas vermittelt, das uns unter die Haut geht. Dann fühlen wir uns eins mit dem Kunstwerk, weil es uns unmittelbar anspricht.

Albrecht legte eine seiner Hände auf ihre Hand.

Bei Hölderlins Text handelt es sich wohl um die Idee von einem Künstler, dem ein vollkommenes Kunstwerk gelungen ist. Sowohl von der Form als auch von der Tiefe der Gedanken her, in denen etwas von *den letzten Dingen* ausgelotet wird, sagte er. Aber, ich glaube, er sagt auch etwas Ähnliches über die Liebe.

Einen Augenblick lang verharrten sie schweigend.

Nun denn, sagte Désirée und nahm ihre Hände herunter, entschuldige, wenn ich nun in die Niederungen unserer irdischen Bedürfnisse zurückkehre, aber ich sollte mich nun in die Küche begeben. Ich habe nämlich einen ‚Loup de mer‘ in den Backofen geschoben, der so langsam seiner Fertigstellung entgegengart.

Albrecht lachte.

Kennst du das Gedicht *Restauration* von Mörike, in dem er am Ende, um sich wieder ‚zurückzuholen‘, einen Rettich vertilgt?

Ja, rief Désirée, ich habe einmal Gedichte von ihm bei einer Veranstaltung in Ulm gelesen.

Mörike hat es geschrieben, nachdem er ein Gedicht-Manuskript durchgesehen hatte, aber dabei dürfte es sich wohl nicht um Hölderlin-Gedichte gehandelt haben, fügte Albrecht hinzu.

Er trank sein Glas leer, lächelte dem Atlantik zu, stand auf und trug die Gläser in die Küche.

Kann ich helfen?

Désirée deutete auf einen kleinen Schrank und eine Schublade.

Dort findest du Teller und Besteck.

Albrecht deckte den Tisch.

Später saßen sie auf ihren Logenplätzen und genossen ein köstliches Mahl. Désirée hatte den Wolfsbarsch in einer Terrine gegart, zusammen mit Kartoffeln, Frühlingszwiebeln, Fenchel, Kirschtomaten, Knoblauch, außerdem mit Gewürzen

wie Basilikum, Petersilie, Dill und Thymian angereichert.
Sie stießen mit einem gut gekühlten *Muscadet sur Lie* an.
À la nôtre!, sagte Albrecht und Désirée lachte auf.
Albrecht ließ die Köchin hochleben.
Nach dem Käse und einem Nachtisch mit frischem Obst ließen sie den Tag ausklingen. Die Sonne war mit einer gelungenen Vorstellung vor ihnen untergegangen, ließ immer noch ein wenig von ihrem Licht zurück, bevor sich schon bald die Dämmerung auf die *Belle Île* legte. Alles beruhigte sich ringsum, bis auf das feuchte Element vor ihnen, das niemals Ruhe gab.
Albrecht begab sich bald in sein Zimmer. Bevor er einschlief, dachte er noch daran, welche Gegensätze man doch manchmal erlebte, wenn man kurze Zeit in eine ganz andere Weltgegend fuhr. Und war er nicht fast am Ende der Welt gelandet? Finis Terrae, *Finistère*, nannten die Franzosen das Land weiter oben, das sich noch weiter nach Westen erstreckte, mit der ,westlichsten' aller französischen Inseln, der Île d'Ouessant.

Er schlief lange und tief. Als er erwachte, war die Sonne längst wieder aufgegangen und leuchtete nun dem Ozean vor ihm heim.
Désirée erwartete ihn schon mit Kaffee, Croissants und Baguette. Auch Butter und Marmelade befanden sich auf dem Tisch.
Ich habe doch die deutschen Gewohnheiten nicht vergessen, sagte sie.
Sie hatte die Schiebefenster ganz aufgeschoben.
Der Wind hält sich offenbar ein wenig zurück. Ich glaube, es wird warm heute. Wir könnten später einen Ausflug in den Hauptort der Insel, *Le Palais*, machen. Wir haben nun schon bald Ende August, eigentlich bereits Nachsaison. Die Zahl der Touristen wird sich in Grenzen halten.
Albrecht ließ sich das Frühstück schmecken. Immer wieder, als könnte er sich nicht satt sehen, ließ er seinen Blick über den

Ozean gleiten. In der Ferne fuhr ein großes Frachtschiff vorbei. Auf der linken Seite, weit draußen, ein paar Fischerboote.

Es ist einfach schön hier. Kaum zu beschreiben.

Ich habe mir gedacht, dass es dir gefallen würde, sagte Désirée.

Du hast in deinem Brief davon geschrieben, sagte Albrecht, dass dich der Blick auf den Atlantik zur Ruhe kommen lässt.

Ja. Es hat etwas mit seiner Verlässlichkeit zu tun, der Wiederholung eines Vorgangs, den es seit Urzeiten immer gegeben hat. *Sein Gleichmut, sowohl bei relativer Windstille, die es hier eigentlich nur selten gibt, als auch bei Sturm, wenn er mit seiner ganzen Kraft gegen die Felsen anrennt. Dazu kommt auch das Spiel der Wolken am Himmel, das rasch wechselnde Licht je nach Sonnenstand oder bei Nacht, wenn der Mond unter den zahllosen Lichterketten vorbeischwebt.* Ende des Zitats, sagte Désirée lachend.

Albrecht sah sie erstaunt an.

Diese Sätze stammen von Onkel Honoré. Vor vielen Jahren, als ich bei einer Rundfunksendung über bretonische Autoren beteiligt war, habe ich unter anderem auch diesen Text gelesen. Er hat mir so gut gefallen, dass ich ihn behalten habe.

Hast du nach deiner Tätigkeit in Paris hauptsächlich hier in dieser Gegend gearbeitet?

Désirée nickte.

Oft an den Theatern in *Nantes* oder *Rennes*. Auch im einen oder anderen Fernsehspiel. Was mir immer großen Spaß gemacht hat, waren die Festivals. Etwa in *Avignon:* Dort spielte ich immer wieder in verschiedenen Produktionen mit. Einmal war ich die *Célimène* in Molières *Misanthrope*, ein anderes Mal die *Andromaque* in dem Stück *Der trojanische Krieg findet nicht statt* von Jean Giraudoux.

Das kenne ich nicht, sagte Albrecht.

Ein sehr mitreißendes, unter die Haut gehendes Stück von 1935, unter dem Eindruck der aufkommenden Kriegsgefahr entstanden. Überhaupt ein begnadeter Autor. Kennst du *La*

*Folle de Chaillot?*, die *Irre von Chaillot?*

Nur dem Namen nach.

Ich habe auf dem Theater in *Nantes* die Irre, *Aurélie,* gespielt. Das ist eine alte, abgetakelte ‚Verrückte‘, die stets in einer kühnen Aufmachung längst vergangener Zeiten in einem Café des Pariser Quartiers Chaillot auftaucht, um Küchenabfälle abzuholen. Viele Bewohner dieses Armenviertels verehren sie wie eine ‚Gräfin‘, da sie immer ein Herz für sie alle hat, für Lumpensammler, Bettler, Kloakenreiniger oder Abwaschmädchen, eben für alle Leute ihresgleichen. Und nun erfährt sie von einem jungen Arbeitslosen, Pierre, der nach einem missglückten Selbstmordversuch bei ihr landet, dass eine Gruppe von Gangstern und skrupellosen Spekulanten, ein sogenanntes „Präsidium“, dabei ist, Paris in die Luft zu sprengen, weil unter den Mauern der Stadt große Ölquellen vermutet werden. Pierre war von ihnen beauftragt worden, eine Sprengung durchzuführen. Er bekommt dann aber große Skrupel und will sich in der Seine ertränken. Er wird gerettet und Aurélie versucht dem Verzweifelten den Wert und die Schönheit des Lebens nahezubringen. So erfährt sie durch ihn von dem ungeheuerlichen Komplott. Und nun beginnt sie, die „Irre“, mit drei anderen „Irren“ von *Passy, La Concorde* und *Saint-Sulpice,* einen klugen Plan zu schmieden, wie man das ganze „*Präsidium*“ und alle irgendwie Beteiligten beseitigen könnte. Sie fordert den *Präsidenten,* den *Baron,* den *Makler* und den *Prospektoren,* mitsamt allen Managern, Industriebossen etc. in einem Brief auf, zu ihr zu kommen, denn unter ihrer Kellerwohnung sei Erdöl gefunden worden. Als die geldgierige Clique erscheint und aus der Falltür tatsächlich der Geruch von Öl wahrgenommen wird, steigen sie alle in das Labyrinth der unterirdischen Kanäle von Paris hinunter, aus denen, ähnlich wie in den Katakomben von Rom, kein Unkundiger jemals wieder herausfindet. Die Falltür fällt zu.

The Happy-end.

Das ist ja eine schöne, böse Geschichte, sagte Albrecht.

Ja, eine bitter-böse Geschichte, eine Satire auf die Geschäftemacherei, auf das Spekulantentum, auf einen seelenlosen Kapitalismus der modernen Welt, der keine Rücksicht mehr kennt.

Es scheint fast so zu sein, dass hier die ‚Irren' die eigentlich Vernünftigen sind und die anderen die Verrückten?

Genauso ist es, sagte Désirée. Giraudoux hat die Welt umgekehrt und entstanden ist daraus ein poetisch verpacktes modernes Märchen. Und es ist eine Frau, die hier die Oberhand behält. Sie sagt gegen Ende des Stückes: *Il suffit d'une femme de sens pour que la folie du monde sur elle casse ses dents* – Es genügt eine vernünftige Frau, damit die Verrücktheit der ganzen Welt sich an ihr die Zähne ausbeißt.

Wird das Stück noch ab und zu gespielt?, fragte Albrecht.

Leider nur noch sehr selten. Dabei hat es so eine wichtige Botschaft.

Sicher eine sehr dankbare Rolle?

Klar. Übrigens, auch Therese Gieße hat die Aurélie gespielt. Oder Tilla Durieux.

Tja, du hattest also immer viel zu tun, kamst kaum zur Ruhe.

Das könnte man so sagen. Ich habe dir geschrieben, dass es ein unstetes, unruhiges Leben war. Aber vielleicht wollte ich auch gar nicht zur Ruhe kommen. Und nach dem Tod von Mira schon gar nicht. Das Theater war mein Leben, etwas anderes kann ich dir dazu nicht sagen. Gewiss, es gab immer wieder Männerbekanntschaften. Aber auch bei mir nichts Bleibendes.

Nach einer Pause sagte Albrecht:

Prosper hat sehr lange gebraucht, bis er über die Trennung von dir hinweggekommen ist.

Ich weiß, sagte Désirée. Er war der wichtigste Mann in meinem Leben. Aber in mancher Hinsicht hat er, vor allem im Zusammenhang mit unserer Trennung, für mich auch enttäuschende Verhaltensweisen an den Tag gelegt.

Albrecht sah sie fragend an.

Désirée stand auf.

Komm, ich möchte dir etwas zeigen.

Sie begannen einen kleinen Rundgang durch den Garten, vorbei an ein paar Obstbäumen, einer kleinen Gruppe von Pinien, verschiedenen Ginsterhecken, an Bäumen und Sträuchern, die Albrecht nicht kannte. Schließlich gelangten sie an eine Stelle, wo ein kleiner Küchengarten mit verschiedenen Gewürzpflanzen angelegt worden war. Von dort führte ein Weg weiter zu einer Gruppe von unterschiedlich großen Steinen, einem Arrangement, hinter dem drei Bäume in den Himmel ragten.

Eine Pinie, eine Esche und eine Eiche, sagte Désirée.

In einen der großen Steine war eine größere Vertiefung geschlagen worden, eine Art Höhlung, vor der eine Vase mit mehreren gelb-roten Rosen stand. In dieser Nische befand sich eine Urne mit einem Namen – M i r a.

Albrecht starrte auf diese Urne, dann wieder auf Désirée.

Setzen wir uns einen Moment auf diese Steinplatte, sagte Désirée. Ich muss dir nun ein paar Dinge erklären.

Gegenüber dieser kleinen, aber sehr beeindruckenden ‚Gedenkstätte‘ war eine steinerne Bank angebracht worden, wo man auch den Rücken anlehnen konnte und die trotz ihres etwas harten Materials nicht einmal sehr unbequem war. Der Stein war an dieser geschützten Stelle bereits von der Sonne erwärmt.

Hier sitze ich immer wieder, wenn ich das Bedürfnis habe, meines verstorbenen Kindes zu gedenken.

Sie blieben eine Zeitlang ruhig sitzen, ohne sich zu bewegen, wie zwei Menschen, die für Augenblicke ihre Sprache verloren haben.

Auch als sie zurückgingen, fiel kein Wort.

Möchtest du etwas trinken?, fragte Désirée, als sie wieder an ihrem Tisch vor dem großen Meer saßen.

Das ist eine gute Idee, sagte Albrecht. Vielleicht ein Glas Cidre? Ich könnte dir auch einen Pernod oder auch einen Calvados anbieten.

Eine noch bessere Idee! Einen Calvados! Das täte mir jetzt gut.

Désirée stand lachend auf, brachte verschiedene Getränke auf einem Tablett herbei und stellte sie auf den Tisch.

Désirée schenkte ihrem Gast und sich selbst einen Schluck von diesem bernsteinfarbenen Apfelbranntwein aus der Normandie ein.

Das tut jetzt gut, sagte Albrecht, nachdem er seiner Gastgeberin zugeprostet hatte und der Flüssigkeit nachspürte, die nun in seinem Magen angekommen war.

Désirée sah ihn mit einer auffordernden Geste an.

Nein, nein, sagte Albrecht. Jetzt lieber etwas Wasser.

Ich will dich nun nicht länger auf die Folter spannen. Es steht dir natürlich völlig frei, dir über das, was ich dir mitteile, dein eigenes Urteil zu bilden. Ich erwarte keine Schonung. Ich möchte mein Verhalten nur wenigstens erklären dürfen.

Albrecht sagte nichts dazu.

Prosper bestand damals nach dem Tod unserer Tochter darauf, dass die Urne auf dem Friedhof seiner Heimatstadt beigesetzt werden sollte. Eigentlich habe ich auch gar nichts anderes erwartet, aber er hat sein Anliegen mit einer Sturheit und Unnachgiebigkeit durchgesetzt, dass ich dennoch ziemlich wütend wurde. Es war eigentlich mit allem so. Auch bei unserer Scheidung: Ob ich nun die Schuldige war oder nicht, er bekam das Sorgerecht. Prosper hat sich zwar immer wieder redlich bemüht, doch ließ er nie einen Zweifel daran, dass ich von seinem ‚guten Willen‘ abhängig war. Ich will dich nicht zu lange mit all diesem Kram behelligen, jedenfalls packte mich einfach bei dieser Urnengeschichte das Bedürfnis, mich zu wehren – bei aller Trauer und allem Leid, das mich heimsuchte. Kurzum, ich habe den Chef dieses Beerdigungsinstituts in Hamburg herumbekommen, mit mir einen Deal zu machen. Das hat mich zwar ein bisschen was gekostet, aber das war es mir wert. Wahrscheinlich wäre mir das nicht gelungen, wenn ich nicht seine Tochter, die ebenfalls in seinem Institut arbeitete, auf meine Seite bekommen hätte. Ich habe ihr mit allen mir zur Verfügung stehenden Mitteln mein Leid geklagt, und nur auf diese Weise ist es – uns – schließlich gelungen, den Mann dazu zu bringen, zwei völlig identische Urnen mit der jeweils gleichen Aufschrift zu verwenden. Ich konnte ihn überreden, die Asche unserer Tochter zu gleichen Teilen in die beiden Urnen zu füllen. *Meine* Urne habe ich sofort zu mir nach Hause gebracht, die andere hat er Prosper überreicht.

Ich weiß, dass das alles etwas unwahrscheinlich klingt, aber da ich wusste, dass ich niemals mehr in seine Stadt zurückkehren würde, habe ich mich zu dieser Handlung hinreißen lassen.

An dieser Stelle unterbrach Désirée ihre Schilderung. Sie goss noch einen Schluck Calvados in ihr Glas. Sie blickte Albrecht an.

Was meinst du zu der ganzen Geschichte? Sei ruhig ehrlich, denn ... das war natürlich illegal.

Nun ... das war vorhin schon eine ziemliche Überraschung. Aber was nun deine Vorgehensweise anbelangt: Es steht mir nicht zu, das zu bewerten. Du hast deine Gründe angeführt und ich möchte dazu sagen, dass ich das durchaus nachvollziehen kann. Du weißt, wie dankbar ich Prosper immer gewesen bin in Bezug auf das, was er für meine Eltern und dann auch für mich getan hat. Dennoch hat es auch bei mir Augenblicke gegeben, in denen ich sein Verhalten sehr missbilligt habe.

Ich erinnere mich noch, wie empört du gewesen bist, als du mich damals in Hamburg besucht hast, sagte Désirée.

Aber ein paar Dinge würden mich doch noch interessieren. Geht denn das mit der Urne überhaupt?

Nun, Prosper hat ja ‚seine‘ Urne zusammen mit dem Beerdigungsunternehmen überführt. In Deutschland darf man eine Urne nicht einfach selbst mitnehmen. Ich war also diejenige, die zunächst noch etwas Verbotenes getan hat. In Frankreich ist das absolut kein Problem. Du musst nur ein Beerdigungsinstitut finden, an dessen Adresse die Urne geschickt werden kann. Aber das hatte ich längst eingefädelt. Eine gute Freundin in Paris hat in dem Arrondissement, wo sie wohnt, ein entsprechendes Institut ausfindig gemacht und an diese Adresse haben wir dann die ‚Hamburger Urne‘ gesendet. Einfach per Post. Meine Freundin hat die Urne dort abgeholt. Claudine ist eine meiner besten Freundinnen aus Jugendtagen. Sie will mich demnächst hier besuchen. Sie verbringt mit ihrer Familie im Sommer oft viele Wochen auf ihrem Anwesen in der Nähe von *Concarneau*.

Und eine Urne kann man einfach so mit nach Hause nehmen?, fragte Albrecht fast ein wenig ungläubig.

In der Tat. Sie hat mich nun über viele Jahre begleitet. Als ich dann in Paris war, später in Nantes, schließlich hier. Du weißt ja, wie sehr sie das Meer mochte.

Sie diskutierten über die alten Zeiten im Hause Obenvelder, dann über die Ungerechtigkeiten in Bezug auf die Rechte von Mann und Frau.

Albrecht fügte hinzu, dass in den siebziger Jahren das ‚Zerrüttungsprinzip‘ an die Stelle des ‚Schuldprinzips‘ beim Scheidungsrecht getreten sei und Désirée meinte dann, dass ihr das leider nicht mehr genützt habe.

Ab und zu sprachen sie auch etwas selbstvergessen dem Calvados zu, was zur Folge hatte, dass sie beide ziemlich müde wurden. Der Vormittag neigte sich seinem Ende zu, Désirée richtete zum Mittagessen ein paar Snacks mit *crudités, pâté de campagne, jambon*, Käse, Weißbrot und Wasser. Die Fahrt nach *Le Palais* wurde verschoben. Stattdessen beschlossen sie, sich nach dem Essen ein wenig hinzulegen und später noch einen Spaziergang in Richtung *Apotheker-Grotte* zu unternehmen.

In Albrechts Kopf drehte sich das Gedankenkarussell.

Die Urne auf dem Hauptfriedhof seiner Heimatstadt enthielt also nur die Hälfte der Asche? Wie wichtig war das eigentlich? Selbstredend war er in der ersten Zeit oft dort gewesen. Später waren seine Besuche seltener geworden. In den letzten Jahren fanden sie, bis auf das eine Mal mit Leria, so gut wie nicht mehr statt.

Das Gedenken an den geliebten Menschen hatte bei ihm niemals nachgelassen – und hatte nichts mit einem Häufchen Staub in einem Gefäß zu tun.

Doch die Erinnerungsminuten auf der steinernen Bank mit den Blumen vor Miras Urne heute Vormittag waren ihm nahegegangen. Und er empfand Désirée gegenüber keinerlei Groll, sondern eher ein Gefühl der Dankbarkeit, dass sie ihm diesen Moment ermöglicht und ihn so freundlich in ihrem Haus auf dieser Insel aufgenommen hatte.

Schließlich schlief er ein.

Als er wieder erwachte und auf die Uhr sah, erschrak er ein wenig. Es ging schon auf sieben Uhr zu. Er hatte über vier Stunden geschlafen.

Er sprang rasch in die Dusche, ließ kaltes Wasser über seinen Körper laufen. Seine Lebensgeister kehrten zurück, er zog sich an, verließ sein Zimmer und stand unmittelbar vor Désirée, die ihn etwas entschuldigend anlächelte.

Ich wollte dich gerade wecken, sagte sie. Es tut mir leid …

Das macht doch nichts, Désirée.

Heute läuft offenbar alles in eine andere Richtung. Wir wollten doch noch etwas unternehmen.

Aber ich bitte dich, entgegnete Albrecht. Ich bin nicht in erster Linie als Tourist hierhergekommen. Obwohl ich sagen muss, dass mir diese Insel wirklich sehr gut gefällt.

Schön, Albrecht.

Das Wichtigste sind unsere Gespräche.

Und … du bist mir nicht böse wegen dieser Urnengeschichte?

Auf keinen Fall! Erstens bin ich sowieso niemandes Richter. Und zweitens, wie ich dir schon sagte, ich kann, wahrscheinlich spreche ich aus heutiger Sicht, deine Handlungsweise nachvollziehen. Übrigens hättest du mir das gar nicht mitteilen müssen – und niemand wäre jemals auf den Gedanken gekommen, dass mit der Urne etwas nicht stimmt.

Désirée umarmte ihn kurz.

Ich danke dir, Albrecht. Ich wollte es dir eigentlich schon länger sagen. Genauer von dem Zeitpunkt an, als ich erfahren hatte, dass Prosper gestorben war. Ich wusste nicht genau, wie ich es anstellen sollte, und ich hatte auch ein wenig Angst davor. Ich wusste nicht, wie du reagieren würdest, vielleicht sehr ablehnend, wütend, was weiß ich. Inzwischen ist sehr viel Zeit vergangen. Doch nun bin ich sehr froh.

Wie hast du denn von Prospers Tod erfahren?, fragte Albrecht.

Du hast Ludwig Wegener kennengelernt. Er ist ein guter Freund aus der Düsseldorfer Zeit. Er kennt auch ein wenig meine Biografie. Seine Frau entdeckte, wahrscheinlich war es reiner Zufall, in der *Stuttgarter Zeitung* die Todesanzeige.

Richtig, Leria hat sie damals in mehreren überregionalen Zeitungen veröffentlicht. Aber kannten sie diesen Familiennamen?

Ja. Und zwar von Mira. Sie haben sie bei einem Besuch in Düsseldorf kennengelernt. Ich habe ihnen auch einmal eine Schallplatte von ihr geschenkt. Und auf diese Weise sagte den Wegeners der Name Obenvelder durchaus etwas.

Nun, wie immer so vieles zusammenspielt.

Albrecht, ich mach dir einen Vorschlag. Die Zeit ist schon ziemlich fortgeschritten. Was hältst du davon? Wir fahren mit dem Wagen nach *Sauzon* hinüber. Ich kenne dort ein wunderbares Restaurant, selbstverständlich mit Meerblick. Spazierengehen können wir morgen wieder.

Das hört sich gut an.


Sie benötigten eine knappe Viertelstunde, um in den Ort zu gelangen, wo Albrecht vor zwei Tagen angekommen war. Désirées Ziel lag am Rande des kleinen Städtchens. Ein etwas unscheinbares Gebäude, *Chez Maurice le Breton*. Als sie in einen relativ dunklen Raum eintraten, wo sie im Schummerlicht ein paar Gestalten an einer Theke erkennen konnten, ließ sich eine durchdringende, alles übertönende Männerstimme vernehmen, die aus den Tiefen hinter dem Tresen zu kommen schien.

*Ce n'est pas possible ! Désirée Perlmann! Quelle gloire dans ma maison !*

Eine unförmige Gestalt wälzte sich plötzlich auf die beiden zu. Désirée lachte auf.

Das ist Maurice, wie er leibt und lebt, sagte sie noch zu Albrecht. Doch weiter kam sie nicht, denn dieser Maurice, den sie offensichtlich gut zu kennen schien, begrüßte sie nun mit einem Schwall von Worten des Willkommens, die Albrecht kaum verstand. Auch er wurde anschließend begrüßt und willkommen geheißen.

*Suivez-moi, je vous sers de guide.*

Nach einem langen Gang gelangten sie durch eine Tür ins Freie auf eine Terrasse.

Albrecht staunte. Wieder einer dieser atemberaubenden Blicke auf das Meer. Dieses Mal nach der anderen Seite. Gegenüber lag in der Ferne das französische Festland, im Moment noch im Scheinwerferlicht der großen Flamme am Himmel hinter ihnen.

Auf der Terrasse befanden sich über ein Dutzend Tische, die alle besetzt waren. An einem der vorderen Tische, unmittelbar über dem Ufer, an dem ein jüngeres Ehepaar mit zwei kleinen Kindern saß, hob der Mann seinen Arm hoch.

*Monsieur?*, fragte Maurice.

*L'addition, s'il vous plaît.*

*C'est une très bonne idée, Monsieur ! Sidonie !* rief Maurice mit dröhnender Stimme.

Wie aus dem Nichts tauchte eine junge Kellnerin auf und blickte den Chef des Hauses an.

*Ce Monsieur-là a l'intention de perdre ses biens !*

Die junge Frau, die kaum das Lachen zurückhalten konnte, eilte sofort an besagten Tisch.

Überhaupt hatte sich bei fast allen Anwesenden eine allgemeine Heiterkeit eingestellt. Offenbar war man an diese

Verhaltensweisen des Restaurantbesitzers gewöhnt oder erwartete sie sogar.

Nach wenigen Minuten konnten sie ihren Platz einnehmen.

Gefällt es dir?, fragte Désirée.

Sehr schön, sagte Albrecht. Aber, es hätte ja auch sein können, dass kein Platz frei geworden wäre. Was dann?

Maurice findet immer eine Lösung. Er hätte uns vorübergehend an einen zusätzlichen Tisch gesetzt oder uns später einen anderen Tisch angeboten. Einmal habe ich auch erlebt, allerdings nicht wegen mir, dass er eine Gruppe von Leuten, die nach dem Essen allzu lange sitzen geblieben waren, unmissverständlich aufforderte, einen Spaziergang zu machen oder sich sonst wo zu amüsieren. Dies sei ein Restaurant und kein Wartesaal und außerdem würden bereits einige Leute auf einen Platz warten.

Albrecht lachte.

Und das hat funktioniert?

Ich glaube, dass diese Gruppe das nicht unbedingt mit Humor genommen hat. Aber die Leute sind gegangen. Unserem Wirt eilt ein gewisser Ruf voraus und es scheint ihm auch Spaß zu machen, dieser Rolle gerecht zu werden.

Sidonie kam mit der Speisekarte.

Am besten schlägst du etwas vor, sagte Albrecht. Du kennst das Lokal, ich habe keine Ahnung.

*Chez Maurice* ist zwar ein Restaurant für Fisch-Spezialitäten, aber du kannst jederzeit auch etwas anderes bestellen. Wir hatten erst gestern Abend ein Fischgericht.

Vous aimez des moules marinières?, fragte Sidonie.

Magst du Muscheln?, fragte Désirée.

Warum nicht, sagte Albrecht. Das sind diese schwarzen Teile? Gerne.

Dann nehmen wir das. Danach können wir noch eine andere bretonische Spezialität probieren: die *Galettes*. Das sind Crêpes mit Buchweizenmehl.

Es wurde ein kulinarisch ausgesprochen erfolgreicher Abend.

Nach der üblichen Vorspeise brachte Maurice persönlich einen ,Gruß aus der Küche', nämlich *Coquilles Saint-Jacques*, nach einem Rezept *fait maison*. Danach kamen die *moules* mit allen möglichen Zutaten, später *Galettes*, schließlich Käse. Auf ein Dessert verzichteten sie. Selbstredend waren stets die jeweils passenden Getränke dabei.
Ab dem zweiten Gang war plötzlich Musik zu hören, nicht zu laut, aber doch präsent.
Er weiß, dass ich bretonische Musik sehr mag, sagte Désirée. Einmal legt sie ihr Besteck ab und hörte nur noch der Musik zu. Alan Stivell sang eine Melodie, die auch Albrecht bekannt vorkam. Dann erreichte ihn plötzlich eine ferne Erinnerung.
Hat das nicht auch Mira gespielt?, fragte er Désirée.
Du erinnerst dich? Gespielt, variiert, darüber improvisiert. *Et je suis né au creux des vagues.* Ich bin im Tal der Wellen geboren. Das haben wir damals am *Golfe du Morbihan* in einem Restaurant mit Onkel Honoré gehört.

Viel geredet hatten sie an diesem Abend nicht mehr, aber es war ein beredtes Schweigen, das ihnen genügte und das keiner Ergänzung bedurfte. Es war gut so. Denn die Gedanken, die ihnen durch den Kopf gingen, beschäftigten alle ihre Sinne.
Am Ende waren nur noch zwei oder drei Tische besetzt. Über ihnen ein gewaltiger Sternenhimmel, wie man ihn nur noch fernab der großen Städte zu sehen bekommt. Bei den beiden Menschen, die sich gegenübersaßen, bildete sich in diesem Augenblick der Gedanke heraus, jemand, den sie einmal geliebt hatten, möge doch vielleicht als eines von diesen zahllosen Lichtern auf sie herunterscheinen. Nur für einen Moment. Beiden war klar, dass alle die chaotischen und ab und zu auch strukturierten Vorgänge des unendlichen Raums absolut nichts mit menschlichen Träumen oder Hoffnungen zu tun haben. Doch manchmal reden sich die Menschen ein, dass ein Leben ohne dieses imaginierte Beiwerk vielleicht auch nicht immer erstrebenswert wäre.

Sie hatten bereits bezahlt und waren noch ein wenig sitzen geblieben. Plötzlich tönte die gewaltige Stimme in ihre Gedanken hinein.

Madame, Monsieur, on vous sert une Mirabelle!

Désirée, die sich mit alkoholischen Getränken sehr zurückgehalten hatte, drohte ihm scherzhaft mit dem Zeigefinger.

Monsieur Maurice, vous pensez peut-être à mon permis de conduire et à mon désir d'arriver chez moi sain et sauf ?

Madame, avec une Mirabelle de notre maison vous conduisez comme une déesse !

Sie erhoben lachend das Glas, nickten dem Wirt und sich selbst zu, tranken dieses fruchtige ,eau-de-vie'. Désirée nur einen winzigen Schluck.

Später, als sie durch die dunkle Inselwelt zurückfuhren, erzählte Désirée, dass sie vor einigen Jahren mit Freunden ihren Siebzigsten in dem Lokal gefeiert habe.

Es waren etwa fünfzig Personen. Viele vom Theater, auch ein paar Verwandte. Es war ein schönes Fest. Damals hat die Frau von Maurice noch gelebt. Sie war um einiges jünger als er, eine der besten Folk-Sängerinnen der ganzen Gegend. Wir hatten eine bekannte bretonische Gruppe eingeladen. Und Jeannette de Bretagne sang. Das war ihr Künstlername.

War sie krank?, fragte Albrecht.

Sie kam bei einem Autounfall ums Leben.

Hier auf der Insel?

Nein, drüben auf dem Festland. In der Nähe von Dinan. Das war sehr schwer für Maurice. Andererseits war sie in den letzten Jahren vor ihrem Tod nicht mehr so oft zu Hause. Maurice war die Seele des Hauses, der Küche und der ganzen Organisation. Ich glaube, sie war ihm nicht besonders treu. Man erzählte sich so manches. Sie war oft mit anderen Männern gesehen worden. Außerdem lag ihr das Singen und Musizieren mehr als die Arbeit im Restaurant. Aber sie hat entscheidend dazu beigetragen, dass sein Lokal bekannt wurde.

Wie kamen die beiden denn zusammen?

Sie war ein Waisenkind, wuchs in einem Heim auf, hat sich später mit allerlei Arbeiten durchgeschlagen – und sie hatte eine schöne Stimme. Sie sah auch gut aus. Maurice hat sie bei sich aufgenommen. Sie begann mit kleinen Auftritten im Lokal. Das sprach sich schnell herum, ihre Darbietungen erfreuten sich bald großer Beliebtheit. Erste Lieder im Rundfunk. Kein geringerer als Alan Stivell setzte sich für sie ein. Inzwischen war sie immer wieder mal im Fernsehen, zahlreiche Auftritte im Jahr. Aber sie kam oft in das Lokal *Chez Maurice* zurück. Undankbar war sie nicht. Nun ja.

Aber ihr Mann hat das doch sicher nicht so einfach weggesteckt?

Maurice ließ sich nicht viel anmerken. Doch einmal saß ich mit einer Freundin auf seiner Terrasse. Es war vielleicht ein halbes Jahr nach dem Tod von Jeannette. An dem Abend waren nicht viele Gäste auf der Terrasse. Leise Musik aus den Lautsprechern. Maurice setzte sich ein wenig zu uns an den Tisch, machte wie früher seine Scherze und wartete darauf, dass sein Spiel mitgemacht wurde. Meine Freundin fragte ihn schließlich, ob er vielleicht das eine oder andere Lied von Jeannette abspielen könnte, sie würde sie so gerne hören. Da wurde unser Maurice plötzlich sehr ernst, saß nachdenklich auf seinem Stuhl, blickte uns an und sagte, das könne er nicht mehr.

Verstehen sie, Jeannette wird nie mehr hier singen. Ich werde auch keine Platte von ihr mehr auflegen. Das könnte ich nicht ertragen. Sie entschuldigen mich bitte, meine Damen.

Dann stand er auf und ging ins Haus zurück. Für mich ein deutliches Zeichen dafür, dass wir nie genau wissen können, wie es in einem Menschen aussieht.

Sie waren inzwischen angekommen, gingen ins Haus hinein.

Wie sagt man in Deutschland: ein kleiner Absacker?, fragte Désirée.

Nichts dagegen einzuwenden, sagte Albrecht.

Sie schenkte ihnen den kühlen Crémant ein, den Albrecht schon kannte. Sie saßen an ihrem Logenplatz und blickten in diese nächtliche Meerlandschaft hinaus, die durch einen halben Mond von irgendwoher in ein leicht fahles Licht getaucht wurde. Der Wind hatte wieder ein wenig zugelegt.

Das war in vieler Hinsicht ein ereignisreicher Tag, sagte Albrecht, vor allem in Bezug auf unsere Seelenlandschaft.

Und ich bin froh, dass du es so aufgenommen hast. Klar ist, ich hätte es dir auch verschweigen können. Aber ich hatte das Gefühl, es dir sagen zu müssen. Das war einer der Hauptgründe dich hierher einzuladen. Neben dem Bedürfnis, etwas von dir zu erfahren natürlich.

Albrecht lachte.

Ist dir klar, dass wir uns seit meinem Besuch in Hamburg vor Jahrzehnten nicht mehr gesehen haben?

Ja. Ich habe sehr wohl daran gedacht. Ich hatte damals gehofft, dass du dich noch einmal bei mir melden würdest. Ich wollte dir ein wenig helfen, spürte deine Verzweiflung und dein Gefühl, dabei nur auf dich selbst gestellt zu sein.

Und ich stellte mir vor, dass ich dich doch besser in Ruhe lassen sollte, da du doch selbst mit dieser Situation zurechtkommen musstest.

Nun ja, sagte Désirée, so war schließlich jeder von uns bei sich selbst. Du musstest versuchen dir vorzustellen, wie dein künftiges Leben ohne Mira aussehen könnte. Ich arbeitete wie besessen weiter, mit dem fast irren Versuch mich abzulenken. Auch Prosper war mit seiner Trauer allein. Bei einem unserer letzten Gespräche, das wir geführt haben, deutete er an, dass wir als Zurückbleibende mit unserer Trauer im Grunde allein blieben. Ich glaube, dass ihm in diesem Fall sein bester und dann bald einziger Freund Leria auch nicht helfen konnte.

Auch ich habe nicht viel darüber geredet. Selbst mit Leria nur selten.

Leria, sagte Désirée versonnen, ein seltsamer Kerl. Keinesfalls unsympathisch, aber etwas eigenartig. Man hatte immer das

Gefühl, dass er sich nie in die Karten sehen lassen wollte.

Albrecht stimmte ihr zu.

Das ist fast so etwas wie sein Markenzeichen.

Désirée stand auf.

Ich werde mich nun zurückziehen, Albrecht. Du kannst gerne noch ein wenig hierbleiben.

Sie legte ihm kurz eine Hand auf die Schulter, wünschte ihm eine gute Nacht, lächelte ihm zu und ging in ihr Zimmer.

Albrecht blieb noch eine kurze Zeit sitzen und blickte gedankenverloren auf dieses Panorama aus Nacht und Meer.

In den nächsten Tagen statteten sie der einen oder anderen Sehenswürdigkeit der Insel einen Besuch ab, fuhren nach *Le Palais*, machten eine Inselrundfahrt bis hinunter nach Locmaria, dann zum Großen Leuchtturm an der Côte Sauvage, sahen die Felsnadeln von *Port Coton*, die von Claude Monet und anderen gemalt worden waren, wanderten zu den beiden Menhiren oder besuchten das *Fort Sarah Bernhardt*, oberhalb von *Sauzon*.

Sie war eine der berühmtesten Schauspielerinnen ihrer Zeit, sagte Désirée. Fast dreißig Jahre lang, bis 1922, hat sie in dem Gebäude, das sie nach ihren Wünschen ausbauen ließ, ihren Urlaub verbracht. Als die Nazis die Belle-Île besetzten, sprengten sie das Fort. Selten hat eine kulturlosere Spezies die Welt in Atmen gehalten.

Wir waren auch davon betroffen, fügte Désirée noch hinzu.

Inwiefern?, fragte Albrecht.

Nun, du weißt, dass meine Mutter Französin war? Und mein Vater ein deutscher Jurist, jüdischer Abstammung. Damit geriet er automatisch ins Visier der ,arischen' Rassenfanatiker. Naheliegend, dass sie 1933 nach Frankreich gingen. Zuerst blieben sie in der Nähe von Paris. Meine Mutter war als Balletttänzerin und Choreografin tätig und mein Vater, der die französische Sprache gut beherrschte, musste sich mit irgendwelchen Büroarbeiten begnügen. Im Vergleich zu vielen anderen hatten wir Glück. Meine Mutter entstammte einer weit verzweigten Familie. Meine Großmutter stammte aus der Bretagne, Quimper und Douarnenez. Mein Großvater wiederum kam ursprünglich aus dem französischen Jura, einem Ort namens Jougne, unterhalb von Pontarlier, nicht weit von der Schweizer Grenze.

Die Namen dieser Orte habe ich noch nie gehört, sagte Albrecht.

Das kann ich mir denken. Als die Deutschen in Frankreich einmarschierten, war ich drei Jahre alt. Auch wir flohen vor den Nazis aus Paris, gelangten über viele Umwege in den Jura, wo wir auf dem Bauernhof eines Neffen meines Großvaters untergebracht wurden, ausgestattet mit falschen Papieren vom Bürgermeister der nächsten Gemeinde.

Wahrscheinlich auch einer aus der Familie?

Désirée lachte. Möglicherweise. Das weiß ich nicht mehr.

Es lebe die Verwandtschaft, sagte Albrecht.

Ab und zu wurde es dennoch brenzlig, vor allem, wenn Kontrollen durchgeführt wurden. Mehrere Male mussten wir uns weiter oben im Wald verstecken, wo sich zwischen zwei Felswänden eine kleine Grotte befand. Das war vor allem während des letzten Kriegsjahres, als die Gestapo zunehmend Jagd auf Widerstandskämpfer machte. Aber wir kamen gut durch, litten keine Not. Für mich als kleines Mädchen war das fast so etwas wie ein Abenteuer. Genaueres Überdenken kam später.

Und deine Eltern kehrten nach Mainz zurück?

Mein Vater wurde von der französischen Besatzungsmacht wieder als Jurist eingesetzt. Es ging um die Entnazifizierung und um die Demokratisierung in Deutschland. Er hat mir oft von vielen verpassten Möglichkeiten und auch von Fehlern, die dabei gemacht wurden, berichtet. Aber das scheint leider immer der Fall zu sein. Er war später Oberstaatsanwalt in Koblenz. Übrigens unterstützte er auch Fritz Bauer, als dieser die Auschwitz-Prozesse Ende der fünfziger und Anfang der sechziger Jahre vorbereitete.

Die Tage vergingen, doch entscheidend und wichtig waren ihre Gespräche und Diskussionen während oder auch nach ihren Fahrten über die Insel.

Schon?, sagte Désirée fast resignierend, als Albrecht ihr sagte, dass er in zwei Tagen wieder abreisen müsse.

Sie schüttelte den Kopf.

Wie schnell immer die Zeit verrinnt!

An einem ihrer letzten Abende fragte ihn Désirée nach seiner ‚Arbeit' in Bezug auf die Familie Obenvelder.

Albrecht berichtete ihr von seiner Tätigkeit mit dieser ‚Chronik' über das ‚Haus der Künste' in der Stravenfordstraße. Dass er quasi im Nachhinein einem Wunsch Prospers und auch Lerias nachkomme, die künstlerischen Darbietungen des Hauses insgesamt noch einmal Revue passieren zu lassen.

Désirée wollte wissen, ob es denn noch viele Interessenten dafür gebe.

Albrecht zuckte mit den Achseln.

Leria hat wohl eine Liste angefertigt von jenen, die noch leben. Vielleicht auch ein paar Leute in der unmittelbaren Umgebung, die sich noch an manche Veranstaltung erinnern. Unter Umständen könnte man es auch dem Archiv der Stadt anbieten, obwohl er skeptisch ist, ob dort dafür überhaupt ein Interesse besteht.

Und wie ist es für dich selbst?, fragte Désirée.

Nun ja, am Anfang wollte ich nicht so recht an diese Aufgabe herangehen, aber in der Zwischenzeit habe ich das durchaus zu meiner Sache gemacht. Ich denke, dass mir dadurch vieles klarer geworden ist.

Vielleicht war das auch eine Absicht der Auftraggeber, sagte Désirée lächelnd.

Unter Umständen hast du Recht, meinte Albrecht. Übrigens: Ist es dir recht, wenn ich auch einen Artikel über dich hinzufüge?

Über mich? Ich habe doch mit den Aktivitäten des Hauses Obenvelder nahezu nichts zu tun gehabt.

Aber als Prospers Frau und Mutter von Mira wäre es

doch vielleicht angebracht, etwas über dich zu berichten? Natürlich nur im Zusammenhang mit deinem künstlerischen Werdegang als Schauspielerin in Deutschland und Frankreich. Keine biografischen Details. Und ein paar Hinweise im Zusammenhang mit Miras Schicksal.

Darf ich mir das noch einmal überlegen?

Klar. Ich könnte dir ja meinen Entwurf zuschicken und du sagst mir, ob du damit einverstanden bist.

So könnten wir es machen. Prosper wird es jedenfalls nicht mehr lesen können, fügte sie noch hinzu.

Als die beiden diese Chronik ins Auge fassten, war Prosper noch gesund und Herr seiner Sinne, sagte Albrecht. Kurze Zeit später erlitt er den ersten schweren Schlaganfall.

Dann war es Leria, der schließlich diesen Wunsch an dich herantrug?

Ja, schon. Aber Prosper muss das offenbar vorher auch schriftlich vermerkt haben. Leria hat das natürlich wieder geschickt angestellt. Der Notar, der mich wegen der Hinterlassenschaften meiner Mutter anschrieb, war mit Sicherheit von ihm dafür beauftragt worden. Außerdem konnte er sich denken, dass ich ihm diese Bitte im Grunde nicht abschlagen konnte.

Désirée brachte ihn mit dem Wagen wieder nach *Sauzon*.

Albrecht, du bist jederzeit hier willkommen. Ich hoffe doch, dass wir in Kontakt bleiben? Ich bin dir so dankbar, dass du gekommen bist.

Auf jeden Fall! sagte Albrecht. Ich danke dir ebenfalls für diese wunderbaren Tage und für all die Gespräche, die wir führen konnten.

Wenn die ‚Chronik' vorliegt, würde ich mich über ein Exemplar sehr freuen.

Darauf kannst du dich verlassen. Eine E-Mail-Adresse hast du wahrscheinlich nicht?

Désirée lachte.

Damit habe ich mich nicht mehr beschäftigt. Aber wir können ja auch ab und zu mal telefonieren.

Offensichtlich waren sie etwas zu spät weggefahren und so mussten sie auf das nächste Schnellboot warten. Sie setzten sich in ein kleines Café am Hafen.

Désirée bestellte für sich einen Tee und einen Espresso für Albrecht.

Also, noch einmal, Albrecht. Ich würde mich wirklich freuen, wenn ich dich wieder einmal hier begrüßen könnte. Ich füge hinzu: bei Leben und Gesundheit.

Es besteht doch kein Grund, sich diesbezüglich Sorgen zu machen?, fragte Albrecht, den diese Aussage ein wenig beunruhigte.

Nein, nein, sagte Désirée. Das ist nur so eine Redensart. Aber ich habe nun mal schon ein paar Jahre mehr als sieben Jahrzehnte durchlebt und es wäre töricht, das zu ignorieren. Übrigens habe ich auch schon testamentarisch verfügt, dass meine Urne hier auf dem kleinen Friedhof von *Sauzon*, zusammen mit der Urne Miras, bestattet werden soll. Ich kenne bereits das Grab.

Albrecht sah sie etwas verdutzt an.

Albrecht, schau nicht so. Leben und Sterben gehören zusammen. Aber lass uns noch von etwas anderem reden. Wie sehen denn deine Perspektiven für die Zukunft aus?

Nun ja, bei mir steht bald die Sechs davor. Dann ist die Rente auch nicht mehr weit. Ich weiß noch nicht so recht, wie das sein wird. Am liebsten würde ich mich irgendwo an einem dieser kleineren bayrischen Seen in ein Häuschen zurückziehen, um zu lesen, zu schreiben, zu erinnern ...

Albrecht! Vergräbst du dich dann nicht bereits zu Lebzeiten?

Das sehe ich eigentlich nicht so. Ich möchte schließlich auch arbeiten.

Du hast etwas von ‚schreiben' gesagt?

Ja. Ich habe so einen Plan von einem Buch im Kopf, den ich gerne verwirklichen würde. Der Arbeitstitel in etwa „Von

Beethoven zu Schönberg". Ich habe dazu schon einiges an Material gesammelt. Aber ... das ist alles Zukunftsmusik. Und außerdem ist das, was ich am liebsten machen würde, auch eine Frage meiner finanziellen Möglichkeiten. Mal sehen, was sich ergibt.

Aber du musst doch auch unter die Menschen, solltest dabei doch auch an Literatur kommen, wenn du so ein Thema ausarbeiten möchtest, sagte Désirée.

Das dürfte kein größeres Problem darstellen. München wäre doch nicht weit. Es gibt das Musikwissenschaftliche Institut, die Uni-Bibliothek und so fort.

Désirée schien mit dieser Äußerung nicht zufrieden zu sein.

Ab und zu ist das Allein-Sein schon wichtig. Das empfinde ich selbst ähnlich. Aber auf Dauer würde ich das nicht ertragen. Ich brauche immer wieder Menschen um mich, lade Leute zu mir ein oder ich besuche Freunde.

Vielleicht gründe ich irgendwo einen Stammtisch. Oder ich werde mit der Leitung eines örtlichen Gesangvereins betraut.

Désirée kniff ihn in den Arm.

Hält man das für möglich. Da wird man doch tatsächlich noch auf den Arm genommen!

Albrecht lachte.

Aber das tröstet mich auch ein wenig, fügte sie hinzu. Offenbar gibt es bei dir auch Spurenelemente von Humor.

Dort sehe ich schon das nächste Schiff, rief Albrecht.

Aber das ist eine Fähre, sagte Désirée.

Albrecht überlegte kurz.

Das macht nichts. Dann dauert es eben ein wenig länger.

Sie standen auf, Désirée legte Geld auf den Tisch.

Sie begaben sich zur Mole, gingen ein wenig auf und ab.

Bald kommt auch wieder ein Schnellboot, sagte sie.

Mit der Fähre kann ich mich noch etwas länger vom Meer verabschieden.

Möwen flogen über sie hin. Der Geruch des Ozeans. Das schmatzende Geräusch der Wellen an der Hafenmauer vermischte sich mit den Schreien der Vögel und anderen Lauten. Über ihnen zogen ein paar Kumuluswolken in Richtung Festland.

Das Meer war mäßig bewegt,

Die Fähre legte an, Menschen stiegen aus.

Die beiden Menschen, die nun Abschied nahmen, sagten nichts mehr. Sie sahen sich an, umarmten sich. Albrecht ging an Bord. Er suchte sich einen Platz, an dem er sein Gepäck abstellte und ging wieder zurück. Désirée stand immer noch an derselben Stelle und blickte zu ihm hoch. Noch einmal tauschten sie ihre Blicke. Sie hob kurz eine Hand, drehte sich um und ging weg.

Albrecht blieb unbeweglich stehen, bis er sie nicht mehr sehen konnte.

Sein Besuch hatte nur wenige Tage gedauert, aber es wurde ihm deutlich, wie wichtig ihre Gespräche für ihn waren. Ein leises Gefühl von Trauer beschlich ihn und er empfand eine gewisse Leere, als Désirée aus seinem Blickfeld verschwunden war.

Das Schiff legte ab. Langsam vergrößerte sich der Abstand zur Insel und Albrecht wurde den Gedanken nicht mehr los, dass auch hier etwas unwiederbringlich zu Ende ging.

Er wolle sich vom Meer verabschieden, hatte er zu Désirée gesagt. Doch nun zog er es vor, sich ins Schiffsinnere zurückzuziehen, sich an die Bar zu begeben, um sich irgendetwas Hochprozentiges zu genehmigen.

—

Ein paar Tage später war Albrecht wieder auf dem Weg zum ‚Haus der Künste‘. In diesen ersten Septembertagen herrschte zwar schönes Wetter, aber es war auch schon ein wenig Herbst in der Luft: *Wie weit der Sommer ist!* – diese Zeile aus einem Gedicht Gottfried Benns fiel ihm ein, als er durch den großen Garten ging, in dem ein paar Wiesenstücke gemäht worden waren. Zu dem Duft von Sommerblumen hatte sich nun der Geruch von Heu gesellt. Eine gewisse Schwere lag im Raum, ein Hauch von Übergang.

Albrecht stellte zuerst sein Laptop im Gartenhaus ab, trank einen Schluck Wasser und machte sich auf den Weg zu Lerias Wohnung.

Leria empfing ihn mit den Worten:

Albrecht! Du hast ja richtig Farbe bekommen! War es ein schöner Urlaub?

Das könnte man so sagen, sagte Albrecht lachend. Aber ... eigentlich nicht nur Urlaub.

Dann begann er mit seinem Reisebericht. Wie Désirée lebte, wie ihr Leben verlaufen war, was sie auf der Insel alles unternommen hatten. Er erwähnte auch so manches von den Gesprächen, die sie geführt hatten, nur eine Sache erwähnte er nicht: die Geschichte mit der Urne. Das war etwas zwischen Désirée und ihm, sie hatte ihm ein Geheimnis anvertraut, das er für immer in seinem Herzen bewahren würde.

Claude Monet? Ich glaube, dass Prosper in seiner Sammlung auch drei oder vier Bilder von ihm besaß, sagte Leria. Allerdings kein Bild von der *Belle-Île*. Habe ich dir das eigentlich mitgeteilt? Durch die damaligen Nachforschungen stellte sich heraus, dass sich bei den Bildern aus dem Erbe seines Onkels Johann Obenvelder doch neun oder zehn Werke befanden, die eindeutig ‚Beutekunst‘ waren. Dabei auch ein Werk von Claude Monet. Ich weiß aber nicht mehr welches.

Tatsächlich? Wie kann man das einschätzen? War das Nichtwissen, Nachlässigkeit oder bewusstes Übergehen?, fragte Albrecht.

Das konnten wir nicht mehr herausbekommen. Vielleicht etwas von allem. Ich erinnere mich noch daran, dass Prosper schon sehr betroffen war. Er sagte damals zu mir: Was meinst du Leria? War mein Onkel sträflich nachlässig oder gar ein Gauner? Ein Nazi scheint er nicht gewesen zu sein. Das hätte ich gewusst.

Ich kann mir denken, dass Prosper das sehr peinlich war, sagte Albrecht.

Auf jeden Fall hat er mit den Anwälten und allen in Frage kommenden Instanzen gut zusammengearbeitet. Sechs Werke konnten den Nachkommen der Familien, denen das Bild einmal gehört hatte, zurückgegeben werden. Entweder war ihnen das Bild einfach weggenommen worden oder sie hatten es zu einem Schleuderpreis verkaufen müssen. Es wurden auch angemessene Entschädigungen bezahlt. Bei drei Bildern konnte man keine Familienangehörigen mehr finden und bei einem herrschte Unklarheit. Prosper hat die restlichen vier Bilder einer Art Treuhand-Konsortium übergeben, das die Bilder nach seinem Ableben entweder an Museen weiterleiten oder bei einem eventuellen Verkauf den Erlös an wohltätige Organisationen überweisen sollte.

Das sollten wir in unserer Chronik auf jeden Fall erwähnen, sagte Albrecht, das scheint mir doch wichtig zu sein. Denn sonst würden von entsprechender Seite vielleicht Zweifel angemeldet werden. Denn eines darf unter keinen Umständen geschehen, dass im Nachhinein Prospers Integrität in Frage gestellt wird.

Auf keinen Fall, sagte Leria. Ich möchte sowieso nicht wissen, wie viel in dem Bereich *Beutekunst* unter den Tisch gekehrt worden ist und nie ans Tageslicht kommen wird.

Ich habe Désirée darauf angesprochen, ob sie sich vorstellen könnte, dass wir ihr an entsprechender Stelle einen Artikel widmen. Sie hat um Bedenkzeit gebeten und ich schlug vor, ihr den Artikel vorab zuzusenden, damit sie selbst darüber entscheiden könne. Ich dachte, dass man dabei ein paar

Hinweise auf ihre weitere Tätigkeit in der deutschen und französischen Theaterlandschaft geben könnte. Was meinst du dazu?

Leria nickte.

Ich denke, das wäre durchaus angemessen.

Albrecht ergänzte in den folgenden beiden Tagen seine Chronik an ein paar Stellen. Anschließend begann er mit der ‚Ordnung der Dinge‘. Er hatte sich schon vorher eine Gliederung überlegt, ein Inhalts- und Namensverzeichnis musste noch hinzugefügt werden. Mit Leria wollte er dann noch die Umschlagsgestaltung besprechen. Leria hatte seinerseits bereits mit einer Druckerei Kontakt aufgenommen. Als Albrecht am 12. September nach München aufbrach, war der größte Teil des organisatorischen Bereichs besprochen.

Ich werde mich melden, sagte Albrecht. Es kann schon sein, dass noch die eine oder andere Frage auftaucht. Aber ich denke, dass ich in zwei bis drei Wochen die Sache zu Ende gebracht habe.

Sehr schön, sagte Leria lächelnd.

Leria brachte ihn noch zum großen Tor.

Ich muss mich schon jetzt bei dir bedanken, sagte er.

Leria! Das musst du nicht. Ich gebe zu, ich hatte am Anfang schon ein paar Bedenken. Aber die sind schnell verflogen. Außerdem ist mir durch diese intensive Beschäftigung so manches klarer geworden.

Ellen und Prosper wären stolz auf dich, das kannst du mir glauben.

Leria, jetzt sprichst du mit mir, als hätte ich gerade das Abitur gemacht!

Leria musste lachen.

Das haben wir Alten so an uns, sagte er. Wir reden oft so, als wäre die Zeit stehen geblieben.

Als er in seiner kleinen Dachwohnung in der Nähe vom Odeonsplatz in München ankam, rief er zuerst in der Redaktion seiner Zeitung an, um sich zurückzumelden. Er erreichte eine Kollegin, die ihm sofort ein paar Termine nannte, die er wahrnehmen sollte.

Wo er denn so lange gesteckt habe, wollte sie wissen.

Wichtige familiäre Angelegenheiten, sagte er vage. Aber das war doch mit der Redaktion abgesprochen, fügte er hinzu.

Ist ja gut, sagte sie etwas schnippisch.

Später begab er sich ein Stockwerk tiefer zur Wohnung einer älteren Dame. Frau Irma Nonnenmacher war die Mutter eines Freundes und Studienkollegen, dem er diese Wohnung verdankte. Für Normalverdiener war so ein Appartement mit zwei Zimmern, Küche und Bad in dieser Wohngegend eigentlich kaum bezahlbar. Doch da sein Freund Josef Nonnenmacher, Spross einer alteingesessenen Münchner Familie mit großer Brauerei, mehreren Restaurants und einem nicht unbeträchtlichen Immobilienbesitz, in seinem speziellen Fall ein finanzielles Auge zugedrückt hatte, konnte er diese Wohnung zu einem für ihn annehmbaren Preis mieten.

Albrecht!, rief Irma Nonnenmacher. Gut schaust aus.

Irma war leicht gehbehindert. Er kannte sie schon seit vielen Jahrzehnten, war immer wieder zu Familienfesten eingeladen worden. Luitpold, der Chef des Hauses, war ein echtes Münchner Original gewesen, der noch Karl Valentin und Weiß Ferdl gekannt hatte und selbst immer eine lustige oder auch pfiffige Geschichte zum Besten geben konnte. Mitte der achtziger Jahre war er hochbetagt gestorben und Gustav, der jüngere Bruder von Josef, hatte die Brauerei übernommen. Josef selbst, der nach seiner Promotion viele Jahre als Dozent am Musikwissenschaftlichen Institut in München tätig gewesen war, hatte inzwischen eine Professur am entsprechenden Institut in Innsbruck. In den letzten Jahren hatten sie sich selten gesehen, führten aber ab und zu längere Telefongespräche.

Irma, fast zwanzig Jahre jünger als ihr Mann Luitpold, lebte inzwischen mit ihrer verwitweten jüngeren Schwester Agathe in dieser großen, repräsentativen Stadtwohnung. Ihr Sohn Gustav bewohnte mit seiner Familie eine stattliche Villa in Grünwald.

Albrecht wurde zu einem Kaffee eingeladen und hörte sich höflich eine Zeitlang die Krankengeschichten der beiden älteren Damen an. Dann wurde ihm seine Post, die sie aus dem Briefkasten geholt hatten, in einem Karton überreicht.

Albrecht bedankte sich und begab sich schließlich wieder in seine Wohnung.

In gewisser Weise hatte er seinen Freund Josef immer ein wenig beneidet. Josef hatte nach und nach mit guten Ergebnissen seine Abschlüsse gemacht und hatte sich mit einem Thema über die Naturstimmenpolyphonie in Gustav Mahlers Sinfonien habilitiert.

Auch Albrecht hatte mit einer Doktorarbeit über die Einflüsse der musikalischen Spätromantik auf Bartoks 3. Klavierkonzert begonnen, war aber nie damit zu Rande gekommen. Es lag bei ihm nicht an Desinteresse oder Nachlässigkeit, ganz im Gegenteil, sondern an der Vielfalt seiner Interessen. Zu seinem musikwissenschaftlichen Studium kamen noch die Literatur, die Theaterwissenschaft und überhaupt das Theater. Nicht zuletzt hatte es ihm schließlich auch der Journalismus angetan. Man könnte vielleicht etwas salopp sagen, dass er sich ‚verzettelt' hatte. Sehr wahrscheinlich hatten auch die tragischen Ereignisse in seinem Leben eine Rolle gespielt. Nach dem Tod Miras hatte er sich vehement, aber eben auch ziellos auf alle möglichen Gebiete und Bereiche gestürzt, die ihn gerade interessierten.

So zielstrebig und begeistert er auch sein Studium begonnen hatte, war von einem bestimmten Zeitpunkt an das konsequente Zuarbeiten auf einen entscheidenden Abschluss hin verschwunden. Seine Interessen blieben bestehen, aber zu welchem Ende er kommen wollte, schien ihm nicht mehr wichtig zu sein.

So eignete er sich insgesamt sehr viel Wissen an, aber ein akademischer Abschluss war für ihn nach einer solchen ‚Auffächerung' von Interessen irgendwann in weite Ferne gerückt. Und es kam hinzu: Auf irgendeine Weise musste er Geld verdienen. Nach einem Volontariat bei der *Süddeutschen* war es ihm schließlich gelungen, bei dieser angesehenen Zeitung eine Anstellung zu bekommen.

In seiner Post, die hauptsächlich aus vielen Reklamesendungen und ein paar Rechnungen bestand, befanden sich auch mehrere Briefe. Zwei davon hatten mit seinen Tätigkeiten in den folgenden Wochen zu tun. Im einen wurde ihm die Leitung einer mehrtägigen Tagung in Passau über heutige Trivialmusik angetragen, die ein lukratives Honorar versprach, und im anderen das Angebot für zwei Vorträge über Paul Hindemiths *Mathis-Symphonie* und Igor Strawinskys *Sacre du Printemps*. Neben einem Schreiben der städtischen Volkshochschule, wo er verschiedene Veranstaltungen angeboten hatte, fand sich auch ein Brief von Désirée. Albrecht hatte mit ihr bisher nur kurz telefoniert, nachdem er von seiner Reise zurückgekehrt war. Er freute sich über ihren Brief.

*Lieber Albrecht,*
*erst jetzt komme ich dazu, Dir zu schreiben. So verrückt das nun klingt, aber ich war sehr beschäftigt. Zuerst war meine Freundin Claudine ein paar Tage hier und danach kamen noch Freunde aus Nantes für eine Woche vorbei.*
Sie schrieb ein wenig darüber, was sie mit den Leuten unternommen hatte. Unter anderem war sie mit den Letzteren auf das Festland nach Lorient gefahren, um ein Konzert mit bretonischer Musik zu besuchen. Dann kam sie auf seinen Besuch auf der *Belle-Île* zu sprechen.
*Ich möchte Dir noch einmal sagen, wie froh ich über Deinen Besuch gewesen bin und wie erleichtert ich war und bin, dass Du mir mein Verhalten von damals nicht übelgenommen hast. So*

*viele Dinge aus früheren Tagen waren plötzlich wieder präsent,
aber das ist ja sowieso klar: Sie sind keinesfalls verschüttet,
sondern sie sind oft schon bei kleinen Anspielungen so
deutlich vor unseren Augen, als würden sie nur darauf warten,
hervorzubrechen, um uns heimzusuchen.*

*Mir geht es häufig so, dass, wenn ich ein Musikstück höre, das
mich auch nur entfernt an Mira erinnert, nicht nur das Bild
auftaucht, wie sie Klavier spielt, sondern auch kleine Szenen und
Begebenheiten oder auch Teile von Gesprächen, Orte, an denen
wir waren. Dies geschieht oft unbewusst, ohne unser Dazutun.
Vergangene Zeit wird dadurch plötzlich lebendig. Übrigens kann
das manchmal auch durch Gerüche, Düfte geschehen. Ich weiß
noch, dass sie ein ganz bestimmtes Parfum von mir sehr gemocht
hat. Oder, was mir auch immer wieder geschieht, wenn ich hier
am Meer, in Verbindung mit der dazu gehörenden Flora der
Landschaft einen ganz bestimmten Geruch wahrnehme, dann
sehe ich uns wieder am ,Golfe du Morbihan', wo wir vielleicht
unsere glücklichsten Momente erlebt haben. Unser subjektives
Erinnerungs-Bewusstsein hat offensichtlich nichts mit linear
verlaufender Zeit zu tun, sondern geschieht im Zickzackkurs.
Und dann ist etwas Vergangenes plötzlich in unsere Gegenwart
eingeflossen.*

*Entschuldige, wenn ich so viel von dem schreibe, was in mir
vorgeht. Aber ich bin eben in einem Alter angekommen, wo
die Erinnerungen eine immer größere Rolle spielen. Doch ich
bin mir sicher, dass Du mich verstehst. Mich würde natürlich
interessieren, wie Du das siehst. Du bist einige Jahre jünger.
Erneut fällt mir Dein Plan ein, Dich irgendwohin zurückzuziehen.
Ich bin nach wie vor der Überzeugung, dass Du nicht so sehr die
Solorolle kultivieren solltest. Du musst immer daran denken,
dich nicht zu früh zu isolieren. Alt, gebrechlich und einsam
kannst Du später immer noch sein!*

*Nun aber genug davon. Ich würde mich auf jeden Fall freuen,
wenn Du mir von Zeit zu Zeit etwas von Dir mitteilen würdest.
Es muss nicht oft sein. Du bist schließlich das letzte verbliebene*

*Bindeglied zur Familie meines Kindes und wenn es das Schicksal
anders mit uns gemeint hätte, wärst Du ein von mir sehr gerne
aufgenommener Schwiegersohn gewesen.*

Albrecht war von diesem Brief sehr berührt. Er nahm sich vor,
bald darauf zu antworten. Und er hatte nun auch den Wunsch,
mehr über sich selbst mitzuteilen. Schon während seines
Besuchs bei Désirée war ihm aufgefallen, dass er offener über
manches reden konnte. Offenkundig hatte sich auch durch
seine Arbeit an dieser Chronik ein innerer Knoten gelöst und
er merkte, dass er in der Lage war, freier über so manches zu
diskutieren und sich mehr zu seinen eigenen Befindlichkeiten
zu äußern. Auch die jetzigen Gespräche mit Leria führten zu
einer größeren Offenheit.
Es war keinesfalls so, dass er sich sein ganzes Leben lang in
Trauer eingehüllt hätte. Aber er sprach mit niemandem über
all das Vergangene. Selbst Ellen, die sich als seine Mutter
um ihn kümmern, ihm helfen wollte, hatte es nie geschafft,
ihn einmal intensiv zum Reden zu bringen, wenn es darum
ging, sich mit diesem Schicksalsschlag, den er in so jungen
Jahren hinnehmen musste, auseinanderzusetzen. Auch
seinem Freund Leria war es früher nicht gelungen, an ihn
heranzukommen. Albrecht hatte sich damals vorgenommen,
allein mit seiner Trauer zu leben, sich der Dauer ihrer Zeit zu
überlassen. Eine sogenannte ‚psychologische Betreuung‘
war für ihn nicht in Frage gekommen. So war sehr viel Zeit
vergangen, die bei ihm jedoch keine Wunden heilte, und lange
Verdrängtes hatte sich nun erst spät Bahn gebrochen.

In den folgenden Wochen setzte Albrecht die Arbeit an der
Chronik fort, doch verzögerte sich ihre Fertigstellung immer
wieder, da er zahlreichen Verpflichtungen nachzukommen
hatte. Mehrere Konzertbesprechungen, unter anderem ein
Konzert der Münchner Philharmoniker im Gasteig unter der
Leitung von Christian Thielemann mit Werken von Brahms,

Mendelssohn und Bruckner. Auch seine Volkshochschulkurse begannen und einmal hatte er sich bereit erklärt, für einen erkrankten Pianisten einzuspringen, um einen Laienchor bei der Aufführung eines bunten Liederprogramms zu begleiten.

Sein Münchner Alltag hatte ihn wieder und Albrecht kam oft zu Bewusstsein, welche Gegensätze er in den letzten Monaten durchlebt hatte.

Da war die Zeit der Aufarbeitung im Hause Obenvelder, der Biografien von Menschen, die er gekannt hatte, im Verbund mit Teilen seiner eigenen Lebensgeschichte. Dann diese Reise in die Bretagne, eine Wiederbegegnung mit Désirée, die ihn sehr bewegt hatte. All dies waren Ereignisse, die ihn, der sonst an ein zwar nicht uninteressantes, aber dennoch relativ ruhiges Leben gewohnt war, durcheinanderwirbelten, manchmal auch beunruhigten.

Die Verbindung mit Désirée wollte er auf jeden Fall aufrechterhalten.

Er begann einen Brief an sie zu schreiben, es kam immer wieder zu Unterbrechungen, auch zögerte er mit dem Absenden, weil er sich nicht sicher war, ob er ihr das wirklich alles mitteilen konnte. Doch schließlich überwand er seine Skrupel.

Es war das erste Mal nach so vielen Jahren, dass er einem anderen Menschen gegenüber so viel von sich ‚preisgab'. Albrecht hatte stets die Meinung vertreten, dass man seine Mitmenschen möglichst nicht mit seinen Problemen belasten sollte, denn in gewisser Weise entsprang diese Vorsicht durchaus seiner Lebenserfahrung, dass der sogenannte ‚Nächste' eher in Ruhe gelassen werden wollte, wenn man mit irgendwelchen Problemen daherkam.

Nun wurde es ein sehr langer Brief, dem er auch den Entwurf seines Artikels beilegte, den er über Désirée geschrieben hatte.

Liebe Désirée,

oft denke ich an die Tage bei Dir auf der Belle-Île, an Deine herzliche Gastfreundschaft, an unsere Gespräche und nicht zuletzt an die touristischen Unternehmungen, die für mich unvergessliche Bilder und Eindrücke hinterlassen haben.

Diese Reise, zusammen mit den vorangegangenen Wochen des ‚Aufarbeitens‘ all der Ereignisse in den verschiedenen künstlerischen Bereichen und den damit verbundenen Menschen mit ihren Biografien und Schicksalen im Obenvelderschen Hause, die Gespräche mit Leria – all dies hat dazu geführt, dass mir erneut die schönen, aber auch schmerzlichen Momente meines eigenen Lebens sehr deutlich vor Augen geführt wurden.

Du hast mich einmal gefragt, wie ich mein Leben ‚danach‘ gelebt habe. Nun, ich möchte Dir dazu etwas mitteilen, keine umfassende Auflistung meines bisherigen Lebens, aber wenigstens ein paar Dinge, die mir wichtig erscheinen. Ich habe lange gezögert, aber mich dann doch dafür entschieden. Ich hoffe, dass ich Dir mit diesen Hinweisen ein wenig von dem erklären kann, was mich umtreibt.

Ich habe Dir bei meinem Besuch bereits angedeutet, dass ich kein ‚ereignisreiches‘ Leben geführt habe. Ich meine damit die Zeit nach dem Tod Miras.

Ich setzte mein Studium fort, meine Arbeit interessierte mich nach wie vor, aber irgendwie hatte sich das, was wir ‚Ehrgeiz‘ oder ‚Engagement‘ nennen, verloren. All das, was ich mir ursprünglich vorgenommen hatte, einen entsprechenden akademischen Abschluss zu machen und so weiter, war wie weggeblasen. Es war mir nicht mehr wichtig. Nicht in dem Sinne, dass ich mich etwa hängen gelassen oder in den Tag hineingelebt hätte. Nein, ich ‚studierte‘ wild darauf los, setzte mich beispielsweise in eine Vorlesung eines Komparatisten, der Romane der Jahrhundertwende, vom 19. auf das 20.Jh., aus verschiedenen Ländern miteinander verglich. Dann entdeckte ich plötzlich die Musik-Ethnologie. Oder ich befand mich in einer Vorlesung über Michel Foucaults Werk „Wahnsinn und

Gesellschaft".

*Das ging ein paar Jahre so weiter. Übrigens nahm ich nebenher alle möglichen Jobs an.*

*Aber ich hatte auch Glück. In einer Münchner Diskussionsrunde, die sich alle vier Wochen traf, um über die unterschiedlichsten Probleme unserer Gesellschaft zu sprechen, lernte ich einen Journalisten von der 'Süddeutschen Zeitung' kennen. Ich hatte einen Vortrag über Ernst Blochs 'Musik-Philosophie' gehalten, wollte gerade meine Sachen wieder zusammenpacken, als mich dieser Mann ansprach und sich als Robert Castorp von der 'Süddeutschen' vorstellte – er hieß tatsächlich so. Er war nicht in seiner Eigenschaft als Journalist hier, sondern als Privatmann. Ich erinnerte mich auch daran, ihn schon gesehen zu haben. Mein Vortrag hatte ihm gefallen, wir kamen ins Gespräch, setzten uns in einem Lokal in der Nähe noch eine Zeitlang zusammen. Er fragte mich schließlich auch danach, was ich beruflich machte. Ich schilderte ihm ein wenig meine Situation. Alles in allem verstanden wir uns sehr gut. Am Ende tauschten wir unsere Adressen und Telefonnummern.*

*Der Zufall wollte es, dass wir uns eine Woche später bei einem Konzert im 'Herkules-Saal' der Münchner Residenz wieder trafen. Er war ein großer Liebhaber klassischer Musik und wir unterhielten uns lange nach diesem Konzertabend. Der Dirigent war Sergiu Celibidache mit Werken von Johannes Brahms, Richard Strauss und Igor Strawinsky.*

*Der Rest ist schnell erzählt. Ich teilte ihm meine Eindrücke von diesem Konzert mit und er bewunderte meine Detailkenntnis. Am Ende fragte mich Robert Castorp, ob ich nicht Lust hätte, bei seiner Zeitung ein Volontariat zu machen.*

*So landete ich bei den Journalisten, schrieb bald darauf meine ersten Besprechungen, die den zuständigen Redakteur offenbar zufriedenstellten. Bald darauf teilte ich meiner Mutter mit, dass ich nun bei der Zeitung arbeiten würde.*

*Sie, die sich natürlich schon lange Sorgen um meine Zukunft gemacht hatte, war froh über diese Entwicklung der Dinge, auch Prosper und Leria gratulierten mir.*

Dort, bei den Zeitungsleuten, spielte sich von nun an mein Leben ab. Seit über drei Jahrzehnten wohne ich nun am selben Ort. Ich habe meine Arbeit erledigt, immer wieder auch interessante Leute getroffen, Reisen unternommen, mich mit vielerlei Dingen beschäftigt.

Und beim Lesen dieser Zeilen wirst Du Dich wahrscheinlich fragen, wie sich denn bei mir wohl so etwas wie ein Liebesleben abgespielt haben könnte. Dazu kann ich nur sagen: da hat es nicht viel gegeben. Ich habe von Zeit zu Zeit Frauen kennengelernt, es gab durchaus Versuche des Zusammenlebens, mein Rekord war ein Dreivierteljahr. Ich möchte Dich nicht mit Details langweilen, es gab auch bizarre Beziehungskonflikte, aber insgesamt war es für mich nicht sehr ergiebig. Ich bin überzeugt davon, dass es, bis auf wenige Ausnahmen, nicht an den Frauen gelegen hat, sondern an mir.

Wenn ich heute über alles nachdenke, muss ich sagen, dass ich dennoch mit diesem Leben nicht unzufrieden bin.

Ich durfte diese wunderbare Liebe zu Mira erleben. Und das war für mich das Schönste, was man sich vorstellen kann. Wahrscheinlich habe ich, unbewusst, immer verglichen – und das war schlicht ungerecht.

Vieles habe ich mir selbst zuzuschreiben. Die Mitmenschen reagieren eben darauf, ob man eher abweisend erscheint oder sich kommunikativ gibt. Aber ich finde darin nichts, was mich furchtbar stört oder sehr belastet. Mein Leben ist nun mal so gelaufen. Nicht alles war beabsichtigt, aber es hat sich nicht anders ergeben. Das ist, aufs Ganze gesehen, nichts Besonderes und ich teile das mit vielen Menschen.

Liebe Désirée, diesen Brief schrieb ich an mehreren Abenden. Ich habe ihn in den folgenden Tagen wiederholt durchgelesen. Und immer wieder zögerte ich, ihn abzuschicken, weil ich so viel an persönlichen Dingen ,hineingearbeitet' habe.

Nun denn!

In der Hoffnung, dass es Dir gut geht, grüße ich Dich herzlich
Dein Albrecht

Désirée antwortete ihm bald darauf mit einem kürzeren Brief, in dem sie ihm sehr für seine Offenheit dankte. Bei dem Artikel über sie selbst bat sie um ein paar kleine Änderungen.

Es wurde Mitte Oktober, bis Albrecht seine Arbeit an der Chronik beendete. Er hatte mit Leria, den er immer wieder kontaktierte, vereinbart, dass er das Manuskript auf elektronischem Wege direkt an die Druckerei senden würde. In der Zwischenzeit war auf dem Postweg auch ein Umschlagentwurf bei ihm angekommen, der ihm sehr gut gefiel. Leria hatte ihn mit dem Gemälde eines Freundes von Prosper, Peer Lefredin, gestaltet.

Ein Weg, der auf den Haupteingang der Villa Obenvelder zuführte. Man konnte die Skulpturen vor dem Gebäude erkennen, über der Eingangstür auf dem Fries die verschiedenen allegorischen Figuren. Auf der rechten Seite ein paar Zweige des Lindenbaums, links und rechts des Plattenweges verschiedene Bäume und Sträucher. Alles war gut erkennbar und doch oft nur leicht angedeutet. In der Mitte des Bildes das Hauptportal. Ein Türflügel war geöffnet, im Inneren des Gebäudes ein Lichtschein – auf diese Stelle schien alles zuzuführen, hier waren die Farben und Konturen am deutlichsten, traten am kräftigsten hervor.

Ein ansprechendes und treffendes Bild, das Albrecht noch nie gesehen hatte. Leria berichtete ihm, dass dieses größtenteils in Pastellfarben gehaltene Bild erst spät in Prospers Besitz gelangt sei. Peer Lefredin, der auch dem ,Gesprächskreis' angehört hatte, war neben Erich Kaufmann einer der besten Freunde Prospers. Dieser Maler und Grafiker starb an einer unheilbaren Krebskrankheit. Nach seinem Tod übergab einer der Söhne Lefredins das Bild an Prosper. Damit war einem Wunsch des Malers entsprochen worden, der das in seinem Testament verfügt hatte.

Ein Weg, der auf ein Gebäude mit einer geöffneten Tür zuführt, und im Inneren des Hauses brennt ein warmes Licht.

Nach längeren Gesprächen und Überlegungen hatten sie sich

schließlich auf den Titel geeinigt: *Kunst und Kultur in der Villa Obenvelder. Eine Erinnerung.* Dazu ein paar Jahreszahlen.
Albrecht gefiel dieser Entwurf.

Anfang November lag das Buch vor. Leria hatte keine Kosten gescheut, wenn man die Ausstattung des Bandes in Augenschein nahm. Mit verschiedenen Abbildungen und einigen Zusatztexten ergaben sich knapp 300 Seiten.
Leria hatte ihm schon telefonisch seine Zufriedenheit über die Arbeit der Druckerei mitgeteilt.
Als Albrecht in der Stravenfordstraße ankam, um ein paar Bücher in Empfang zu nehmen, war Leria mit ein paar Leuten damit beschäftigt, Bücher zu verpacken, damit sie in den nächsten Tagen versandt werden konnten.
Leria stellte ihn gleich vor.
Eine Tochter Erich Kaufmanns war dabei, auch Erna Hirschfeld, die sich über das Wiedersehen freute, sowie noch ein älterer Mann aus der Nachbarschaft, den Abrecht nicht kannte.
Das ist der Mann, dem wir dieses wunderbare Buch verdanken, sagte Leria.
Gratuliere, Herr Bronnen, sagte Erna Hirschfeld. Das ist ein wunderbares Buch geworden.
Wie viele möchtest du mitnehmen?, fragte Leria
Es scheint nicht gerade ein leichtgewichtiges Werk zu sein, sagte Albrecht. Vielleicht zunächst mal ein halbes Dutzend?
In Ordnung, sagte Leria. Weißt du was? Wir schicken dir für den Anfang einfach ein Paket mit zehn Büchern an deine Münchner Adresse.
Albrecht überlegte kurz, ob er so viele Exemplare überhaupt benötigte. Doch Leria meinte, dass ihm vielleicht auch noch ein paar Leute einfallen könnten, an die er das Buch schicken könnte.

Am Abend saßen Leria und Albrecht im Restaurant ihres Stamm-Hotels *Meierhof* am Fluss.

Leria hatte vorgeschlagen, zur *Feier des Tages* ein schönes Essen in dem Restaurant einzunehmen. So waren sie mit einem Taxi hierhergefahren.

Leria, der sehr lange nicht mehr da gewesen war, wurde von der Tochter des Hoteliers, die später auch mit ihrem Vater kurz an ihren Tisch kam, gebührend empfangen.

Nach dem Essen tranken sie noch ein Glas von dem exzellenten Roten, den sie schon während der Mahlzeit genossen hatten.

Auch wenn ich mich wiederhole, Albrecht. Aber ich kann dir gar nicht genug für deine Arbeit danken, die du nun auf so schöne Weise zu Ende gebracht hast.

Albrecht lächelte.

Du glaubst gar nicht, wie oft ich in der Zwischenzeit mit stolz geschwellter Brust zu Bett gegangen bin, früher hätte man vielleicht gesagt *mit dem Stehkragen!*

Leria lächelte ihn wieder einmal verschmitzt an.

Ich weiß, ich gehöre zu den Leuten, bei denen man immer auf irgendeine Art und Weise Ironie erwartet und dann muss ich erst allen Ernstes versichern, dass dem nicht so ist. Aber, mein Freund, ich muss nun noch etwas loswerden, bei dem ich auf deine Akzeptanz setze, denn nicht ich, sondern Prosper selbst hat verfügt, dass dir für deine Arbeit ein angemessenes Honorar zuteilwerden soll.

Leria, ich meine, ich hätte doch gleich am Anfang klipp und klar gesagt, dass ich dafür kein Geld annehme.

Das glaube ich dir ja, Albrecht. Aber ich habe meinem verstorbenen Freund versichern müssen, dass ich seinem Wunsch unbedingt nachkomme. Klar, wenn du gleich zu Beginn ‚nein‘ gesagt hättest, was dein gutes Recht gewesen wäre, dann hätte sich dieser Punkt erledigt.

Leria legt ihm seine Hand auf den Arm.

Wenn du dich nun weigerst, bringst du mich verdammt in die Bredouille. Außerdem, Albrecht, es gibt doch keinen moralischen Grund, der gegen ein Honorar spricht.

Prosper war auch mein Freund, sagte Albrecht.

Wie dem auch sei: ich habe deine Kontonummer. Ich weise dir das Geld an. Wenn du es nicht willst, dann wirf es in die Isar.

Nun mussten sie beide lachen.

Als Albrecht seinen Freund später zum Taxi brachte, umarmten sie sich zum Abschied.

Lass von Zeit zu Zeit etwas von dir hören, sagte Leria.

Klar, antwortete Albrecht.

–

Ein paar Tage, nachdem er wieder in München angekommen war, tobte ein heftiger Herbststurm mit Starkregen durch die Stadt. In einzelnen Außenbezirken war Schaden durch umstürzende Bäume entstanden. Da und dort waren auch Dächer abgedeckt worden.

Hoffentlich bleibt der Herbst nicht so ungemütlich wie im Augenblick, dachte Albrecht.

Das Paket mit den Büchern hatte er in der Zwischenzeit erhalten. Als erstes sandte er ein Exemplar an Désirée an ihre Adresse in Nantes. Zwei oder drei andere Namen waren ihm noch eingefallen. Das war für den Moment alles.

Als er in der folgenden Woche bei seiner Bank Geld abheben wollte, überraschte ihn sein Kontostand. Es war eine Überweisung von 30.000 Euro erfolgt.

War Leria verrückt geworden?

Am selben Abend rief er in der Stravenfordstraße an. Und Leria antwortete auf Albrechts Anfrage, ob hier nicht ein Versehen vorliege, nur mit der Mitteilung, dass Prosper genau diesen Betrag festgelegt habe.

Das ist doch viel zu viel!, rief Albrecht.

Nein. Das ist nur eine Anzahlung, antwortete Leria lapidar.

Eine Anzahlung?!

Albrecht, begann Leria, hast du dich nie gewundert, dass du nach dem Tod von Prosper überhaupt nichts geerbt hast?

Geerbt, ich? Wie kommst du denn auf diese Idee? Ich bin doch kein Mitglied der Familie Obenvelder.

Prosper hat das anders gesehen. Wenn seine Tochter nicht auf so tragische Weise gestorben wäre, wärst du sein Schwiegersohn geworden – und damit ein Mitglied der Familie. Bei dem Rest, der dich – irgendwann – noch erreicht, handelt es sich um einen … Gegenstand, nicht direkt um Geld.

Albrecht sagte nun gar nichts mehr.

Bist du noch da?, fragte Leria schließlich.

Gerade noch, antwortete Albrecht.

Letzteres hängt nun eher mit mir zusammen. Aber darüber

sprechen wir im Moment nicht. Bis später, sagte Leria und legte auf.

Ansonsten verging der Herbst mit den üblichen Routinetätigkeiten von Tag zu Tag und Woche zu Woche. Mitte November gab es eine kleine, durchaus angenehme Überraschung. Auf seinem PC erschien eine Mail von Robert Castorp, von dem er schon lange nichts mehr gehört hatte. Dieser schrieb, er sei seit einem halben Jahr im Ruhestand, den er eigentlich noch eine gewisse Zeit in Berlin verbringen wollte. Doch nun sei seine Mutter schwer krank geworden. Deshalb beabsichtige er, wieder nach München zu kommen, und es wäre doch schön, wenn man sich wieder einmal treffen könnte?

In den ersten Jahren bei der ‚Süddeutschen‘ in München hatten sie sich häufig gesehen. Doch dann war Robert als Korrespondent seiner Zeitung nach Berlin gegangen. Ein paar Jahre später war er bei der ZEIT gelandet und ihr Kontakt hatte sich nach und nach verloren.

Albrecht schrieb gleich zurück, dass er sich freue und Robert solle sich doch einfach melden, sobald er wieder hier sei.

Es ging auf Weihnachten zu, eine Zeit, die Albrecht im Prinzip nicht besonders mochte. Allerdings hatte er sich seit ein paar Jahren einer Aktion seiner Zeitung angeschlossen, die eine Tradition des *Katholischen Männerfürsorgevereins München* unterstützte. Seit vielen Jahren veranstaltete der Verein für Wohnungslose und sonstige Bedürftige im *Hofbräuhaus* ein Weihnachtsfest mit Essen für nahezu 700 Menschen. Außerdem wurde Bier ausgeschenkt und jedem Gast ein Geschenk überreicht, eine Tasche mit Kaffee, Weihnachtsplätzchen, einem Einkaufsgutschein und sonstigen Dingen, die für Bedürftige wichtig sind.

Albrecht half meistens bei der Essensausgabe oder in der Küche. So hatte er das Gefühl, etwas Sinnvolles zu tun, anstatt am Heiligabend in seiner Wohnung herumzuhängen und sich im Fernsehen irgendwelche Filme anzusehen.

Früher war er in die Stravenfordstraße zu seiner Mutter gefahren, hatte auch Prosper und Leria besucht. Doch diese Zeiten waren nun mal vorbei.

Als er an diesem 24.Dezember nach Hause kam, war er hundemüde und ging gleich zu Bett. Die Weihnachtsfeiertage gingen vorüber, am Ersten das *Weihnachts-Oratorium* im Münchner Dom, am Zweiten lesen, kurzer Spaziergang, abends fernsehen. Nicht zum ersten Mal dachte er darüber nach, was solche Feiertage eigentlich sollten. Im Übrigen kannte er auch diese Ödnis zwischen den Jahren. Er hatte noch überlegt, für ein paar Tage zum Ski-Langlauf wegzufahren, aber das Wetter war ihm zu unsicher.

So freute er sich umso mehr, als ihn drei Tage nach Weihnachten eine Nachricht von Robert erreichte, der ihn fragte, ob sie nicht Silvester zusammen verbringen könnten. Albrecht hatte ihn bisher nur einmal einem Café getroffen und sie hatten miteinander geredet, als wären sie nie getrennt gewesen. Robert war verheiratet gewesen, hatte einen Sohn von inzwischen vierundzwanzig Jahren, der bei seiner Frau lebte. Sie hatten sich vor zehn Jahren getrennt.

Sie ist Rechtsanwältin in Potsdam, sagte Robert. Nun, wie soll ich sagen, irgendwie hatten wir uns auseinandergelebt. Unsere Trennung verlief freundschaftlich, fügte er hinzu.

Und dein Sohn?

Versucht sich in den Medienwissenschaften. Unser Verhältnis war nie ganz problemlos, aber mit der Zeit hat sich das gegeben. Mitte Januar fahren wir beide zusammen in die Berge zum Skifahren. Und wie sieht es bei dir aus?

Albrecht berichtete ein wenig von seiner Arbeit, lenkte sofort von seiner Person ab, redete über dies und jenes.

Robert kam wieder auf seine eigene Situation zu sprechen.

Meiner Mutter ist es eigentlich bis zum Beginn ihrer achtziger Jahre gesundheitlich noch einigermaßen gut gegangen. Dann begann es, wie häufig bei den Menschen dieses Alters, nach einem schweren Sturz bergab zu gehen. Ein komplizierter Bruch am Oberschenkel, wochenlange Behandlung und Reha, inzwischen leichte Anzeichen von Verwirrung.

Aber sie hat doch sicher auch Hilfe?, fragte Albrecht.

Klar. Ein Pflegedienst kommt jeden Tag ins Haus. Bisher hat auch immer wieder meine Schwester nach ihr gesehen. Sie wohnt mit ihrer Familie in Grafing, nicht weit von hier. Aber es war ihr auf Dauer nicht mehr möglich, da sie zunehmend auch in ihrer Familie Probleme bekommen hat. Also muss ich einspringen. Aber entscheidend war noch etwas anderes. Unsere Haushalthilfe, die gute Paula, die viele Jahrzehnte bei uns war, musste aufgrund ähnlicher Schwierigkeiten zu ihrer eigenen Familie nach Erding zurück. Sie war eigentlich im echten Sinne keine Angestellte, sondern so etwas wie ein Familienmitglied. Als mein Vater noch gelebt hat, war sie schon bei uns. Wir mochten sie alle. Sie war die gute Seele des Hauses, auch der Küche. Ihre bayrischen Knödel in all ihren Varianten waren legendär. Aber was wir besonders zu schätzen wussten, war ihre positive Ausstrahlung, die sich uns allen mitteilte.

Robert hielt versonnen inne.

Ich bewundere Menschen, die so etwas können, sagte Albrecht.

Ich melde mich, sagte Robert, als sie sich schließlich trennten.

Am letzten Tag des Jahres fuhr Albrecht mit der S-Bahn nach Untermenzing. Robert hatte ihm einen kleinen Plan geschickt und als er nach etwa zehn Minuten Fußmarsch vor dem Haus stand, staunte er nicht schlecht.

Er stand vor einem renovierten Jugendstilhaus, mitten in einem Gartengelände, an das sich weitere, ähnliche Grundstücke anschlossen. Man hatte den Eindruck, auch wenn die Vegetation zu dieser Jahreszeit naturgemäß etwas zurückgebildet war, sich gar nicht mehr in einem groß-städtischen Raum zu bewegen, sondern in einem ländlichen

Bereich, der sich im Sommer wohl mit sehr viel Grün präsentieren würde.

Robert Castorp führte ihn in ein sehr geräumiges Wohnzimmer. Auf der linken Seite ein Esstisch-Arrangement mit edlen, ockerfarbenen Schleiflackmöbeln, auf der gegenüberliegenden Seite eine Sitzgarnitur vor einem größeren Fenster. Von dort aus führte der Raum noch nach rechts zu einem weiteren Teil des Zimmers, in dem die Bibliothek untergebracht war. Bücher an beiden Wänden, vom Boden bis zur Decke. Davor wartete ein dunkelbrauner Stutzflügel darauf, bespielt zu werden.

Zwei Leute erhoben sich, als Robert seinen Gast zu der Sitzgruppe führte und ihn vorstellte.

Joachim Konnart von der *Pinakothek*, sagte er und Albrecht begrüßte einen glatzköpfigen, wohlbeleibten Herrn, der ihm breit lächelnd seine Hand reichte.

Manfred Langsdorf kennst du ja sicher noch, sagte Robert.

Albrecht, lange nicht mehr gesehen! Spielt die Musik noch?, fragte sein früherer Kollege.

Manfred Langsdorf, seit sechs Jahren im Ruhestand, war viele Jahre in der Redaktion für Literatur und Theater bei der *Süddeutschen* tätig gewesen.

Manfred! Das freut mich ungemein, sagte Albrecht. Was macht das Regie-Theater?

Es ist nicht totzukriegen, sagte Manfred.

Albrecht wusste, dass sein Kollege diese Art des Theater-Machens nicht besonders leiden konnte. Joachim Konnart schien sich königlich zu amüsieren.

Als sie sich gesetzt hatten begann gleich eine Diskussion über dieses Thema.

Im letzten Jahr war ich bei den Theaterfestspielen im Ruhrpott, sagte Manfred. Schiller, *Wilhelm Tell*. Die Geßler-Szene mit der ‚hohlen Gasse' bei Küsnacht: Die Zuschauer blicken in eine Straßenschlucht, Lichtreklame blitzt da und dort auf, von irgendwoher leise Rock-Musik, manchmal Stimmengewirr. Während Tell seitlich in einer Art Schützengraben neben einem Baum auf Geßler wartet, wird im Ton eines Nachrichtenreporters über Lautsprecher sein Monolog gesprochen, gekürzt und sehr schnell. Ab und zu läuft eine halbnackte Frau mit einer Puppe auf dem Arm durch die Szene. In der Zwischenzeit hat Tell seine Waffe, eine Maschinenpistole, zusammengeschraubt. Langsam bewegt sich nun ein Konvoi durch die ‚Gasse‘. Eine Art Riesen-Auto, an dessen Seite sich zwei schwer bewaffnete, mit orientalischen Attributen bekleidete Figuren fortbewegen. In dem Gefährt sitzt ein Mann mit Turban. Geßler, ein Clan-Chef, der durch das Land fährt!

Du musst aber zugeben: ein durchaus origineller Einfall, sagte nun Joachim Konnart.

Findest du? Es kommt noch toller! Nun taucht diese Frau wieder auf und beginnt zu schreien. Sie hält dabei ihre Puppe in die Höhe. *Das verdanke ich deinem Sohn! Er hat mich vergewaltigt. Sie müssen mir helfen!*

*Schafft mir dieses Weib vom Hals,* brüllt Geßler. Einer seiner Begleiter packt die Frau an den Haaren und zieht sie weg. In diesem Augenblick schießt Tell.

*Inschallah,* sagt Geßler noch. Auf seinem hellen Gewand taucht ein großer roter Fleck auf.

Nun schießen seine Wachen zurück. Wie von Geisterhand fallen aus dem Baum plötzlich eine Menge Äpfel auf die Bühne. Tell ist verschwunden.

*Nun machst du deine Rechnung mit dem Himmel!,* schreit die Frau vom Bühnenrand her. Eine der Wachen erschießt sie. Das Licht erlischt. Man hört die Stimme eines Nachrichtensprechers: *Wie wir soeben erfahren haben, wurde auf den Landvogt ein Attentat verübt. Aus zuverlässiger Quelle wurde vermeldet, dass er auf dem Weg ins Krankenhaus verstorben ist. Der Täter befindet sich auf der Flucht. Die Ermittlungen laufen auf Hochtouren.*

Was soll man dazu sagen? Manfred blickte in die Runde.

Ja, das Regietheater, sagte Albrecht. Aber im Allgemeinen regt sich heute niemand mehr darüber auf. Früher war das mal anders. Heute scheint das Publikum eher abgestumpft, fast gleichgültig geworden zu sein.

Robert stimmte zu.

Keine Frage. Ich erinnere mich noch, wie sowohl die Presse als auch das Publikum über solche Regisseure hergefallen sind. Peter Zadeks Inszenierungen etwa. Aber es gab auch Kritiker, die ihn bewundert haben.

Obwohl er später viel zahmer geworden ist, sagte Manfred. Früher konnte es gar nicht schräg genug zugehen. Die Shakespeare-Inszenierungen: *Maß für Maß* oder auch *Hamlet*.

Das war vor allem in der 68er-Zeit, sagte Albrecht. Die ‚Klassiker' mussten zertrümmert werden und die Regisseure machten vor nichts Halt, um Inhalte, Sprache, Charaktere zu vernichten. Das, was die Stücke als Botschaften verkünden sollten, wurde entweder lächerlich gemacht oder einfach der Zeit angepasst und aktualisiert. Bei der Aufführung von *Maß für Maß* in Bremen 1967 saßen die Schauspielerinnen und Schauspieler einfach in einem Kreis auf der Bühne. Wer gerade ‚dran' war, trat vor und spulte seinen Text ab, wobei Gestik und Mimik eine größere Rolle spielten als die Darstellung individueller Charaktere. Die Sprache war bewusst ins Vulgäre herabgezogen worden. Den Darstellern selbst wurden dadurch viele Freiheiten eingeräumt. Zadek wollte seinen Leuten damit neuartige Möglichkeiten der Darstellung bieten.

Aber später scheint sich das doch geändert zu haben, sagte Albrecht. Ich las einmal in einer Theaterzeitung über Zadeks Aufführung von *Maß für Maß* Anfang der neunziger Jahre im *Théâtre de l'Odéon* in Paris, dass sie kaum mehr an seine früheren Inszenierungen erinnert habe.

Manfred nickte.

Bei seinem *Hamlet* war es genauso. 1977, bei der Aufführung in einer Bochumer Fabrikhalle, zog er die Hauptfigur ins Lächerliche und die gesamte Inszenierung geriet damit etwas außerhalb üblicher Erwartungen. Dann folgte über zwanzig Jahre später in Wien die große Überraschung. Eine äußerst konventionelle Inszenierung, unter Wahrung großer Werktreue, was den einen oder anderen Kritiker sogar dazu veranlasste, von ‚bürgerlich‘ und ‚zahm‘ zu sprechen.

Robert stand auf.

Liebe Leute, ich werde mich mal in die Küche begeben. Medea und ihre Schwester sind dort schon eine Weile mit den Essensvorbereitungen zugange …

Medea? Die große Tragödin?, fragte Manfred.

Robert lachte.

Wir kennen uns schon von früher her. Sie ist eine echte Münchnerin, allerdings durchaus griechischer Abkunft.

Was du nicht sagst, ließ sich nun Joachim verlauten. Davon hast du uns gar nichts erzählt.

Als ich hier angekommen bin, trafen wir uns zufällig wieder. Tja … und nun häufen sich die Zufälle.

Ach, nee! Das lässt sich hören, mein Lieber, ulkte Manfred. Darf man fragen, wird sie uns etwas Griechisches auftischen?

Lass dich überraschen, mein Freund. Im Übrigen: Bedient euch!, sagte Robert und wies auf Getränke und Gläser, die auf einem Teewagen und dem Sideboard bereitstanden.

Unter allgemeinen Heiterkeitsbezeugungen verließ Robert die Runde.

Was möchtest du trinken?, fragte Manfred.

Albrecht entschied sich für ein Glas Portwein, Joachim nahm ein Bier und Manfred goss sich einen kräftigen Schluck Whisky ein.

Sie stießen an, ließen sich und das gastliche Haus hochleben, obwohl der Hausherr im Moment gar nicht zugegen war. Auch Albrecht und Joachim duzten sich nun.

Wisst ihr zufällig, wie es Roberts Mutter geht?, fragte Albrecht.

Seit ein paar Tagen ist sie wieder im Krankenhaus. Wohl zur Beobachtung. Sie scheint aber im Moment stabil zu sein, sagte Joachim.

Sie setzten sich wieder und Manfred nahm erneut den Faden auf.

Zadek war lange Zeit der Meinung, man müsse bei einer Inszenierung die augenblickliche politische Situation und deren Problematik in der dramatischen Handlung berücksichtigen.

Ich hätte da eine grundsätzliche Frage, ließ sich nun Joachim vernehmen: Es ist doch sicher auch verständlich, dass man heute nicht mehr so inszenieren kann wie vor hundert Jahren.

Keine Frage, Achel, antwortete Manfred. Es gab ja schon in den zwanziger Jahren des letzten Jahrhunderts entsprechende Bestrebungen. Max Reinhardt oder Erwin Piscator zum Beispiel. Aber geht das heute nicht einfach zu weit? Bleibt nicht das Theater auf der Strecke?

Joachim war nicht ganz einverstanden.

Nimm beispielsweise Claus Peymann. Auch er macht Regie-Theater. Wenn ich an seine damaligen Stuttgarter Inszenierungen denke, muss ich sagen, dass es dafür zwar nicht nur, aber doch auch große Zustimmung gegeben hat.

Dem kann ich nur beipflichten, sagte nun Albrecht. Ich werde seine Inszenierungen von *Faust I und II* nie vergessen. Wir habe sie sogar zwei Mal besucht …

Hier stockte er für einen Augenblick, denn er wurde von einer fernen Erinnerung eingeholt.

Zwei Mal?, hörte er Manfreds Stimme. Das muss euch ja enorm beeindruckt haben.

Albrecht antwortete nicht sofort, doch dann war es, als würde er erwachen.

Übrigens war es mit der Zustimmung bei Peymanns Nachfolger sehr schnell vorbei, das muss ich zugeben, fügte er hinzu.

Keine Frage, sagte Manfred. Das waren aber auch in der Tat teilweise fürchterliche ‚Einfälle'. Und hier liegt die größte Gefahr des Regie-Theaters. Jeder musste bei seiner Inszenierung noch eins draufsetzen, um ins Gespräch zu kommen. Meiner Meinung nach spielten und spielen immer auch solche Komponenten eine Rolle. Dazu kommt der übersteigerte Narzissmus mancher Regisseure …

In diesem Augenblick betrat Robert den Raum. In seiner Begleitung eine Dame mit halblangen schwarzen, von einzelnen grauen Streifen durchzogenen Haaren, die nun ihre dunklen Augen, begleitet von einem bezaubernden Lächeln auf die drei Herren richtete, die sich sofort erhoben, um sie artig zu begrüßen.

Medea Vasilakis, stellte sie Robert vor.

Albrecht hatten, mitten in seiner Rede, als er von der Stuttgarter Faust-Inszenierung Peymanns berichten wollte, ein paar Erinnerungen eingeholt.

Er hatte 1977 beide Vorstellungen von *Faust I und II* gemeinsam mit Prosper, Leria und Mira gesehen. Und sie hatten hinterher, auch an den folgenden Tagen, immer wieder über Goethes Drama im Zusammenhang mit der Stuttgarter Aufführung diskutiert. Mira hatte sich unter anderem an die Szene mit Euphorion, dem Sohn von Faust und Helena, erinnert, als dieser wie Ikarus mit seinem Flug unter dem Himmel scheitert und ins Meer stürzt. Der Bühnenboden war mit leichten, durchsichtigen Tüchern bedeckt, die sich bewegten. Entsprechende Licht- und Farbeffekte sorgten für die Illusion von Wellenbewegungen im Meer. Mitten in den Wellen konnte man eine Figur erkennen, die nach und nach verschwand.

Diese Szene hatte Mira sehr beeindruckt. Und sie sagte zu ihrem Vater einen Satz, den Albrecht nie vergessen hatte.

Was meinst du, so wie Euphorion in den Wellen verschwindet, so könnte man sterben. Das ist so, als würde man sich mit dem Meer vermählen, hatte Mira gesagt.

Albrecht war entfallen, was Prosper darauf geantwortet hatte.

Inzwischen hatten sich sechs Personen am Esstisch niedergelassen. Als die klassische Vorspeise in Form von mit Reis gefüllten Weinblättern, Salaten und anderen kleinen Leckereien aufgetragen wurde, gesellte sich noch Sofia, eine ältere Schwester von Medea, zu der Gesellschaft. Sofia, eine sehr große, kräftige Person, sah ihrer Schwester überhaupt nicht ähnlich, nur das Lächeln, mit dem sie die versammelten Menschen beschenkte, musste seinen Ursprung in derselben Familie haben.

Alle genossen diese Vorspeisen und lobten die Köchinnen.

Robert gab ein paar Informationen zu dem Jugendstil-Haus. Seine Großeltern hatten es 1901 errichten lassen. Das Haus war nach dem 2.Weltkrieg zum ersten Mal und vor etwa zehn Jahren ein zweites Mal renoviert worden.

Die Esszimmermöbel stammen aus den zwanziger Jahren – ein Originalentwurf von Hans Poelzig.

Der hatte aber mit dem Jugendstil nicht viel am Hut, ließ sich nun Joachim vernehmen. Das war eher die *Neue Sachlichkeit*.

Das ist mir durchaus bekannt, mein Lieber. Ich sage das auch vor allem für die beiden Damen und Albrecht, denn euch dürfte das inzwischen bekannt sein.

In Griechenland ist zum Jugendstil nicht viel zu finden, sagte Sofia. In Athen so gut wie überhaupt nichts.

Ich glaube, dass es in Thessaloniki ein paar Gebäude gibt, aber ich bin mir nicht sicher, fügte Medea hinzu.

Während nun Joachim und Manfred eine kontroverse Diskussion über die Maler der *Wiener Sezession* begannen, standen die beiden Frauen und Robert auf, räumten ab und begaben sich in die Küche.

Mit großem Hallo wurden sie ein paar Minuten später empfangen, als sie den Hauptgang auftrugen.

Es war eine Moussaka, die mit Schwenkkartoffeln und einer großen Schüssel Salat serviert wurde. Als Getränk schenkte Robert einen rustikalen ‚Limnio' ein, einen trockenen Rotwein aus Thrakien.

Das ist ganz ausgezeichnet!, rief Manfred, begleitet von mehrstimmiger Affirmation, als er von der Moussaka gekostet hatte.

Vielen Dank, sagte Medea.

Efcharistó polý, sagte Sofia.

Es wurde ein kurzweiliger Abend, sowohl in kulinarischer als auch in gedanklicher Hinsicht. Einmal führte Albrecht auch ein längeres Gespräch mit Joachim, der in Kunstgeschichte promoviert und als Kurator in der modernen Abteilung seines Museums gearbeitet hatte. Joachim fragte ihn, wie lange er seinerseits noch tätig sein würde und ob er schon Pläne für seinen Ruhestand habe. Albrecht berichtete ihm von seinem Vorhaben, über die Geschichte der Musik von Beethoven zu Schönberg zu forschen und damit die Entwicklung der Musik bis zur Moderne hin aufzuzeigen.

Vieles ist noch vage und wird sich erst bei der Arbeit herausstellen, sagte Albrecht. Aber dieser Plan geistert schon seit einiger Zeit durch meinen Kopf.

Interessant, sagte Joachim. Die gesamte Moderne, wann wir ihre Anfänge auch ansetzen, hat die Beurteilungskriterien der Menschen, die sich ernsthaft mit Kunst beschäftigen, gründlich durcheinandergewirbelt. Wir von der Bildenden Kunst haben noch ein zusätzliches Problem, nämlich den Kunsthandel.

Inwiefern?

Der Handel mit Kunst, so, wie er sich im Laufe des Zwanzigsten Jahrhunderts herauskristallisiert hat, bringt nicht nur weitere Probleme mit sich, sondern schafft auch Tatsachen, die mit dem sogenannten ‚Wert‘ eines Bildes oder einer Skulptur überhaupt nichts mehr zu tun haben. Wobei man hinzufügen muss, dass inzwischen bei jeder Art Wertung von Kunst eine Beliebigkeit eingekehrt ist, die ein ‚fachliches‘ Urteil oftmals sehr schwer macht. Hinzu kommt, dass vielen Künstlern das Publikum im traditionellen Sinne letztlich fast gleichgültig geworden ist.

Bis auf den Handel trifft manches auf die ‚Neue Musik‘ ebenfalls zu, sagte Albrecht.

Das kann ich mir gut vorstellen, sagte Joachim. Die Moderne bringt in der Kunst allgemein große Probleme mit sich. Nehmen wir ein Beispiel aus meinem Bereich: Ich stehe vor einem Stück Holz, vielleicht vierzig Zentimeter lang, fünfzehn Zentimeter breit. Es ist ‚bearbeitet‘, ist größtenteils fünf bis sechs Zentimeter dick, an bestimmten Stellen gibt es Verdickungen, da und dort so etwas wie Wülste. Das Holz ist glatt, lackiert, von hellbrauner Farbe. Wie gehen wir nun damit um?

Gibt es irgendeinen Hinweis des Künstlers?, fragte Albrecht.

Wir haben nur die Bezeichnung „Ohne Titel“. Also müssen wir beginnen zu überlegen, nachzudenken, unsere Fantasie in Gang zu setzen.

Kann man den Künstler selbst fragen?

Nicht unbedingt, sagte Joachim. Oftmals gibt er die Frage zurück oder er hüllt sich in Schweigen.

Albrecht schüttelte den Kopf.

Aber das kann doch bei verschiedenen Betrachtern zu völlig unterschiedlichen Interpretationen führen, sagte er.

Natürlich. Das kann im Übrigen auch beabsichtigt sein. Ich möchte mich jetzt auch gar nicht in Einzelheiten verlieren. Wir hatten in einem ähnlichen Fall schließlich eine recht umfangreiche Deutung vorliegen, selbstverständlich in einer ungemein komplizierten Sprache. Als wir sie dem Künstler vorlegten, war er begeistert und meinte, darauf wäre er gar nicht gekommen.

Nun mischte sich Manfred ein, der unser Gespräch mit halbem Ohr mitbekommen hatte.

Aber sagt mal, muss man das denn wirklich ernst nehmen?

Wir nehmen zunächst mal jede Arbeit ernst, sagte Joachim. Aber ich gebe zu, dass es mir häufig leidgetan hat, wenn ich den einen oder anderen Museumsbesucher mit einer Interpretation konfrontieren muss, die er oder sie kaum verstehen kann. Oft werden wir auch mit Aussagen wie *Das macht mein Enkel auch* bedacht. Aber das ist ja bekannt.

Wenn man dann noch die Preise bedenkt, die für ein solches Kunstwerk verlangt werden, sträuben sich einem doch oft die Haare, sagte Manfred.

Ich sagte schon, das ist ein zusätzliches Problem, für das

wir als Kuratoren, Aussteller oder Museumsleiter nicht verantwortlich sind, erwiderte Joachim. Aber was ich vor allem damit sagen wollte, war, dass den Menschen, die ein Museum oder irgendwo eine Kunstausstellung besuchen, im Grunde sehr viel an eigener Denkleistung abverlangt wird und sie dann auch sehr frustriert sein können, wenn sie daneben liegen. Dann kann es geschehen, dass sie belächelt oder im schlimmsten Fall für dumm gehalten werden. Diese Art von Überheblichkeit bei einigen Künstlern finde ich nicht in Ordnung.

In der Musik ist manches sehr ähnlich, sagte Albrecht. Die sogenannte ‚Moderne Musik‘, wie sie sich zu Beginn des letzten Jahrhunderts allmählich entwickelt hat – ich möchte nun nicht auf Einzelheiten dieser Entwicklung eingehen, die sich ja schon im 19.Jahrhundert abzuzeichnen begann – stellte und stellt den Hörer auch heute noch vor große Herausforderungen.

Aber war das nicht schon immer so?, ließ sich nun Robert vernehmen. Früher war die Kunst ein Privileg des Adels, später des Bürgertums. Wurden nicht immer gewisse Kenntnisse verlangt?

Albrecht nickte.

Schon, aber bereits mit dem Aufkommen des Bürgertums wurde, um bei der Musik zu bleiben, eine gewisse Erweiterung der Hörerschaft angestrebt und erreicht. Mozart sagte beispielsweise, sinngemäß, dass er eine Musik komponieren wolle, die den Fachmann zufrieden stellt, aber auch den Laien erfreut. Diese Zeiten sind längst vorbei. Die ‚Moderne‘, die sowohl mit den ‚Zwölftönern‘ um Schönberg als auch mit anderen Komponisten wie Strawinsky, Hindemith oder Bartok ihren Anfang nahm, ist in der Zwischenzeit nicht nur außerordentlich kompliziert geworden, sondern hat sich auch auf ein Terrain begeben, auf das nicht mehr jeder oder jede gelangen kann. Ein geradezu esoterischer, in sich geschlossener Verein, dem die Rezipienten teilweise völlig egal sind. Denn ‚die verstehen ja ohnehin nichts davon‘. Diese elitäre Einstellung ist auch einem gewissen Herrn Wiesengrund zu verdanken.

Da möchte ich aber doch zu bedenken geben, dass die heutigen Hörerinnen und Hörer von Musik doch etwas toleranter geworden sind, sagte Manfred. Zugegeben, manchen Hörern ist die heutige Musik vielleicht auch völlig egal. Früher gab es die berühmten Skandale etwa um Strawinsky oder Schönberg. Das gehört doch inzwischen der Vergangenheit an.

Das ist richtig, sagte Albrecht. Aber ist die ,Moderne Musik', welcher Art auch immer, tatsächlich in der Gesellschaft angekommen? In den großen Konzertprogrammen? Rundfunksender strahlen regelmäßig zur Gespensterstunde ein paar Musikstücke von neueren Komponisten aus. Bei Konzertabenden wird immer wieder ein ,moderner' Komponist dazwischen geschmuggelt. Und wenn Konzerte mit ausschließlich heutiger Musik stattfinden, dann sind vor allem ,Eingeweihte' anwesend. Und diese ,Eingeweihten', die ,Hohepriester' der neuen Musik, sehen sich tatsächlich selbst als Elite an, die verächtlich auf diese ,armen Hörer' der *alten, süßlichen Musik* herabsehen. Ein besonders fanatischer und komponierender Verfechter dieser Gattung sagte einmal mit einem herablassenden Lächeln zu mir: Was? Sie hören Schumann?! Fehlte nur noch: Sind Sie verrückt? Versteht ihr, das sind keine Vertreter der ,alten' Gesellschaftsordnung mehr. Sie verbindet alle nur das eine: Ihre Musik, die sie mit Zähnen und Klauen verteidigen. Das sind Ideologen!

Ein allgemeines Gelächter folgte auf diese Ausführungen.

Albrecht! So kenne ich dich gar nicht, sagte Robert. Bist du etwa ein Verächter dieser Musik geworden?

Albrecht, der selbst in das Gelächter eingestimmt hatte, hob nun beschwichtigend die Hände.

Nun aber mal langsam. Ganz so schlimm ist es nicht! Wenn ich das eine oder andere Werk analysiere, stoße ich oft auf interessante Zusammenhänge. Aber es ist völlig unmöglich, sich ein solches Werk über das Hören zu erschließen. Man muss analysieren, studieren, sich auf komplizierte intellektuelle Spielereien einlassen, philosophische Hintergründe erkennen. Aber was die Diskussion mit diesen Leuten sehr erschwert, ist ihre fanatische Verbohrtheit, ihr Festhalten an der Gewissheit, dass sie die einzig denkbare Weiterentwicklung der Musikgeschichte darstellen. Bei einer Diskussion äußerte einer der ‚modernen‘ Parteigänger, dass die meisten heutigen Hörer zu faul zum Nachdenken seien. Man möchte ihm zurufen: Ihr selbst müsstet einmal darüber nachdenken, was ihr euren Hörern zumutet. Aber derlei Gedanken sind diesen Leuten fremd.

Nun meldete sich Joachim zu Wort.

Schönberg, wie ich einmal gelesen habe, war offenbar der Meinung, dass nach ein oder zwei Generationen seine atonale Musik ohne Probleme gehört werden könne. Und das war ja wohl ein Irrtum?

Das könnte man so sagen, sagte Albrecht. In gewisser Weise finde ich das naiv. Es ist meiner Meinung nach nicht möglich, tausend Jahre Entwicklung tonaler Musik einfach so beiseitezulegen. Seit Schönbergs Veröffentlichung seiner ersten Kompositionen mit aufgehobener Tonalität – *atonal* war ihm zu negativ besetzt – vor rund hundert Jahren hat sich im Allgemeinen bei den Hörgewohnheiten des ‚normalen‘ Konzertbesuchers nicht viel geändert.

Medea räusperte sich.

Meine Herren, es geht bald auf Mitternacht zu. Darf ich noch eine Frage in die erlauchte Runde werfen? Ich verstehe nicht viel von Musik. Dennoch mag ich diese Kunst sehr. Ich bin eine große Verehrerin von Mikis Theodorakis. Wenn ich seine Musik höre, fühle ich mich davon mitgenommen, werde ich von ihr erreicht. Vor ein paar Jahren spielte mir eine gute Freundin eine Schallplatte mit Musik von Iannis Xenakis vor. Auch ein Landsmann von mir. Sie hat mir ein paar Dinge zu seiner Musik erklärt, was sein Anliegen war und welche Dinge ihm beim Komponieren wichtig waren. Dennoch konnte ich mit dieser Musik nichts anfangen. Es war ein Werk für gemischten Chor und großes Orchester. Ich hörte zu, aber die Musik sagte mir nichts. Meine Freundin, selbst Komponistin, erklärte mir, dass für Xenakis die Mathematik eine große Rolle gespielt habe. Doch nun möchte ich einfach mal in die Runde fragen: Spielt bei der modernen Musik das Gefühl überhaupt keine Rolle mehr? Geht es nur noch um Analyse, Intellekt, Verstandesarbeit?

Eine gute Frage, sagte Albrecht lächelnd. Offensichtlich hat sich auf dem gesamten Bereich der Kunst etwas geändert, sowohl die Art und Weise der Rezeption als auch die Rolle des Künstlers selbst. Und wann, genau, hat das angefangen? Meiner Meinung nach ist dieses Phänomen in allen verschiedenen Bereichen der Kunst noch kaum ausreichend untersucht worden.

Interessant, sagte nun Joachim. Da bin ich völlig bei dir. Das müsste – für alle Beteiligten – einmal sehr gründlich erforscht werden.

In diesem Augenblick kam Sofia mit einem Tablett mit Sektgläsern herein. In ihrem Schlepptau Robert mit einer bereits geöffneten Flasche.

Unmittelbar, nachdem das letzte Glas gefüllt war, erklang auch bereits der berühmte Glockenton aus einem Rundfunkempfänger, von draußen hörte man die unvermeidlichen Knallgeräusche, mit denen die Menschen glauben, das neue Jahr begrüßen zu müssen.

Im Raum wünschten sich nun die beiden Frauen und die vier Männer gegenseitig ein glückliches neues Jahr.

Albrecht kam mit einem Taxi gegen zwei Uhr nach Hause.
Was für ein Jahr ging da zu Ende!, dachte er noch, bevor er einschlief.

–

Mitte Januar ging ein orkanartiger Sturm über Deutschland hinweg. Vor allem im südlichen Teil des Landes kam es zu großen Schäden. Albrecht sah es in den Spätnachrichten und nahm sich vor, gleich am kommenden Tag Leria anzurufen.

Am nächsten Morgen versuchte er, seinen Freund zu erreichen, ohne Erfolg. Anschließend fuhr er in die Redaktion seiner Zeitung, erledigte seine Post. Kurz danach begab er sich zu einer Probe von Beethovens *Fidelio* in der Staatsoper. In zwei Wochen würde die Premiere stattfinden und er wollte bereits im Vorfeld darüber berichten, da die Oper von einem etwas umstrittenen Regisseur inszeniert werden sollte.

Er führte mit dem Mann ein Gespräch, unterhielt sich auch mit mehreren Sängerinnen und Sängern. Allerdings verursachte ihm das, was er zu sehen und zu hören bekam, keine größeren Kopfschmerzen. Er konnte mit diesen ‚Einfällen' durchaus leben. Die modernen Kostüme störten keinesfalls. Zwar war bei dem allseits bekannten Trompetensignal im Hintergrund ein Hubschraubergeräusch im Zusammenhang mit der zu erwartenden Ankunft von Don Fernando zu hören, das der Komponist ganz offensichtlich aus Versehen nicht hinein komponiert hatte, und Pizarro, um sich für seine gemeine Tat Mut zu machen, verpasste sich heimlich mit der Spritze einen Schuss, aber ansonsten bekam die Oper die Chance, ohne größere Entstellungen über die Bühne zu gehen.

Als Albrecht gegen Abend in seine Wohnung zurückkehrte, griff er sofort zum Telefonhörer, um Leria anzurufen. Erneut hatte er kein Glück. Irgendwie war er beunruhigt, begann zu überlegen, was er tun könnte.

In diesem Augenblick läutete bei ihm das Telefon.

Es war Erna Hirschfeld, seine frühere Vermieterin.

Frau Hirschfeld! Wie geht es Ihnen?

Die Frau war ziemlich aufgeregt.

Herr Bronnen, ich habe leider keine guten Nachrichten für Sie.

Sie berichtete ihm, dass der Sturm auf dem Obenvelderschen Anwesen ziemliche Schäden angerichtet habe. Ein großer

Ast der Linde sei abgebrochen und auf das Haus gefallen. Ein Teil des Daches sei beschädigt worden, ein paar Bäume seien umgeknickt, sie habe noch gar nicht alles gesehen.

Wo ist Leria? fragte Albrecht mitten in ihren Erzählfluss hinein.

Ach so! Wie dumm von mir. Das können Sie ja auch nicht wissen. Er ist verschwunden.

Verschwunden?

Ja. Unauffindbar.

Wie bitte?

Die Feuerwehr war hier, kurze Zeit danach kam auch die Polizei. Offensichtlich konnte niemand etwas zu seinem Verbleib sagen. Ich hatte ihn vor zwei Tagen noch in der Stadt getroffen. Man sucht nun überall nach ihm. Auf dem ganzen Gelände sieht es furchtbar aus. Auch in der Umgebung. Häufig sind die Schäden enorm. Ich kann Ihnen sagen, Herr Bronnen ... es ist eine Katastrophe. Bei meinen Nachbarn ...

Sie konnte es kaum fassen.

Frau Hirschfeld, könnten Sie mir bitte gleich Bescheid geben, sobald Sie etwas von Leria erfahren?

Das will ich gerne tun, Herr Bronnen.

Vielen Dank, Frau Hirschfeld.

Leria verschwunden? Albrecht wollte sich das nicht wirklich vorstellen. Oder? Man hatte sicher überall nach ihm gesucht. Wenn ihm etwas zugestoßen wäre, hätte man ihn doch bestimmt gefunden?

Aber Leria wäre nicht Leria, wenn man nicht auf irgendeine Überraschung gefasst sein müsste.

Das waren die Gedanken, die ihm nach diesem Gespräch mit der guten Frau Hirschfeld durch den Kopf gingen.

Dazu kam, nicht von ungefähr, auch der Gedanke, dass nun das eigentliche Ende gekommen war. Natürlich hatten die früheren Aktivitäten im *Haus der Künste* längst aufgehört. Aber Lerias ‚Vorhandensein‘ garantierte zumindest noch ein letztes Aufzucken der vergangenen Zeiten.

Tage und Wochen vergingen, ohne dass man von Leria etwas hörte. Ab und zu meldete sich Frau Hirschfeld, um ihm mitzuteilen, dass es nichts Neues gebe.

Während eines Telefongesprächs Mitte März berichtete sie ihm, dass in der Zwischenzeit auch die Polizei ihre Suche eingestellt habe.

Albrecht kam in München immer wieder mit Robert Castorp und seinen Freunden Joachim und Manfred in einem Lokal in der Leopoldstraße zusammen. Ein kleiner Freundeskreis hatte sich gebildet, der sich in größeren Abständen auch in privater Umgebung traf.

Anfang April starb überraschend Irma Nonenmacher, die Mutter seines Freundes Josef. Albrecht traf ihn bei der Beerdigung auf dem Nordfriedhof. Nach der Trauerfeier, während der Zusammenkunft im Nebenzimmer eines Restaurants, konnte er kurz mit seinem Freund reden. Gustav Nonenmacher mit seiner Familie saß ihnen gegenüber. Die beiden Brüder hatten viel miteinander zu bereden. Bei einer Bemerkung Gustavs wurde Albrecht hellhörig, denn aus einer Andeutung von Josefs Bruder konnte er entnehmen, dass das gesamte Gebäude, in dem die Mutter gelebt hatte, von Grund auf renoviert würde.

Albrecht schloss daraus, dass damit wohl auch seine Zeit in der Dachwohnung beendet sein würde. Allerdings mochte er im Moment nicht danach fragen, und als er sich später von Josef verabschiedete, wurde das mit keinem Wort erwähnt.

Sechs Wochen nach der Beerdigung erhielt er von einem Büro Gustav Nonenmachers ein Schreiben, in dem ihm mitgeteilt wurde, dass in zwei Monaten umfangreiche Renovierungs- und Instandsetzungsarbeiten an dem Gebäude beginnen würden und dass man ihm deshalb nahelege, sich nach einer anderen Bleibe umzusehen. Man bedauere im Übrigen et cetera.

Albrecht hatte seit der Beerdigung damit gerechnet und auch schon bei seinen Freunden und Bekannten nachgefragt.

Bisher noch ohne Ergebnis.

Er würde seine Suche nun intensivieren, aber er war sich darüber im Klaren, dass er wahrscheinlich außerhalb Münchens Umschau halten sollte, um seine Finanzen nicht übermäßig strapazieren zu müssen.

Am 31.Mai, einem Tag, bei dem sich Albrecht später überlegte, ob er dieses Datum besonders hervorheben sollte, erreichten ihn mehrere Botschaften. Die erste kam per Telefon. Es war Joachim Konnart, der sich freute, ihm mitteilen zu können, dass er eine kleine Wohnung für ihn gefunden habe. Bei einem früheren Kollegen werde Ende August eine Einliegerwohnung in seinem Haus in Gräfelfing frei.

Ein Wohnzimmer, zwei kleinere Zimmer, Küche und Bad, sagte Joachim. Was meinst du dazu?

Das hört sich gut an, sagte Albrecht.

Gute Verkehrsanbindung, keine schlechte Lage. Schau dir die Sache an.

Als er nach dem Preis fragte, stellte sich allerdings heraus, dass er mehrere hundert Euro mehr bezahlen müsste. Das wäre für ihn zwar nicht mehr so günstig, aber für Münchner Verhältnisse ging es noch. So erklärte er sich zunächst einmal damit einverstanden.

Dann kam am gleichen Tag die nächste Botschaft per Post.

Es war ein Brief von einem Münchner Notar und Rechtsanwalt, Dr. Henrik Rothfelder.

Der Mann schrieb ihm, dass er im Auftrag seines Stuttgarter Kollegen und Partners Ludwig Lagonzo gebeten worden sei, in der Sache Obenvelder/Leria in Bezug auf Herrn Albrecht Bronnen tätig zu werden. Er bat Albrecht zu einer Vorbesprechung in seine Kanzlei. Die Sache sei vertraulich und könne nur persönlich abgehandelt werden. Dann bat er Albrecht um einen Rückruf für einen Termin.

Was war das nun wieder? Albrecht war einigermaßen verwirrt. War Leria wieder aufgetaucht? Das würde ihm ähnlichsehen.

Kurze Zeit später rief er bei der Anwaltskanzlei am Maximiliansplatz an. Eine Sekretärin meldete sich.

Guten Tag, hier Albrecht Bronnen. Herr Rotfelder hat mich angeschrieben und um einen Termin gebeten.

Einen Augenblick, bitte, ich frage kurz nach.

Albrecht wartete einen Moment.

Herr Bronnen, kam die Stimme zurück, vielen Dank, dass Sie sich gleich melden. Können Sie am kommenden Donnerstag gegen 17Uhr bei uns vorbeikommen?

Albrecht überlegte kurz.

Ja, das müsste sich machen lassen.

Sehr schön. Dann halte ich diesen Termin fest.

Das ging sehr schnell, dachte Albrecht. Das ist schon übermorgen.

Er musste sich eingestehen, dass er ziemlich neugierig war, was das alles zu bedeuten hatte.

Ich könnte mir vorstellen, dass das wieder einmal mit einer von Lerias vertrackten Ideen zusammenhängt.

Am Abend erhielt er einen Anruf von seinem Freund Josef Nonnenmacher aus Innsbruck. Albrecht war verblüfft.

Josef! Das ist ja eine Überraschung.

Albrecht, alter Freund, ich musste mich nun einfach melden. Hast du heute schon Post bekommen?

Allerdings. Aber ich habe das kommen sehen.

Bitte? Wie das?

Albrecht erklärte ihm, dass er bei den Gesprächen nach der Trauerfeier bereits von den Renovierungsabsichten gehört habe und sich den Rest zusammenreimen konnte.

Als ihm Josef sagte, dass ihm das Ganze sehr leidtue, beschwichtigte ihn Albrecht.

Josef, ich war doch über viele Jahre hin in einer privilegierten Situation ...

Josef unterbrach ihn gleich wieder.

Meinem Bruder war es ebenfalls peinlich. Er hatte einfach sein Büro beauftragt, damit es rein geschäftsmäßig klingt. Aber ich habe ihm dann erklärt, dass man auf diese Weise nicht mit einem Freund der Familie umgeht und ich würde auf jeden Fall mit dir darüber sprechen.

Josef, du musst das nicht so hoch hängen. Ich habe bereits etwas in Aussicht.

Albrecht, wenn wir dir dabei helfen können, musst du es mir mitteilen. Wir kennen doch sehr viele Leute in München.

Das ist nett von dir, Josef, aber ich werde schon zurechtkommen. Deshalb muss nichts zwischen uns stehen.

Schließlich sagte er Josef, dass er Ende August wahrscheinlich eine Wohnung in Gräfelfing bekommen könne.

Meinst du, dass ich noch so lange bleiben kann, auch wenn die Arbeiten am Haus schon beginnen?

Das lässt sich sicher machen. Ich werde gleich mit Gustav darüber sprechen. Du wirst eben mit dem Lärm tagsüber leben müssen.

Das wäre auf jeden Fall für mich besser. Denn wo sollte ich mit meinen Sachen inzwischen hin?

Mach dir deshalb keine Sorgen, Albrecht. Wir kriegen das schon auf die Reihe. Ich werde mich wieder melden.

Ich danke dir, Josef. Das macht die Sache für mich leichter.


Dr. Rothfelder, ein sehr sportlicher, drahtiger Typ, vielleicht Ende vierzig, in einem dunkelblauen, eleganten Anzug, begrüßte ihn freundlich und zuvorkommend. Alles war hier elegant, smart, stilvoll, nicht zu aufdringlich, doch dafür die ebenmäßige Glätte der erfolgversprechenden Business-as-usual-Abwicklung. Dazu gehörte auch die Sekretärin, die ihn nun lächelnd fragte, was sie ihm anbieten könne.

Man bat ihn auf einem etwas futuristisch anmutenden Sessel Platz zu nehmen, unter einer Reproduktion von Paul Klees ‚Goldfisch'. Albrecht, angetan mit seinem üblichen Outfit, Jeans, weißes Hemd und Sakko, hatte sich schon lange abgewöhnt, sich in solchen Fällen deshalb ‚deplatziert' vorzukommen. Er erwiderte das Lächeln und bat um ein Glas Wasser.

Still oder bewegt?

Still, bitte.

Dr. Rothfelder begann ohne Umschweife.

Unsere Begegnung hat übrigens nichts mit einer Testamentseröffnung oder Vollstreckung zu tun, sondern wir führen nur aus, was mir mein Kollege Dr. Ludwig Lagonzo aufgetragen hat. Mein Kollege hatte den Auftrag von Herrn Leria, Ihnen nach dem 31. Mai einen Gegenstand zu überreichen, der in Ihren Besitz übergehen soll. Darf ich, als reine Formalität, Herr Bronnen, Ihren Ausweis kurz überprüfen?

Albrecht entnahm seiner Brieftasche den Personalausweis.

Dr. Rothfelder warf einen kurzen Blick darauf.

Alles in Ordnung, Herr Bronnen.

Darf ich Sie etwas fragen, Herr Rothfelder? Wissen Sie irgendetwas über den Verbleib von Le ... Herrn Leria?

Tut mir leid, Herr Bronnen. Darüber weiß ich nichts. Mir wurde von Herrn Lagonzo nur gesagt, dass Ihnen dieser ‚Gegenstand' unbedingt so bald wie möglich nach dem 31. Mai auszuhändigen sei. Darauf habe Herr Leria mit allem Nachdruck bestanden. Und diesem Auftrag kommen wir hiermit nach. Darf ich fragen, ob Sie von dieser Sache etwas gewusst haben?

Albrecht schüttelte den Kopf.

Überhaupt nicht.

Dr. Rothfelder stand auf, ging in einen Nebenraum. Albrecht hörte, dass er sich an einem Schrank zu schaffen machte. Er hatte den Eindruck, das leise Knackgeräusch eines Zahlenschlosses zu vernehmen.

Als er wiederkam, trug er den ‚Gegenstand' herein: einen länglichen, etwa 1.50 Meter hohen und vielleicht sechzig bis siebzig Zentimeter breiten Kasten, sorgfältig verpackt.

Bei diesem Anblick schlich sich eine leise Ahnung in Albrechts Gedanken. Er sagte nichts.

Sind Sie mit dem Wagen gekommen?, fragte Dr. Rothfelder.

Albrecht verneinte.

Mit der S-Bahn.

Oh, das geht natürlich nicht.

Ich könnte auch ein Taxi nehmen, sagte Albrecht.

Das wäre auch nicht so günstig.

Ist unser Fahrer noch hier?, fragte Dr. Rothfelder zum Vorraum hin.

Ich frage mal nach, sagte die Sekretärin.

Der Anwalt übereichte ihm noch einen Aktenordner.

Hier drin finden Sie alle wichtigen Informationen zu den verschiedenen Kunstwerken, sagte er lächelnd.

Verschiedene Kunstwerke?

Albrecht warf einen kurzen Blick hinein.

Mehrere Expertisen und noch weitere beschriebene Blätter, die er zu einem späteren Zeitpunkt lesen würde.

Dr. Rothfelder fuhr fort.

Sie finden darin auch das Originalschreiben von Herrn Leria – hier musste Albrecht unwillkürlich lächeln – in dem er ausdrücklich darlegt, dass er diese Kunstwerke Herrn Albrecht Bronnen, wohnhaft in München und so weiter, als Geschenk übergibt. Unterschrieben am 22. November des letzten Jahres.

Der Anwalt kannte also den Inhalt des Kastens, aber er verzog keine Miene und verlor auch kein Wort darüber.

Die Sekretärin öffnete die Tür.

Herr Paulsen ist noch hier.

Danke, sagte der Anwalt.

Das ist mir in diesem Fall lieber, fuhr er fort. Es handelt sich um einen sehr wertvollen ‚Gegenstand', wie Sie ja inzwischen selbst durch einen Blick in den Ordner feststellen konnten. Wenn Sie Fragen dazu haben oder wenn Sie bestimmte Pläne verfolgen, können Sie sich gerne an uns wenden. Vermittlungsgebühren würden für Sie persönlich nicht anfallen, denn das wäre in diesem Fall bereits geregelt. Wir werden Ihnen auf jeden Fall behilflich sein. Sie wohnen am

Odeonsplatz, Herr Bronnen?

Ja, weshalb fragen Sie?

Oh, nur so nebenbei, sagte Dr. Rothfelder mit einem vielsagenden Blick.

Der Chauffeur, ein etwas beleibter Herr mit einem breiten Lächeln, erschien nun in dem Büro und wurde nach einer kurzen Vorstellung von dem Anwalt informiert, was er zu tun habe.

Albrecht bedankte und verabschiedete sich.

Jo mei, also zum Odeonsplatz, stellte Herr Paulsen im Aufzug auf urbayerisch noch einmal fest und warf einen verwunderten Blick auf den ‚Gegenstand', den er wie ein Schutzherr im Arm hielt und mit einem ermunternden Blick auf Albrecht leicht streichelte.

Später saß er in seiner Wohnung auf einem Stuhl dem Inhalt jenes hölzernen Kastens gegenüber. Albrecht hatte die Bilder und Zeichnungen nach und nach herausgenommen. Die Zeichnungen hatte er auf seinem Tisch ausgebreitet, die drei Bilder auf seinem Sofa aufgestellt. Eine wohlmeinende Abendsonne richtete ihre Strahlen unmittelbar auf diese Kunstwerke, wie um sie für den Betrachter ins ‚rechte Licht' zu rücken.

Auf der linken Seite das kleinste der drei Bilder, ein *Hohlweg im Sommer* von Georges Seurat, dem, wie gesagt wurde, Erfinder des spätimpressionistischen Pointilismus.

In der Mitte ein größeres Bild von Maurice de Vlaminck, ein Landschaftsbild mit Zypressen. Vlaminck gilt als einer der wichtigsten Vertreter der Gruppe *Les Fauves*. Er war auch ein Bewunderer von van Gogh, an dessen ‚Zypressen' hier ein wenig erinnert wird.

Schließlich auf der rechten Seite ein Bild mit dem Titel *Frühling am See* von dem expressionistischen Maler August Macke, der der Gruppe des *Blauen Reiters* um Wassily Kandinsky, Gabriele Münter, Franz Marc und anderen angehörte.

Dann diese Zeichnungen: von Picasso *Eine schlafende Frau*, eine Studie zum *Minotaurus* und zwei Arbeiten von Joan Miró. Albrecht war, wie er sich selbst eingestehen musste ‚überwältigt'.

Letztlich gänzlich unverdient, dachte er. Was soll ich denn nun mit diesen Schätzen anstellen? Ich kann sie doch nicht hierbehalten.

In einem ersten Impuls dachte er an Joachim Konnart, den früheren Kurator der Pinakothek. Doch dann verwarf er diesen Gedanken wieder. Er dachte an eine alte Devise, die da sagte, dass man mit Freunden möglichst keine Geldgeschäfte tätigen sollte. Außerdem wollte er zunächst auch nicht, dass seine Freunde überhaupt etwas von dieser Geschichte erfuhren.

Eine Weile saß er in Gedanken versunken vor diesen Bildern.

Was hatte sich Leria nur wieder ausgedacht!

Spontan griff er zum Telefonhörer, wählte die Nummer seines Freundes in der Stravenfordstraße.

Kein Anschluss unter dieser Nummer.

Wo steckte er nur?

Am nächsten Tag, als er ein paar Besorgungen machen wollte, kam er am Odeonsplatz an einem Gebäude vorbei, dem er bisher noch nie eine besondere Beachtung geschenkt hatte, aber das ihm jetzt plötzlich in die Augen stach.

War es das, worauf Dr. Rothfelder am Vortag angespielt hatte? Er las in großen Lettern: Das Büro von SOTHEBY'S München am Odeonsplatz.

Er überlegte hin und her. Dennoch kam Albrecht zu keinem Ergebnis, was hier am besten zu tun war. Da er Leria offensichtlich nicht mehr erreichen konnte, der ihm mit Sicherheit einen Rat hätte geben können, war er zu verunsichert, einfach ratlos.

Schließlich hatte er die Idee, doch Joachim Konnart mit der Notlüge anzurufen, dass er ihn im Auftrag eines Freundes um

Rat fragen solle, der eine Erbschaft gemacht hatte und ein paar wertvolle Bilder verkaufen wollte.

Aber weshalb sollte er seinen Freund anlügen?

Doch er musste eine Entscheidung treffen und schließlich überwand er seine Bedenken.

Nach weiteren Tagen, an einem Freitagabend, rief er Joachim an.

Er schilderte ihm in ein paar schnellen Sätzen die Situation, sprach allerdings der Einfachheit halber von einer Erbschaft, um keine komplizierten Zusammenhänge erläutern zu müssen.

Das hört sich vielversprechend an, war Joachims erster Kommentar, bevor er fortfuhr. Dein Anwalt wird die Sache vermutlich an das Auktionshaus vermitteln wollen, denn das bringt ihm natürlich ein nettes Sümmchen ein.

Auch das ist von dem Erb-Komitee oder wem auch immer bereits eingerechnet. So hat es mir jedenfalls der Anwalt geschildert.

Oh! Nicht übel, nicht übel. Es ist sehr wahrscheinlich, dass bei einer Versteigerung schon ziemlich viel herausspringen kann.

Aber ... dazu müsste ich vielleicht die Bilder einmal sehen?

Klar. Jederzeit.

Weißt du was? Ich platze vor Neugier. Ich wollte mir heute Abend eigentlich einen Film ansehen. Aber ich könnte stattdessen ...?

Okay. Das geht in Ordnung. Allerdings habe ich noch nichts gegessen.

Magst du es asiatisch? Ich könnte einfach das Essen mitbringen. Bei mir ist ein Thailänder um die Ecke.

Gute Idee. Irgendetwas mit Reis, Huhn plus Zutaten. Aber bitte nicht zu scharf.

Wird gemacht!

Eine knappe Stunde später saßen sie am Tisch und genossen ihre Mahlzeit. Albrecht hatte eine Flasche Weißwein kaltgestellt und die Bilder, die noch mit einem weißen Tuch verhängt waren, standen bereits auf dem Sofa.

Das grenzt an Sadismus, bemerkte Joachim.

Erst das Essen als Vor-Vergnügen, danach die Kunst als Hauptgang.

Nach dem Essen wurde der Tisch schnell abgeräumt, um Platz für die Zeichnungen zu schaffen.

Als Albrecht das Tuch entfernte, hörte er so etwas wie ein leichtes Pfeifen aus dem weit geöffneten Mund seines Gastes, der, wie die Franzosen sagen würden, *bouche bée* auf die drei Bilder starrte.

Er ging schließlich von einem zum andern, entnahm seiner Jackentasche eine Lupe.

Ein zauberhaftes kleines Sommerbild, sagte er dann bei der Arbeit von Seurat. Eine feine Abstufung der verschiedenen Grün- und Gelbtöne, ein Weg, der an Wiesen und Sträuchern entlangführt, auf der linken Seite an einer größeren Baumgruppe vorbei, und rechts kann man ganz versteckt eine Häusergruppe hinter einer wuchernden Pflanzenwelt erkennen. Dann das kleine Stück von einem roten Dach in der Bildmitte, als würde der Weg auf diesen Punkt zulaufen.

Man spricht ja oft von ihm als ‚Erfinder' des Pointilismus, sagte Albrecht.

Dieses Bild hier scheint vielleicht eher noch eine Vorstufe zu sein. Spätere Arbeiten zeigen das deutlicher.

Maurice de Vlaminck. Ein Bild von ihm hat vor kurzem bei einer Auktion bei Sotheby's in London einen Fabelpreis erzielt. Ich glaube mehrere Millionen. Der Fauvismus hat eine große Ähnlichkeit mit dem deutschen Expressionismus. Man kann auch deutlich den Einfluss van Goghs erkennen.

Von August Macke haben wir auch in der Pinakothek Bilder, zusammen mit Franz Marc oder Gabriele Münter. Ähnlich wie die französischen Fauvisten suchten sie nach einer Steigerung des Ausdrucks durch die Anordnung ihrer Flächen in starken, kräftigen Farben.

Er sah Albrecht mit einem vielsagenden Blick an.

Starker Tobak, mein Freund.

Er besah sich die Zeichnungen, eine nach der anderen.

Was meinst du?, fragte Albrecht schließlich.

Nun, ich denke mehrere Millionen sind es nicht. Aber, je nachdem, wie die Auktion läuft, könnte schon ein stattlicher Betrag zusammenkommen. Ich werde auf jeden Fall meine Kolleginnen und Kollegen vom Museum benachrichtigen.

Joachim, wir haben schon einmal über den Kunsthandel und seiner übertriebenen Preisentwicklung gesprochen. Nun bin ich plötzlich selbst damit zugange.

Tja, mein lieber Albrecht, du bist dennoch nicht der Erfinder dieser Gepflogenheiten. Ich denke, du brauchst dir deshalb keine Vorwürfe zu machen.

Ich danke dir, sagte Albrecht, als sich Joachim später verabschiedete. Sie hatten noch eine Zeitlang über den Kunsthandel mit seinen Absurditäten diskutiert.

Danke auch für dein Vertrauen, Albrecht. Du kannst dir sicher sein, dass ich die Angelegenheit auch vertraulich behandeln werde.


Am nächsten Tag rief Albrecht bei der Rechtsanwaltskanzlei an.

Dr. Rothfelder war selbst nicht zugegen und die Sekretärin verband ihn mit einem Kollegen, einem gewissen Herrn Dr. Kleinhuber. Albrecht trug sein Anliegen vor. Der Anwalt versprach, Herrn Dr. Rothfelder entsprechend zu informieren. Die Sache wurde in Gang gesetzt.

Von Zeit zu Zeit rief Albrecht bei Erna Hirschfeld an. Leria blieb unauffindbar.

Bei einem ihrer Gespräche teilte sie ihm mit, dass überall von einem Verkauf des Anwesens gemunkelt würde, aber Genaueres wisse sie auch nicht. Es kämen ständig Leute vorbei, die alles ansehen wollten. Ein Bekannter habe ihr kürzlich berichtet, dass ein paar stadtbekannte ‚Seriositäten' schon seit längerer Zeit ihre Finger im Spiel hätten und

beabsichtigen würden, das Gelände unter sich aufzuteilen.
Bei dieser Nachricht empfand er fast so etwas wie einen Stich.
Etwas einst Vertrautes, das einmal eine Heimat gewesen war und für sein Leben eine so große Bedeutung gehabt hatte, ging endgültig verloren, füllte sich mit Fremdheit. Es schien, als würde etwas von ihm selbst absterben.
Albrecht bemühte sich, solche Gedanken nicht überhandnehmen zu lassen.

Alle ‚Kunstgegenstände‘ aus Albrechts überraschend entstandener kleiner Sammlung befanden sich in der Zwischenzeit bei SOTHEBY'S am Odeonsplatz. Er hatte in der Zwischenzeit auch den ‚Chairman‘ kennengelernt, eine sehr nette Dame, die ihm freundlich erläuterte, wie eine solche Auktion über die Bühne gehen würde. Als Albrecht sie höflich fragte, ob es eigentlich auch eine Chairwoman gebe, brach sie in schallendes Gelächter aus und versicherte ihm, dass er sich dessen ganz sicher sein könne.
Dr. Rothfelder hatte ihm erklärt, dass Herr Leria auch hier vorgesorgt habe. Die Gutachten für die einzelnen Kunstwerke lägen bereits vor und für die weiteren Kosten des Auktionshauses, Aufgeld, Steuer und so weiter, sei eine zusätzliche Summe hinterlegt worden.
Ja, Leria, dachte Albrecht. Bis zum Schluss musste er seine Rolle durchspielen, nach Prospers oder seinen eigenen Vorgaben.
An der Auktion selbst nahm Albrecht nicht teil. Joachim Konnart berichtete ihm danach, wie das Ganze abgelaufen war. Ein Mitarbeiter seines Museums hatte ebenfalls mitgeboten. So war das Sommerbild von Georges Seurat in den Besitz der Pinakothek gekommen, was Albrecht schon deshalb sehr freute, weil er es auf diese Weise ab und zu ‚besuchen‘ konnte. Dieses Bild hätte er eigentlich gerne behalten. Aber er wollte in seiner Wohnung keinen derart wertvollen Kunstgegenstand aufbewahren.

Insgesamt war durch diese Versteigerung die beachtliche Summe von 600.236 Euro zusammengekommen.

Das ist wirklich gut gelaufen, sagte Joachim.

Albrecht lud ihn zu einem Essen in einem besonderen Restaurant mit mediterraner Küche in München ein.

Zehn Tage nach dieser Auktion erhielt Albrecht einen weiteren, allerdings letzten Brief von dem Anwalt, der ihm, wiederum im Auftrag von seinem Stuttgarter Kollegen Dr. Lagonzo, mitteilte, dass ihm noch ein Restbetrag von 157.000 Euro aus dem von Herrn Leria hinterlegten Geld zustehe, das er auf das ihm bereits bekannte Konto überweisen werde. Damit sei sein Auftrag erledigt und er verbleibe mit den denkbar freundlichsten Grüßen der Seine.

Damit war also die letzte Aktion Lerias zu Ende gebracht worden. War es tatsächlich die letzte? Noch mochte sich Albrecht dies nicht vorstellen.

So war er nun im Alter von knapp sechzig Jahren zu einem nicht unbedeutenden Geldsegen gekommen.

Hatte das etwas mit Glück zu tun? Kaum. Albrecht hatte sich längst abgewöhnt, über ein geglücktes Leben näher nachzudenken. Er hatte sich, so wie es ihm möglich war, durch die Zeit gebracht. Bisher war sein Plan immer gewesen, in ein paar Jahren in den Ruhestand zu gehen und sich nebenher, da seine Rente nicht allzu üppig ausfallen würde, noch etwas dazuzuverdienen. Jetzt waren andere Möglichkeiten überraschend aufgetaucht und jener andere Plan, der höchstens in ein paar Träumen aufgetaucht war, konnte nun vielleicht umgesetzt werden. Er schrieb gleich einen Brief an Désirée und teilte ihr mit, was ihm hier unvorhergesehen widerfahren war.

*Das freut mich für Dich, Albrecht, schrieb sie zurück. Geld allein macht zwar nicht glücklich, aber es kann für eine gewisse Beruhigung sorgen. Jetzt kannst Du doch tatsächlich Dein Vorhaben umsetzen! Aber, wie ich Dir schon einmal sagte: Bleibe kommunikativ! Isoliere Dich nicht von den Menschen!*

Liebe Désirée, dachte er, ich werde es versuchen.

—

Zwei Jahre später.

Durch eine private Anzeige in der ‚Münchner Abendzeitung‘ war Albrecht auf ein Angebot gestoßen, wo ein kleineres Ferienhaus, ein Chalet, in der Nähe des Kirchsees zum Kauf angeboten wurde. Eine Telefonnummer war angegeben, und als Albrecht anrief, hatte er am anderen Ende der Leitung einen bereits etwas genervten Menschen erreicht, der offenbar schon durch zahlreiche Anrufer in Stress geraten war. Als Albrecht ihm kurz sein Anliegen vortrug und mit leicht ironischem Unterton um Verzeihung bat, dass er ihn auch noch behelligen würde, änderte sich der Ton des Mannes ein wenig und er erklärte, dass er vermutlich besser daran getan hätte, ein Postfach anzugeben, denn es riefen derart viele Leute an, dass es ihm schon zu viel geworden sei. Die meisten hätte er schon abgewimmelt, aber ein paar zu einem Gespräch zu sich gebeten. Er suche entweder ein älteres Ehepaar oder eine alleinstehende Person. Anschließend brachte er sogar so etwas wie eine Entschuldigung zustande und fragte ihn, ob er am nächsten Samstag zu einem Gesprächstermin vorbeikommen könne und nannte eine Adresse in München-Pasing. Albrecht wunderte sich zwar über diese Eingrenzung des Personenkreises bei einem ‚Ferienhaus‘ und dachte in einem ersten Impuls daran, diesem Herrn zu verdeutlichen, dass er diese Tatsache doch schon in seinem Inserat hätte anmerken können, aber das unterließ er in diesem Fall. Er wollte sich einfach informieren, ob ihm dieses Objekt unter Umständen zusagen könnte. Vor allem war ihm wichtig, etwas über den Preis zu erfahren, denn nach seinen bisherigen Erkenntnissen in diesem Bereich war es schwierig, etwas Kostengünstiges zu bekommen, da er nicht gleich den größten Teil seines Barvermögens in eine Immobilie stecken wollte.

Als Albrecht in Pasing zum angegebenen Zeitpunkt am Nachmittag erschien, wartete vor ihm noch ein älteres Ehepaar. Der Verkäufer, Karl Hausmann, wohnte in einem größeren

Wohnhaus im ersten Stock in einer Eigentumswohnung.

Nach ein paar Minuten kam eine Frau wutschnaubend heraus, stieß die wartenden Leute beinahe beiseite und eilte die Treppe hinunter. Dahinter erschien Herr Hausmann, begrüßte Albrecht und bat das Ehepaar herein. Er entschuldigte sich für die Verzögerung, aber das, was sich eben hier abgespielt habe, sei etwas zeitraubend und ermüdend gewesen.

Nach etwa zwanzig Minuten war Albrecht an der Reihe. Der Mann hatte dem Ehepaar noch versichert, dass er sich melden werde.

Nun saßen sich die beiden in der ‚guten Stube' gegenüber.

Sie sind nun der Letzte, Herr… Bronnen?

Bronnen, Albrecht Bronnen.

Genau! Bitte verzeihen Sie mir, Herr Bronnen, aber Sie sind der zehnte Aspirant heute. Ich habe nicht gewusst, dass es so ermüdend sein würde. Diese resolute Dame vorhin war schon sehr anstrengend.

Albrecht fragte sich, ob es der Preis sei, der einen Menschen derart in Wut zu versetzen könnte.

Karl Hausmann fügte aber gleich darauf hinzu, dass die Frau vor allem daran dachte, dass ihre sechs Enkel immer wieder zu Besuch kommen könnten, um auf der Wiese Fußball zu spielen und sich so *richtig auszutoben*.

Und als ich ihr dann klar machte, dass dies weniger erwünscht sei, auch im Hinblick auf die Nachbarn, wurde sie sofort giftig. Aber lassen wir das nun. Wissen Sie, ich gehe auch schon auf die achtzig zu, fühle mich eigentlich noch so weit fit, aber meine Frau hatte vor einem Vierteljahr einen schweren Schlaganfall und ist seitdem einseitig gelähmt.

Oh, das tut mir leid.

Das ist auch der Grund, warum wir das Häuschen mit dem Grundstück, das uns so viele Jahre erfreut hat, verkaufen wollen.

Verstehe, sagte Albrecht.

Karl Hausmann ergriff eine große Farbfotografie, die auf dem

Tisch lag und legte sie vor ihn hin.

Verstehen Sie jetzt, was ich meine?

Albrecht sah sich das Foto an. Ein Fensterblick auf eine große Wiese mit einzelnen Bäumen, anschließend ein Waldstück und weiter im Hintergrund eine hell angestrahlte Bergkette. Auf der linken Seite, etwas entfernt, ein Stück Seeufer.

Das nächste Bild, das ihm der Mann zeigte, war eine Aufnahme von dem Haus selbst. Ein Häuschen ganz aus hellerem, fast ockerfarbenem Holz, mittelgroße Fenster, ein Balkon, auf der vorderen Seite eine kleine Pergola. Dazu ein vielleicht 1,60 Meter hoher, dunkel gestrichener Holzlattenzaun, der wohl das gesamte Grundstück umgab.

Früher hatten wir im Sommer mehr Blumen, sagte er, aber das haben wir im Laufe der Zeit ein wenig, wie soll ich sagen, zurückgefahren.

Albrecht war vom ersten Moment an sehr angetan von diesem ‚Objekt‘, dazu noch in dieser Umgebung. Es schien ihm genau dem zu entsprechen, was er sich in etwa immer vorgestellt hatte.

Was meinen Sie dazu?, fragte nun Karl Hausmann.

Es ist … wunderschön. Ich weiß gar nicht, was ich sonst sagen soll.

Der Mann lächelte ihn ein wenig betrübt an.

Können Sie verstehen, was wir hier aufgeben müssen?

Natürlich, Herr Hausmann. Das muss schlimm für Sie und Ihre Frau sein.

Albrecht bekam das Chalet.

Aber nicht, weil er an dieser Stelle Herrn Hausmann bedauert hatte, sondern aus einem ganz anderen Grund.

Als ihn der Mann gefragt hatte, was er denn arbeite und dort, *in dieser einsamen Gegend*, vorhabe, sagte ihm Albrecht kurz etwas zu seiner beruflichen Tätigkeit und dass er sich für seinen Ruhestand einen solchen ‚Rückzugsort‘ gut vorstellen könne, um an einem Projekt zu arbeiten, das er sich vorgenommen habe, und außerdem zu lesen, ein wenig zu musizieren, nicht zu vergessen die Spaziergänge und dergleichen.

Herr Bronnen!, rief Karl Hausmann beglückt. Dann sind Sie unser Mann!

Albrecht erfuhr, dass Herr Hausmann und seine Frau viele Jahre Abonnenten der *Münchner Philharmoniker* gewesen waren.

Sehr schön, sagt Albrecht höflich.

Wir sind begeisterte Musik-Hörer, fügte er hinzu. Wahrscheinlich für Ihre Auffassung etwas zu konventionell, aber das macht ja nichts.

Als Albrecht hörte, dass er das Haus für 250.000 Euro bekommen könne, war er seinerseits sehr erfreut. Das war wirklich eine sehr günstige Gelegenheit.

Ein Besichtigungstermin wurde vereinbart.

Das Chalet befand sich in einem guten Zustand, hatte eine einzigartige Lage – und dann noch zu diesem Preis.

Albrecht war rundum zufrieden. Da und dort müssten noch kleinere Modernisierungsmaßnahmen erfolgen, etwa bei der Heizung. Der Kachelofen war zwar ganz nach seinem Geschmack, nur für das obere Stockwerk nicht ganz ausreichend.

Ihnen wird schon etwas einfallen, meinte Herr Hausmann lapidar.

Und die Nachbarn?, fragte Albrecht nebenbei.

Neben seinem Grundstück befand sich ein nahezu identisches Chalet, in einem etwas dunklerem Ton gestrichen.

Ganz ruhige Leute. Wir haben uns immer gut mit ihnen verstanden. Eine Dame aus München, vielleicht ein paar Jahre älter als Sie, mit ihrer fast neunzigjährigen Mutter.

Die beiden Grundstücke waren ungefähr gleich groß. Zwischen sechs und sieben Ar, wie Karl Hausmann gesagt hatte.

*

Altersruhesitz! Stilles Schalten und Walten! Beschaulichkeit und ruhiges Dasein im Grünen! Ganz schön spießig und auch etwas einfältig, was ich dem Mann damals alles erzählt habe, dachte Albrecht später, wenn er sich an diese Zeit des Hauskaufs erinnerte.

Nun lebte er also in diesem Chalet mit dem Postkartenblick, in der Nähe des Kirchsees, nicht weit von Sachsenkam, konnte mit seinem kleinen Wagen, den er sich inzwischen gekauft hatte, leicht nach Holzkirchen gelangen, hatte von dort gute Verbindungen nach München.

Er erkundete das Land rund um seine neue Behausung, wanderte um den See, in die Wälder hinein, verirrte sich ab und zu, weil er zu sehr in Gedanken versunken vor sich hin trottete. Aber es war ja kein Terrain, in dem man einfach so verloren gehen konnte.

Von Zeit zu Zeit besuchten ihn seine Münchner Freunde, manchmal unternahm er kleine Reisen. Im Übrigen arbeitet er an seinem Buch, kam einmal schneller voran, stockte ab und zu bei anderen Abschnitten. Er ließ sich Zeit, nichts trieb ihn an.

Am Anfang hatte er auch den beiden Nachbarinnen seine Aufwartung gemacht. Beim ersten Mal hatte er einen sehr ungeschickten Augenblick erwischt.

Als er auf den Klingelknopf drückte, tat sich zunächst gar nichts. Auch beim zweiten Mal blieb alles still. Als er sich bereits wieder entfernen wollte, öffnete sich schließlich die Tür und eine Frau mit einer grauen Bubikopf-Frisur und zwei großen braunen Augen in einem schmalen, prägnanten Gesicht, in dem in diesem Moment leichte Anzeichen von Panik zu lesen waren, schaute heraus.

Bitte?

Guten Tag. Ich bin der neue Nachbar. Aber ich komme im Augenblick vielleicht etwas ungelegen. Entschuldigen Sie, bitte.

Es tut mir leid, sagte sie mit einer dunklen Alt-Stimme. Ich warte auf den Krankenwagen. Meine Mutter hatte einen Schwächeanfall.

Ich komme ein andermal wieder, sagte er noch, als die Tür bereits wieder zuging.

In der Tat hörte er nach zwei Minuten ein Auto schnell heranfahren, ein Arzt und zwei Sanitäter stiegen rasch aus und holten eine Trage aus dem Wagen.

Nach ein paar Minuten fuhren sie wieder ab. Die Frau fuhr mit ihrem BMW-Kombi hinterher.

Erst gegen Abend kehrte sie wieder zurück.

Am nächsten Vormittag, als sich Albrecht im hinteren Teil seines Grundstücks zu schaffen machte und das Winterholz begutachtete, hörte er plötzlich hinter sich wieder diese dunkle Alt-Stimme.

Hallo, kann ich Sie kurz sprechen?

Er drehte sich um und ging zum Zaun, wo seine Nachbarin nun in Jeans und einem grauen Pulli mit einem zaghaften Lächeln vor ihm stand.

Es tut mir leid wegen gestern, Herr Bronnen, begann sie.

Ich bitte Sie, sagte Albrecht. Ich muss mich meinerseits entschuldigen

Aber das konnten Sie doch nicht wissen.

Sie reichte ihm ihre Hand und er zog rasch seinen Handschuh aus.

Weidenfeld, sagte sie.

Freut mich, Frau Weidenfeld. Sie kennen meinen Namen?, fragte er erstaunt.

Allerdings. Doch keine Angst, ich habe nicht an Ihrer Haustüre herumgeschnüffelt. Ich habe bis vor einem Jahr bei den Münchner Philharmonikern gespielt. Und ab und zu las man bei uns die Kritiken eines gewissen Herrn Albrecht Bronnen. Nicht alle von uns waren immer zufrieden, aber eines kann ich Ihnen versichern: Sie gehörten auf jeden Fall zu denen, deren Besprechungen durchaus wahrgenommen wurden.

Das ehrt mich, Frau Weidenfeld. Aber ... darf ich fragen, wie es Ihrer Mutter geht?

Ihr Zustand hat sich stabilisiert. Sie muss aber noch ein paar Tage dortbleiben.

Schön zu hören, sagte Albrecht.

Übrigens muss ich Ihnen verraten, dass mir Herr Hausmann Ihren Namen genannt hat. Da hat es bei mir geklingelt. Ich kannte Sie ja nicht von Angesicht.

Klar, sagte Albrecht lachend, wie sollten Sie auch.

Ich hoffe, dass wir Sie in naher Zukunft einmal zum Tee zu uns bitten dürfen?

Sehr gerne, Frau Weidenfeld.

Also bis bald! Ich werde nachher wieder nach München fahren. Meine Mutter liegt in der Klinik für die Innere.

Auf jeden Fall wünsche ich gute Besserung, sagte Albrecht.

Vielen Dank.

Ein paar Wochen später lud man ihn zum Tee ein. Frau Weidenfeld war eine offene, sehr kommunikative Person, während ihre Mutter, eine Frau von Dadelson, etwas förmlich distanziert erschien, leicht ‚von oben herab', wie Albrecht empfand, aber das störte das ansonsten lebendige Gespräch nicht sehr. Die Tochter schien ihre Mutter diesbezüglich sogar etwas zu necken, was diese veranlasste, ab und zu mit schmollender Miene stumm dabeizusitzen.

Albrecht fragte seine Gastgeberin vorsichtig, welcher Instrumentengruppe sie angehört habe.

Raten Sie, erwiderte Frau Weidenfeld.

Oh, das ist eine schwere Aufgabe, sagte Albrecht. Vielleicht Violine?

Fast. Ein wenig größer.

Die Bratsche?

Sie verneinte.

Kontrabass kann ich mir schwer vorstellen. Dann das Violoncello?

Erraten, rief sie lachend. Aber ich muss Ihnen sagen, dass wir eine Kontrabassistin hatten, die auch nicht viel größer war als ich.

Eins zu null für Sie. Ich nehme alles zurück!

Albrecht berichtete ein wenig von seiner Arbeit. Die Frau schien das gemeinsame Interesse, das sie mit ihrem neuen Nachbarn teilte, sehr zufrieden wahrzunehmen. Wissen Sie, ich bin Herrn Hausmann sehr dankbar. Nachdem ich erfahren hatte, dass er sein Haus verkaufen wollte, habe ich ihn gebeten, dass er, falls es ihm möglich sein sollte, ruhigen Menschen den Vorzug geben möge, keiner lauten oder ständig zeternden Familie. Mein verstorbener Mann und ich haben früher schon einmal schlechte Erfahrungen gemacht. Ich weiß, solche Wünsche sind schon auch etwas egoistisch. Man wünscht sich eben solche Rückzugsgebiete, die bekanntlich nicht einfach zu finden sind.

Ja, das ist unter anderem auch mein Wunsch gewesen, sagte Albrecht.

Welches Instrument spielen Sie vorzugsweise?

Hauptsächlich Klavier, aber ich bin etwas ungeübt, war auch nie eine große Koryphäe.

Das macht doch nichts, sagte sie. Könnten wir nicht ab und zu ein wenig zusammen musizieren?

Früher habe ich häufig begleitet, längere Zeit einen Sänger, dann eine Violinistin, vorübergehend spielte ich auch in einem Klaviertrio. In den letzten Jahren seltener. Ich müsste eben wieder mal mehr üben.

Das wäre schön, Herr Bronnen. Wir könnten zunächst mit ein paar kürzeren Stücken von Barock-Komponisten beginnen.

Ja, gerne. Aber es darf durchaus auch etwas mehr sein. Solange Sie nicht beabsichtigen, im Herkules-Saal in München aufzutreten.

Sie lachte.

Ich dachte nur für hier. An diesem Ort. Für die Wälder, für die Berge und, nicht zu vergessen, einfach aus Freude am

Musizieren.

Sie verabschiedeten sich.

Ich bringe Ihnen ein paar Noten vorbei, rief sie ihm noch hinterher.

Abgemacht!

Albrecht arbeitete nun auch häufiger an seinem Buch-Projekt. Allerdings befand er sich noch immer in der Vorbereitungsphase. Ab und zu fuhr er nach München und suchte entsprechende Bibliotheken auf.

Der Ausgangspunkt war Beethoven, sein zur damaligen Zeit neuer Umgang mit der Form, mit der Harmonik, seine Art der Verwirklichung als Künstler unter Einbeziehung der großen Ideen seiner Zeit, die er auf seine besondere Weise in der Musik anklingen lassen wollte.

Beethoven als einer der (vielleicht) ersten Komponisten, der, deutlicher noch in seinem Spätwerk, nicht unbedingt nur ‚gefallen' wollte, sondern, ohne missfallen zu wollen, in seinen Kompositionen eine Verwirklichung dessen anstrebte, was ihn *im Innersten* umtrieb. Der Hörer oder die Hörerin waren ihm keinesfalls gleichgültig, aber sie mussten sich damit auseinandersetzen.

Daran anschließend die Entwicklung der Harmonik im 19.Jahrhundert über Wagner/Liszt bis zu Schönberg. Dabei wollte er u.a. verschiedene Theorien von Moritz Hauptmann, Hugo Riemann oder Ernst Kurth berücksichtigen.

Bei Schönberg zunächst dessen ‚spätromantische' Phase, über die *aphoristische Phase der freien Atonalität* bis hin zu der ersten, rein zwölftönigen Komposition in seinen Klavierstücken Opus 23.

Schönberg stieß mit seiner Musik auf große Ablehnung, musste sich abenteuerliche Dinge vorwerfen lassen und vertrat schließlich die Meinung, dass es wahrscheinlich einer oder zweier Generationen bedürfe, bis sich die Hörgewohnheiten entsprechend geändert hätten.

Im letzten Teil seines Buches plante Albrecht einen Ausblick auf die heutige Situation der Neuen Musik: Rund einhundert Jahre ‚Zwölftonmusik' – 1923 erschienen jene Klavierstücke Schönbergs. Ist sie in der Mitte der Gesellschaft angekommen oder nicht? Er dachte daran, verschiedene Gruppen einander gegenüberzustellen.

*Auf der einen Seite die ‚Ideologen' der Neuen Musik, die nichts anderes gelten lassen als ihre Position, denen der ‚Normal-Hörer' vollkommen gleichgültig ist. Für einige von ihnen bedeuten rund tausend Jahre Musikgeschichte nichts anderes als ‚süßliche Musik'.*

*Auf der anderen Seite die Sicht derer, die verstehen wollen und eine gewisse Aufgeschlossenheit an den Tag legen, aber auch eine kritische Wachheit mitbringen, oder jene, die zwar tolerant sind, diese Musik gerade noch anhören, ohne von deren Wirkung restlos überzeugt zu sein. Die Ablehner von Vorneherein, die Total-Verweigerer, die es auch nicht allzu selten gibt, brauchen hier nicht zu interessieren.*

*Die Auffassung, dass der 'Normal-Hörer' letztlich zu dumm für das Hören neuer Musik sei, kann man leider immer wieder antreffen. Diese im Grunde haltlose Position einiger Anhänger der Modernen Musik in den vergangenen Jahrzehnten, den Musik-Konsumenten, der sich nicht bedingungslos auf die Seite der ‚Neuen musikalischen Esoterik' – im wahrsten Sinne des Wortes – begibt, herabzuwürdigen und ihn als ‚reaktionäres Subjekt' zu bezeichnen, spricht für sich.*

So wurden bei der Einschätzung der Neuen Musik des 20. Jahrhunderts oftmals nur die Komponisten der Zweiten Wiener Schule um Schönberg auf dem ‚richtigen' Weg gesehen, während gleichzeitig wichtige und interessante Komponisten wie Strawinsky, Bartok oder Hindemith als zweit- oder gar drittrangig eingestuft wurden.

Diese Gedanken, die Albrecht im Zusammenhang mit seinem

Projekt durch den Kopf gingen, machten ihm deutlich, dass er auch eine gewisse Vorsicht walten lassen musste.

Schließlich war er nicht grundsätzlich ein Verächter der Neuen Musik. Aber mit der Gesamtsituation der zeitgenössischen Musik, die sich im Laufe der Zeit selbst in diese elitäre Abseitsposition hineinmanövriert hatte, konnte er einfach nicht zufrieden sein.

Er beabsichtigte, darauf hinzuweisen, dass, wenn sich die Moderne Kunst allgemein als Teil der Menschheits-Kultur sehen wollte, dann auch die Chance einer gewissen allgemeinen Verständigung gegeben sein müsse. Zur Kultur gehöre immer auch die Möglichkeit der Vermittelbarkeit von Kunst, ganz gleich, ob es sich um Bildende Kunst, Musik oder Literatur handelt. Wenn der Künstler ein mögliches Publikum, das seinem Werk, da und dort auch kritisch, begegnet, nahezu aus den Augen verliert, dann stimmt hier etwas nicht mehr und es zählt nur noch der übersteigerte Narzissmus des einsamen Kunst-Schaffenden, der sich in immer rätselhafteren Spielchen verliert. Im Extremfall steckt in solchen Absichten vielleicht sogar ein gewisses Zerstörungspotential.

Aber Albrecht spürte, dass man bei aller Kritik auf dieser Seite nicht die Balance verlieren sollte. Denn er sah natürlich auch keinen Sinn darin, nur dem affirmativen Gewohnheitskonsumenten Recht zu geben, der sich auf seinem Platz im Konzertsaal bequem einrichtet und stets nur Altbekanntes hören möchte, auch in der Art, wie manche Rundfunksender klassischer Musik ständig nur bestimmte ‚Hitlisten' abspielen und auf diese Weise allzu entgegenkommend auf eine breite Hörerschaft reagieren. Er dachte daran, dass hier eben ein gewisses Fingerspitzengefühl gefragt ist, gepaart mit dezenten pädagogischen Impulsen im Verbund mit einer Verständigungsbereitschaft auf allen Seiten. Das verbindende Gespräch war gefragt und nicht die ausgrenzend elitäre Position.

Während der Arbeit an seinem Projekt hatte Albrecht auch noch andere Gedanken im Hinterkopf, die ihm teilweise bereits bei seiner Beschäftigung mit der Obenvelderschen Chronik in den Sinn gekommen waren.

Große Kunstwerke dürfen weder vergessen werden noch in einer total technisierten Welt verschwinden, sondern sie müssen permanent vergegenwärtigt werden als Teil der Erinnerungskultur. Immer wieder gab und gibt es deutliche Hinweise auf die Verflüchtigung von Kultur, was letztlich zu einer Verödung des menschlichen Lebens auf dieser Welt führen würde. Solange wir können, sollten wir gegen diese Vernachlässigung und Verflachung des kulturellen Bereichs ankämpfen.

Ein sehr großer Gedanke!, sagte sich Albrecht. Aber vielleicht kann ich wenigstens einen ganz kleinen Teil dazu beitragen.

Zu diesen Überlegungen kamen aber auch noch persönliche Begründungen, die ihm wichtig waren.

Schon vor einigen Jahren hatte Albrecht einmal ein kleineres Buch über den frühen Igor Strawinsky veröffentlicht, dabei vor allem dessen ‚russische Jahre‘ mit seinem Lehrer Rimsky-Korsakow untersucht, seine Begegnung 1908 mit Serge Diaghilew, dem Gründer der *Ballets russes*, bis zum *Sacre du Printemps* 1913.

Diese Publikation fand damals kaum Beachtung, wurde nur in einer einzigen Fachzeitschrift mit einem kurzen Artikel besprochen.

Weshalb also nun dennoch eine wissenschaftliche Arbeit?

Er hatte in früheren Jahren immer wieder Schreibversuche unternommen, einen Roman begonnen, mit dem er nie zu Ende gekommen war. Auch ein paar Experimente mit lyrischen Texten. Aber es war bei diesen Versuchen geblieben. Er wollte immer etwas für Mira schreiben, etwas, das einmal an sie erinnern würde. Etwas von ihm, Albrecht Bronnen, sollte die Erinnerung an seine Geliebte wachhalten. Deshalb also

Beethoven. Unter allen Umständen. Von diesem Komponisten ausgehend, bis zu Schönberg, bis zum Ende der tonalen Musik. Vielleicht gelang ihm doch das eine oder andere interessante Forschungsergebnis. Und er würde dieses Buch Mira widmen, Mira zum Gedächtnis. Wenn er sonst schon kein literarisches Zeichen seiner Liebe hinterlassen konnte.

Je intensiver er in diese Arbeit eintauchte, desto mehr wurde ihm klar, dass er auch gegen seinen eigenen Tod anschrieb. Ein Zeugnis ablegen, vor dem Erlöschen. Auch wenn es sich nun nicht um eine literarische Arbeit handelte.

Er wünschte, er hätte vielleicht schon zu einem früheren Zeitpunkt eine entsprechende Arbeit in Angriff genommen, denn Ideen dafür hatte er immer gehabt, aber irgendwie war ihm es nie möglich gewesen, sie zu verwirklichen.

Er war jetzt an einem Punkt angekommen, sich dieser Bruchstelle seines Daseins zu nähern, nicht um über dieselbe zu schreiben, sondern sich noch einmal intensiv mit der Musik zu beschäftigen, die auch für Mira so etwas wie ein Lebenselixier gewesen war.

Albrecht war nicht so naiv zu glauben, dass eine solche Tätigkeit die Schicksalsschläge und darüber hinaus die Defizite und Leerstellen seines Lebens abmildern könnte. Aber er hatte sich vorgenommen, sich in diese Arbeit zu vertiefen, um nicht ständig über verlorene Träume zu reflektieren oder um darüber nachzudenken, was denn nun von einem Leben bleibt, das sich keine Träume mehr leistet.

*

Albrecht hatte sich nach und nach an seine neue Umgebung gewöhnt. Die Entscheidung, an diesem Ort die letzte Phase seines Lebens zu verbringen, bereute er nicht. Mehr und mehr erfreute er sich an der Natur, an den Wäldern, Seen und anderen Gegebenheiten der Voralpenlandschaft. Manchmal besuchte er sie, die gezackten Bergriesen, die er so häufig im

Blick hatte. Keine Klettertouren, dafür lange Wanderungen. Er kam an versteckten kleinen Seen vorbei, schritt über einsame Pfade, dem Himmel entgegen oder in tiefe, zerklüftete Schluchten. Auch seine Freunde begleiteten ihn dann und wann bei seinen Ausflügen.

Désirée hatte ihn zu seiner Entscheidung beglückwünscht, vor allem, als er ihr berichtete, dass er nicht völlig isoliert wie in einer Klause lebte. Ihr Briefwechsel blieb weiterhin bestehen. Sie schrieben über ihren Alltag, über kleine Begebenheiten ihres Daseins oder sie tauchten in ihre Erinnerungswelten ein. In unregelmäßigen Abständen verfasste er noch Artikel für die *Süddeutsche* und auch für ein paar andere Zeitungen. Am meisten jedoch nahm ihn die Arbeit an seinem Buch gefangen, dessen Niederschrift er nach langen Recherchen begonnen hatte.

Oft dachte Albrecht an das ,Haus der Künste' in seiner Geburtsstadt, am Ende der Stravenfordstraße gelegen, mit all den Menschen, dir dort einmal gelebt und gewirkt hatten. Gelegentlich tauchten sie in seinen Träumen auf. Mira, die Liebe seines Lebens, Ellen, seine Mutter, Prosper sein Gönner und Förderer und nicht zuletzt Leria, sein rätselhafter Freund, der auf so merkwürdige Art verschwunden war.

Die meisten Träume vergaß er wieder. Nur an einen erinnerte er sich häufiger.

Er befand sich wie in früheren Zeiten im Obenvelderschen Haus und hörte plötzlich den ersten arpeggierten Akkord der Sturmsonate mit den drei nachtropfenden Tönen. Er eilte in den Salon und ging auf den Flügel zu. In dem Raum befand sich kein einziges menschliches Wesen, kein Möbelstück mehr, nur dieses Instrument, das sich, ungewöhnlich, in der Mitte des Raumes befand, weit geöffnet, mit hochgestellter Decke. Doch es war nichts mehr zu hören. Nur die Stille herrschte. Er begann herumzugehen. Seine Schritte auf den Steinfliesen hallten durch den Raum. Er spürte einen leichten Luftzug, nahm eine kleine Bewegung wahr und erwachte.

Irgendwann bekam er auf einen Brief, den er an Désirée geschrieben hatte, keine Antwort mehr. Nach ein paar Wochen schrieb er ein weiteres Mal. Wiederum nach mehreren Wochen kam der Brief zurück. Er konnte nicht zugestellt werden.

Nun sah er den Friedhof in der Nähe von *Sauzon* auf der *Belle-Île* vor sich. In der Höhe, über dem Meer, ein Grab mit zwei Urnen. Der Wind würde darüber hin wehen, immer den Ozean in mehr oder weniger große Unruhe versetzen. Die Wellen rollten gegen die Felsen an und manchmal trügen sie vielleicht die morschen Planken eines alten Fischerbootes mit auf das offene Meer hinaus. Immer in Eile und schnell vorbei, wie das Leben der Menschen, wenn sie in die dunklen Tiefen hinabtauchen.

Eine leise Melodie aus fernen Tagen:

Et je suis né au creux des vagues.

Sein Freund Leria.

Manchmal glaubte er den vertrauten Windhauch um sich herum zu spüren und er wandte sich das eine oder andere Mal nach allen Seiten um.

Albrecht erinnerte sich oft an Lerias Worte, als er einmal über das Ende seiner Zeit gesprochen hatte:

Manchmal, wenn ich die Bäume hier ansehe, habe ich das Gefühl, als wäre ich so alt wie sie alle zusammen. Und wenn meine Zeit kommt, werde ich mich in den Wind legen, ich hoffe, dass es ein Sturm sein wird. Dann werde ich fliegen. Der Sturm wird mich verwehen und ich werde nirgendwo landen. Denn, verstehst du, wenn jemand den Wind so liebt wie ich, wird er sich mit ihm vermählen und es gibt keinen Punkt, an dem ich noch zu finden wäre. Meine Zeit verweht mit dem Wind.

—

## Dank

Während der Arbeit an diesem Roman stieß ich bei meinen Recherchen unter anderem im Bereich der Musik auf eine im Jahre 2019 veröffentlichte Publikation des Züricher Musikwissenschaftlers Hans-Joachim Hinrichsen, *Ludwig van Beethoven, Musik für eine neue Zeit*. Aus seinem Buch empfing ich so manche Anregung, die ich – nach Rücksprache – bei der einen oder anderen Passage mit seiner Erlaubnis sinngemäß einbauen oder auch erweitern und variieren konnte. Dafür möchte ich meinen Dank aussprechen.

Der Anglistin und Romanistin Doris Distelbarth danke ich für die Informationen und die Gespräche zu William Shakespeares Theaterstück *Der Sturm*, die für mich sehr hilfreich waren.

Last but not least auch wieder ein Dankeschön an meine Frau, die meine Arbeit als Leserin und Beraterin unterstützt hat.

**Alexander Bertsch**  **www.alexander-bertsch.de**

1940 in Heilbronn geboren. Studium
der Literaturwissenschaft, Philosophie und Musik in Tü-
bingen und Stuttgart. Er lebt heute in Abstatt bei Heilbronn.

1987 erschien der Lyrikband *Fluchtpunkte*, es folgten die Romane *Wie Asche im Wind* (1993), *Die endliche Reise* (1999),
*Die Liebe, die Kunst und der Tod* (2004), der Erzählband *Phi-
lemons Aufzeichnungen* (2006), der Lyrikband *Dämmerungs-
welten* (2010), der Roman *Eine Sinfonie der Welt* (2014),
die Fluchtgeschichte *Kein Fährmann wartet am Totenfluss*
(2015), der Kriminalroman *Mörderische Ausgrenzungen* (2017)
und der Roman *Treibgut Mensch*, 2020. Außerdem schreibt
Bertsch Texte für literarisches Kabarett und Theaterstücke: *Träume flussabwärts* (Musical), *Käthchen* in verschiedenen Varianten für das Theaterschiff Heilbronn, *Die listigen
Weiber von Weinsberg* (Schauspiel mit Musik, 2000), *Letzte
Tage in Marseille – Arthur Rimbaud* (Theaterschiff Heilbronn
2013). Teilnahme mit Textbeiträgen am Kulturprojekt *Segni
di Pace* (Zeichen des Friedens) der Universität Rom (2001)

Ich freue mich über Feedback oder eine Buchbewertung in
Online-Buchshops oder Social-Media-Platformen.

Herstellung und Verlag: BoD – Books on Demand, Norderstedt

Satz und Layout: Michael Schildmann/edition lichtblick
Umschlagentwurf: Michael Schildmann/edition lichtblick

Die Deutsche Nationalbibliothek verzeichnet diese Publikation in der Deutschen Nationalbibliografie; detaillierte bibliografische Daten sind im Internet über dnb.d-nb.de abrufbar.

ISBN 9783756835577